普通高等教育经管类专业系列教材

用友ERP生产管理系统实验教程

（U8 V10.1）（第3版）微课版

张莉莉 武刚 著

清华大学出版社
北京

内 容 简 介

本书以企业生产经营活动为主线，以突出实战为主导思想，以一个企业单位的生产经营业务为原型，重点介绍了在企业信息化管理环境下各项业务活动的处理方法和处理流程。本书为学员量身定制了 15 个实验内容，并提供了实验数据准备账套，以便提高实验效率；提供了 ERP-U8 V10.1 版生产管理系统实验操作视频学习工具，以辅助教学和自学，使学员尽快掌握各个系统功能的操作；提供了 ERP 实战演练短剧，以便体会 ERP 软件环境下企业生产经营活动的情景。本书中的每个实验既环环相扣，又可以独立运行，适应了不同层次、不同进度教学的需要。

本书共分 15 章，第 1 章介绍了用友 ERP-U8 V10.1 生产管理软件的应用基础，包括 ERP 生产管理系统概述、系统运行环境及异常处理、系统管理、共用资料设置和实验的组织设计；第 2 ～ 14 章分别介绍了生产制造系统中的主生产计划、需求规划、产能管理、生产订单、车间管理、物料清单、工程变更及设备管理 8 个模块，介绍了与生产管理活动密切相关的销售管理、采购管理、委外管理、库存管理 4 个供应链管理模块，以及应收款管理、应付款管理两个财务会计管理模块的相关功能，并以实验的方式讲解了以上模块的使用和操作方法；第 15 章提供了 ERP 课堂实验的示例拓展，介绍了教学中组织 ERP 实验的方式、要求和目标，以及业务活动处理的实验操作向导，供教师设计 ERP 实验参考。

本书是用友 ERP 认证系列实验用书，也可以作为高等院校信息管理与信息系统、工商管理、会计学等专业 ERP 相关课程的教学实验用书。

图书在版编目(CIP)数据

用友 ERP 生产管理系统实验教程：U8 V10.1：微课版 / 张莉莉，武刚著. —3 版. —北京：清华大学出版社，2024.4 (2025.3重印)

普通高等教育经管类专业系列教材

ISBN 978-7-302-65805-4

Ⅰ.①用… Ⅱ.①张… ②武… Ⅲ.①企业管理—生产管理—计算机管理系统—高等学校—教材 Ⅳ.①F273-39

中国国家版本馆 CIP 数据核字 (2024) 第 056481 号

责任编辑：刘金喜
封面设计：常雪影
版式设计：孔祥峰
责任校对：成凤进
责任印制：刘 菲

出版发行：清华大学出版社
　　　　网　　　址：https://www.tup.com.cn，https://www.wqxuetang.com
　　　　地　　　址：北京清华大学学研大厦 A 座　　　邮　编：100084
　　　　社　总　机：010-83470000　　　　　　　　　邮　购：010-62786544
　　　　投稿与读者服务：010-62776969，c-service@tup.tsinghua.edu.cn
　　　　质　量　反　馈：010-62772015，zhiliang@tup.tsinghua.edu.cn

印 装 者：三河市天利华印刷装订有限公司
经　　销：全国新华书店
开　　本：185mm×260mm　　　印　张：19.25　　　字　数：505 千字
版　　次：2016 年 3 月第 1 版　　2024 年 4 月第 3 版　　印　次：2025 年 3 月第 2 次印刷
定　　价：68.00 元

产品编号：105160-01

随着企业信息化建设的全面推进，企业对信息化管理人才的需求越来越迫切。ERP(enterprise resource planning，企业资源计划)系统融先进管理思想、企业业务实践于一体，受到企业界的广泛关注，几乎成为企业管理软件的代名词。用友为中国主要的ERP软件供应商之一，用友ERP软件在国内得到了较广泛的应用。正是洞悉了企业对ERP应用人才的迫切需求，用友软件公司于2003年推出了面向社会大众的"用友ERP认证"，旨在普及ERP教育，提升学员的ERP应用技能，帮助企业建立遴选ERP应用人才的标准。

用友公司根据市场的用人需求，结合多年行业应用经验，设计了具有前瞻性和实用性的培训课程，既有理念体系贯穿其中，展示ERP蕴含的先进管理思想，又有大量实用技能的培训，使学员熟练掌握ERP应用技术，具有利用ERP系统管理企业业务的能力。

为了规范认证业务，用友公司组织了相关行业的专家、院校教师和实施顾问等，成立了用友ERP认证课件编写组，并收集大量资料、企业案例等，精心策划、共同开发用友ERP认证系列实验用书，本书即为其中之一。

本书在上一版的基础上进行了一些修改，以适应国家政策的变化，主要包括更新了一些资料，并制作了新的数据账套和MP4格式的学习视频及其二维码。本书旨在从企业应用的实际出发，遵循由浅入深、循序渐进的原则，力求通俗易懂，便于操作。读者可以通过一个个实验亲自体验ERP生产管理系统的功能，掌握其功能特点及应用方法，提高企业信息化环境下的业务处理能力。

本书共分15章，以用友ERP-U8 V10.1管理软件为实验平台，以一个企业的生产经营业务为线索贯穿始终，分别介绍了ERP生产管理系统中物料清单、主生产计划、产能管理、需求规划、生产订单、车间管理、工程变更、设备管理的生产制造模块，与生产管理活动有关的销售管理、采购管理、委外管理、库存管理的供应链管理模块，以及应收款管理、应付款管理的财务管理模块的相关功能，还提供了ERP实验示例供教师设计实验参考。除了第1章，本书每章都包括业务概述、系统业务流程、实验(每个实验包括实验目的、实验要求、实验资料和操作指导)及问题思考等内容。

- "业务概述"介绍了各个系统的基本功能、相关子系统功能模块之间的关系及实验应用准备。
- "系统业务流程"介绍了日常的业务流程和主要的业务内容。
- "实验目的"明确了通过该实验应该掌握的知识点。
- "实验要求"针对完成本实验所需的操作提出要求。
- "实验资料"提供了实验的背景资料和应该准备的数据环境。
- "操作指导"针对实验要求和实验资料具体描述了完成实验的操作步骤，并且给出了操作中应该注意的重点问题。

为了更好地辅助教与学活动，本书提供了17个数据账套，以方便学员在任意业务节点开始学习，满足不同学习进度的学员的需求，提高学习的灵活性和效率。

为了方便学员自学，本书以视频微课的形式，针对每一项实训内容制作了视频学习文件共计13个，同时制作二维码文件13个，在计算机和手机上均可播放使用，为学习提供了极大便利。

本书提供PPT课件、数据账套、微课学习视频、用友ERP-U8 V10.1教学版软件、ERP实战演练短剧等资料。

本书既可以作为与用友ERP认证培训教程配套的实验用书，又可以作为高等院校开设的有关ERP原理与应用等相关课程的实验用书，还可以供学员自学使用。本书使用对象为希望了解信息化应用的高等院校工商管理、会计学、信息管理与信息系统等专业的学生和教师。

本书由张莉莉、武刚撰写，两人全面负责教材及课程设计策划、资料准备、案例数据编写、文稿撰写与审校、数据账套制作和实验视频录制等工作。用友网络科技股份有限公司及新道科技股份有限公司北京分公司提供拍摄场所，并组织拍摄和短剧后期制作工作，在此表示感谢。

本书的编写由于业务数据关系复杂及时间限制等因素，可能会有疏漏和不当之处，恳请读者多提宝贵意见，以备今后进一步修改完善。

张莉莉　武刚于北京

2024年1月

为便于教学和自学，本书提供了以下资源：

- 用友U8 V10.1软件(教学版)
- 实验账套备份
- 微课操作视频
- PPT教学课件
- ERP实战演练短剧

上述资源存放在百度网盘上，读者可通过扫描下方二维码，将资源下载地址推送到邮箱，来获得网盘链接地址。微课操作视频可通过扫描书中二维码观看。

资源下载地址

读者若因链接问题出现资源无法下载等情况，请致电 010-62784096，也可发邮件至服务邮箱 476371891@qq.com。

目 录

第1章 系统应用基础

1.1 ERP生产管理系统概述

本书以制造业企业生产经营业务流程为主线，通过对ERP生产管理系统的相关功能模块的讲述来开展实验教学，旨在让学员了解企业生产经营活动的管理流程和管理方法，理解企业信息管理中的集成性、一致性、实时性和协同性，体会信息化建设对企业管理的作用。

管理的基本职能是计划、组织和控制，生产经营管理就是通过有计划、有组织的生产活动，生产出用户满意的产品，实现最大投入产出率的全过程控制。管理的目标是要达到"在需要的时候，以适宜的价格向客户提供具有质量保证的产品和服务"，体现在严格按照客户要求的品种、数量、交货期和质量进行制造产品或提供服务的管理过程中。生产经营活动是企业经营管理的核心内容，涉及顾客服务、营销管理、生产计划与控制、质量保证、库存管理、工作执行、财务管理、人力资源管理等方面的活动，对它们所实施的管理从根本上而言就是对这些活动中所使用的人力、财力、物力等诸多生产要素及资源进行合理配置的管理。

对于一个产品制造企业而言，生产管理系统是一个复杂的系统，它由物质系统和管理系统构成。物质系统包括车间、设备、运输工具、原材料、半成品、产成品等，然而，要使生产经营活动按照既定目标得以实现，必须要有包括计划、控制功能的管理系统，通过计划来规定整个业务活动的流程，通过控制使业务活动按照标准流程运作，通过信息反馈对计划进行修正而使其更加合理化和科学化。可见，对企业生产经营活动的管理包含物质活动和管理活动，它们的起点是市场，而市场是以客户需求为中心、为导向的。

1.1.1 系统特点

用友ERP生产管理系统是ERP-U8 V10.1管理软件的重要组成部分，是企业信息化管理中核心的、有效的方法和工具。它可以面向离散型和半离散型的制造企业资源管理的需求，遵循以客户为中心的经营战略，以销售订单及市场预测需求为导向，以计划为主轴，覆盖面向订单采购、订单生产、订单装配和库存生产四种制造业生产类型，并广泛应用于机械、电子、食品、制药等众多行业。

生产管理系统的业务活动涉及企业的销售、计划、生产、采购、委外、库存、财务等业务管理内容，其中，"生产制造"子系统主要包括物料清单、主生产计划、需求规划、产能管理、生产订单、车间管理、工序委外、工程变更、设备管理等模块功能。

1.1.2 总体结构

以产品销售订单为起点，以计划为主轴的企业生产经营管理活动的业务流程如图1-1所示。

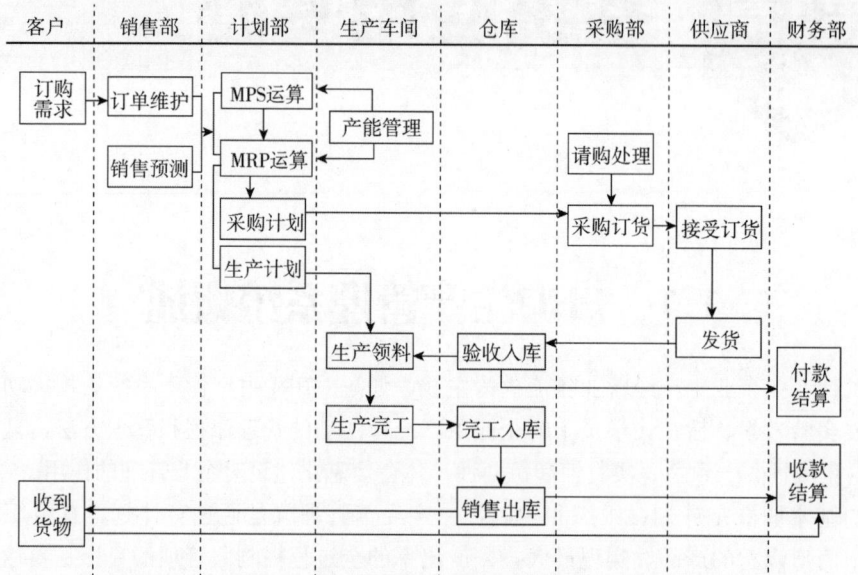

图1-1 企业生产经营管理活动的业务流程

由图1-1可见：第一，企业销售部门业务员根据客户的需求，从产品、规格型号、价格、有效期限、折扣等方面对客户进行产品报价，并进一步了解客户的购买意愿和需求；第二，当与客户签订了销售合同之后，将客户的实际需求和市场预测的需求相结合，由企业的规划部门制作出主生产计划和物料需求计划；第三，结合企业的资源产能情况分析、检查主生产计划和物料需求计划是否可行，如果可行，方可进一步编制企业的采购计划、生产计划和委外计划，以便采购部门和生产部门组织对外采购、加工外包和加工制造的业务工作，否则，需要重新调整生产计划，甚至销售订单，直到生产需求与资源能力达到平衡为止；第四，采购部门按照采购计划组织安排采购人员开展所需料品的采购业务活动，生产部门根据生产计划组织车间或工作中心完成生产加工任务，生产部门按照委外计划安排委外商来企业领料回厂加工生产；第五，采购部门将采购到货的物料交付给仓库，仓库负责进行入库业务处理，委外加工完成和车间加工生产完成的料品交付给仓库，仓库负责办理入库处理业务；第六，产成品完工入库以后，销售部门根据销售订单或销售合同组织向客户发货，由仓库负责进行出库业务处理；第七，财务部门负责对采购和委托加工的料品的应付款项进行付款结算和账务处理，对销售部门销售的料品进行收款结算和账务处理。

1.1.3 系统功能模块

用友ERP-U8 V10.1系统将生产制造、供应链和财务业务等企业经营管理的各个环节集成为一体，体现了系统数据的集成性、共享性和时效性，实现了对企业资金流、物流和信息流的统一管理。生产管理系统的业务活动涉及企业的销售、计划、生产、采购、委外、库存、财务等业务管理内容，因此，该系统通过相应模块的功能对上述各项业务工作进行数据处理，从而完成企业的各项业务活动。这些模块共用的基础信息包括企业部门、人员、岗位、存货、仓储、客户、供应商及财务等多方面的资料，这些公共资料数据被用友ERP-U8 V10.1中的各子系统共享。系统功能模块之间的关系如图1-2所示。

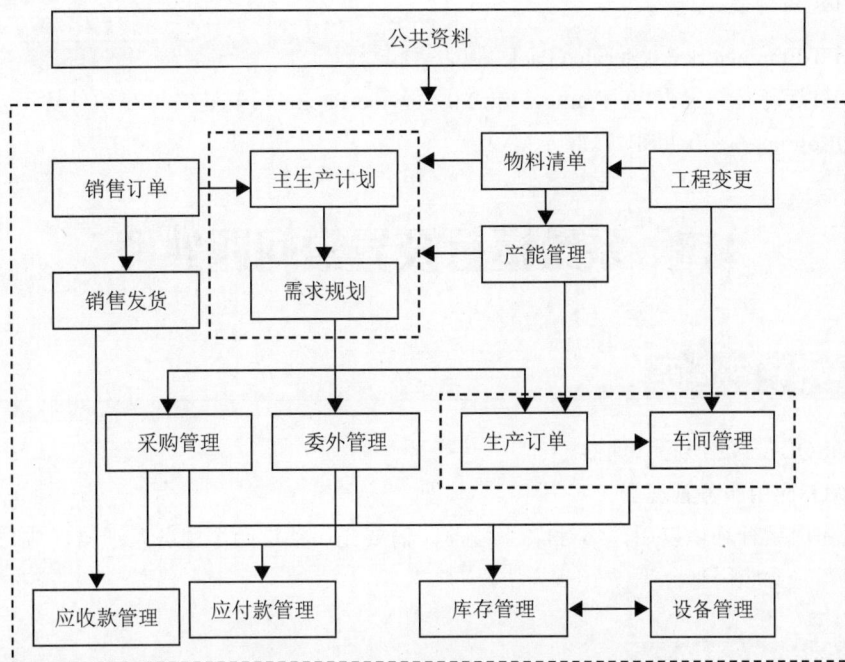

图1-2 系统功能模块之间的关系

1.2 系统运行环境配置

1. 操作系统配置要求

○ Windows 2000 Professional + SP4(或更高版本) + KB835732-x86

○ Windows 2000 Server + SP4(或更高版本) + KB835732-x86

○ Windows XP + SP2(或更高版本)

○ Windows 2003 + SP2(或更高版本)

○ Windows Vista + SP1(或更高版本)

○ Windows 2008

2. 数据库配置要求

○ Microsoft SQL Server 2000 + SP4(或更高版本)

○ Microsoft SQL Server 2005 + SP2(或更高版本)

○ Microsoft SQL Server 2008

3. 浏览器配置要求

Internet Explorer 6.0 + SP1 及更高版本

4. 信息服务器(Internet information services, IIS)配置要求

IIS 5.0 及更高版本

5. .NET运行环境

使用.NET Framework 2.0 Service Pack 1以上。

安装.NET运行环境：.NET Framework 2.0 Service Pack 1。安装文件在软件"用友U8V10.1 SETUP \3rdProgram\NetFx20SP1_x86.exe"中。

1.3 系统运行及异常问题处理

1.3.1 U8系统运行

(1) 启动SQL Server服务管理器。

(2) 启动U8应用服务管理器。

在配置完成运行环境以后，运行U8系统前，需要先启动这两个服务管理器，成功后即可运行系统管理、企业应用平台等各个U8模块。

1.3.2 异常问题解决

(1) MS-SQL Server中的MSDTC服务不可用，如图1-3所示。

解决方法：执行"Windows控制面板/管理工具/服务/Distributed Transaction Coordinator/属性/启动"命令时，启动类型选择手动或自动。

图1-3 MSDTC不可用提示

(2) 启用时提示"其他系统独占使用，无法启用某些模块"。这是因为已登录的系统关闭后，没有在系统管理中注销它，或者在使用过程中，数据库关闭产生非正常退出，都会在任务表中保存记录，认为该用户还在使用系统。

解决方法：在SQL Server企业管理器中打开数据库UFSystem中的两个表Ua_Task_common和Ua_TaskLog，将其中的记录都删除即可。

操作指导：执行"开始/程序/Microsoft SQL Server/企业管理器"命令，双击打开UFSystem数据库，再双击其中的表，打开Ua_Task_common表和Ua_TaskLog表(右击，打开表/返回所有行)，逐一删除记录，如图1-4所示。

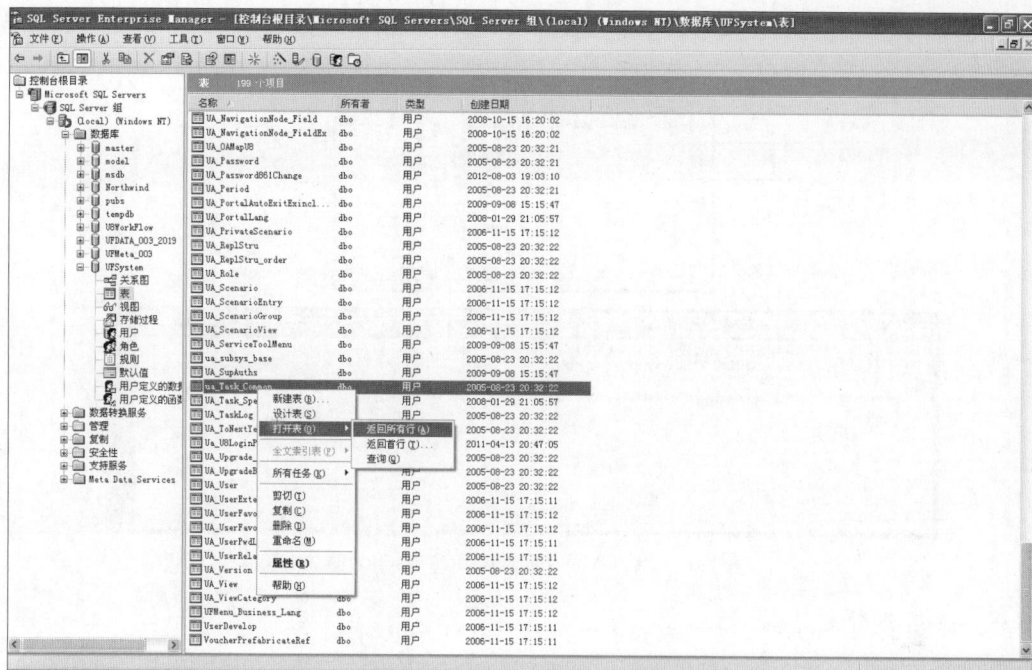

图1-4　关闭未正常关闭的系统

(3) 用友U8 "科目(××××××)正在被机器(××××)上的用户(×××)进行(××××)操作锁定，请稍候再试"。

解决方法：在SQL Server企业管理器中打开数据库UFDATA_003_2019中的表GL_mccontrol里的记录进行删除，如图1-5所示。

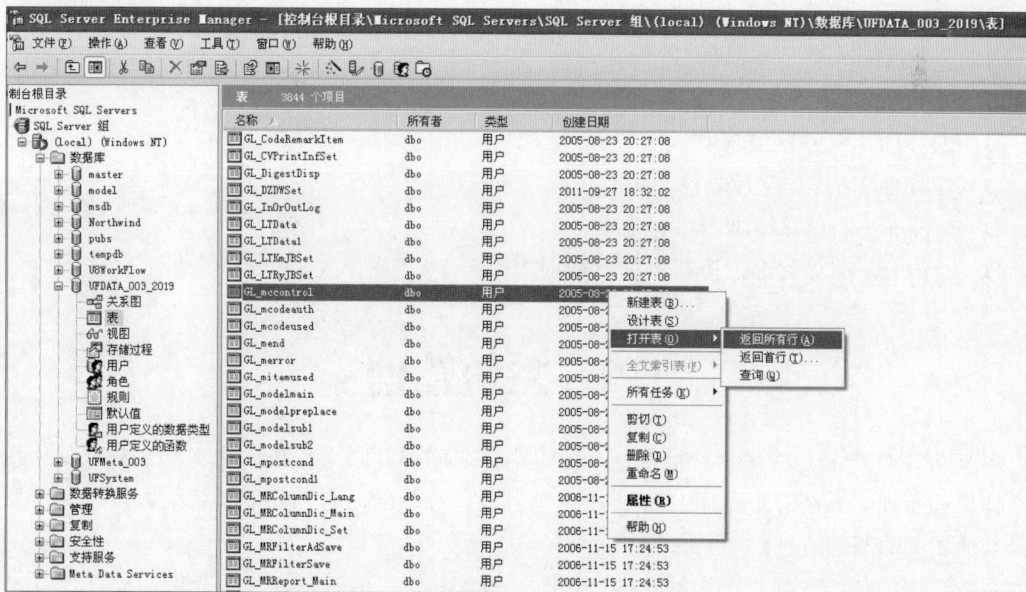

图1-5　清除GL_mccontrol表中的记录

(4) 启动Distributed Transaction Coordinator服务时，提示 "Windows不能在本地计算机启动该服务，有关更多信息，查阅系统事件日志。如果这是非 Microsoft 服务，请与厂商联系，并参考特定服务错误代码 -1073337669"。

解决方法：执行"开始/运行"命令，打开"运行"对话框，输入cmd，单击"确定"按钮进入命令提示窗，输入msdtc –resetlog命令，如图1-6所示，执行完成后，即可以启动服务。

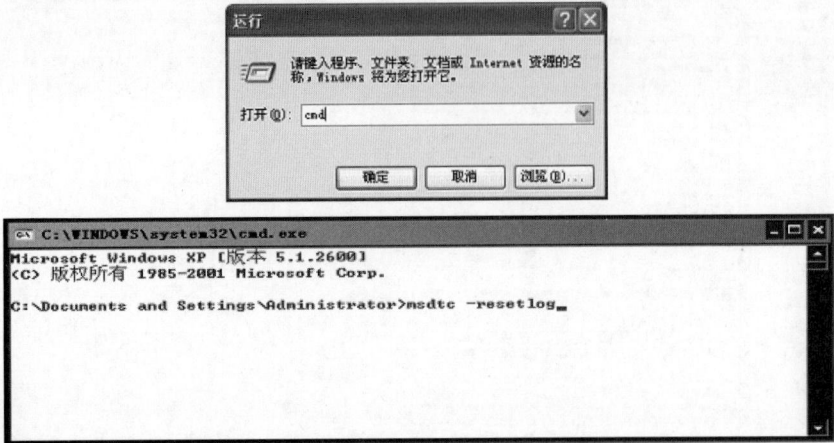

图1-6　运行CMD及输入msdtc –resetlog命令

(5) 系统出现异常现象。

解决方法：进入SQL Server企业管理器中打开"UFDATA_账套号_年度"或"UFSystem"数据库，找到下列对应表，清除里面的所有记录内容即可。

- Ua_task(功能操作控制表)
- Ua_tasklog(功能操作控制表日志)
- LockVouch(单据锁定表)
- GL_mccontrol(科目并发控制表)
- GL_mvocontrol(凭证并发控制表)
- Gl_mvcontrol(外部凭证并发控制表)
- Fa_control(固定资产并发控制表)
- FD_LOCKS(并发控制表)
- AP_LOCK (操作互斥表)
- ia_pzmutex (核算控制表)——临时表
- gl_lockrows(项目维护控制表)——临时表

1.4　系统管理

用友U8软件产品是由多个产品组成，各个产品之间相互联系、数据共享，完全实现财务业务一体化的管理。系统管理是用友ERP-U8 V10.1的运行基础，它为其他子系统提供账套、账套库及其他相关的基础信息。

系统管理的功能包括对账套的建立、修改、引入和输出的管理，对账套库的建立、引入、输出、初始化、数据清空的管理，对角色、用户、权限分配的集中管理，以及对系统安全的管理等。系统管理的使用者是企业的信息管理人员，包括系统管理员(admin)、安全管理员

(sadmin)、管理员用户和账套主管，他们可操作的权限明细如表1-1所示。

表1-1　系统管理员、安全管理员、管理员用户和账套主管权限明细

主要功能	详细功能1	详细功能2	系统管理员(admin)	安全管理员(sadmin)	管理员用户	账套主管
账套操作	账套建立	建立新账套	Y	N	N	N
		建立账套库	N	N	N	Y
	账套修改		N	N	N	Y
	数据删除	账套数据删除	Y	N	N	N
		账套库数据删除	N	N	N	Y
	账套备份	账套数据输出	Y	N	N	N
		账套库数据输出	N	N	N	Y
	设置备份计划	设置账套数据备份计划	Y	N	N	Y
		设置账套库数据备份计划	Y	N	Y	Y
		设置账套库增量备份计划	Y	N	Y	Y
	账套数据引入	账套数据引入	Y	N	N	N
		账套库数据引入	N	N	N	Y
	升级SQL Server数据		Y	N	N	N
	语言扩展		N	N	N	N
	清空账套库数据		N	N	N	N
	账套库初始化		N	N	N	N
操作员与权限	角色、用户	角色操作	Y	N	Y	N
		用户操作	Y	N	Y	N
	权限	设置普通用户、角色权限	Y	N	Y	Y
		设置管理员用户权限	Y	N	N	N
其他操作	安全策略		N	Y	N	N
	数据清除及还原	日志数据清除及还原	N	Y	N	N
		工作流数据清除及还原	Y	N	N	N
	清除异常任务		Y	N	Y	N
	清除所有任务		Y	N	Y	N
	清除选定任务		Y	N	Y	N
	清退站点		Y	N	Y	N
	清除单据锁定		Y	N	Y	N
	上机日志		Y	Y	Y	N
	视图	刷新	Y	Y	Y	Y

注：Y表示具备权限，N表示不具备权限；管理员用户可操作的功能以其实际拥有的权限为准，本表中以最大权限为例。

　　一般，一个账套对应一个经营实体或核算单位，若企业拥有多个经营实体或独立核算单位，则可以拥有多个账套。账套由一个或多个账套库组成，账套下面的某个账套库对应该经营实体或独立核算单位的某年度区间内的业务数据。一个账套库可以含有一年或多年的数据。

　　由于企业经营是持续的，企业日常工作也是一个连续性的工作，U8软件支持在一个账套库中保存连续多年数据。理论上一个账套可以在一个账套库中一直使用下去，但如果需要调整重要基础档案、组织机构及部分业务等，或者一个账套库中数据过多影响了业务处理性能，则需

要使用新的账套库并重置一些数据，这样就需要新建账套库，拥有多个年度的账套库。

在使用系统管理功能时，假设计算机系统时间为2019-09-01，则账套建立的日期和系统启用日期均为2019-09-01。

1.4.1 初始化数据库设置

ERP-U8 V10.1软件安装完成后，系统会自动配置数据源，数据源名称为default。若提示"数据源出现异常"，可以对数据源进行重新配置。数据库可以通过初始化清空数据。

1. 配置数据源：连接数据库服务器

菜单路径：开始/程序/用友ERP-U8 V10.1/系统服务/应用服务器配置，或者开始/程序/用友ERP-U8 V10.1/企业应用平台/系统服务/服务器配置/应用服务器配置

在图1-7(a)所示的"U8应用服务器配置工具"窗口中，单击"数据库服务器"按钮，进入"数据源配置"窗口，单击"增加"按钮，在打开的"新建数据源"窗口中，输入数据源名称(任意起名)，如图1-7(b)所示，数据库服务器和加密服务器设置为对应服务器的计算机名称或IP地址，SA用户密码为安装SQL Server数据库时设定的密码，也可在此处修改认证的密码，如图1-7(c)所示。测试连接成功后，退出，即返回"U8应用服务器配置工具"窗口，再单击"服务器参数配置"按钮，进入"服务器参数配置"窗口，如图1-7(d)所示，检查加密服务器名称是否与服务器名称一致。如上操作即完成了应用服务器设置。此后登录"系统管理"时，"账套"项选择新设置的数据源即可。

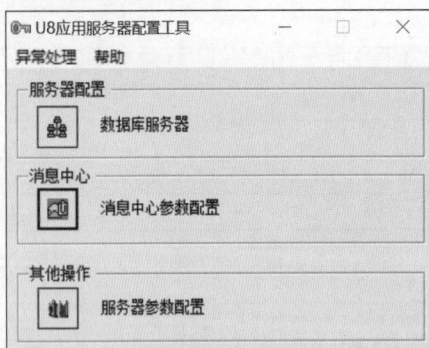

(a) 配置工具

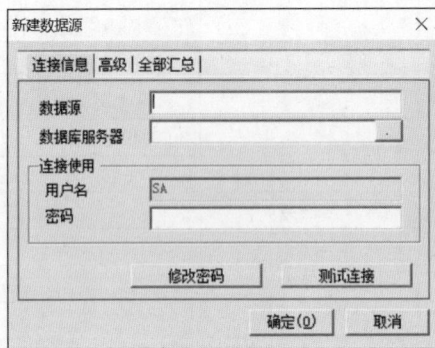

(b) 新建数据源

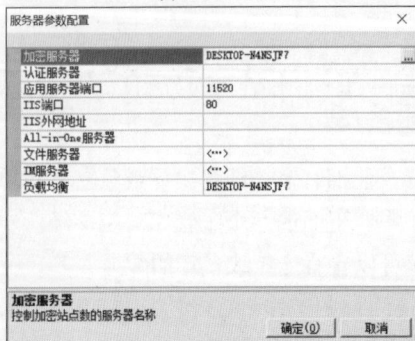

(c) 修改数据源

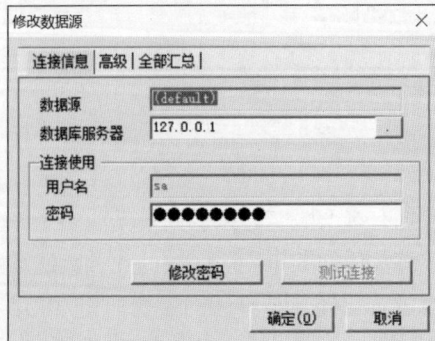

(d) 服务器参数配置

图1-7　应用服务器配置

U8系统安装成功后，默认数据源名称为default，若正常，则不必修改或新增。当出现异常不能登录系统时，可按上述操作新增或修改数据源。

2. 初始化数据库：创建数据库结构

岗位：系统管理员或安全管理员

菜单路径：开始/程序/用友ERP-U8 V10.1/系统服务/系统管理/系统/注册

(1) 执行"系统"菜单下的"注册"命令，进入登录界面，操作员为admin或sadmin，密码为空，单击"登录"按钮。

(2) 执行"系统"菜单下的"初始化数据库"命令，进入"初始化数据库实例"窗口，数据库实例为计算机名称，输入SA口令后，单击"确定"按钮即可。

◇ 系统管理员admin、安全管理员sadmin的密码默认为空，不需修改密码。
◇ SA口令为安装SQL Server时的密码。

1.4.2 建立账套

岗位：系统管理员

菜单路径：开始/程序/用友ERP-U8 V10.1/系统服务/系统管理/系统/注册，或者开始/程序/用友ERP-U8 V10.1/企业应用平台/系统服务/系统管理/系统管理

菜单路径：开始/程序/用友ERP-U8 V10.1/系统服务/系统管理/账套/建立

(1) 执行"系统"菜单下的"注册"命令，进入登录界面，操作员为admin，密码为空，单击"登录"按钮。

(2) 在"账套"菜单下执行"建立"命令，用户可以根据向导提示录入各项内容，直到提示账套创建成功为止。

◇ 账套是指一个独立核算单位的一套完整的账簿体系，账套号是唯一的，不同的账套之间没有数据关系。本书所建立的账套为"[008]北京林信钟表制造公司"，2024年3月1日启用。
◇ 可以自己选择要存放的账套的磁盘路径。
◇ 在"会计期间设置"中，双击灰色的月份，可以修改结账日，确定会计期间。
◇ 本实验的企业类型为"工业"，选择"行业性质"为"2007年新会计制度科目"。会计科目编码选择422的编码规则，即科目级次到3级，编码位长为8位(第1级4位，第2级2位，第3级2位)。

1.4.3 启用系统

1. 系统启用方式

系统管理员成功创建新账套后，系统会提示是否进入启用系统界面，单击"是"按钮，用户可以完成各个子系统启用的工作。或者由账套主管在"企业应用平台/基础设置/基本信息/系统启用"中进行各子系统的启用操作。

2. 操作指导

(1) 执行"系统启用"命令，在打开的窗口中列出所有子系统的名称。

(2) 选中子系统前的复选框，即可选择要启用的子系统。只有系统管理员和账套主管有启用系统的权限。但是，系统管理员只能在"系统管理"模块中建立账套时操作启用系统；账套主管只能进入"企业应用平台"启用系统。

(3) 输入启用会计期间的年和月。

(4) 单击"确认"按钮后，可保存此次的启用信息，并将当前操作员写入启用人名单中。

❖ **注意：**

> 所有的系统在进入时都要判断自身是否已经被启用，未启用的系统不能登录。

3. 实验资料

本书以一个电子挂钟制造企业(北京林信钟表制造公司)为案例，开展实验涉及的生产经营管理工作需要启用以下业务子系统：总账、应收款管理、应付款管理、售前分析、销售管理、采购管理、库存管理、存货核算、委外管理、质量管理、物料清单、主生产计划、需求规划、生产订单、产能管理、车间管理、工程变更和设备管理。

1.4.4 设置用户及其权限

岗位：系统管理员(admin)

菜单路径：系统管理/权限

(1) 执行"权限"菜单下的"用户"命令，可对操作员进行增加、删除、更改、设定角色等操作。

本实验设置了两个用户：一个是账套主管bj1，密码为空；另一个是操作员bj2，密码为空，他们均可使用本实验启用的所有模块。此外，bj2的权限再增加"公共单据"和"公用目录设置"两个部分。其中，bj1的权限在建立账套之前设置，bj2的权限需要在初始账套建立之后设置。

(2) 执行"权限"菜单下的"权限"命令，可分配操作员的权限。在窗口左侧选择操作员，在窗口右侧上方选中账套和年份，单击工具栏中的"修改"按钮，选中相应的功能模块后，保存设置即完成操作。

bj1的权限设置如图1-8所示，bj2的权限设置如图1-9所示。

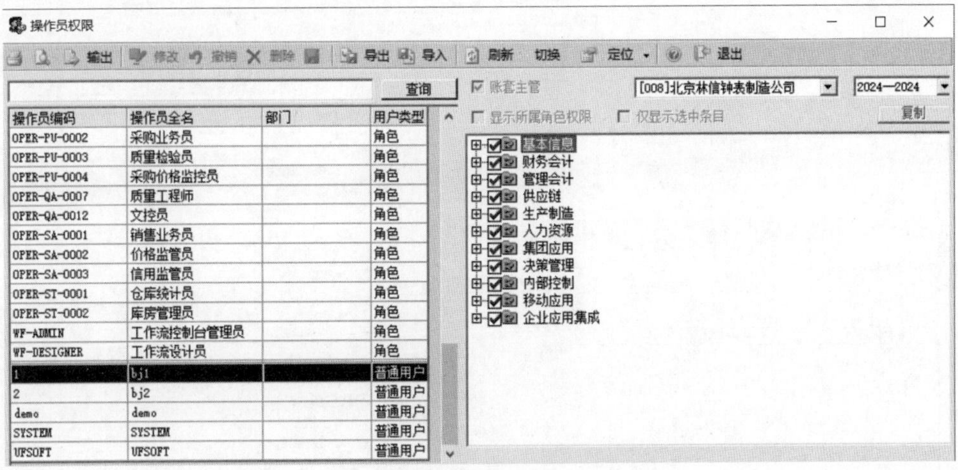

图1-8 设置账套主管(bj1)权限

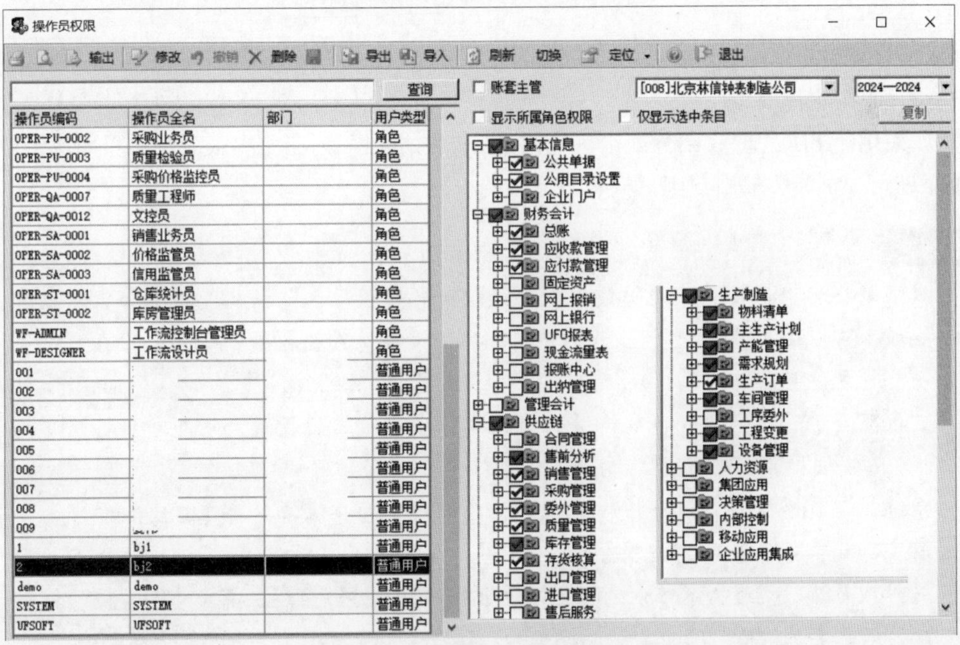

图1-9 设置操作员(bj2)权限

(3) 为了减轻系统管理员的工作压力和责任,提高功能权限授权的灵活性,除系统管理员外,也允许其他用户进行功能权限的授权,即允许其他用户对别人的功能权限进行设置。

① 执行"权限"菜单下的"用户"命令,系统管理员在"用户管理"页面上选择某用户(bj1),单击工具栏中的"转授"按钮,进入"授权成员"界面,单击"增加"按钮,选择目标用户(bj2),再单击"确定"按钮,即设置了该用户(bj1)权限转授对象(bj2),如图1-10所示。

② 拥有了转授权限的用户(bj1)可以执行"企业应用平台/系统服务/权限/功能权限转授"菜单命令,进入"权限转授"窗口,选择要转授的目标用户(bj2),单击"修改"按钮,弹出"权限分配"页面,选中要转授的功能模块,即可给该用户(bj2)分配权限,如图1-11所示。

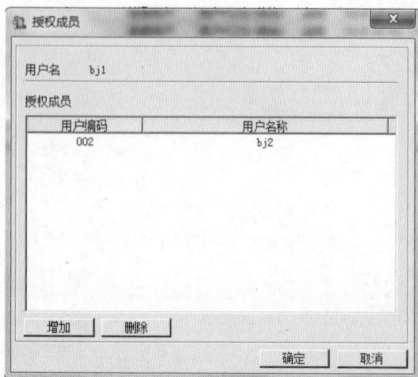

图1-10　选择授权成员

图1-11　对目标用户(bj2)分配权限

③ 如果用户(bj1)想要收回分配给其他用户(bj2)的权限，则在"权限分配"页面取消已经转授的权限即可，被授权的用户则只拥有他原来的权限。

❖ 注意：

◇ 权限是指对用户设置其能够使用软件处理业务的权限，包括功能权限和数据权限。功能权限可以由系统管理员(admin)和账套主管设置；数据权限由账套主管在"企业应用平台"中设置。

◇ "权限分配"页面中灰色的部分为目标用户已经拥有的权限，不能对目标用户的已有权限进行更改。

◇ 系统管理员删除用户能够授权的人时，已经授予的权限依然存在，需要管理员手动取消。例如：系统管理员设置A可以对B进行转授，A对B也进行了权限转授，此后，系统管理员又设置了A不可以对B进行权限转授，但B仍然还拥有A对他转授的权限，因此，还需要系统管理员在"系统管理/权限/权限"中对B的权限进行手动取消。

1.4.5　输出与引入账套数据

岗位：系统管理员(admin)

菜单路径：系统管理/账套/输出

菜单路径：系统管理/账套/引入

(1) 由系统管理员(admin)执行"账套"菜单下的"输出"命令，可选择相应账套数据进行备份。备份成功后，生成UFDATA.BAK和UfErpAct.Lst两个文件，即完成此账套的全部数据备份。

(2) 由系统管理员(admin)执行"账套"菜单下的"引入"命令，可选择将账套数据导入系统。选择账套的引导文件UfErpAct.Lst进行该账套数据的引入，即恢复账套的全部数据。

❖ **注意：**

◇ 一个账套对应一个经营实体或核算单位，含有该经营实体或核算单位的所有数据。若用户拥有多个经营实体或核算单位，则可以拥有多个账套(最多可以拥有999个账套)。账套由一个或多个账套库组成。账套下面的某个账套库对应该经营实体或核算单位的某年度区间内的业务数据。每个账套各自独立，账套之间没有数据关系。

◇ 若提示"数据库正在使用，引入不成功"，则引入账套失败，主要是因为已登录的系统关闭后，没有在系统管理中注销，或者在使用过程中，数据库关闭产生非正常退出，会在任务表中保存一条记录，认为该用户仍在使用系统。解决方法：在任务管理器中结束程序运行，或者参见"启用系统"部分的说明，如图1-4所示。

1.4.6　输出与引入账套库数据

岗位：账套主管

菜单路径：系统管理/账套库/输出

菜单路径：系统管理/账套库/引入

(1) 账套主管注册登录进入系统管理界面，执行"账套库"菜单下的"输出"命令，单击"确定"按钮，系统默认按登录时的年度输出账套库。输出成功后，生成UFDATA.BAK 和UfErpYer.Lst两个文件，即完成账套中某年度的数据备份。

(2) 账套主管执行"账套库"菜单下的"引入"命令，可选择某账套数据导入系统。选择账套的引导文件UfErpYer.Lst进行某账套数据的引入，即恢复账套中某年度的数据。

❖ **注意：**

◇ 账套库属于账套的下一级，账套中的某个账套库对应该经营实体某年度区间内的业务数据。一个账套库含有一年或多年的数据。例如：某单位建立账套"001正式账套"并于2020年使用，然后在2021年期初建立了2021年的账套库并使用，此时，"001正式账套"下面具有两个账套库即"001正式账套2020年"和"001正式账套2021年"；如果希望连续使用，可以不建立新库，直接录入2021年数据，则"001正式账套"下只有一个账套库即"001正式账套2020—2021年"。

◇ 新账套库建立在已有账套库的基础上，即建立新账套库后，自动将老账套库的基本档案信息结转到新的账套库中，以前业务产品余额等信息需要在账套库初始化操作完成后，由老账套库自动转入新库的下年数据中。

◇ 设计账套和账套库两层结构是为了便于企业管理(如账套上报、跨年度区间数据管理结构调整等)，便于数据备份输出和引入、减少数据的负担，从而提高应用效率。账套库的输出方式对有多个异地单位的用户的及时集中管理大有益处。例如：某单位总部在北京，其上海分公司每月需要将最新的数据传输到北京总部。上海分公司第一次将账套输出(备份)，传输到北京总部进行引入(恢复)，以后再传输数据时只需要将账套库输出(备份)传到北京总部，然后引入(恢复)即可。这种方式减少了传输的数据量，可提高传输效率和降低费用。

1.5 设置共用资料

在账套建立之后，需要在"企业应用平台/基础设置"或各业务子系统中对企业的共用资料进行初始设置，由账套主管或授权人员完成操作。

岗位：账套主管或授权人员

1. 设置部门档案

菜单路径：企业应用平台/基础设置/基础档案/机构人员/部门档案

部门档案如表1-2所示。

表1-2 部门档案

部门编码	部门名称
1	总经理办公室
2	销售部
3	采购部
4	财务部
5	仓管部
6	生产部
7	技术部
8	设备部

2. 设置人员档案

菜单路径：企业应用平台/基础设置/基础档案/机构人员/人员档案

人员档案如表1-3所示。

表1-3 人员档案

人员编码	人员姓名	雇佣状态	人员类别	行政部门	性别	是否为业务员
0001	章海	在职	正式工	总经理办公室	男	是
0010	薄宝龙	在职	正式工	销售部	男	是
0020	曹建新	在职	正式工	销售部	男	是
0030	李梅	在职	正式工	采购部	女	是
0040	刘东	在职	正式工	采购部	男	是
0050	夏雪	在职	正式工	财务部	女	是
0060	刘莉	在职	正式工	仓管部	女	是
0070	李丽	在职	正式工	仓管部	女	是
0080	王建	在职	正式工	生产部	男	是
0090	刘军	在职	正式工	生产部	男	是
0100	汤国强	在职	正式工	技术部	男	是
0102	苏言	在职	正式工	设备部	男	是

3. 设置地区分类

菜单路径：企业应用平台/基础设置/基础档案/客商信息/地区分类

地区分类如表1-4所示。

表1-4 地区分类

分类编码	分类名称
01	东北地区
02	华北地区
03	华东地区
04	华南地区
05	西北地区
06	西南地区

编码规则：** *** ****

4. 设置行业分类

菜单路径：企业应用平台/基础设置/基础档案/客商信息/行业分类

行业分类如表1-5所示。

表1-5 行业分类

分类编码	分类名称
1	工业企业
2	商业企业
3	其他

编码规则：* ** ***

5. 设置供应商分类及其档案

菜单路径：企业应用平台/基础设置/基础档案/客商信息/供应商分类

菜单路径：企业应用平台/基础设置/基础档案/客商信息/供应商档案

供应商分类如表1-6所示，供应商档案如表1-7所示。

表1-6 供应商分类

分类编码	分类名称
01	工业
02	商业
03	其他

表1-7 供应商档案

供应商编码	供应商名称	供应商简称	所属分类	币种	采购/委外/服务/国外
0010	江苏塑料二厂	江苏塑料二厂	01工业	人民币	采购
0020	北京铝材厂	北京铝材厂	01工业	人民币	采购
0030	上海昊恒工贸有限公司	上海昊恒工贸	02商业	人民币	采购
0040	北京兴隆注塑厂	北京兴隆注塑厂	01工业	人民币	委外

6. 设置客户分类、级别及其档案

菜单路径：企业应用平台/基础设置/基础档案/客商信息/客户分类

菜单路径：企业应用平台/基础设置/基础档案/客商信息/客户级别

菜单路径：企业应用平台/基础设置/基础档案/客商信息/客户档案

客户分类如表1-8所示，客户级别如表1-9所示，客户档案如表1-10所示。

表1-8　客户分类

分类编码	分类名称
01	事业单位
01001	学校
01002	机关
02	企业单位
02001	工业
02002	商业
02003	金融
03	其他

编码规则：** *** ****

表1-9　客户级别

客户级别编码	客户级别名称
01	VIP客户
02	重要客户
03	一般客户

表1-10　客户档案

客户编码	客户名称	客户简称	所属分类	币种	税号	所属银行	开户银行	银行账号	账户名称	默认值	信用额度
001	湖北华联商厦	湖北华联商厦	02002商业	人民币	430100232847743520	中国工商银行	湖北支行	6222020200075389542	湖北华联商厦	是	500 000
002	北京西单商场	北京西单商场	02002商业	人民币	110101122898630145	北京银行	北京银行	621030029343859	北京西单商场	是	750 000
003	江西省钟表销售分公司	江西省钟表	02002商业	人民币	360100142369343089	中国银行	江西支行	456351010088505462	江西省钟表销售分公司	是	300 000

❖ 注意：

◇ 如果在"销售管理/销售选项/信用控制"页签中，选项"控制客户信用"已被选中，表示将对该客户的销售单据实行信用额度控制。同时，还需要在"基础档案/客商信息/客户档案"的"信用"页签中，输入客户的信用额度，并选中"控制信用额度"选项。在此设置基础上，如果客户货款超过其信用余额，则在保存客户的销售订单、发货单等单据时，系统提示超出信用额度，等待审批人处理或客户信用问题得到解决后才可以保存并生成相应单据。

◇ 如果在"应收款管理/设置/选项/权限与预警"页签中，选项"信用额度控制"已被选中，则当在应收款管理系统保存录入发票和应收单时，系统将对超出信用额度的单据提示不予保存，并保留起来等待处理。

◇ 应收款系统和销售管理系统可以分别启用或关闭信用控制，两者互不影响。

7. 设置存货分类

菜单路径：企业应用平台/基础设置/基础档案/存货/存货分类

存货分类如表1-11所示。

表1-11　存货分类

分类编码	分类名称
01	成品
02	半成品
03	材料

编码规则：** ** ** ** ***

8. 设置存货计量单位

菜单路径：企业应用平台/基础设置/基础档案/存货/计量单位

单击"分组"按钮，先对计量单位进行分组，然后单击"单位"按钮，输入各种计量单位。存货计量单位组如表1-12所示，存货计量单位如表1-13所示。

表1-12　存货计量单位组

计量单位组编码	计量单位组名称	计量单位组类别
01	箱	固定换算率
02	根	固定换算率
03	千克	固定换算率
04	米	固定换算率
05	包	固定换算率
06	元	固定换算率
07	个	固定换算率
08	节	固定换算率
09	无固定计量单位	无换算率

注：只能出现一个无固定计量单位和无固定换算率，本实验都选固定换算率。

表1-13　存货计量单位

计量单位编码	计量单位名称	计量单位组	主单位标志	换算率
01	箱	01箱	是	1
02	个	01箱	否	100
03	根	02根	是	1
04	Gen	02根	否	1
05	千克	03千克	是	1
06	kg	03千克	否	1
07	米	04米	是	1
08	Mi	04米	否	1
09	包	05包	是	1
10	Bao	05包	否	1
11	元	06元	是	1
12	YUAN	06元	否	1
13	个	07个	是	1
14	Ge	07个	否	1

（续表）

计量单位编码	计量单位名称	计量单位组	主单位标志	换算率
15	节	08节	是	1
16	Jie	08节	否	1
17	包	01箱	否	10
18	个	05包	否	10

❖ **注意：**

  ◇ 换算率：录入辅计量单位和主计量单位之间的换算比，如一箱啤酒为24听，则24就是辅计量单位(箱)和主计量单位(听)之间的换算比。
  - 主计量单位的换算率自动置为1。
  - 无换算计量单位组中不可输入换算率。
  - 固定换算的计量单位组，辅单位的换算率必须录入。
  - 浮动换算的计量单位组可以录入，也可以为空。
  - 数量(按主计量单位计量)＝件数(按辅计量单位计量)×换算率。
  ◇ 主计量单位标志：(打钩选择，不可修改)
  - 无换算计量单位组下的计量单位全部默认为主计量单位，不可修改。
  - 固定、浮动计量单位组对应每个计量单位组，必须且只能设置一个主计量单位，默认值为该组下增加的第一个计量单位。
  ◇ 每个辅计量单位都能与主计量单位进行换算。

9. 设置仓库档案

菜单路径：企业应用平台/基础设置/基础档案/业务/仓库档案

仓库档案如表1-14所示。

表1-14　仓库档案

仓库编码	仓库名称	部门	计价方式	仓库属性	参与MRP运算、参与ROP计算	货位管理
0010	原辅料仓库	仓管部	全月平均法	普通仓	是、是	否
0020	成品仓库	仓管部	全月平均法	普通仓	是、是	否
0030	半成品仓库	仓管部	全月平均法	普通仓	是、是	否
0040	委外仓库	仓管部	全月平均法	普通仓	是、是	否
0050	现场仓库	仓管部	全月平均法	普通仓	是、是	否
0060	备件仓库	仓管部	全月平均法	普通仓	否、否	否
ZZ001	借用仓库	仓管部	全月平均法	普通仓	否、否	否

10. 设置存货档案

菜单路径：企业应用平台/基础设置/基础档案/存货/存货档案

存货档案如表1-15所示。本实验只有电子挂钟是MPS件，其他存货均不属于MPS件。所有物料的进项税率、销项税率均为13%。

表1-15 存货档案

存货编码	存货代码	存货名称	计量单位	存货分类	存货属性	供应倍数	供需政策	固定提前期+变动提前期(变动基数)	成本相关
10000	10000	电子挂钟	个	01成品	内销、外销、自制	30	PE	1+1(200)	是
11000	11000	机芯	个	02半成品	外购、生产耗用		PE	3	是
12000	12000	钟盘	个	02半成品	自制、生产耗用		PE	2	是
12100	12100	长针	根	02半成品	自制、生产耗用		PE	1	是
12200	12200	短针	根	02半成品	自制、生产耗用		PE	1	是
12300	12300	秒针	根	02半成品	自制、生产耗用		PE	1	是
12010	12010	铝材	千克	03材料	外购、生产耗用		PE	4	是
12400	12400	盘面	个	02半成品	自制、生产耗用		PE	2	是
12410	12410	盘体	个	02半成品	委外、生产耗用		PE	2	是
12411	12411	塑料	千克	03材料	外购、生产耗用		PE	1	是
12420	12420	字模	个	02半成品	自制、生产耗用		PE	2	是
12421	12421	薄膜	米	03材料	外购、生产耗用		PE	1	是
13000	13000	钟框	个	02半成品	委外、生产耗用		PE	2	是
14000	14000	电池	节	02半成品	外购、生产耗用	10	PE	1	是

❖ **注意：**

◇ 默认仓库：成品仓库包括电子挂钟；原辅料仓库包括铝材、塑料、薄膜；其他料品在半成品仓库。

◇ 电子挂钟变动提前期为1，变动基数为200；其他料品没有变动提前期。

◇ MPS件：只有电子挂钟，其他存货不属于MPS件。

◇ 允许BOM母件：电子挂钟，钟盘，长针，短针，秒针，盘面，盘体，字模，钟框。

◇ 允许生产订单：电子挂钟，钟盘，长针，短针，秒针，盘面，字模。

◇ 允许BOM子件：电子挂钟，机芯，钟盘，铝材，长针，短针，秒针，盘面，盘体，塑料，字模，薄膜，钟框，电池。

◇ 关键物料：电子挂钟，机芯，钟盘，铝材，长针，短针，秒针，盘面，盘体，塑料，字模，薄膜，钟框，电池。

◇ 所有存货供需政策：PE(期间供应)。

◇ 计划方法：R，转换因子为1。

11. 输入应交增值税明细科目

菜单路径：企业应用平台/基础设置/基础档案/财务/会计科目

应交税费会计科目如表1-16所示。

表1-16 应交税费会计科目

级次	会计科目编码	会计科目名称
1	2221	应交税费
2	222101	应交增值税
3	22210101	进项税额
3	22210102	进项税额转出

级次	会计科目编码	会计科目名称
3	22210103	销项税额
3	22210104	已交税金
3	22210105	出口退税

编码规则：**** ** **

12. 设置凭证类别

菜单路径：企业应用平台/基础设置/基础档案/财务/凭证类别

凭证类别可以设置为通用格式的记账凭证格式，或者设置为收付转格式的记账凭证等类型。本实验选用统一格式的记账凭证类型，借贷方科目不受限制。

若未设置凭证类别，则将弹出"凭证类别预置"对话框，选中"记账凭证"，单击"确定"按钮，即设置了统一格式的记账凭证格式；若选择收付转3种格式，则需按照不同格式凭证的借贷方科目的条件要求设置完成。记账凭证类别设置如图1-12所示。

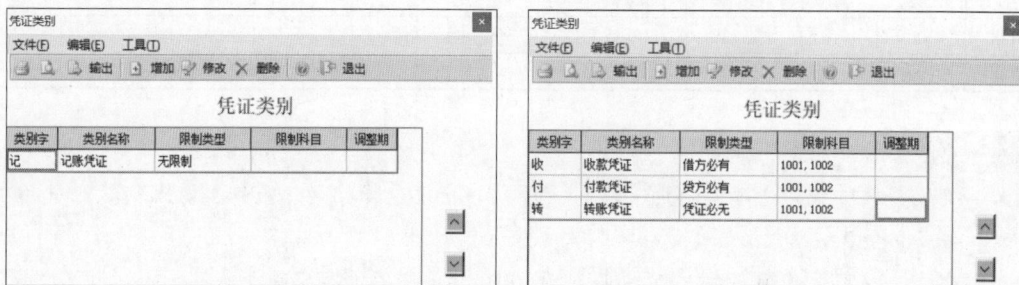

图1-12　记账凭证类别设置

13. 设置外币汇率

菜单路径：企业应用平台/基础设置/基础档案/财务/外币设置

外币设置如表1-17所示。

表1-17　外币设置

币名	币符	固定汇率	
		日期	记账汇率
美元	$	2024.03	7.11(提示：小数位必须为2位)

14. 设置结算方式

菜单路径：企业应用平台/基础设置/基础档案/收付结算/结算方式

结算方式如表1-18所示。

表1-18　结算方式

结算方式编码	结算方式名称
1	支票
2	现金

15. 设置付款条件

菜单路径：企业应用平台/基础设置/基础档案/收付结算/付款条件

付款条件如表1-19所示。

表1-19 付款条件

付款条件编码	付款条件名称	信用天数
01	5/10,2/20,n/30	30
02	n/60	60
03	n/90	90

❖ **注意：**

◇ 付款条件又称现金折扣，它是指企业为了鼓励客户偿还货款而允诺在一定期限内给予的规定的折扣优待。这种折扣条件通常可表示为5/10,2/20,n/30，代表客户在10天内偿还货款，可得到5%的折扣(优惠率1)，只付原价95%的货款；在20天内偿还货款，可得到2%的折扣(优惠率2)，只付原价98%的货款；在30天内偿还货款，则需按全额支付货款；在30天以后偿还货款，则不仅要按全额支付货款，还要支付延期付款利息或违约金。

◇ 付款条件主要在采购订单、销售订单、采购结算、销售结算、客户目录、供应商目录中引用。系统最多同时支持4个时间段的折扣优惠。

◇ 信用天数指双方规定的最大可延期付款天数，如果超过此天数还款，则不仅要按全额支付货款，还可能支付延期付款利息或违约金，它是输入项，最大值为999。

16. 设置银行档案

菜单路径：企业应用平台/基础设置/基础档案/收付结算/银行档案

银行档案如表1-20所示。

表1-20 银行档案

编码	名称	个人账是否定长	个人账长度	单位编码	企业账号是否定长
00001	中国光大银行	否	11	—	—
00002	中国银行	否	11	—	—
01	中国工商银行	否	11	—	是(长度12)
02	招商银行	否	11	—	是(长度12)
03	中国建设银行	否	11	12345678	是(长度12)
04	中国农业银行	否	11	—	是(长度12)

17. 设置本单位开户银行

菜单路径：企业应用平台/基础设置/基础档案/收付结算/本单位开户银行

本单位开户银行如表1-21所示。

表1-21 本单位开户银行

编码	银行账号	账户名称	币种	开户银行	所属银行编码	签约标志
01	123456789012	现金支出账	人民币	招商银行海淀支行	02招商银行	检查收付款账号
02	987654321013	现金收入账	人民币	中国工商银行海淀支行	01中国工商银行	检查收付款账号

18. 设置仓库收发类别

菜单路径：企业应用平台/基础设置/基础档案/业务/收发类别

仓库收发类别如表1-22所示。

表1-22 仓库收发类别

收发类别编码	收发类别名称	收发类别标志
1	正常入库	收
11	采购入库	
12	半成品入库	
13	成品入库	
14	调拨入库	
2	非正常入库	
21	盘盈入库	
22	其他入库	
6	正常出库	发
61	销售出库	
62	生产领用	
63	调拨出库	
7	非正常出库	
71	盘亏出库	
72	其他出库	

编码规则：＊＊＊

19. 设置采购类型

菜单路径：企业应用平台/基础设置/基础档案/业务/采购类型

采购类型如表1-23所示。

表1-23 采购类型

采购类型编码	采购类型名称	入库类别	是否为默认值	是否为委外默认值	是否列入MPS/MRP计划
01	生产用材料采购	11(采购入库)	是	否	是
02	其他材料采购	11(采购入库)	否	否	否
03	委外采购	12(半成品入库)	否	是	是

20. 设置销售类型

菜单路径：企业应用平台/基础设置/基础档案/业务/销售类型

销售类型如表1-24所示。

表1-24 销售类型

销售类型编码	销售类型名称	出库类别	是否为默认值	是否列入MPS/MRP计划
01	批发	61(销售出库)	是	是
02	零售	61(销售出库)	否	否
03	代销	61(销售出库)	否	否

21. 设置费用项目分类

菜单路径：企业应用平台/基础设置/基础档案/业务/费用项目分类

费用项目分类如表1-25所示。

表1-25 费用项目分类

分类编码	分类名称	备注
1	生产	用于生产的费用分类
2	研发	
3	销售	

编码规则：＊＊＊

22. 设置费用项目

菜单路径：企业应用平台/基础设置/基础档案/业务/费用项目

费用项目如表1-26所示。

表1-26 费用项目

费用项目编码	费用项目名称	费用项目分类名称
F01	生产费	生产
F02	辅助费	生产
F03	机物料费	生产
F04	包装费	生产
F05	调拨费	生产
F06	试模费	生产
F07	新产品开发费	研发
F08	销售招待费	销售
F09	广告宣传费	销售
F10	运输费	销售
F11	装卸费	销售
F12	保险费	销售

23. 设置料品发运方式

菜单路径：企业应用平台/基础设置/基础档案/业务/发运方式

料品发运方式如表1-27所示。

表1-27 料品发运方式

发运方式编码	发运方式名称
01	公路
02	铁路
03	航空
04	海运

24. 设置工作中心

菜单路径：企业应用平台/基础设置/基础档案/业务/工作中心维护

工作中心如表1-28所示。

表1-28　工作中心

工作中心代号	工作中心名称	隶属部门	是否生产线
0010	线切割加工中心	生产部	是
0020	冲压中心	生产部	否
0030	表面处理中心	生产部	否
0090	总装中心	生产部	是

25. 设置工作日历

菜单路径：企业应用平台/基础设置/基础档案/业务/工作日历维护

修改工作日历(代号：SYSTEM)，设置2024年3月和2024年4月的工作日为周一到周五，每天工作8小时，其中4月4日—4月6日设定为节假日，不工作；4月7日为工作日，工作8小时。

26. 设置ATP模拟方案

菜单路径：企业应用平台/基础设置/基础档案/业务/ATP模拟方案定义

ATP模拟方案如表1-29所示。

表1-29　ATP模拟方案

模拟方案号	001
模拟方案描述	202403ATP模拟
逾期需求天数	0
逾期供应天数	0
供应定义	MPS计划量、MRP计划量、采购在途量、已请购量、生产订单量、委外订单量、到货/在检量
需求定义	销售订单量、待发货量、生产未领量、委外未领量
仓库选择	原辅料仓库、成品仓库、半成品仓库

❖ **注意：**

◇ ATP(available to promise)即指可承诺量。

◇ "逾期需求天数""逾期供应天数"决定售前ATP模拟运算时的供应及需求的日期范围，即(模拟日期＋逾期需求天数)至(模拟日期＋展望期)范围之内的需求才纳入需求计算；(模拟日期＋逾期供应天数)至(模拟日期＋展望期)范围之内的供应才纳入供应计算。

27. 设定生产制造参数

菜单路径：企业应用平台/基础设置/基础档案/生产制造/生产制造参数设定

在"状态设置"中设置手动输入生产订单默认状态为"锁定"状态，生产订单排程类型默认为"逆推"；在"业务设置"中设置物料清单展开层数为5。若物料清单/工艺路线版本日期默认值设置为空，则维护时默认为系统时间。

28. 设置需求时栅资料

菜单路径：企业应用平台/基础设置/基础档案/生产制造/需求时栅维护

需求时栅如表1-30所示。

表1-30 需求时栅

(时栅代号：0001，时栅说明：202403版)

行号	天数	需求来源
1	10	客户订单
2	20	预测+客户订单，反向消抵
3	40	预测+客户订单，先反向再正向消抵

29. 设置时格资料

菜单路径：企业应用平台/基础设置/基础档案/生产制造/时格资料维护

时格资料如表1-31所示。时格代号及其内容供查看物料可承诺量、MPS与MRP供需资料、工作中心资源产能和负载资料，以及设定资源需求计划、重复计划期间的使用。

表1-31 时格资料

(时格代号：0091，时格说明：202403版时格)

行号	类别	期间数	起始位置
1	周	1	星期一
2	周	1	星期一
3	月	1	28日
4	月	1	28日

30. 设置制造ATP规则

菜单路径：企业应用平台/基础设置/基础档案/生产制造/制造ATP规则维护

制造ATP规则如表1-32所示。可以使用不同规则计算物料的ATP数量。系统每次执行ATP检查时，这些规则均会确定如何匹配物料的供应和需求。

表1-32 制造ATP规则

规则代号	0001
说明	202403ATP规则
逾期需求天数	0
逾期供应天数	0
需求来源	销售订单、生产订单、委外订单、计划需求
供应来源	计划订单、生产订单、委外订单、采购订单、请购订单、现存量

31. 设置预测版本资料

菜单路径：企业应用平台/基础设置/基础档案/生产制造/预测版本资料维护

预测版本资料如表1-33所示。预测版本资料用来维护需求预测订单的版本号及其类别，以说明MPS/MRP展开所使用的产品预测资料来源。

表1-33 预测版本资料

版本代号	版本说明	版本类别	默认版本
2024031	2024年3月版MPS需求预测	MPS	否
2024032	2024年3月版MRP需求预测	MRP	否

32. 设置资源资料

菜单路径：企业应用平台/基础设置/基础档案/生产制造/资源资料维护

资源资料如表1-34所示。

表1-34　资源资料

资源代号	资源名称	资源类别	计费类型	隶属工作中心	工作中心名称	计算产能	可用数量	超载百分比/%	关键资源
0001	线切割机床	机器设备	自动	0010	线切割加工中心	是	2	110	是
0002	精密冲压模具	模夹具	自动	0020	冲压中心	是	3	110	是
0003	高级技工	人工	自动	0030	表面处理中心	是	5	110	是
0009	技工	人工	自动	0090	总装中心	是	10	110	是

❖ **注意：**

"计费类型"为建立标准工序或工艺工序资源的默认值。"手动"表示在建立工时记录单时，该工序资源需要手动输入完工工时；"自动"表示系统可以自动按该工序资源的标准工时计算完工工时。

33. 设置标准工序资料

菜单路径：企业应用平台/基础设置/基础档案/生产制造/标准工序资料维护

长针生产的标准工序资料如表1-35所示，其操作界面如图1-13所示。电子挂钟总装的标准工序资料如表1-36所示。

表1-35　长针生产的标准工序资料

项目	内容		
工序代号	0001	0002	0003
工序说明	铝材切割	冲压成形	表面处理
报告点	是	是	是
工作中心	0010线切割加工中心	0020冲压中心	0030表面处理中心
倒冲工序	否	否	是
委外工序	否	否	否
选项相关	否	否	否
计费点	是	是	是
检验方式	免检	免检	免检
行号	10	10	10
资源代号	0001	0002	0003
资源名称	线切割机床	精密冲压模具	高级技工
基准类型	物料	物料	物料
工时(分子)	1	1	1
工时(分母)	60	60	1
是否计划	是	是	是
计费类型	自动	自动	自动

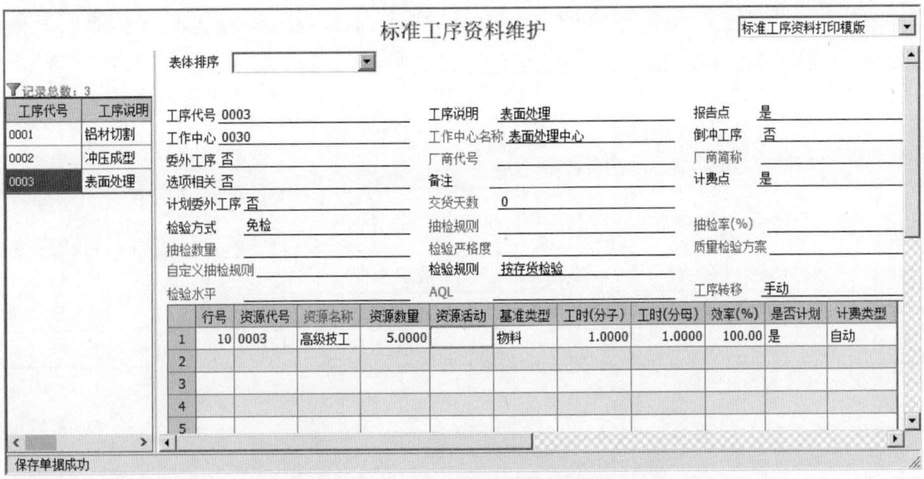

图1-13 长针生产的标准工序资料操作界面

表1-36 电子挂钟总装的标准工序资料

项目	内容
工序代号	0009
工序说明	总装
报告点	是
工作中心	0090总装中心
倒冲工序	否
委外工序	否
选项相关	否
计费点	是
检验方式	免检
行号	10
资源代号	0009
资源名称	技工
资源活动	成品总装
基准类型	物料
工时(分子)	30
工时(分母)	60
是否计划	是
计费类型	自动

❖ 注意：

工时(分子)与工时(分母)的比值表示加工一个单位料品所需要的工时数(以小时为单位)。例如，1分钟切割一个长针的铝材，则分子输入1，分母输入60，表示单位用工时1/60小时；若1秒钟加工一个料品，则分子输入1，分母输入3600，表示单位用工时1/3600小时。

34. 维护长针生产及电子挂钟总装的工艺路线资料

菜单路径：企业应用平台/基础设置/基础档案/生产制造/工艺路线资料维护

长针生产的工艺路线及资源资料如表1-37所示。当增加或修改工序时，可在某行右击，在弹出的快捷菜单中选择"资源资料维护",输入相应资源数量及所需工时等信息。长针生产的工艺路线资料维护如图1-14,长针生产的工艺路线资源资料维护如图1-15所示。

表1-37　长针生产的工艺路线及资源资料

(版本代号: 10,版本说明: 202403版)

工序行号	标准工序	工序说明	报告点	工作中心	资源名称	资源数量	工时(分子)	工时(分母)	计费类型
0010	0001	铝材切割	是	线切割加工中心	线切割机床	2	1	60	自动
0020	0002	冲压成形	是	冲压中心	精密冲压模具	3	1	60	自动
0030	0003	表面处理	是	表面处理中心	高级技工	5	1	1	自动

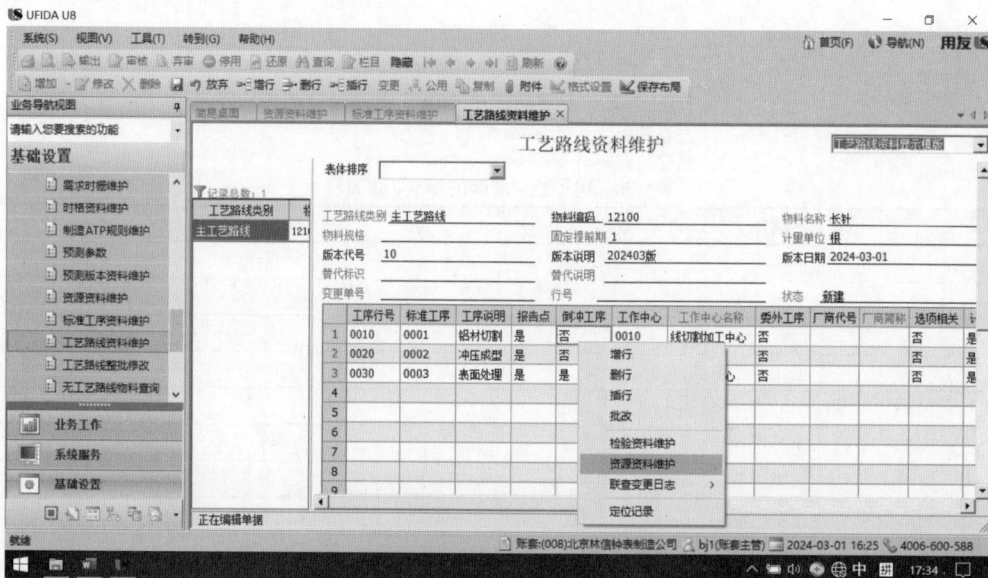

图1-14　长针生产的工艺路线资料维护

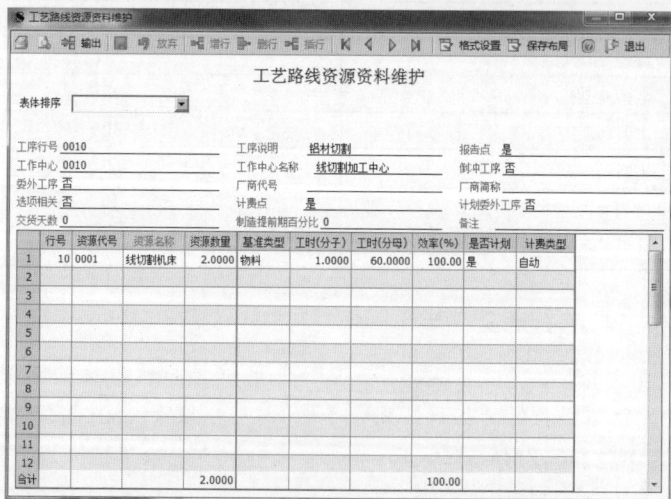

图1-15　长针生产的工艺路线资源资料维护

电子挂钟总装的工艺路线及资源资料如表1-38所示。当增加或修改工序时,可在某行右击,在弹出的快捷菜单中选择"资源资料维护",输入相应资源数量及所需工时等信息。

表1-38 电子挂钟总装的工艺路线及资源资料

(版本代号：10，版本说明：202403版)

工序行号	标准工序	工序说明	报告点	工作中心	资源名称	资源数量	工时(分子)	工时(分母)	计费类型
0090	0009	总装	是	总装中心	技工	10	30	60	自动

35. 设置物料清单资料

菜单路径：业务工作/生产制造/物料清单/物料清单维护/物料清单资料维护

菜单路径：业务工作/生产制造/物料清单/物料清单维护/物料低阶码推算

菜单路径：业务工作/生产制造/物料清单/物料清单维护/物料清单逻辑查验

物料清单录入完毕后，要对其进行低阶码推算和查验。物料清单结构如表1-39所示。电子挂钟物料清单结构如图1-16所示。

表1-39 物料清单结构

(版本代号：10，版本说明：202403版BOM)

母件编码	母件名称	子件阶别	子件编码	子件名称	子件计量单位	基本用量	基础数量	使用数量
10000	电子挂钟	+	11000	机芯	个	1	1	1
10000	电子挂钟	+	12000	钟盘	个	1	1	1
10000	电子挂钟	+	14000	电池	节	2	1	2
10000	电子挂钟	+	13000	钟框	个	1	1	1
12000	钟盘	++	12100	长针	根	1	1	1
12000	钟盘	++	12200	短针	根	1	1	1
12000	钟盘	++	12300	秒针	根	1	1	1
12000	钟盘	++	12400	盘面	个	1	1	1
12100	长针	+++	12010	铝材	千克	0.02	1	0.02
12200	短针	+++	12010	铝材	千克	0.01	1	0.01
12300	秒针	+++	12010	铝材	千克	0.02	1	0.02
12400	盘面	+++	12410	盘体	个	1	1	1
12400	盘面	+++	12420	字模	个	4	1	4
12410	盘体	++++	12411	塑料	千克	0.5	1	0.5
12420	字模	++++	12421	薄膜	米	0.05	1	0.05
13000	钟框	++	12411	塑料	千克	0.5	1	0.5

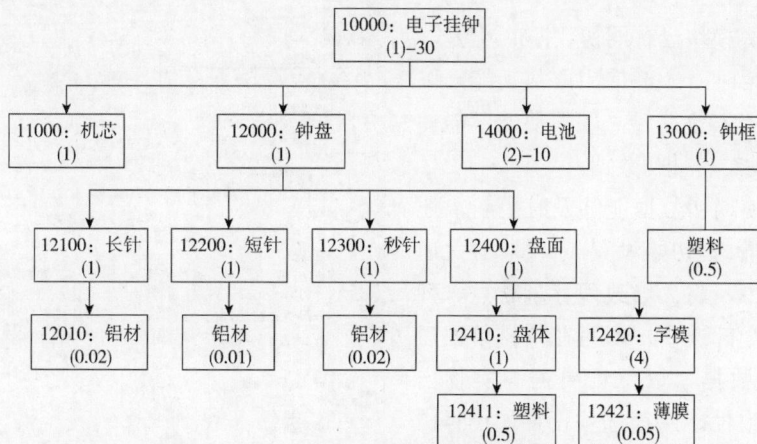

图1-16 电子挂钟物料清单结构

36. 设置单据变化原因码

菜单路径：企业应用平台/基础设置/基础档案/业务/原因码档案

原因码资料如表1-40所示。

表1-40　原因码资料

原因编码	原因名称	可选择的所属类型
01	得单原因	变更原因
02	丢单原因	变更原因
03	产品投诉原因	产品投诉原因
04	部门投诉原因	部门投诉原因
05	人员投诉原因	职员投诉原因
06	其他投诉原因	其他投诉原因

37. 输入存货期初结存数量

菜单路径：业务工作/供应链/库存管理/初始设置/期初结存

执行"期初结存"命令，进入"库存期初"界面，单击"修改"按钮，选择仓库，即可输入存货的期初数量，当录入存货期初数据后，必须对每个仓库的料品进行审核操作，才会更新数据库中的数据，才可以在现存量中查询到该数据。或者单击"批审"按钮完成该仓库所有存货的审核。期初结存的审核实际是期初记账的过程。存货期初结存资料如表1-41所示。

表1-41　存货期初结存资料

仓库	仓库编码	存货编码	存货名称	数量
原辅料仓库	0010	12411	塑料	1000
原辅料仓库	0010	12421	薄膜	1000
成品仓库	0020	10000	电子挂钟	50
半成品仓库	0030	11000	机芯	20
半成品仓库	0030	12200	短针	1000
半成品仓库	0030	12300	秒针	1000
半成品仓库	0030	12420	字模	300

输入存货期初数量时，也可以单击"取数"按钮，在"存货核算"模块中取期初数据(如果存货核算模块已有期初数据)。但是，只有第一年启用时，才能使用取数功能，以后年度结转上年末数据后，取数功能不能使用，系统会自动结转期初数据。

另外，要使期初数据能够及时更新，还必须在"库存管理/初始设置/选项"的"通用设置"页签中，将"修改现存量时点"列表框中的选项全部选中，即可在审核单据后立刻更新库存数据，以保证单据与实物出入库数据的一致性。库存选项设置如图1-17所示。

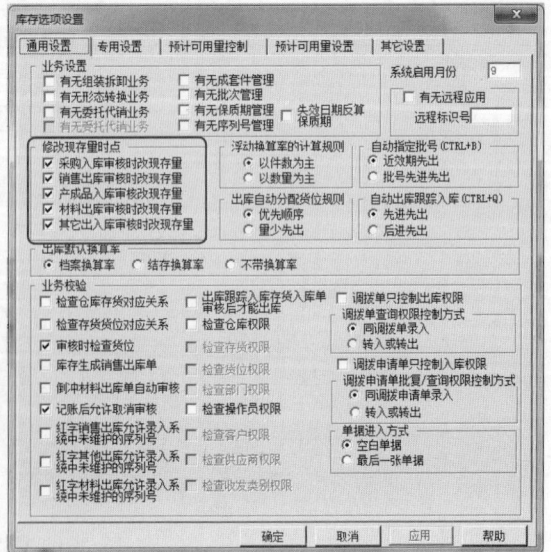

图1-17　库存选项设置

38. 输入供应商存货价格

菜单路径：业务工作/供应链/采购管理/供应商管理/供应商供货信息/供应商存货调价单

在"供应商存货调价单"页面中，单击"增加"按钮，输入或修改存货价格。依次单击"保存"和"审核"按钮后方可生效。供应商存货价格如表1-42所示。

表1-42　供应商存货价格

供应商	存货	含税单价/元
上海昊恒工贸有限公司	机芯	30
上海昊恒工贸有限公司	电池	10
上海昊恒工贸有限公司	薄膜	8
北京铝材厂	铝材	20
江苏塑料二厂	塑料	19

❖ **注意：**

◇ 供应商存货调价表可以针对不同供应类型(采购、委外、进口)进行价格设置，包括含税单价、税率、无税单价，也可以按数量阶梯进行价格设置；可以设置生效日期、失效日期，以及是否为促销价。

◇ 供应商存货价格表在供应商存货调价单审批通过后产生。供应商存货价格表用于供应商存货价格的查询、调价。在填制采购单据(订单、到货单、发票)时，可以设置从供应商存货价格表中取价。

39. 输入客户存货价格

菜单路径：业务工作/供应链/销售管理/价格管理/价类设置

选择要使用的批发价格项和零售价格项，以供在存货调价表中输入价格时使用。

菜单路径：业务工作/供应链/销售管理/价格管理/存货价格/存货调价单

新增输入存货的批发价和零售价，或者修改存货价格，审核后方可生效。存货调价单如表1-43所示。

表1-43　存货调价单

料品	数量下限	批发价1/元	零售价1/元
电子挂钟(10000)	0	100	120

菜单路径：业务工作/供应链/销售管理/价格管理/客户价格/客户调价单

新增输入向某客户销售的存货价格，或者修改该客户的存货价格，审核后方可生效。客户的存货调价单如表1-44所示。

表1-44　客户的存货调价单

客户	货品	批发价/元	零售价/元
湖北华联商厦(001)	电子挂钟	120	130
北京西单商场(002)	电子挂钟	100	110
江西省钟表销售分公司(003)	电子挂钟	100	120

❖ **注意：**

存货价格表和客户价格表也是在分别对存货调价单和客户调价单进行录入和修改，并审批通过后产生的。在填制报价单、销售订单时，可以从客户存货价格表中取价。

40. 设置应收账款与应付账款科目的受控系统

菜单路径：企业应用平台/基础设置/基础档案/财务/会计科目

在会计科目编码表中设置"应收账款"科目辅助核算为"客户往来"，受控系统为应收系统，表示所有发生的应收款业务的凭证必须在应收款管理系统中生成，共享给总账系统，不能在总账系统中手动输入，以避免数据重复。

在会计科目编码表中设置"应付账款"科目辅助核算为"供应商往来"，受控系统为应付系统，表示所有发生的应付款业务的凭证必须在应付款管理系统中生成，共享给总账系统，不能在总账系统中手动输入，以避免数据重复。

41. 设置销售订单显示模板格式

为了满足生产制造企业业务管理需要，可以对销售订单显示模板格式进行修改：在销售订单显示模板表体项中添加"预完工日期"栏目。

菜单路径：企业应用平台/基础设置/单据设置/单据格式设置

在"U8单据目录分类"中双击"销售管理/销售订单/显示/销售订单显示模板"，此时可以对"销售订单"模板进行编辑，如图1-18所示。

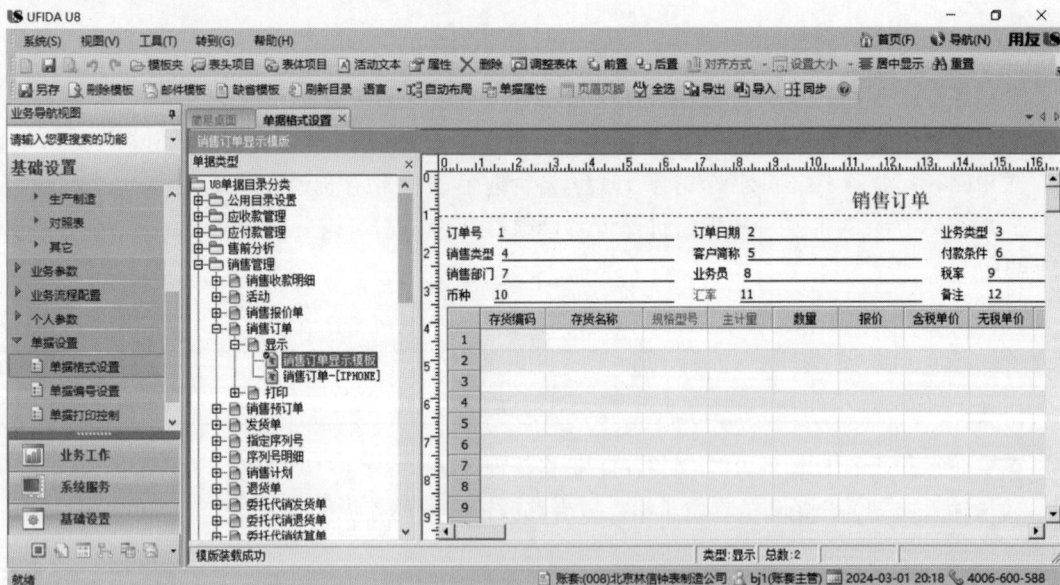

图1-18　销售订单模板设置

单击工具栏中的"表体项目"按钮，弹出"表体"对话框，选中"114预完工日期"选项，单击"确定"按钮，完成对表体添加"预完工日期"列的设置，如图1-19所示。单击"保存"按钮，即完成销售订单模板的格式设置，关闭此程序返回。

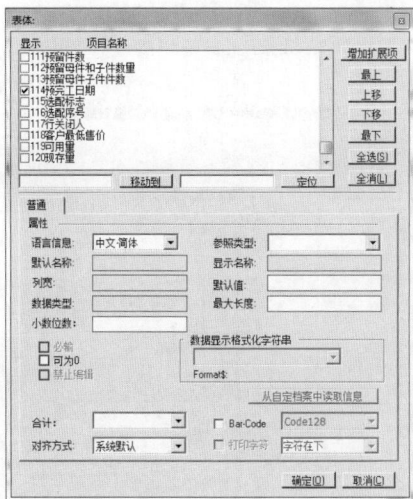

图1-19　销售订单表体增加"预完工日期"栏目

42. 设置销售专用发票及发货单显示模板格式

为了完成销售发货签回工作，可以对销售专用发票及发货单显示模板格式进行修改，即在销售专用发票及发货单显示模板表体项中添加"需要签回"栏目。当录入销售专用发票时，"需要签回"栏目选择"是"，则发货完成后就可以做发货签回单了。

菜单路径：企业应用平台/基础设置/单据设置/单据格式设置

在"U8单据目录分类"中双击"销售管理/销售专用发票/显示/销售专用发票显示模板"，此时可以对"销售专用发票"模板进行编辑，如图1-20所示。

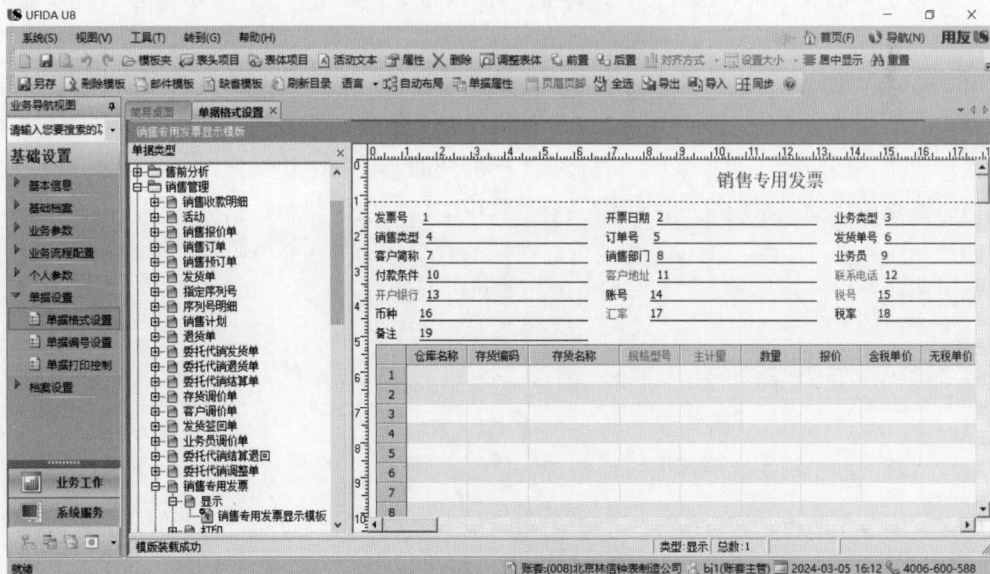

图1-20　销售专用发票模板设置

单击工具栏中的"表体项目"按钮，弹出"表体"对话框，选中"107需要签回"选项，单击"确定"按钮，完成对表体添加"需要签回"列的设置，如图1-21所示。单击"保存"按钮，即完成销售专用发票模板的格式设置，关闭此程序返回。

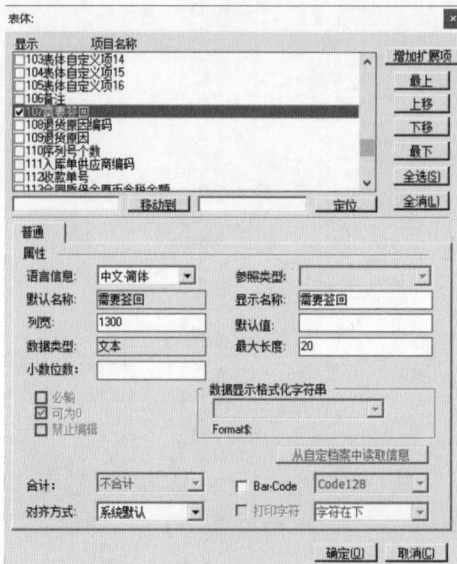

图1-21 销售专用发票表体增加"需要签回"栏目

同理，对发货单模板设置进行操作。

1.6 实验的组织

若要把教学实践活动组织安排得充分得当，需要做好两项准备工作。首先，应编写好内容适合、目标明确的实验指导书，要有较全面、合理的实验数据；其次，要有适合的实验教学方法。

ERP生产管理系统的实验教学运用"体验式教学法"，可以个人单独练习，也可以采取团队实战演练的方式进行练习，即使用ERP软件模拟企业的生产经营活动过程，在实战演练剧本的情景环境中，按照企业业务流程完成企业生产经营的全过程，让学生体会各岗位角色的业务工作内容及岗位之间、部门之间的协作关系。其中，剧本的编写和短剧的排演均由学生在教师提供的原始资料基础上加工完成，自编自导自演的教学活动形式充分鼓励、调动和发挥了学生的主观能动性和创造力，锻炼了学生的组织能力和协作能力。

1.6.1 实验设计方法

1. 个人练习和小组实战演练相结合

实验分为两个阶段，前一阶段以学生个人练习为主，反复练习软件功能的操作，提高熟练程度，达到独立完成所有实验内容的目标；后一阶段是在前一阶段实验的基础上，分小组进行，以小组为单位模拟一个企业，按照所划分的部门和岗位，每位学生担任一个岗位的工作，结合企业生产经营业务的流程和软件的功能，根据所给的实验数据，将企业生产经营活动全过程演练完成。

实验要求：教师提供业务内容及经营情景、工作流程和业务数据；学生进一步编辑设计业务发生的环境情景，自编自导自演，用ERP软件模拟企业的工作环境进行实际工作，最终提交实战演练报告(企业生产经营活动实战演练剧本)。

2. 实验内容

根据学生对实验业务内容的掌握程度、对软件操作的熟练程度，以及对数据模拟的正确程度，教师给学生综合评定成绩。

实验内容的实施可以分为"简单方式"和"详细方式"两种类型。

"简单方式"实验是以企业生产经营活动为主线展开的，如表1-45所示，共有八个实验，内容由浅入深。在熟练完成这八个实验的基础上，再进一步学习其他各章的内容。以这种方式组织学习，有利于高效地掌握企业生产管理活动的全貌，便于学生尽快掌握生产管理系统的业务流程和功能操作。

"详细方式"实验按照实验教程的内容逐一完成。

表1-45　"简单方式"实验内容安排

实验名称	实验内容	学时
实验一、二、三	客户订货、排程业务、采购管理	4
实验四、五、六	委外管理、生产管理、销售发货	4
实验七、八	财务制单、期末处理	4
综合实验	个人单独将八个实验一次性完成	4～8
分组实战演练	企业生产经营活动全过程	4
合计		20～24

3. "简单方式"的实验指导

按照如图1-22所示的顺序组织实验，使用实验教程提供的数据，完成各项功能的操作。可以参考第15章的实验示例。

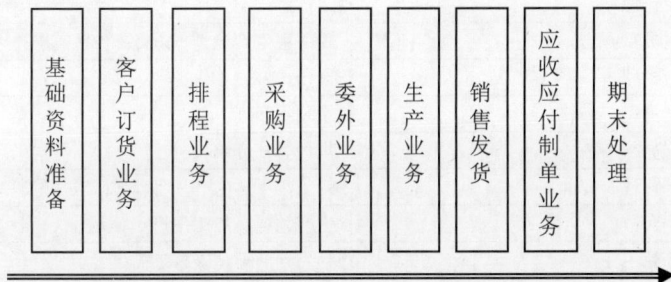

图1-22　"简单方式"实验顺序安排

1.6.2　实验案例情景设计

下面以剧本的形式描述一个制造企业发生的经济业务情况。该情景是以"简单方式"实验的内容为主线，模拟企业的生产经营活动，了解企业各个部门的作用和职能，以及它们之间的业务关系。

1. 模拟企业基本情况

北京林信钟表制造公司是一家多年从事钟表生产制造的企业，共设置了八个部门，分别是总经理办公室、销售部、采购部、仓管部、技术部、生产部、财务部、计算机中心。目前，该公司已和全球几十个国家的跨国公司有着业务上的紧密联系，每天都接到来自国内外的大量订单。

2. 分配岗位角色

岗位角色分配如表1-46所示。

表1-46 岗位角色分配

部门/合作方	角色	工作内容
总经理办公室	总经理	全权安排管理企业工作，协调、平衡、解决问题
供应商	上海昊恒工贸有限公司销售部业务员	机芯、电池、薄膜
	北京铝材厂销售部业务员	铝材
	江苏塑料厂销售部业务员	塑料
	天津原料公司销售部经理	提供原料
委外商	北京兴隆注塑厂生产部主任	盘体、钟框的领料、加工，完工后送达仓库
客户	湖北华联商厦采购员	收货签单、付款
	江西钟表公司采购员	收货签单、付款
销售部	部门经理	审核、分析业绩、协调工作
	业务员1	报价、谈判、联系业务
	业务员2	发货、送货
采购部	部门经理	审核、协调工作
	采购员1	询价、谈判
	采购员2	请购单作业
	规划员1	规划采购订单
仓管部	部门经理	协调工作、月末处理
	仓管员1	领料
	仓管员2	验收入库
技术部	部门经理	审核、协调工作、设计、编制物料清单
	规划员1	制作主生产计划(MPS)、物料需求计划(MRP)
生产部	部门经理	审核、协调工作
	规划员1	规划生产订单
	规划员2	规划委外订单
	生产管理人员	派工、下达生产任务(通知单、领料单)
	生产人员	生产领料、加工生产、搬运
	委外处主任	给委外商下达委外通知
财务部	部门经理	签字审核、协调工作
	应收会计	确认应收单据、制作凭证
	应付会计	确认应付单据、制作凭证
计算机中心	系统管理员	用户管理、权限设置；备份、还原业务数据

3. 案例情景描述

1) 引言

○ 随着我国市场经济的发展和完善，以及经济全球一体化发展趋势的形成，企业面临的竞争愈加激烈，迫切需要提高企业管理效率，提升竞争力。近年来，ERP在我国获得了快速的发展，许多企业通过实施ERP收到了良好的成效，改善和优化了业务流程，提高了管理水平，提升了企业竞争力。

○ 为了更好地推广ERP的使用，最近，一些ERP厂商在北京市召开了一次ERP推广会，旨在推广ERP的理念和软件产品的应用。会议通过两个案例，使广大企业认识到ERP软件及其管理思想对企业经营管理的重要性，同时也认识到，ERP不是万能的，企业的成功最终还在于人，如果没有好的领导者和优秀的团队及合理的经营方法，有了ERP也不一定会起到良好的效果，因此，引进ERP要有充分的思想准备！

2) 第一幕　ERP推广会现场

场景：ERP推广现场

人物： 王雪——某公司ERP推广部的负责人

班级其他成员——ERP推广会上的各企业总裁

事件： 王雪向在座的各位总裁宣传推广ERP。

王雪：各位老总，大家好！

欢迎来到ERP软件的推广现场。我是某公司ERP推广部的负责人王雪。感谢在座的企业精英在百忙之中抽出时间光临现场，也很荣幸可以和大家在这里交流经验。

大家都知道，如今市场上ERP这个词很火，当今世界500强的公司都在以ERP思想管理企业，其在国内选择合作伙伴的一个关键条件是对方使用了ERP的管理方式，因此，面对信息化的浪潮，业内人士都雄心勃勃地想借助ERP等现代化的信息管理工具来实现自身的价值，将其视为释放生产力的有效平台，在他们眼中信息化的任何突破都具有创新的意义。那么ERP究竟能为我们带来什么？究竟什么力量使ERP变得如此神奇呢？

请大家跟着我回到十年前，看一看北京的某钟表公司是怎样经营的……

3) 第二幕　十年前北京一个传统钟表公司惨淡经营

北京林信钟表制造公司原名"北京福里斯特钟表有限公司"，原本是一家很有实力的企业，生产的电子挂钟质量很好，但是在经营了多年以后，销售业绩一年不如一年……

场景一：湖北华联商厦采购员询价

人物： 李冰——湖北华联商厦采购员

刘梅——北京福里斯特钟表有限公司销售部业务员

事件： 李冰向刘梅询价。

刘梅：您好，这里是北京福里斯特钟表有限公司。

李冰：您好，我是湖北华联商厦采购员。请问贵公司现在生产的电子挂钟多少钱一个？

刘梅：我们公司的电子挂钟，现在含税单价是120元。

李冰：120元啊！如果我们要100个电子挂钟，你们能在20号交货吗？

刘梅：这个没有问题，我们公司有充足的货源，下午咱们确认一下订单好吗？你看什么时间合适？

李冰：下午3点钟吧。

刘梅：行，再见！

(下午3点钟)

李冰：喂，您好，这里是湖北华联商厦。

刘梅：您好，我是北京福里斯特钟表有限公司的业务员。上午您订的货，我想再确认一下。

李冰：没问题，就和你们订货了。你们一定要准时交货啊！

场景二：采购员找采购主管确认报价单

人物：王斌——采购部主管

陈梅——采购部采购员

事件：陈梅向王斌报告几个原料厂家情况。

陈梅：经理，这是几家原料厂的价格和质量情况，请您看一下！

王斌：好！

王斌：我想听一听你的意见。

陈梅：我觉得北京厂的原料不错，质量上乘，价格合理，服务也好。天津厂呢，质量比北京厂要差点儿，价格还高，但服务倒还可以。

王斌：嗯！我也觉得北京厂的不错！这样吧，我再考虑考虑，你下午再过来拿吧！

陈梅：好的！

场景三：采购主管受贿

人物：王斌——采购部主管

老张——天津原料公司销售部经理

事件：临近中午，老张来电话请王斌吃饭。

(叮……叮……)

王斌：喂，你好！……啊，老张啊，你好你好！哎呀，这个事情不好办啊！人家北京厂的价格比你们低啊！这个，真的不好办啊！……中午？中午有时间啊！……这个怎么好意思啊？！好！那咱们就中午酒店见！

场景四：采购部采购员向主管要订单

人物：王斌——采购部主管

陈梅——采购部采购员

事件：王斌把原料订单交给陈梅。

陈梅：经理，您叫我来拿原料订单？

王斌：嗯，在这儿。

陈梅：天津厂？

王斌：对，天津厂！要是没问题，你就下去办吧！

陈梅：哦，好的！(心想：质量不行，价格还高，一定吃回扣了！)

场景五：逾期未交货，客户投诉

人物：张宇——北京福里斯特钟表有限公司总经理

李冰——湖北华联商厦采购员

事件：客户投诉。

张宇：喂，您好，哪位？

李冰：我是湖北华联商厦，您是钟表公司总经理吗？

张宇：对，我是。请问有什么事吗？

李冰：你们公司是怎么搞的？上次从你们公司订了100个电子挂钟，说是20号交货，今天都23号了，怎么还没到货呢？

张宇：不好意思，不好意思。我问一下，看是什么情况，好吗？然后给您答复，您看行吗？

李冰：快点吧，我们这边还等着呢！

张宇：好的，一定尽快给您答复。

李冰：就这样，快点，再见！

张宇：好，再见！

场景六：总经理召集开会

人物： 张宇——公司总经理

王斌——采购部主管

国林——销售部主管

杨彤——生产部主管

金明——仓管部主管

贺雷——财务部主管

事件： 公司总经理接到顾客投诉电话后，召集各部门主管开会；各部门主管互相推卸责任。

张宇：都到齐了吧？刚才湖北华联商厦来电话了，催问那批货，怎么还没给人家发过去啊？销售部，怎么回事啊？

国林：生产部门没把货给我们，我们拿什么卖啊？

张宇：生产部，你们怎么回事啊？

杨彤：库房里什么东西也没有，我们怎么生产啊？

张宇：仓库，怎么回事啊？

金明：采购部没买原料，我们仓库哪有东西啊？

王斌：这可不关我们的事啊！财务部不拿钱，我们拿什么去买原料啊？

贺雷：他们销售部卖不出去东西，我们哪有钱给你们啊？

……

张宇：够了！你们就这样把责任推来推去？公司到底是谁的啊？干不好大家都得喝西北风！

4) 第三幕 ERP推广现场——王雪对以往不科学的经营进行总结

场景：ERP推广现场

人物： 王雪——某公司ERP推广部的负责人

班级其他成员——ERP推广会上的各位总裁

事件： 王雪对以往不科学的经营进行总结。

王雪：各位老总，不知看了这个案例后有什么体会？是否也在为生产和库存的紧张关系而烦恼呢？是否也为管理人员腐败造成巨大金钱损失而又无从核实查证而困惑呢？是否也为对客户的响应效率太低，失去了很多客户而窘迫呢？是否也开始觉得自己的员工相互推卸责任，工作氛围紧张、不和谐呢？好的，如果您正在为这些问题伤脑筋，正在解决的道路上苦苦探索的话，请再跟着我去看另一个案例。那家钟表公司在濒临破产的时候，换了领导，安装了一套ERP软件，下面让我们看一看该公司在几年里发生了怎样的翻天覆地的变化……

5) 第四幕 新公司的经营情况

在更换了领导班子后，原北京福里斯特钟表有限公司更名为"北京林信钟表制造公司"，并且引进了ERP软件和管理思想，针对员工进行了培训，开始了新的生产经营……

场景：公司总经理介绍公司情况

人物：梅兰——北京林信钟表制造公司总经理

事件：介绍公司情况。

梅兰：大家好！我们北京林信钟表制造公司是前年引进的ERP软件。在引进后的这一年多的时间里，我们降低了库存成本，提高了生产效率，取得了一定的业绩，但是还是有些不足的地方，我们也正在改进。现在就以我们一个月的公司业务为主线，向大家展示一下ERP在企业生产经营中的作用！

请允许我介绍一下我们公司的主要部门及各个部门的主管。

销售部主管郭静，销售部是我们公司很重要的一个部门，它负责产品的销售、业务的联系，公司的利润主要由它产生。

计术部主管孟学，技术部的一个主要职能就是在接收到销售业务订单以后，为公司的整个生产做好计划，如果没有它，我们的生产就无法安排，会出现混乱。

采购部主管张兰，采购部负责原材料的采购，任务比较重，如果没有采购部，我们就无法进行生产。

仓管部主管贺炜，仓管部是非常重要的部门，别看它"其貌不扬"，实际上我们公司的每个部门都与它有密切的关系。

生产部主管潘明，生产部是我们的"心脏"，没有了生产部，我们就没有产品，生产部工作的好坏直接影响公司的经济效益。

财务部主管郑威，财务部的作用非常重要，其负责掌管和监督公司的流动资金，没有钱什么都干不了。

好，各部门介绍完了，那么我们这个月的生产经营是这样进行的……

第一部分　客户订货业务

场景一：湖北华联商厦询价

人物：汪建—— 销售部业务员

　　　李冰—— 湖北华联商厦采购员

事件：销售部业务员根据对方提供的信息填好报价单，包括客户名称、需求日期、货品数量、含税单价、出货仓库、预发货日期、完工日期等。

(销售部电话铃响起)

汪建：喂，您好！这里是北京林信钟表制造公司销售部。

李冰：您好！我是湖北华联商厦采购员，想问一下贵公司生产的电子挂钟多少钱一个？

汪建：现在的价格是120元一个，请问您要多少货？

李冰：100个，这个价格高了一点儿啊。

汪建：不高，现在这种电子挂钟在市场上卖得很不错的。

李冰：这个价格的话，我要请示我们经理了。

汪建：那我明天给您打电话再确定这件事情，您看行吗？

李冰：好的。

汪建：先生，您贵姓啊？

李冰：姓李，我的联系方式是……，好，那先这样，明天再联系。

汪建：好的，再见。

场景二：报价单审核

人物：郭静——销售部主管

汪建——销售部业务员

事件：销售部主管进行报价单的审核工作。

汪建：经理，这是刚刚向湖北华联商厦提供的电子挂钟的报价，请您签字。

郭静：你尽快向对方确认一下是否要这批货。辛苦了啊！

场景三：湖北华联商厦业务的跟催

人物：汪建——销售部业务员

李冰——湖北华联商厦采购员

事件：业务员汪建给湖北华联商厦采购员李冰打电话，以确认是否签订这笔业务。

汪建：喂，您好！是李冰先生吗？

李冰：您好！是我。

汪建：我是北京林信钟表制造公司的汪建，上次您打电话要订购100个电子挂钟的事，现在考虑得怎么样了？

李冰：你们生产的电子挂钟，我上次问是120元一个，能不能便宜一点儿？因为我要100个，量也不少。

汪建：这个，我得向主管请示一下。过一会儿给您回电话，好吗？

李冰：那好吧，我等您电话，再见。

汪建：再见。

场景四：请示主管是否可以降价

人物：汪建——销售部业务员

郭静——销售部主管

事件：在接到湖北华联商厦的降价要求后，业务员向主管请示。

汪建：郭经理，湖北华联商厦觉得120元的价格太高，问能不能低点儿。

郭静：这个月销售不是特别好，他们这次要的量也比较大，那就给他们降到115元。

汪建：好的，我这就给他们回电话。

场景五：修改已审核的报价单

人物：汪建——销售部业务员

周明——销售部业务员

事件：修改已审核的报价单，并填写修改的原因。

汪建：小周，这是刚刚对湖北华联商厦的新报价，麻烦你修改一下好吗？

周明：好的，交给我吧，希望这笔业务可以达成。

汪建：应该没问题。

场景六：客户确认报价单并订货

人物：汪建——销售部业务员

李冰——湖北华联商厦采购员

事件：确认报价单。

李冰：喂，您好！这里是湖北华联商厦。

汪建：您好！我是北京林信钟表制造公司的业务员汪建。刚才您要求降价，我们经理已经同意了。

李冰：是吗？多少钱？

汪建：给您优惠价，含税单价115元，您觉得怎么样？

李冰：115元，可以。

汪建：那您现在就订货吗？

李冰：嗯，我们订100个，需要20号到货，行吗？

汪建：好的，没问题。

李冰：那就这样，再见。

汪建：再见。

场景七：报价单转销售订单

人物： 郭静——销售部主管

汪建——销售部业务员

周明——销售部业务员

事件： 把报价单转成销售订单。

汪建：郭经理，已和湖北华联商厦签下了销售订单。

郭静：这么顺利啊！干得不错，继续努力啊。那就做一张销售订单吧，你和小周打个招呼。

汪建：小周，我们和湖北华联商厦的销售订单签下来了，按照报价单做一张销售订单，打印出来，我给经理送去，今天要发给湖北华联商厦。

周明：好的，马上就做好。

汪建：郭经理，这是要给湖北华联商厦传过去的销售订单，您签个字，我马上给他们传真过去。

郭静：好。尽快把这些销售订单拿给技术部的规划员，他们好做计划。

汪建：好的，经理，放心吧！

场景八：与江西钟表公司签订销售订单

人物： 国林——销售部业务员

孙亮——江西钟表公司采购员

事件： 与新的客户签订销售订单。

国林：您好！这里是北京林信钟表公司，有什么可以帮忙的吗？

孙亮：您好！我是江西钟表公司的孙亮，我们想订400个电子挂钟，这个月30号能交货吗？

国林：400个，嗯，可以交货。

孙亮：价格方面能不能优惠一点儿啊？

国林：你们公司定货量这么大，我们可以考虑给您最低价，100元一个。

孙亮：好的，那就这么定了啊，货到后5天内货款给你们打到账上，好吗？

国林：没问题。400个，每个100元，30号交货。再把你们的详细地址和联系电话告诉我一下。

孙亮：我们的地址是……，电话是……。你们送货免运费吗？

国林：你们可以免运费的。合作愉快！

孙亮：合作愉快！再见！

国林：再见！

场景九：销售订单输入

人物： 郭静——销售部主管

国林——销售部业务员

周明——销售部业务员

事件： 输入销售订单内容，包括客户名称、需求日期、货品数量、含税单价、预发货日期及完工日期等。

国林：经理，这是刚接到的江西钟表公司的销售订单。

郭静：他们要了400个啊，量还挺大的嘛。你叫小周把单据赶快打印出来。

国林：好的。

(国林把江西钟表公司要货的信息记录交给小周)

国林：小周，这是江西钟表公司要的货，你输入一下吧。

周明：好的，你先放这儿吧。一会儿就处理，我先把手头的工作做完。

国林：好的，输完打印出来给我。

周明：好的，处理完我马上给你。

场景十：销售订单审核

人物： 郭静——销售部主管

国林——销售部业务员

事件： 销售部主管审核销售订单。

国林：经理，这两张销售订单做好了，您签个字。

郭静：好的。

第二部分　排程业务

场景一：技术部接到安排计划的通知

人物： 郭静——销售部主管

孟学——技术部主管

事件： 销售部接到订单后通知技术部安排计划

郭静：喂！是技术部吗？

孟学：您好！这里是技术部。

郭静：刚刚接到了两笔订单，两张销售订单我们已经审核完了，你们查一下。

孟学：好的，您稍等。(查询订单)对，订单已经有了，我们马上做计划安排。

郭静：好的，再见！

孟学：再见！

场景二：进行排程业务

人物： 孟学——技术部主管

朱玉——技术部规划员

刘梅——技术部规划员

梁伟——技术部规划员

事件： 接到销售部通知后，技术部进行排程作业，根据销售订单制订产销规划。

孟学：小朱、小刘，销售部又有新的订单了，你们看一下，做一下排程，然后让梁伟通知采购部和生产部。

朱玉、刘梅：好的。(完成MPS和MRP运算)

刘梅：梁伟，新销售订单的计划已经制订好了，你打电话通知采购部和生产部，看他们有没有意见。

梁伟：好的。

第三部分　采购业务

场景一：填写请购单并进行审核

人物： 张兰——采购部主管
　　　　汤丽——采购部采购员

事件： 业务员请主管审阅仓管部填写的请购单。

汤丽：张经理，这是仓管部的请购单，请您审批，我准备去找厂商订货。

张兰：嗯，好的，小汤最近辛苦了。

汤丽：过奖了，还需努力啊。

场景二：向各原料供应商询价

人物： 张兰——采购部主管
　　　　王斌——采购部采购员
　　　　赵红——江苏塑料二厂销售部业务员
　　　　郭昊——北京铝材厂销售部业务员

事件： 采购部主管让业务员询价。

张兰：王斌，这有一批原料的订单，你打电话去问一问情况。

王斌：好的。

(打电话)

王斌：您好！是江苏塑料厂吗？

赵红：对！您是？

王斌：我是北京林信钟表制造公司采购员王斌。

赵红：您好，您好！

王斌：我们最近需要一批塑料，想问一问你们厂塑料的价格。

赵红：好的！我们厂塑料的质量是有保证的！几年来一直受各厂家的欢迎。单价每公斤25元。

王斌：25元？太贵了吧！现在的市场价哪有那么高啊？人家好多都卖十五六元。

赵红：可我们的质量不一样啊！十五六元的哪能跟我们的比啊？

王斌：这样吧，再低一些，我们要的量可不小啊。

赵红：这样吧，21元，不能再低了。

王斌：您这哪儿叫低啊？整个市场数您最高！我们诚心买，您就说个最低价吧！

赵红：那……19元吧。

王斌：19元？好吧！这批货6月8日前能给我们吗？

赵红：我查一下……，行！6月8日没问题，留一下您的地址和电话。

王斌：好的。地址是……，电话是……，一定要准时交货。

赵红：没问题，再见！

(打电话)

王斌：您好！是北京铝材厂吗？

郭昊：对！您是？

王斌：我是北京林信钟表制造公司的采购员。

郭昊：您好！

王斌：我们公司需要一批铝材，你们厂铝材怎么卖？

郭昊：我们厂有一批最新的铝材，质地优良，单价每公斤23元。

王斌：23元？有点儿贵。我们是老主顾了，您就给个最低价。

郭昊：那就20元吧。

王斌：我们6月6日就要拿到货，能行吗？

郭昊：没问题！

王斌：好的！再见！

场景三：业务员向上海昊恒工贸有限公司询价

人物：宋平——采购部采购员

　　　　王军——上海昊恒工贸有限公司销售部业务员

事件：业务员打电话到上海昊恒工贸有限公司询问配件价格等情况。

宋平：您好！是上海昊恒工贸有限公司吗？

王军：对！您是？

宋平：我是北京林信钟表制造公司采购员宋平。

王军：您好！

宋平：我们最近需要一批机芯，你们厂机芯的价格和质量怎么样？

王军：机芯的质量可以保证，价格是30元一个。

宋平：那好吧！先订100个，10号要货。

王军：好的！再见！

宋平：再见！

场景四：询价后向公司反馈

人物：王斌——采购部采购员

　　　　汤丽——采购部采购员

事件：王斌询价回来后告诉汤丽

(王斌走进门)

汤丽：最后谈得怎么样啊？

王斌：都成了。江苏塑料厂的塑料每公斤19元，北京铝材厂的铝材每公斤20元，上海昊恒工贸的机芯是宋平谈下来的，30元一个。

汤丽：真厉害啊！

王斌：哪里，哪里！你把它们记下来吧。

汤丽：记了。

场景五：由请购单生成采购订单

人物： 汤丽——采购部采购员

事件： 汤丽解说操作。

汤丽：经过询价，将请购订单转为采购订单并请供应商确认，然后审核采购订单。根据MRP的运行结果生成采购订单，并确定每种料品的供应商。

场景六：采购订单审核

人物： 张兰——采购部主管

汤丽——采购部采购员

宋平——采购部采购员

王斌——采购部采购员

陈力——仓库管理员

事件： 汤丽找张兰审核。

汤丽：张经理，请您审核一下采购订单，一部分是请购单转成的采购订单，另一部分是经过MPS和MRP运算后生成的采购单。

张兰：好的。让宋平和王斌再和供应商确认一下到货日期。

(采购到货)

王斌：仓管部吗？我们采购的货马上就到了，你们准备验收。

陈力：好的。

场景七：采购金额审核

人物： 汤丽——采购部采购员

郑威——财务部主管

林山——财务部会计

罗明——财务部会计

贺雷——财务部会计

事件： 汤丽将采购的票据交给财务部，财务部进行相关业务审核。

汤丽：这是近期采购料品的票据，交给你们入账。

郑威：好的。林山、罗明，还有贺雷，你们尽快将采购部门和仓管部的票据审核一下。

林山、罗明、贺雷：好的，郑头儿！

林山：输入并确认验收单上与付款相关的项目内容，以便转入应付账款。

罗明：检查完由采购管理模块转入的验收费用和退回资料后，将验收和验退资料转到应付账款模块，经核对无误后，在应付账款系统进行应付单据的登账、支付等操作，实现信息的自动传递。

贺雷：我把采购管理模块转入的验收费用及验退资料检查一下，再核查供应商应付账款的资料。

第四部分　委外业务

场景一：委外件询价，输入和规划委外订单，并进行委外单的审核。

人物： 潘明——生产部主管

顾燕——生产部生产人员

周静——生产部委外处主任

陈磊——北京兴隆注塑厂生产部主任

事件： 经过MPS、MRP自动规划后，规划人员要对建议规划量进行核查。生产人员向委外商询价，签订委托加工合同后，生产人员录入委外单，由生产部主管审核；打印出委外单，再由生产部主管签字，作为正式合同交与委外商，委外商来企业仓库领料。

顾燕：潘经理，委外规划已经做好了，请您审核。

潘明：好的，你去通知周静，让她尽快和厂家联系。

顾燕：周主任，委外规划已经做好了，尽快跟委外商联系吧！

周静：好的，我和老陈熟，我直接和他说。

(打电话)

周静：您好！请问是北京兴隆注塑厂吗？

陈磊：您好！我是北京兴隆注塑厂。请问您是哪位？

周静：我是北京林信钟表制造公司生产部的周静。我们公司想委托贵厂生产一批钟表零部件。

陈磊：是什么零件？

周静：主要是盘面和钟框，各要100个，月底交货。

陈磊：好，那价格呢？

周静：您看按照上次咱们合作的价格怎么样？盘体10元，钟框15元。

陈磊：嗯……可以。

周静：太好了，就说咱们是老熟人了嘛，那我现在就把委外订单给您传真过去，您确认一下，若没有问题直接到我们厂仓管部领料就可以了。

陈磊：好的，再见。

周静：再见。

(布置任务)

周静：小顾啊，你把委外单传给北京兴隆注塑厂老陈，还有，送一份到仓管部。

顾燕：好的。

周静：这段时间咱们都比较忙，辛苦啦！

顾燕：哪儿的话！周主任，这不是咱分内的事嘛！

场景二：委外商领料

人物： 陈磊——北京兴隆注塑厂生产部主任

贺炜——仓管部主管

陈力——仓库管理员

事件： 委外商领料。

陈磊：您是北京林信钟表制造公司仓管部的贺经理吗？这是委外单，请您帮我全领出来。

贺炜：好的。陈力，你来处理一下。

陈力：好的，我马上就办。

场景三：委外验收

人物：陈磊——北京兴隆注塑厂生产部主任

　　　金明——仓库管理员

　　　陈力——仓库管理员

事件： 委外加工完成后，仓管员要收料入库。

陈磊：喂，您是北京林信钟表制造公司仓管部的老陈吗？我是北京兴隆注塑厂的。你们公司委托我厂生产的东西，我派人给你们送去了，请您验收一下。

陈力：好的，我马上查一下，以后再联系。老金，麻烦你去验收一下。

（验收过程……）

金明：验收完了，没有问题，可以入库了。

陈力：好的，我马上填入库单。

场景四：金额审核

人物：周静——生产部委外处主任

　　　顾燕——生产部生产人员

　　　郑威——财务部主管

　　　林山——财务部会计

　　　罗明——财务部会计

　　　贺雷——财务部会计

事件： 委外业务基本完毕，请财务部门进行相关业务处理。

顾燕：主任，我已经根据委外订单和入库的委外件数量及质量核对了委外发票的单价和总金额，核对无误，已经交给会计了。

周静：好，我马上和财务部联系。

（财务部处理委外单据）

林山：我查完了转来的委外单据和发票，将委外资料转到了应付账款系统。罗明，你核对一下吧。

罗明：嗯，没有错，现在我就在应付账款系统进行应付委外单的制单作业。

贺雷：我来查一查还有多少应付账款。

第五部分　生产业务

场景一：由计算机规划生产订单，并由主管审核。

人物：潘明——生产部主管

　　　刘芳——生产部生产人员

事件： 规划人员对计算机自动规划的结果进行确认，生成生产订单，并交由主管签字。

刘芳：潘经理，生产订单已经做好了，请您签字。

潘明：好的，马上和仓库联系，准备生产！

场景二：按生产订单领料

人物：潘明——生产部主管

　　　贺炜——仓管部主管

　　　陈力——仓库管理员

事件： 生成部门持生产订单到仓库领料，结果出现了问题。

潘明：是仓管部的贺经理吗？你们仓库到底有没有料啊？怎么我们这里看你们仓库的料缺得厉害，让我们怎么生产啊？

贺炜：啊？潘哥你没开玩笑吧？我们仓库现在原料、半成品、成品可都是全的啊，没缺啊！

潘明：没缺？你自己上ERP系统看一看，照那上面的情况，我们就没有办法生产了！

贺炜：我看一看！……啊？这是怎么搞的！

(生产陷入了一片混乱，仓库明明有货，可是在ERP中仓库的原料却不足以生产，此事反映到了总经理处)

场景三：总经理召集各部门主管开会

人物： 梅兰——总经理

郭静——销售部主管

张兰——采购部主管

孟学——计术部主管

贺炜——仓管部主管

潘明——生产部主管

郑威——财务部主管

事件： 生产出现了问题，总经理召集大家开会解决。

梅兰：我听说生产出现了很大的问题，到底怎么回事？谁先来说一说？

潘明：我先说吧。我们生产前，到ERP系统上查了一下，准备领料，可是一看缺了好多的料，打电话给贺炜，他却说他们那里有货！

贺炜：梅总好，大家好。我来解释一下，其实我们仓库确实是有货的，刚才潘哥也去我们那里看了，的确是有货，可是由于我们对库存在ERP系统上的更新做得不够及时，造成了系统没有正确反映库存，仓库里明明是有的，可是ERP上怎么查都查不到，这是我的失职，没有做好工作！

梅兰：既然你都说了是你的失职，那你就承担一定的责任！这个月的奖金你就不要拿了。

贺炜：那没问题。梅总，罚我倒没什么，现在就是要看怎样把这个错弥补了，咱们还要交货呢！有了这ERP系统也必须做到及时更新啊。

梅兰：我们现在也不要考虑自己的得失了，先全力将这个月的订单交货，谁有解决的方案啊？

潘明：现在也没有办法了，虽然仓库确实有很多货，但是我们还不能用，用了账面最后肯定不对！现在需要麻烦大家再重新做一遍业务，重新处理原料采购的入库，这样与账面才能一致！只不过这样公司这个月就要亏大了啊！

梅兰：现在不是说亏与不亏的时候，先把该交的货交了，不要影响我们公司的信誉才是！那就这样吧，其他各个部门全力配合一下，把这个问题尽快解决了！

其他与会人员：好吧！

场景四：重新按生产订单领料

人物： 刘芳——生产部生产人员

王俊——仓库管理员

事件： 各个部门全力配合，终于将仓库的数据补全，生产得以继续。

刘芳：是仓管部吗？

王俊：是。

刘芳：我是生产部小刘，看到给你们传真过去的生产所需的料品清单了吗？库存充足吗？

王俊：充足，我们整理一下，下午送到你们车间去。

刘芳：好的。

王俊：好，再见。

刘芳：再见。

场景五：产品加工完毕入库

人物：刘芳——生产部生产人员

　　　　王俊——仓库管理员

事件：生产部门加工完货品后，立即入库，仓管员要及时录入入库单，并更新各料品的现存量。

刘芳：是仓管部吗？

王俊：是的。

刘芳：我是生产部小刘，我们这批货品加工完了，你看你们什么时候有时间把货取走，做一下入库处理。

王俊：好的，我们下午派人过去。

刘芳：好的，下午见。

王俊：下午见。

第六部分　销售出货业务

场景一：填写出货单

人物：郭静——销售部主管

　　　　贺炜——仓管部主管

　　　　周明——销售部业务员

　　　　汪建——销售部业务员

事件：销售部业务员根据销售订单输入发货单，并检查客户的信用余额、发货数量是否正确，客户购买的货物是否库存不足。打印发货单(一式五份)，一份交于仓库管理人员作为销售出库的原始凭证。

贺炜：喂，这里是仓管部。100个电子挂钟已经生产好了。

周明：好的，今天发货，请你们仓库准备好出库。

贺炜：好的。再见！

周明：郭经理，湖北华联商厦的100个电子挂钟今天要发货，回执单可能要过两天到，距离比较远。

郭静：发货单我来填吧。你去通知小汪，让他给那边的联系人打个电话，注意查收。

周明：好的，我这就去。

(见到小汪)

周明：小汪，湖北华联商厦的100个电子挂钟今天出货，经理让你和湖北华联商厦的人联系一下。

汪建：知道了。

场景二：给湖北华联商厦打电话通知收货，并填写发货单回执联

人物：汪建——销售部业务员

李冰——湖北华联商厦采购员

事件：客户收到货物和发票后，在发货单回执联上签字，由送货方返还销售方，再由销售部门业务员签字，并填写发货单回执记录。

汪建：喂，是李先生吗？我是小汪啊。

李冰：哦，您好，您好！

汪建：你们要的100个电子挂钟已经送去了，请你们注意查收。

李冰：好的，我们已经收到了，这次合作挺成功的，希望我们下次合作愉快啊！

汪建：好，那有机会再联系。再见！

李冰：再见！

场景三：与财务部门交接工作

人物：郭静——销售部主管

贺雷——财务部会计

事件：回执单收到后，可以进行销售分析，根据出货资料制单转应收账款系统操作，目的是给销售分析提供数据和使财务部在应收账款系统中进行收款处理。

郭静：喂，您好！我是销售部经理郭静。湖北华联商厦的销售发票和发货资料已经传过去了，请你们查一下。

贺雷：好的，我们会注意的。谢谢。

郭静：不客气，有问题再给我打电话吧。再见！

贺雷：再见！

第七部分　财务业务

场景：财务制单业务

人物：郑威——财务部主管

贺雷——财务部会计

林山——财务部会计

罗明——财务部会计

事件：对湖北华联商厦销售的应收业务制作凭证，对采购商和委外商的应付业务制作凭证。

郑威：销售部刚通知说，已经向湖北华联商厦发货了，单据都传过来了，还有采购的物料和委外加工的物料也都到货了，货款还没有付。

贺雷：我核对一下销售单据。

罗明：我核对一下北京铝材厂和北京兴隆注塑厂的货款单据，填一下应付凭证。

林山：我现在查询应收和应付账款余额还有多少。

第八部分　期末处理

场景：仓管部进行期末处理

人物：贺炜——仓管部主管

金明——仓库管理员

张兰——采购部主管

郭静——销售部主管

潘明——生产部主管

事件： 采购部、销售部、生产部及仓管部进行月末结账。

(仓管部)

贺炜：小金啊，你把这个月的报表都打印出来吧，我们开会时要用。

金明：好的，贺经理。我们仓管部要算一下采购物料的成本，查询库存月末状况，最后将库存的当月数据结转到下月。过一会儿，我就把月末报表打印出来！

(采购部主管布置任务)

张兰：月末了，大家检查一下自己的工作，如果没有问题，就把采购的账结了。

(销售部主管布置任务)

郭静：月末了，大家检查一下自己的工作，如果没有问题，就把销售的账结了。

(生产部主管布置任务)

潘明：月末了，大家检查一下自己的工作，如果没有问题，就把委外的账结了。

第九部分　总经理开会对当月工作做总结

场景： 总经理召集大家开会总结

人物： 梅兰——总经理

郭静——销售部主管

张兰——采购部主管

孟学——计术部主管

贺炜——仓管部主管

潘明——生产部主管

郑威——财务部主管

事件： 对过去一个月的生产经营情况进行总结。

梅兰：一个月的业务完成了，这个月大家都干了什么，干得怎么样，都说一说吧。

郭静：我们销售部这个月共有500个电子挂钟的订单，实际发货了100个，总的来说完成了我们月初制订的计划。

孟学：我们计术部这个月主要对公司的生产进行了排程，还算是可以吧。

张兰：我们采购部这个月除完成了本职工作以外，还在仓管部出现问题，生产无法进行的时候，全力配合了仓管部和生产部的工作，进行了系统的数据修正，保障了生产的按期完工及产品销售资料的正确性。

贺炜：这个月我们仓管部出现了失误，原料入库后没有及时对ERP系统的数据进行更新，给公司的生产造成了混乱，在这里再次向大家表示歉意，在这件事情上我无疑要负主要的责任。

潘明：我们生产部门一共生产了510件电子挂钟，完成了既定的生产任务。

郑威：财务部配合了各个部门的工作，较好地完成了公司的财务工作。

梅兰：好，大家都总结完了，我再总结一下。本月我们公司在销售上虽然取得了一些成绩，但是由于工作中的一些失误，也出现了一定的混乱。贺炜说主要责任在他们部门，他负主要的责任，这话是没错，不过大家想一想，这个错误是仓管部一个部门造成的吗？我看不是！我们公司是一个集体，只有这个集体中的所有环节都正常、良好地运作，公司才能健康地成长。依我看，我们之所以出现这样的失误，是由于各个部门之间的沟通不足！现金流、物流、信息流是企业生产经营的三大流，任何一个环节出错，都会影响企业生产经营活动的顺畅进行。这个月，就是由于各个部门没有进行及时、良好的沟通，我们的信息流出现了问题，最终导致物流的不顺畅！如果其他各部门在与库存发生了业务联系后，能够及时地向仓库反映，让仓库更新库存，那么我们这个月的损失也许就不会发生。

让我们记住这次教训，记住企业中沟通的重要性，在以后的生产经营中争取不再发生这样的失误！

6) 第五幕 推广人总结

场景：ERP推广现场

人物：王雪——某公司ERP推广部的负责人

班级其他成员——ERP推广会上的各位总裁

事件：推广负责人总结案例。

王雪：呵呵！各位老总，抱歉，一不小心给大家放了一段失败的案例，其实，事实也真是如此，如今ERP的高实施风险已经成为不争的事实，诸如成功概率为零说、80亿投资水漂说、三分之一能用说等流行说法。总结起来，要想使ERP真正发挥功效，企业要从需求出发，结合实际，抓住瓶颈，总体规划，分步实施，而企业"一把手"的决心和认知是关键，"一把手"必须重视现代企业管理模式的建立与优化调整！要正确选择符合中国国情和企业实际情况的软件厂商。在实施阶段，技术基础工作和人员培训必须同步落实，监管工作不可忽视。"路漫漫其修远兮"，ERP这株小树要在中国尽快长成参天大树，还需要更多的阳光和养分。谢谢大家！

4. ERP实战演练表演者角色分配(如表1-47所示)

表1-47 ERP实战演练表演者角色分配

序号	姓名	角色
1	金明	原仓管部主任，现仓库管理员
2	梁伟	技术部规划员
3	汪建	销售部业务员
4	张宇	原总经理
5	宋平	采购部采购员
6	贺炜	现仓管部主管
7	陈力	仓库管理员
8	潘明	生产部主管
9	林山	财务部会计
10	李冰	湖北华联商厦采购员
11	王斌	原采购部主管，现采购员
12	周明	销售部销售员
13	王俊	仓库管理员
14	顾燕	生产部生产人员
15	贺雷	原财务部主管，现财务部会计
16	杨彤	原生产部主管，生产部生产人员
17	孟学	技术部主管

序号	姓名	角色
18	刘芳	生产部生产人员
19	周静	生产部委外处主任
20	汤丽	采购部采购员
21	罗明	财务部会计
22	朱玉	技术部规划员
23	张兰	采购部主管
24	刘梅	原销售部业务员，现技术部规划员
25	郑威	财务部主管
26	郭静	销售部主管
27	国林	原销售部主管，现销售部业务员
28	老张	天津原料公司销售部经理
29	陈梅	采购部采购员
30	梅兰	北京林信钟表公司总经理
31	孙亮	江西钟表公司业务员
32	王军	上海昊恒工贸公司销售部业务员
33	郭昊	北京铝材厂业务员
34	赵红	江苏塑料二厂销售部业务员
35	陈磊	北京兴隆注塑厂业务员
36	王雪	串讲人

第2章 客户订货

2.1　业务概述

2.1.1　功能概述

客户订货业务是指由购销双方确认的客户的要货过程，企业根据销售订单组织货源，并对订单的执行过程进行管理、控制和追踪。企业通过"销售管理"子系统进行业务处理。

本实验主要完成向客户进行报价和与客户签订销售订单的管理工作。

- 销售报价是企业针对不同客户、不同存货、不同批量提出的有关货品、规格、价格、结算方式、折扣优惠等信息。双方达成协议后，销售报价单可以转为销售订单。通过对报价单的查询和跟踪，销售部门可获得相关客户信息。

- 销售预订单处理是计划人员针对客户非正式的、有意向的销售订单在客户需求时间内进行ATP(可承诺量)交期模拟，以此判断企业能否完成该订单(即此订单能否在当前生产过程中进行安排并完成)，根据模拟结果，如果认为此订单可以完成，则审批该销售预订单，然后由该预订单生成正式的销售订单。在做销售预订单处理工作时，首先设置ATP模拟方案，建立制造ATP规则，然后对存货进行售前ATP模拟运算，最终确定销售订单的可承诺数量及承诺日期。详细操作参见第3章。

- 销售订货是指企业与客户签订购销合同，主要对销售订单的执行过程进行管理、控制和追踪。销售订单是由购销双方确认的客户要货需求的单据，它是企业销售合同中关于货物的明细资料，也是一种订货的口头协议。销售订单是整个销售业务的核心，必须依据订单填制发货单和销售发票，通过销售订单可以跟踪销售的整个业务流程。经审核确认的报价单或销售预订单可以作为生成销售订单的依据，传递到销售订货系统；已审核的销售订单可增加库存管理中料品的预约量，减少料品的可用量；已审核的销售订单可作为出货参照的依据，也为销售分析系统提供了原始分析数据。

客户是销售业务工作的起点和终点，当客户的需求信息传递到企业的销售部门时，销售部门要针对客户需求形成相应的客户订单。在此过程中，销售部门要做好订单管理工作，及时记录和跟催客户的需求信息，跟踪客户并处理好与客户的关系，最终实现将客户意向变为客户订货合同的目标。在销售订单管理过程中，需要综合考虑需求信息、交货信息和产品信息等，并通过对企业生产情况、产品定价、客户信用等方面的考察来定夺和确认是否接受订货。销售订单是企业生产计划、加工生产、销售发货及货款结算的依据。对销售订单的管理是销售工作的核心。

销售订单管理业务包括：对客户的报价进行管理，记录客户需求意向信息，以便跟踪客户；按照客户需求编制销售订单，记录客户所需产品、数量、规格型号及交货的时间和地点；查询客户订单资料，了解销售订单的执行情况，分析销售工作的进展。

2.1.2 相关子系统功能模块之间的关系

客户订货相关子系统功能模块之间的关系如图2-1所示。

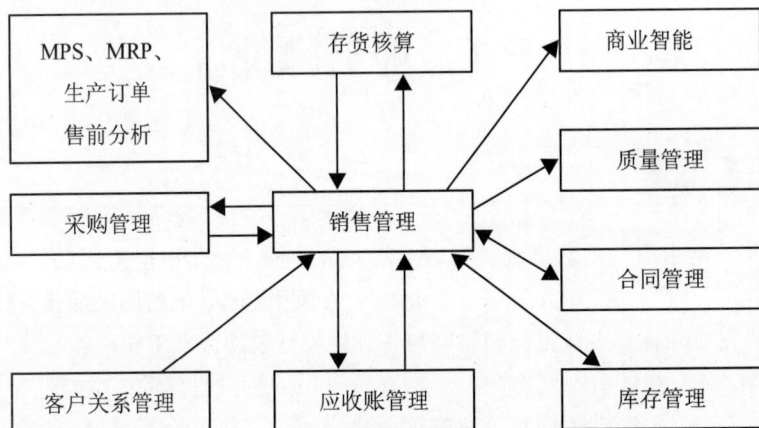

图2-1 客户订货相关子系统功能模块之间的关系

2.1.3 应用准备

(1) 建立新账套，启用要使用的系统，设置用户及其权限。

(2) 设置基础数据，包括分类体系、基础档案等。

(3) 设置单据格式、单据编号。

(4) 设置"销售管理"模块的系统选项。

(5) 录入并审核存货的期初数据。

上述准备已经在本实验初始账套中设置完成。

2.2 系统业务流程

2.2.1 日常业务流程

客户订货业务流程如图2-2所示。

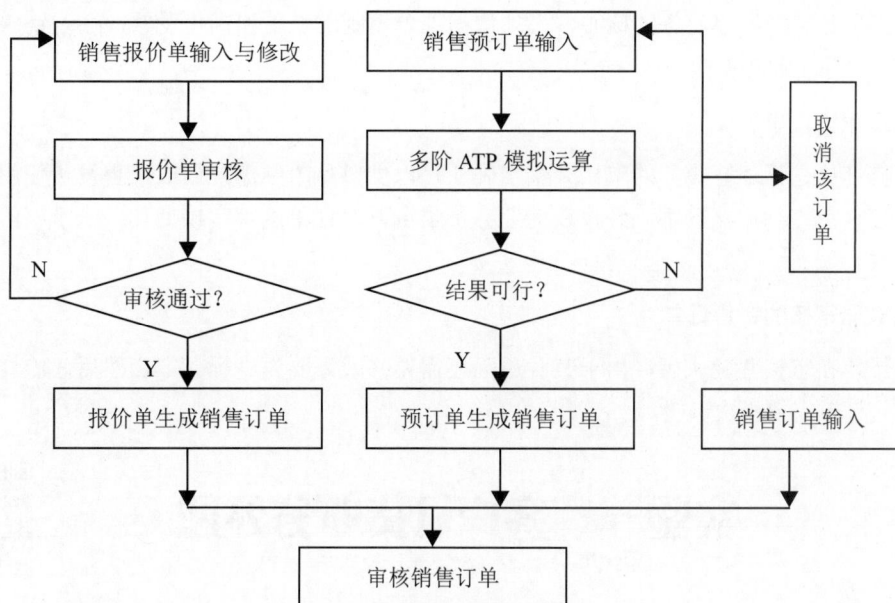

图2-2 客户订货业务流程

2.2.2 主要业务内容

1. 输入销售报价单

在获得客户需求信息以后，输入产品报价单，并将已录入的报价单打印或传递给销售主管进行审核。

2. 审核销售报价单

由销售主管对产品报价单进行签字确认。已审核的单据不能修改和删除。若要修改，应先对该报价单进行弃审。

3. 输入销售预订单

销售预订单是指非正式的、客户有意向的销售订单。它用于计划人员判断企业是否能满足此订单(即此订单是否能插到当前生产过程中进行加工生产)。计划人员可以对预订单进行ATP交期模拟，模拟完成后，给出模拟结果，如果认为可以满足该预订单生产，则审批预订单，并在销售系统中根据预订单生成正式的销售订单。

计划人员手工输入销售预订单，在已有的ATP模拟方案基础上，选取需要模拟的存货，进行多阶ATP模拟运算和供需分析。用户可以在展望期内手工录入预计占用量，观察ATP数量的变化，以最终确定销售订单的可承诺数量及承诺日期；还可以根据需要查看各数量的明细组成情况。如果企业可以满足预订单的需求，则审批预订单，从而生成正式的销售订单。详见第3章的"补充实验一 销售预订单处理与ATP模拟"。

4. 输入销售订单

销售订单可以手工录入，也可以参照产品报价单或销售预订单生成。保存后的销售订单需审核后转给计划部门做生产计划。已执行完成的订单和不再执行的订单，可以手工关闭。

销售订单是整个销售业务的核心,必须依据订单填制发货单和销售发票,通过销售订单可以跟踪销售的整个业务流程。

5. 审核销售订单

对销售订单进行逐笔业务的审核并签字确认,以供料品的供需计划或销售发货使用。销售主管对销售订单进行审核签字,经授权的业务员也可以对订单进行审核处理,未审核的订单可以进行修改。

6. 修改已审核的销售订单

销售订单在审核并确认后,由于某种原因还需要修改,要先进行弃审,然后才能修改。修改后的销售订单需要再次审核。

实验一　客户订货业务处理

【实验目的】

(1) 理解销售报价的作用,掌握销售报价的操作。
(2) 理解销售订货管理的主要功能,掌握相关的基本操作。

【实验要求】

以操作员的身份进入系统进行操作。

【实验资料】

1. 实验数据准备

(1) 修改系统时间为2024-03-04。
(2) 引入"客户订货数据准备"数据账套。

2. 实验资料

(1) 3月4日,接到湖北华联商厦对电子挂钟的询价电话,销售人员向其报价。电子挂钟的编号为10000,数量为100个,所报含税单价为120元。

(2) 对录入的销售报价单进行审核。

(3) 湖北华联商厦要求降价,双方协商后,企业同意按客户要求降价为115元。对该报价单中的含税单价进行修改。双方签订购销合同,预交货日期为3月20日。

(4) 销售主管审核已修改的报价单。

(5) 参照该报价单生成一张销售订单,预发货日期和预完工日期为3月20日。

(6) 审核该张销售订单。

(7) 手动输入一张销售订单:江西钟表公司购买电子挂钟,数量为400个,含税单价为100元,预发货日期和预完工日期为3月27日。

(8) 审核该张手动输入的销售订单。

【操作指导】

1. 输入报价单

岗位：销售部门/业务员

菜单路径：业务工作/供应链/销售管理/销售报价/销售报价单

(1) 在"销售报价单"窗口中，单击工具栏上的"增加"按钮，生成一个新的销售报价单，如图2-3所示。

图2-3 新增报价单

(2) 在"客户简称"栏位单击右侧的 ... 按钮，在参照窗口中选择客户后，单击"确定"按钮，如图2-4所示。

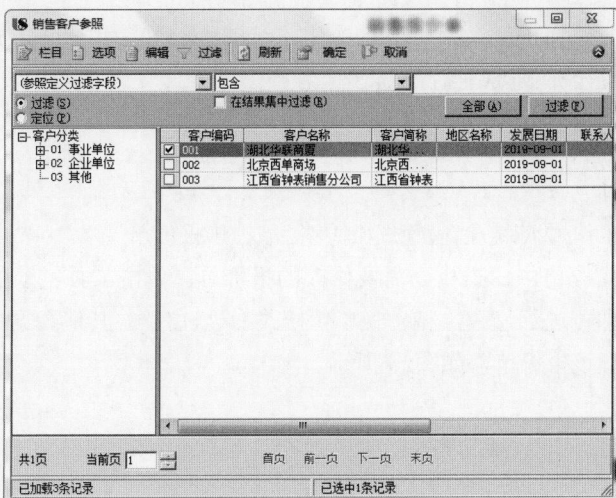

图2-4 选择客户

（3）同理，选择输入"销售部门""业务员"等表头信息。在表体行中，双击"存货编码"，单击右侧的...按钮，进入"存货基本参照"窗口，选择"电子挂钟"存货后，单击"确定"按钮，再输入电子挂钟的数量及报价，其他信息会自动填入，完成后，单击工具栏上的"保存"按钮，即完成报价单的录入工作，如图2-5所示。

图2-5　录入报价资料

❖ 注意：

　◇ 系统中所有蓝字的项目均是必填项，黑字的项目均为可选项。

　◇ 报价单审核前均可以进行修改。

2. 审核报价单

岗位：销售部门/销售主管

菜单路径：业务工作/供应链/销售管理/销售报价/销售报价单

在"销售报价单"窗口中，单击工具栏上的"审核"按钮，下方审核人处即显示签名，完成审核后的报价单可以作为生成销售订单的依据。

3. 修改报价单

岗位：销售部门/业务员

菜单路径：业务工作/供应链/销售管理/销售报价/销售报价单

在"销售报价单"窗口中，查找到需要修改的报价单，单击工具栏上的"弃审"按钮，再单击"修改"按钮，即可进行修改，将含税单价修改为"115"，其他数据将自动计算，最后单击"保存"按钮，保存该报价单，如图2-6所示。

图2-6 修改报价单资料

4. 审核已修改的报价单

岗位：销售部门/销售主管

菜单路径：业务工作/供应链/销售管理/销售报价/销售报价单

在"销售报价单"窗口中，查找到该报价单，单击工具栏上的"审核"按钮，完成审核后的报价单可以作为生成销售订单的依据。

> ❖ 注意：
>
> 审核后的报价单需要修改时，先"弃审"再"修改"。修改后的报价单仍需审核才可成为有效的报价单，作为生成其他单据的依据。

5. 根据报价单生成销售订单

岗位：销售部门/业务员

菜单路径：业务工作/供应链/销售管理/销售订货/销售订单

(1) 在"销售订单"窗口中，单击工具栏上的"增加"按钮，生成一个新的销售订单。单击工具栏上"生单"按钮中的"报价"选项，弹出"查询条件选择-订单参照报价单"窗口，单击"确定"按钮，进入"参照生单"窗口。

(2) 在"参照生单"窗口中，双击上方列表中对应报价单的"选择"栏位单元格处，"选择"栏显示为"Y"后，再选择下方的"订单参照报价单"列表中相应的表体记录行，如图2-7所示，单击"确定"按钮，即返回到"销售订单"窗口，信息被带入销售订单中。

(3) 在"销售订单"窗口中，修改"预发货日期"和"预完工日期"为"2024-03-20"，单击"保存"按钮，即完成由报价单转成销售订单的工作，如图2-8所示。

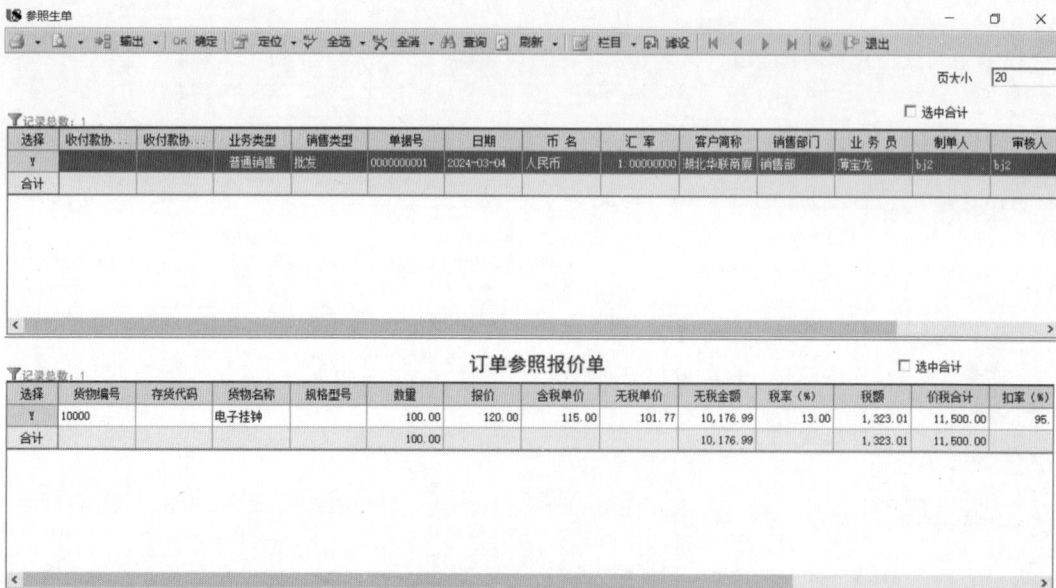

图2-7　选择报价单

图2-8　由报价单转成销售订单

❖ 注意：

◇　生产制造企业的销售订单模板格式可以修改，以便更好地满足业务管理需要：在销售订单显示模板表体项中添加"预完工日期"栏目。操作如下：打开"销售订单"窗口，在执行"新增"单据之前，单击上方工具栏中的"格式设置"选项，进入"单据格式设置"窗口，在左侧找到"销售订单显示模板"命令，打开模板，单击上方"表体项目"进入"表体"对话框，查找选择"预完工日期"字段项，单击"确定"按钮完成模板加载，如图2-9所示，再单击"保存"模板，返回"销售订单"窗口。

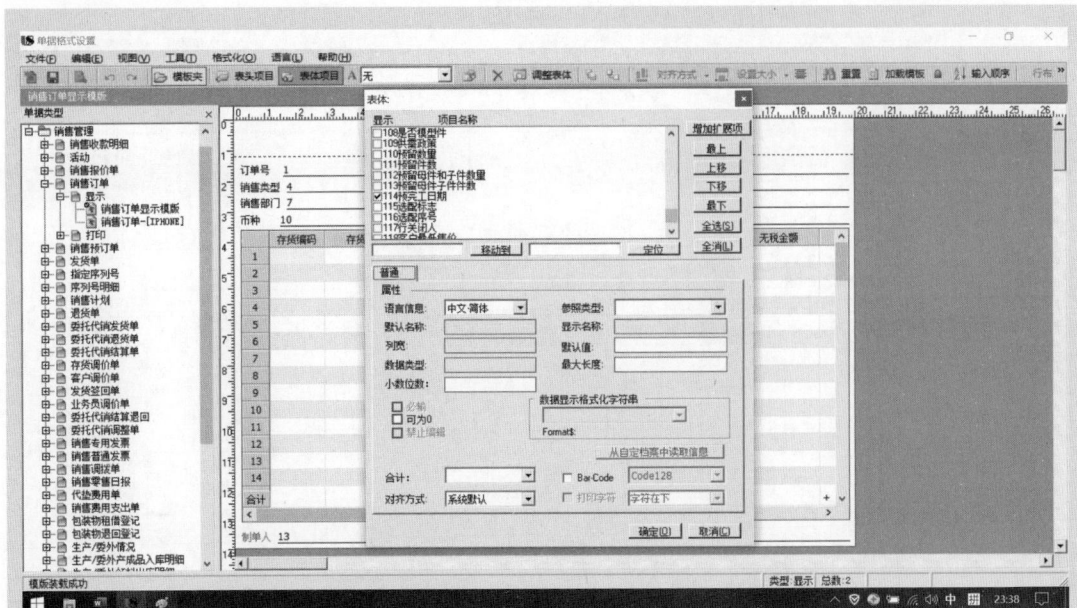

图2-9 销售订单显示模板修改

◇ 若不在销售订单格式的表体项中添加"预完工日期"栏目，则其中"订单日期"项即为完工日期。销售订单表体栏目中的"预发货日期"默认为该订单日期。预发货日期可以大于等于订单日期。

◇ 可以通过窗口中的"可用量"按钮，查询产品的当前可用数量，以便了解对客户的满足情况。

6. 审核生成的销售订单

岗位：销售部门/销售主管

菜单路径：业务工作/供应链/销售管理/销售订货/销售订单

在"销售订单"窗口中，单击工具栏上的"审核"按钮。

❖ 注意：

◇ 订单审核前仍可以进行修改。

◇ 审核后的订单需要弃审才可进行修改。

◇ 修改后的销售订单，仍需要进行审核，才能成为有效的销售订单。

7. 手工录入新的销售订单

岗位：销售部门/业务员

菜单路径：业务工作/供应链/销售管理/销售订货/销售订单

(1) 在"销售订单"窗口中，单击工具栏上的"增加"按钮，生成一个新的销售订单。订单日期为2024-03-04，录入客户、销售部门业务员等其他表头项目，如图2-10所示。

图2-10　手工录入销售订单

(2) 在表体行中输入产品各项资料。双击"存货编码"栏位，单击右侧的 ... 按钮，弹出"存货基本参照"窗口，如图2-11所示，选择"电子挂钟"存货。

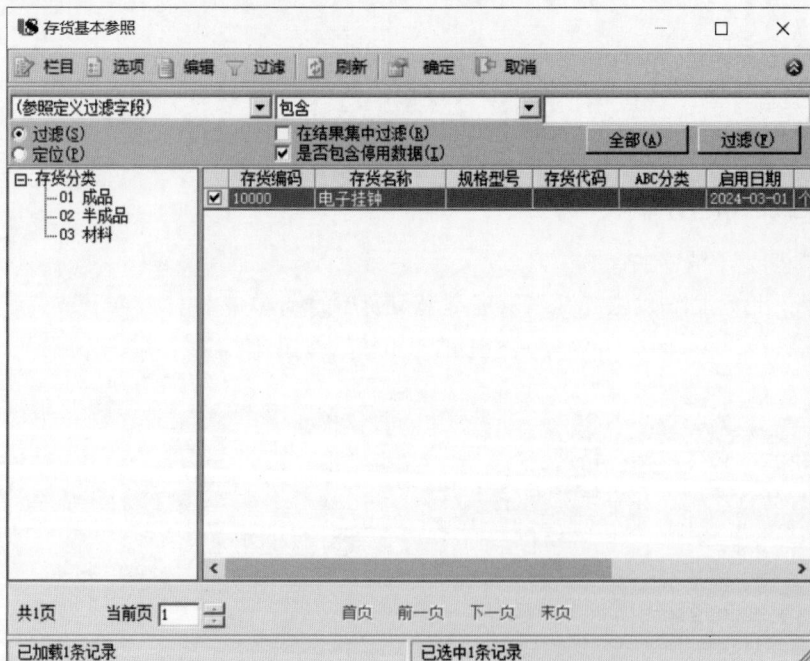

图2-11　选择存货(电子挂钟)

(3) 选中存货"电子挂钟"，单击"确定"按钮，系统会自动填写其"存货编码"及"存货名称"等信息，然后输入数量和含税单价，修改"预发货日期"和"预完工日期"为2024-03-27，单击"保存"按钮，完成销售订单的录入工作，如图2-12所示。

图2-12　手动生成销售订单

8. 审核手工录入的销售订单

岗位：销售部门/销售主管

菜单路径：业务工作/供应链/销售管理/销售订货/销售订单

在"销售订单"窗口中，单击工具栏上的"审核"按钮。

思考题

销售订单有哪些生成方式？它们各自都起什么作用？

第3章　排程业务

3.1　业务概述

3.1.1　功能概述

排程业务的作用在于根据客户订货或预测订单需求完成企业主生产计划和物料需求计划的编制，据此，即可根据排程建议的供需数量和时间编制采购订单、生产订单和委外订单，供采购和生产部门安排生产使用。同时，各部门可根据自身情况和资源产能状况，向企业规划部门反馈资源能力的满足情况，进而根据实际情况修改计划或采取措施以增加产能，这样有助于制订出更为合理的采购和生产计划，确保实际生产活动能够按照计划顺利进行。

1. 主生产计划

主生产计划(master production schedule，MPS)是以客户销售订单和市场预测为需求数据来源，以企业生产的产品为对象，详细规划了何时生产何种产品及生产数量的计划安排。即计划企业应该生产的最终产品或关键物料的需求数量和完工日期，以及规划供应数量与审核日期(开工时间)，并在生产需求和可用资源之间进行平衡。

MPS主要用于定义关键物料或产品(即对公司利益具有重大影响或消耗关键资源的物料，主要聚焦于产成品)的预期生产计划。一个有效的主生产计划不仅可以为销售承诺提供基准，还能帮助企业识别所需资源(如物料、劳力、设备与资金等)的用量及其所需时间。通过利用MPS对生产活动进行调节，企业能够有效地利用资源，并推动物料需求计划(MRP)的精准制订。因此，MPS不仅是产销协调的依据，更是所有计划的根源。制造、委外和采购这三种活动的细化日程都是基于MPS的日程安排来计算的。在计划相关零配件和采购件之前，对关键物料的主计划进行预先规划和调整，可以确保对MPS料品计划所做的任何调整不会影响到较低层次的物料，从而避免给供应计划带来不必要的混乱和干扰。

主生产计划是确定每一具体的最终产品在每一具体时间段内生产数量的计划。最终产品是指完成的、要出厂的完工成品，具体到产品的品种、规格及型号等。具体时间段通常是以周为单位，也可以是日、旬、月。主生产计划详细规定了产品的种类和生产时间，它是独立的需求计划，通过独立需求来源(包括需求预测订单和客户订单)，综合考虑现有库存和未关闭订单而生成。主生产计划依据客户合同和市场预测，将经营规划或生产规划大纲中的产品系列进行具体化，使之成为物料需求计划展开的主要依据，承上启下，实现从综合计划到具体计划的过渡。

在MPS生成之前，规划人员需结合市场需求预测和客户订单情况，制定多套面向最终产品的生产方案，作为生产规划模块的输入资料。基于这些资料，结合现有可用资源及料品的规划政策，系统能够自动生成最终产品及关键零部件的模拟需求与供应计划。经规划人员最终确定的方案及据此展开的需求和供应计划，将作为相关部门协调配合、调整策略及深化规划的重要依据。产销排程作为指导所有供应活动(制造、委外、采购等)的具体指令，其执行方案应保持相对的稳定。如果MPS频繁变动或可行性不足，将导致供应活动难以稳定，进而引发生产经营秩序的混乱，造成巨大的资源浪费。

2. 物料需求计划

20世纪60年代，美国IBM公司的管理专家约瑟夫·奥列基博士提出了独立需求和相关需求的概念，并利用库存物料订货的新方法——物料需求计划(material requirements planning，MRP)来进行库存管理。物料需求计划是基于主生产计划中对最终产品的需求数量与交货期，以及供应数量与审核日期的设定，来推算出构成这些产品的零配件和原材料的需求数量和需求日期。同时，结合物料清单资料，并综合考虑现有库存量信息及有效订单(如请购单、采购订单、生产订单、委外订单等)的供应量，物料需求计划旨在精确计算物料的净需求，并据此提出新的供应规划。此外，该计划还会进一步推导出自制料品、采购料品和委外料品的供应时间和供应数量，确保需求资源与可用能力之间达到平衡，从而保障生产流程的顺畅与高效。物料需求计划是一种相关需求计划，它旨在通过有效的物料控制，解决物料库存大量占用的问题。在满足物料需求的同时，使库存水平保持在最低状态。作为一种先进的计划方法，MRP确保了物料既不短缺也不过量积压，有效解决了制造业中常见的缺件与超储的矛盾。它充分体现了按需准时生产的思想，为制造业的精益生产提供了有力支持。

在运算MRP之前，要先执行MPS运算，待关键物料(MPS物料)先模拟出可行的产销计划以后，再依此供需计划编制MRP的供需规划，以保证MRP计划的可行性。MRP规划是针对MRP物料对象，依MPS计划或物料预测订单需求，以及物料清单提供的产品物料结构，考虑现有库存和未关闭订单，计算出各采购件、委外件及自制件的供需数量和供需日期，以供制定采购订单、委外订单和生产订单之用。

按需求的来源不同，企业内部的物料可分为独立需求和相关需求两种类型。独立需求是指需求量和需求时间由企业外部的需求来决定，如客户订购的产品、科研试制需要的样品、售后维修需要的备品备件等。相关需求是指根据物料之间的结构组成关系而派生出来的需求，如半成品、零部件、原材料等的需求是由成品的需求逐级派生而来的。

MRP的基本任务是：从最终产品的主生产计划(独立需求)导出相关物料(如原材料、零部件等)的需求量和需求时间(相关需求)，再根据物料的需求量及需求时间和生产(或采购订货)周期来确定其开始生产(或采购订货)的供应时间及其供应数量。

MRP的基本内容是编制所有物料的供需规划。然而，要正确编制物料需求计划，必须先落实产品的主生产计划，这是MRP展开的起点。此外，MRP还需要依赖产品的物料结构，即物料清单(bill of material，BOM)，才能将主生产计划详细化为物料供需计划。同时，库存数量、在单量及预约量等关键信息的掌握，对于准确计算出物料的采购及生产数量至关重要。因此，MRP运算离不开主生产计划、物料清单、库存信息及工作日历等核心依据的支撑。

3. 执行令单的编制

执行令单主要包括采购订单、委外订单和生产订单。MPS和MRP规划出的物料供需建议数据，在经过粗能力和细能力资源产能的综合计算与权衡后，若资源能力足以满足生产订单的需求，则可以进一步制定采购、委外、生产活动的执行令单。这些令单将转化为具体的采购订单、委外订单和生产订单，并下发至相应部门。采购部门和生产部门在执行过程中，可根据实际情况对规划部门的方案进行反馈，双方协商调整相关计划。通过对采购、委外和生产订单的有效管理，企业能够更好地实现采购业务、委外加工业务和生产业务的事前预测、事中控制和事后统计，提升整体运营效率和管理水平。

- ○ 采购订单是企业与供应商之间签订的采购合同或购销协议，其内容包括采购什么物料、采购多少、由谁供货、何时到货、到货地点、运输方式、价格、运费等数据信息。它是采购收货、入库和财务结算的依据。

- ○ 委外订单(委外加工单)是企业与委外供应商之间签订的委外加工合同或协议，是仓库发料和收货的依据，也是委外供应商领料及加工的依据。生产部门业务员负责与委外商的联络，由生产部门经理对委外订单审核签字确认，再由委外商确认后，就形成了正式的委外加工合同或协议。委外订单的信息包括反映在订单中的委外加工母件信息及反映在订单用料表中的子件信息。母件信息包括委托供应商加工什么物料、加工多少、什么时间加工完成等收货数据信息，它是仓库收货的依据；子件信息包括需要提供给委外供应商的子件种类、用料量、需求日期、批次、发料仓库、供应类型等发料数据信息，它是仓库发料的依据。因此，对委外订单的管理包括对母件和对子件的管理。企业生产管理部门或物料管理部门通常以委外订单为中心，依据委外订单进行委外后续的发料、到货、入库、发票、核销、结算等业务。

- ○ 生产订单(制造命令或工作订单)主要用来表示某一物料的加工生产数量，计划开工日期和完工日期等数据信息的单据。它是对加工车间派工和领料的依据，也是车间管理中工序规划的依据，企业的生产管理或物料管理人员通常以生产订单为依据，来控制产能利用、缺料、效率、进度等情况。

3.1.2 相关子系统功能模块之间的关系

主生产计划与其他子系统之间的关系如图3-1所示。

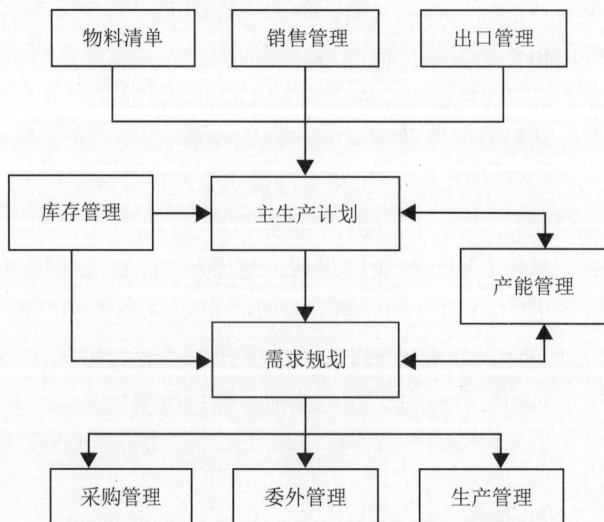

图3-1 主生产计划与其他子系统之间的关系

排程业务模块之间的关系如图3-2所示。

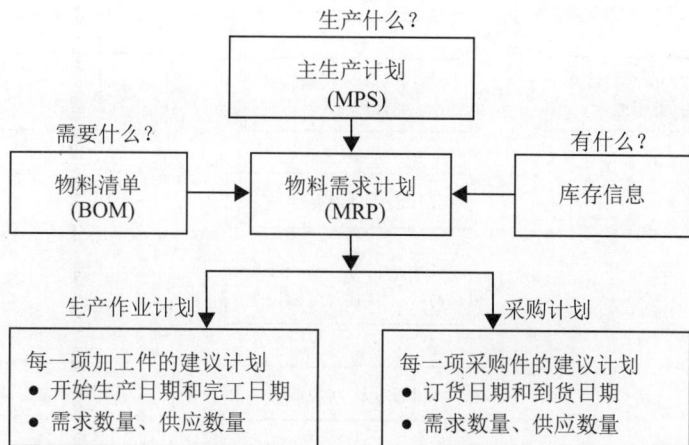

图3-2 排程业务模块之间的关系

3.1.3 应用准备

(1) 建立账套：用户在新建账套时，可以选择工业企业类型，并可设置用户单位信息、分类编码方案及数据精度等参数。

(2) 系统启用：在新建账套后，系统提示是否进行系统启用设置，相关的系统(如主生产计划、需求规划、物料清单)只有被启用后才可使用。

(3) 基本资料维护：用户需要在基础档案中进行设置，自定义项、工作日历、时栅资料、时格资料、预测版本是使用"主生产计划"系统时可选择性建立的基础资料。使用"需求规划"系统时，工作日历、时栅资料、时格资料、预测版本等基础档案是系统内部必须先建立的基础资料。自定义项是使用"需求规划"系统时可选择性建立的基础资料。

(4) 单据设置：用户可以对"主生产计划""需求规划"模块的所有单据进行格式和编号设置。

(5) 物料清单：在生产制造模块中录入产品的物料清单，供MPS、MRP生成使用。

3.2 系统业务流程

3.2.1 日常业务流程

主生产计划的业务流程如图3-3所示。

物料需求计划的业务流程如图3-4所示。在主生产计划已经生成的基础上对物料需求进行计划。

```
                        ┌──────────┐
                        │ 应用准备 │
                        └────┬─────┘
                             │
┌──────────────┐      ┌──────▼──────┐      ┌──────────────┐
│ 销售订单或预测订单 │◄────►│ 销售订单或预测 │─────►│  销售订单列表  │
│   关闭/还原    │      │  订单输入   │      │ 预测订单明细表 │
└──────────────┘      └──────┬──────┘      └──────────────┘
                             │
                      ┌──────▼──────┐
                      │ MPS 计划参数维护 │
                      └──────┬──────┘
                             │
                      ┌──────▼──────┐
                      │ MPS 计划前稽核作业 │
                      └──────┬──────┘
                             │
                      ┌──────▼──────┐      ┌──────────────┐
                      │ MPS 计划生成 │─────►│ 自动规划错误信息表 │
                      └──────┬──────┘      └──────────────┘
                             │
                      ┌──────▼──────┐
                      │ MPS 计划维护 │
                      └──────┬──────┘
                             │
                      ┌──────▼──────┐
                      │ 资料查询与报表 │
                      └─────────────┘
```

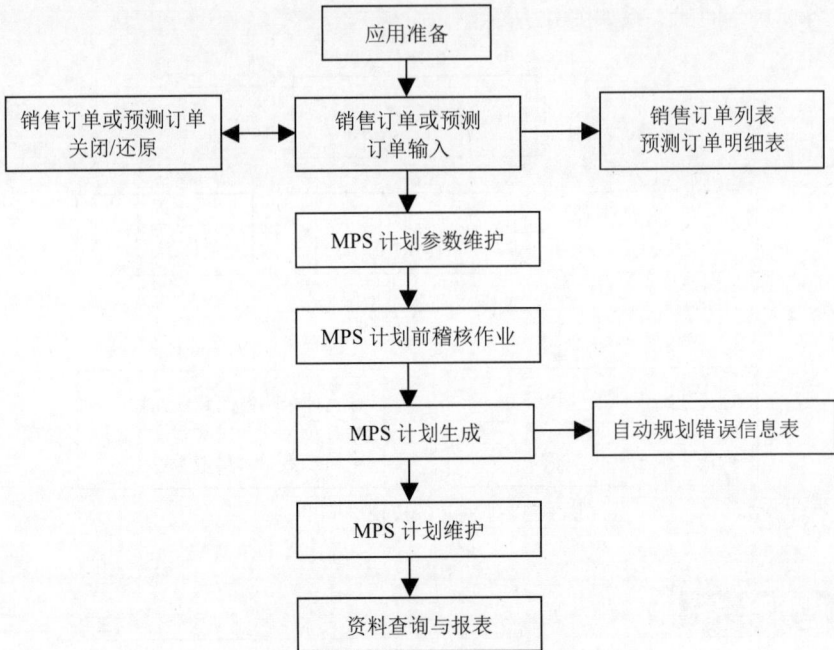

图3-3　主生产计划的业务流程

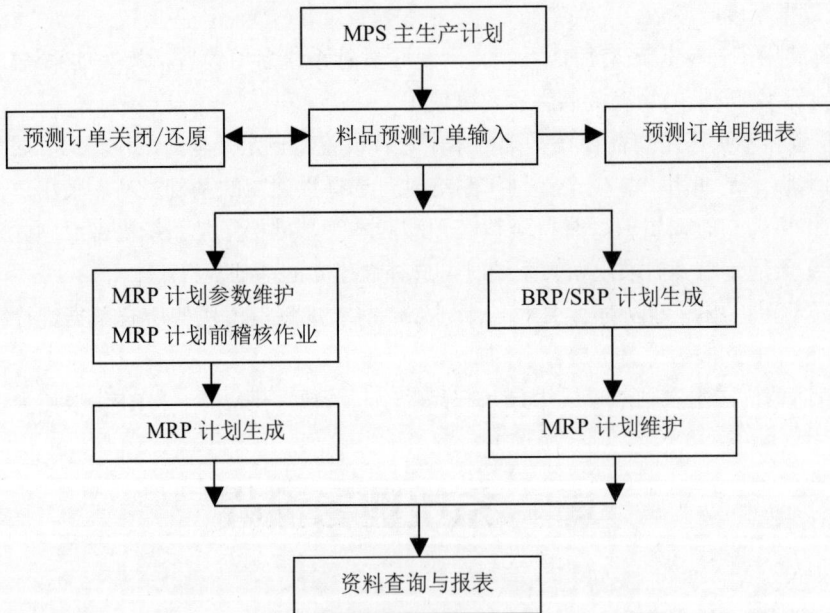

```
                      ┌──────────────┐
                      │ MPS 主生产计划 │
                      └──────┬───────┘
                             │
┌──────────────┐      ┌──────▼──────┐      ┌──────────────┐
│ 预测订单关闭/还原 │◄────►│ 料品预测订单输入 │─────►│ 预测订单明细表 │
└──────────────┘      └──────┬──────┘      └──────────────┘
                    ┌────────┴────────┐
          ┌─────────▼─────────┐  ┌────▼──────────┐
          │ MRP 计划参数维护    │  │ BRP/SRP 计划生成 │
          │ MRP 计划前稽核作业  │  └────┬──────────┘
          └─────────┬─────────┘       │
          ┌─────────▼─────────┐  ┌────▼──────────┐
          │ MRP 计划生成       │  │ MRP 计划维护   │
          └─────────┬─────────┘  └────┬──────────┘
                    └────────┬────────┘
                      ┌──────▼──────┐
                      │ 资料查询与报表 │
                      └─────────────┘
```

图3-4　物料需求计划的业务流程

3.2.2　主要业务内容

1. MPS累计提前天数推算和库存异常查询

当物料的固定提前期或变动提前期，或者主要物料清单更改时，执行本作业，以重新计算各物料的累计提前天数，并更新存货档案及MPS和MRP系统参数的最长累计提前天数。

库存异常查询主要是查询显示库存量为负值的料品。若库存量为负值，则必须将库存数据调整正确后才可进行MPS规划，以避免由于数据错误导致供需规划结果无意义。

2. MPS计划参数维护

在MPS计划执行之前，要设定企业进行MPS运算所依据的条件，如预测版本、时栅代号、截止日期、MPS版本代号及其计划说明等。

3. MPS计划生成

系统依据物料的需求来源(需求预测及客户订单)，考虑现有物料存量和锁定、已审核订单(采购请购单、采购订单、生产订单、委外订单)余量，以及物料提前期、数量供需政策等，自动产生MPS料品的供应计划。

4. MPS计划作业的供需资料查询

按物料或销售订单查询MPS的规划供需状况。

5. MRP累计提前天数推算和库存异常状况查询

当物料的固定提前期或变动提前期，或者主要物料清单更改时，可执行本作业，重新计算各物料的累计提前天数，并更新存货档案及MPS和MRP系统参数的最长累计提前天数。

库存异常状况查询是查询各仓库中现存量为负值的不正常物料资料，供MRP生成前查核使用。库存调整准确以后才可以使MRP运算正确。

6. MRP计划参数维护

设置MRP运算的相关参数，作为MRP计算时所依据的条件。

7. MRP计划生成

系统依据物料的需求来源(如主生产计划、需求预测及客户订单)，按物料清单，考虑现有物料存量和锁定、已审核订单(采购请购单、采购订单、生产订单、委外订单)余量，以及物料提前期、数量供需政策等，自动产生MRP料品的供应计划。

8. MRP供需资料查询

按物料或销售订单查询MRP的规划供需状况。

实验二　排程业务处理

【实验目的】

理解主生产计划和物料需求计划的作用，掌握产销排程的方法和生成计划的操作方法。

【实验要求】

以操作员身份进入系统进行操作。

【实验资料】

1. 实验数据准备

(1) 修改系统时间为2024-03-04。

(2) 引入"排程业务数据准备"数据账套。

2. 实验资料

(1) 针对MPS计划，推算料品累计提前天数，并对库存异常状况进行查询。

(2) 设置MPS计划参数：计划代号为0001，计划说明为202403MPS，预测版本代号为2024031(2024年3月版MPS需求预测)，需求时栅编号为0001，计划期间起始日期为2024-03-04，截止日期设为2024-03-31，初始库存为现存量。时栅(0001)资料如表3-1所示，计划代号资料如表3-2所示。

(3) 生成 MPS 的供需规划资料。

(4) 查询并分析MPS的供需资料内容。

(5) 针对MRP计划，推算料品累计提前天数，并对库存异常状况进行查询。

(6) 设置MRP的计划参数：计划代号为0002，计划说明为202403MRP，预测版本代号为2024032(2024年3月版MRP需求预测)，需求时栅编号为0001，计划期间起始日期为2024-03-04，截止日期设为2024-03-31，来源MPS计划代号为0001，初始库存为现存量。不考虑替换料、替代料的情况，如表3-1和表3-2所示。

表3-1　时栅(0001)资料

行号	天数	需求来源
1	10	客户销售订单
2	20	预测＋客户销售订单，反向(往前)抵消
3	40	预测＋客户销售订单，先反向(往前)再正向(往后)抵消

表3-2　计划代号资料

序号	计划代号	计划说明	计划类别	默认计划
1	0001	202403MPS	MPS	否
2	0002	202403MRP	MRP	否

(7) 生成MRP的供需规划资料。

(8) 查询MRP的供需资料内容。

【操作指导】

1. MPS累计提前天数推算和库存异常状况查询

岗位：规划人员

菜单路径：业务工作/生产制造/主生产计划/MPS计划前稽核作业/累计提前天数推算

菜单路径：业务工作/生产制造/主生产计划/MPS计划前稽核作业/库存异常状况查询

(1) 在"累计提前天数推算"窗口中，单击"执行"按钮，系统自动执行各物料累计提前期推算，弹出"处理成功"提示信息对话框，单击"确定"按钮，即完成操作。

(2) 在"库存异常状况查询"查询条件选择窗口中，输入常用条件，默认"否"，单击"确定"按钮，即可查询到出现异常的MPS物料的库存异常状况(如库存量为负值等)。若无异常情况，表体内容为空，如图3-5所示。

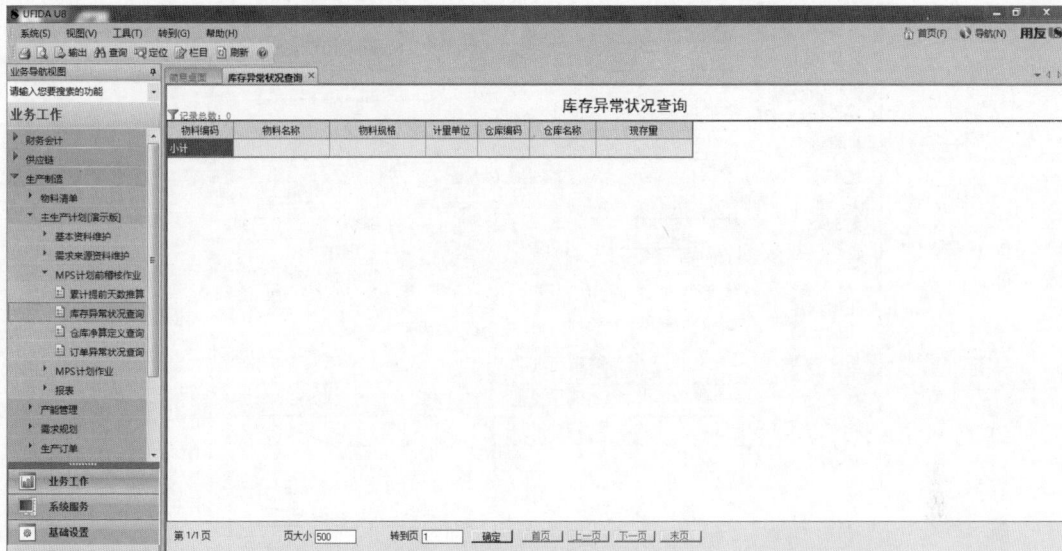

图3-5　物料库存异常状况查询

❖ 注意:

◇ "累计提前期天数推算"仅是按照物料工艺路线对物料的固定提前期进行求和，未包括变动提前期。该计算实际上是对"存货档案/计划"中的各个物料的累计提前期数据项的计算，在存货档案中可见该数值。计算完成后在"MPS计划参数维护"界面中"最长累计提前天数"即可显示MPS件的最长生产时间(不含变动时间)。

◇ 按照物料工艺路线计算的最终产成品的最长累计提前期，是指采购、加工、装配提前期的总和。它表明生产产成品的最短时间，则销售订单交货日应该大于此时间，才不会出现不能按期完工，交货违约的现象。因此，该时间可以作为销售人员签单的参考之一。

2. MPS计划参数维护

岗位：规划人员

菜单路径：业务工作/生产制造/主生产计划/基本资料维护/MPS计划参数维护

在"MPS计划参数维护"对话框中，设置各项参数，选择"计划代号"为"0001"，计划说明为"202403MPS"，选中"是否生效"复选框，预测版本选择"2024031"，"需求时栅"选择"0001"，输入"计划期间起始日期"和"截止日期"(将销售订单的完工日期包含在内)，计划时考虑"生产订单""委外订单""请购订单""采购订单""进口订单""计划订单"的在单状况，选中"供需追溯""出货消抵"复选框，单击"确定"按钮，即完成MPS计划参数的设置工作，如图3-6所示。

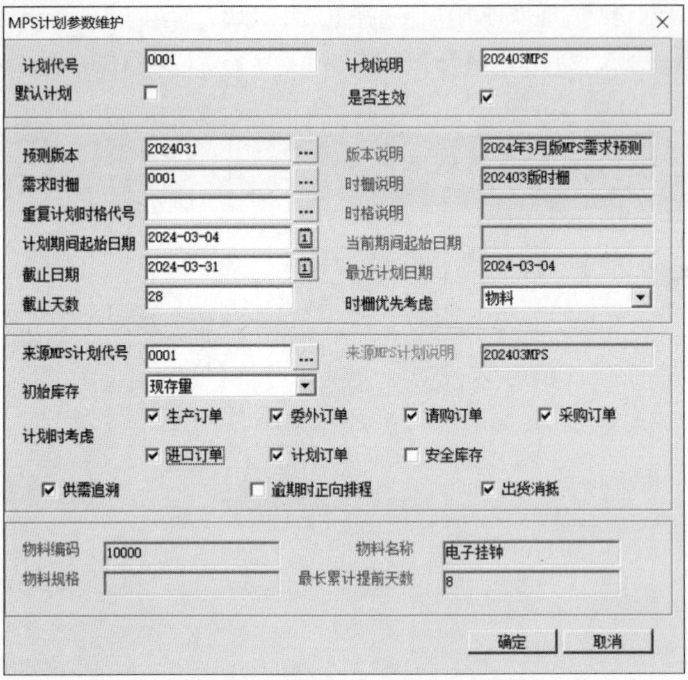

图3-6　MPS计划参数设置

❖ **注意:**

❖ 选择"是否生效"选项,表示执行MPS计算时按照所选的需求时栅设计的取数方式获取需求订单数据而计算出的MPS立即生效,即可作为生成执行令单的依据。

❖ 需求时栅是针对获取物料需求来源数据时设定的时段。不同时段所使用的需求来源的数据会不同,可能是客户真实订单需求,也可能是企业预测的需求,或者两者兼有。在获取不同来源的需求数据时采用抵消的方式进行计算,因此,就需要设定不同时段采用何种抵消方式。详见本章【系统功能参数说明】。

❖ 设置"截止日期"的目的是将完工日期在内的物料的销售订单或预测订单纳入MPS计划中。设置截止日期后,截止到该时间内的销售订单将参与计划的计算。

❖ "初始库存"选项选择"现存量",表示MPS计算净需求时将考虑扣除期初库存现存量。

❖ "逾期时正向排程"选项是指用于设置计划订单的排程方式。如果为未选中状态,系统总以物料的需求日反向逆推计划订单的开始日,而不论计划订单是否逾期;若为选中状态,则当计划订单开工日期逾期时,系统自动将该计划订单以系统日作为开始日进行正向顺推完成日,而不论是否满足需求日期。默认为未选中状态。

❖ "供需追溯"选项是指由MPS自动规划后,各订单(计划订单、生产订单、请购单、采购订单、进口订单、委外订单)的需求来源资料,以及根据销售订单追踪其相关供应资料。若该选项为未选中状态,则MPS计算时不记录供需追溯资料,可以提高运算效率。若该选项为选中状态,则可在供需追溯资料查询功能中查询到需求来源资料,或者按照物料查询时,在供需资料明细查询表体中右击,可以查询该订单的供需追溯资料。

◇ "最长累计提前天数"是指按照物料工艺路线计算的MPS中最长的累计提前期天数，表示MPS件的生产时间，尚未考虑变动提前期。参考客户订单和产品预测订单资料的预计完工日期来确定截止日期，由此所计算出的截止天数应不小于最长累计提前天数，否则，料品的供应计划将会逾期(来不及供应)。该值由"MPS计划前稽核作业"中的"累计提前期天数推算"命令自动计算而得。

3. MPS计划生成

岗位：规划人员

菜单路径：业务工作/生产制造/主生产计划/MPS计划作业/MPS计划生成

在"MPS计划生成"对话框中，选择计划代号为"0001"，单击"执行"按钮，系统会自动运算MPS，如图3-7所示。完成后弹出"处理成功"信息提示对话框，单击"确定"按钮，即完成MPS的处理。

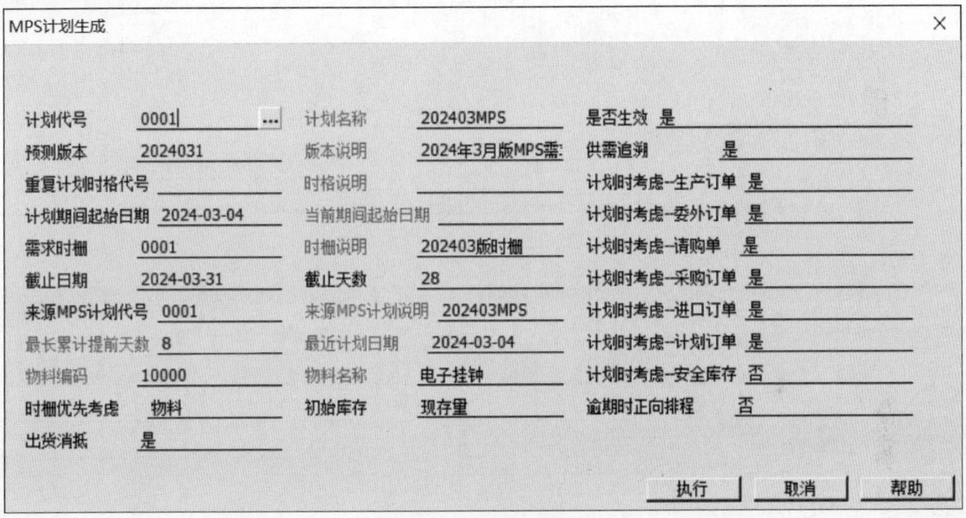

图3-7　MPS数据生成

注意：

◇ 本模块根据销售订单的需求对MPS料品进行净需求(扣除库存现存量)计算，包括最终产品(如电子挂钟)、关键零部件、采购期较长的采购件、产能负荷占用较多的零部件(如使用瓶颈料品)等。

◇ MPS的计算根据独立需求作为来源，受到销售订单、工作日历、BOM、库存现存量的影响，若它们发生了变化，则MPS需要重新计算生成，同时计划也发生改变。

◇ 若同时有预测的销售订单，则按照所选取的需求时栅设计方案的抵消方法取得独立需求的资料，然后依此需求数量及时间推算MPS。

4. MPS计划作业的供需资料查询

岗位：规划人员

菜单路径：业务工作/生产制造/主生产计划/MPS计划作业/供需资料查询—物料

菜单路径：业务工作/生产制造/主生产计划/MPS计划作业/供需资料查询—订单

(1) 执行"供需资料查询—物料"命令,在"查询条件选择"对话框中,选择查询MPS及其代号条件,如图3-8所示,单击"确定"按钮,进入MPS计划列表,如图3-9所示。

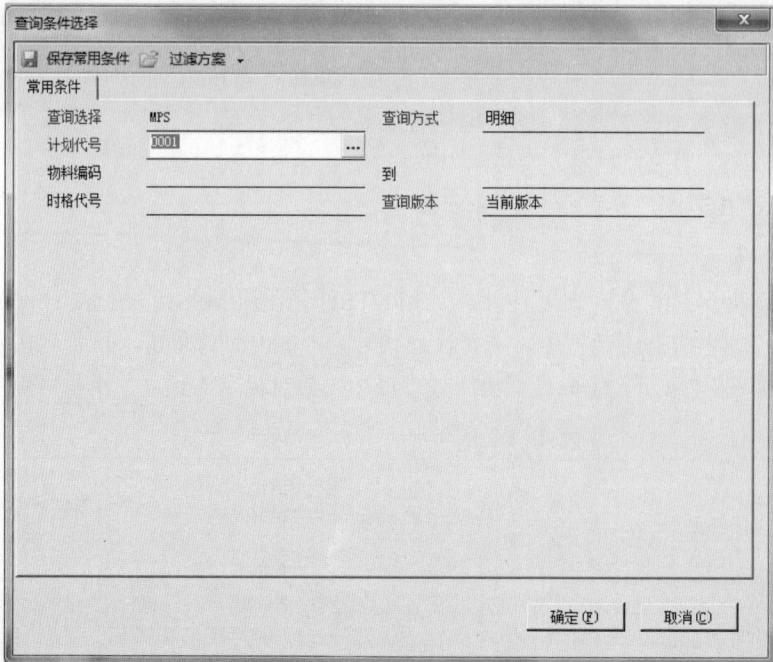

图3-8 选择MPS过滤条件

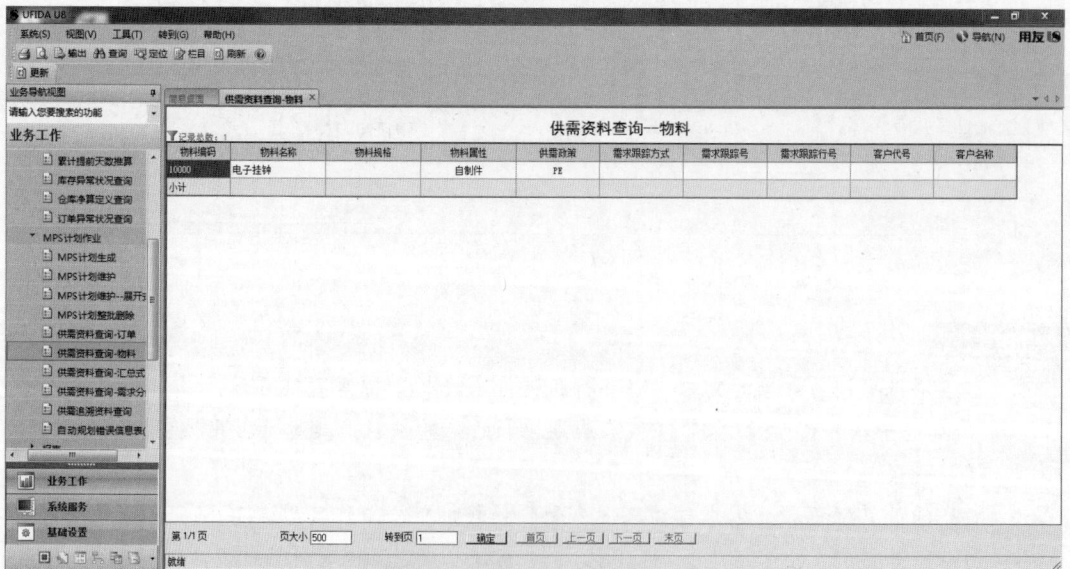

图3-9 MPS按物料查询列表

(2) 在图3-9中,双击选择MPS所在的记录行,即可显示主生产计划的详细资料。在图3-10所示的窗口中,单击最右侧单元格,即可看到被遮住的右侧单元格的内容,拖动左边单元格的边界线,可以锁住左边栏目不被移动,以便浏览。

图3-10　电子挂钟MPS的供需明细资料

参见图3-10，MPS规划结果分析如下。

3月份电子挂钟期初现有库存量为50个，生产批量为30个，本月有效工作日21天，按照先完工先生产的原则，计算MPS物料的净需求，规划的结果如下。

按照销售订单0000000001的要求，3月20日完工交货100个电子挂钟，规划供应数量为3月18日开始组装60个(客户订单需求100个，扣除库存50个，则需要供应50个。因为其供应倍数为30，所以规划供应为60个)。考虑组装60个电子挂钟的累计提前期为2天，即1天固定提前期、1天变动提前期(变动基数为200，60/200＝0.3，计为1天)，扣除周六和周日非工作日，经过18日、19日两天组装，20日完成生产供应，此时结存为110个(现存量50个＋供应订单余量60个)，满足需求订单100个(即预约量)以后，电子挂钟预计可用量剩余10个。

按照销售订单0000000002的要求，3月27日完工交货400个电子挂钟，计划3月22日开始组装390个(客户需求400个，扣除预计可用量10个以后，390正是批量30的倍数)。考虑组装390个电子挂钟的累计提前期为3天，即固定提前期1天、变动提前期2天(390/200＝1.95，计为2天)，扣除周六和周日非工作日，经过22日、25日、26日3天时间(23日、24日为周末，即非工作日)，27日完成生产供应390个，加上预计可用量剩余的10个，合计共有电子挂钟400个，正好满足此客户订单的需求。

❖ 注意：

◇ 本模块只对MPS料品进行净需求计算，主要是最终产品(如电子挂钟)、关键零部件、采购期较长的采购件、产能负荷占用较多的零部件(如使用瓶颈料品)等。

◇ 系统依据料品的需求来源(需求预测及客户订单)，考虑现有料品存量和锁定、已审核订单(采购请购单、采购订单、生产订单、委外订单)余量，以及料品提前期、供需政策等，自动产生MPS件的供应计划。净需求＝毛需求－现有库存量＋在单量－预约量，对这些变量的名词解释可参见【系统功能参数说明】。

○ MPS中的供需数量计算如下。

产品需求量(订单原量)＝产品订单的需求量与预测订单抵消后的结果。参见【系统功能参数说明】。

规划供应数量(规划供应的订单原量)＝产品需求量－现有库存量＋在单量－预约量

本实验中"规划供应的订单原量"就是(订单需求数量－现有库存量)两者之差的数值，是净需求，对其进行批量化处理后的数据，就是料品的规划供应数量(规划供应的订单原量)。

如果料品有供应倍数，那么此"规划供应的订单原量"的数值需要进行批量化处理。批量化处理是指根据供应(订购或生产)倍数来确定供应数量。供应(订购或生产)倍数是指在某个时段内向供应商一批订购或要求生产部门一批生产某种物料的数量。例如，制造倍数为30，表示生产线一批生产该物料的数量为30，即使实际料品只需要供应量为1，也要生产30个，即为该料品的规划供应数量。

○ MPS中的供需时间计算如下。

需求日期(供需日期)＝订单的产品需求日期

每个物料规划供应的开始时间(审核日期)是根据其需求日期逆推而得的，逆推的天数为该物料的累计提前期。计算累计提前期时，只考虑物料的主要物料清单，不考虑替代清单，母件不考虑其虚拟子件的固定提前期，不计算其产出品提前期。

在MPS中，电子挂钟的累计提前期指的是电子挂钟在总装中心组装需要的时间，由其固定提前期和变动提前期求和而得。

某物料的累计提前期＝该物料固定提前期＋该物料变动提前期

- 累计提前期是指执行某项目从结束日期算起倒推到开始日期这段消耗的时间。由于供应批量或能力变化，或者作业进度安排上的问题，提前期会发生改变。累计提前期等于固定提前期与变动提前期(随供应数量和变动基数而变)之和。
- 固定提前期是指从发出需求信息到收到存货为止所需的固定时间。它不随着规划供应料品的数量而变化。以采购件为例，不论数量多少，从订货发出采购订单到收到料品为止的最少采购时间，不随采购数量而变化，称为此采购件的固定提前期。
- 变动提前期指在进行生产、采购、委外活动时，会因规划供应数量的变化而使物料生产、采购、委外加工的时间有所不同，该时间称为变动提前期。它会根据料品的变动基数、库存现存量和供应批量的变化而变化。
- 变动基数指在考虑变动提前期时每日的产量。本实验设定电子挂钟的变动基数为200个，变动提前期为1天。表示多生产1～200个数量就要多增加1天的时间，则变动提前期为1天。
- 物料的变动提前期＝(规划供应的订单原量÷原量变动基数)×变动提前期。该数值若小于1，则要计为1天。例如，若规划供应数量为201，该物料变动提前期＝(201÷200)×1，大于1且小于2，则计为2天。即供应201个，需要的变动提前期为2天。

○ 做完MPS运算后，该规划是否可行，还需要进行资源的粗能力计划检验，了解资源是否能够满足主生产计划所需要的对产能的要求。若产能不能满足，则需要调配资源、修改主生产计划的时间或数量，甚至修改销售订单的完工日期等资料(参见第4章 产能管理)。

5. MRP累计提前天数推算和库存异常状况查询

岗位：规划人员

菜单路径：业务工作/生产制造/需求规划/MRP计划前稽核作业/累计提前天数推算

菜单路径：业务工作/生产制造/需求规划/MRP计划前稽核作业/库存异常状况查询

(1) 在"累计提前天数推算"窗口中，单击"执行"按钮，完成累计提前天数的推算，弹出"处理成功"信息提示对话框，单击"确定"按钮。

(2) 在"库存异常状况查询"查询条件选择窗口中，输入常用条件，默认"否"，单击"确定"按钮，即可查询到出现异常的MRP物料的库存异常状况(如库存量为负值等)。若无异常情况，表体内容为空。

> ❖ 注意：
>
> "累计提前期天数推算"仅是按照物料工艺路线对物料的固定提前期进行求和，未包括变动提前期。该计算实际上是对"存货档案/计划"中的各个物料的累计提前期数据项的计算，在存货档案中可见该数值。计算完成后在"MRP计划参数维护"界面中显示MRP件的"最长累计提前天数"。

6. MRP计划参数维护

岗位：规划人员

菜单路径：业务工作/生产制造/需求规划/基本资料维护/MRP计划参数维护

在"MRP计划参数维护"对话框中，输入各项参数，选择"计划代号"为0002、"计划说明"为202403MRP，选中"是否生效"复选框，"预测版本"选择2024032，"需求时栅"选择0001，计划时考虑"生产订单""委外订单""请购订单""采购订单""进口订单""计划订单"，"来源MPS计划代号"为0001，选中"供需追溯""出货消抵"复选框，单击"确定"按钮，即完成MRP计划参数的设置工作，如图3-11所示。

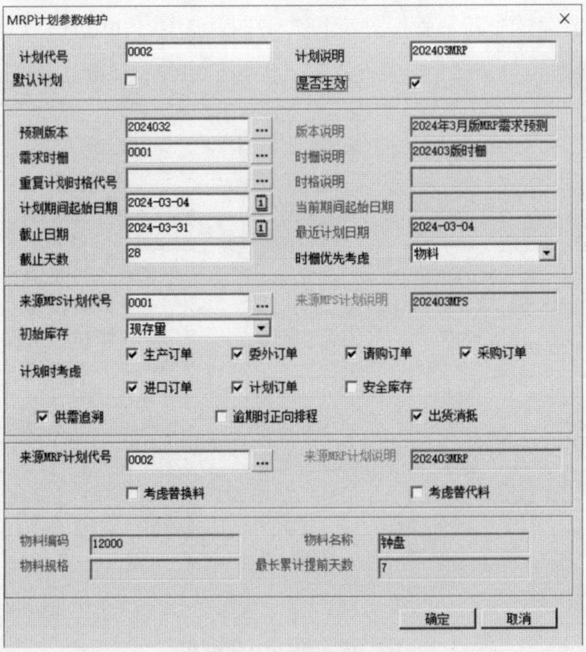

图3-11 MRP参数设置

> ❖ **注意：**
>
> ◇ 选择"是否生效"选项，表示执行MRP计算时生成的MRP计划代号立即生效，即可作为生成执行令单的依据。
>
> ◇ "截止日期"指将料品或其预测订单纳入MRP计划。设置截止日期后，截止到该时间内完工的料品或其预测订单将参与计划的计算。
>
> ◇ "初始库存"选项选择"现存量"，表示MRP计算净需求时将考虑期初库存现存量。
>
> ◇ "逾期时正向排程"用于设置计划订单的排程方式。如果为未选中状态，系统总以物料的需求日反向推算计划订单的开始日，而不论计划订单是否逾期；若为选中状态，则当计划订单开工日期逾期时，系统自动将该计划订单以系统日作为开始日进行正向排程，而不论是否满足需求日期。默认为未选中状态。
>
> ◇ "供需追溯"指由MRP自动规划后，各订单(计划订单、生产订单、请购单、采购订单、进口订单、委外订单)的需求来源资料，以及根据销售订单追踪其相关供应资料。若为未选中状态，则MRP计算时不记录供需追溯资料，从而提高运算效率；若为选中状态，则可在供需追溯资料查询功能中查询到需求来源资料，或者按照物料查询时，在供需资料明细查询表体中右击，即可查询该订单的供需追溯资料。
>
> ◇ "最长累计提前天数"是指按照物料工艺路线计算的MRP件最长的累计提前期天数，表示MRP件的耗用时间，尚未考虑变动提前期。该值由"MRP计划前稽核作业"中的"累计提前期天数推算"命令计算而得。上层母件的相关需求决定了子件的需求(完工或到货)，由此确定截止日期，此时所计算出的截止天数应不小于MRP件最长累计提前天数，否则，有些MRP料品的供应计划将会逾期(来不及供应)。

7. MRP计划生成

岗位：规划人员

菜单路径：业务工作/生产制造/需求规划/计划作业/MRP计划生成

在"MRP计划生成"窗口中，单击"执行"按钮，系统会自动运算MRP。完成后弹出"处理成功"信息提示对话框，单击"确定"按钮，即完成MRP的计算，如图3-12所示。

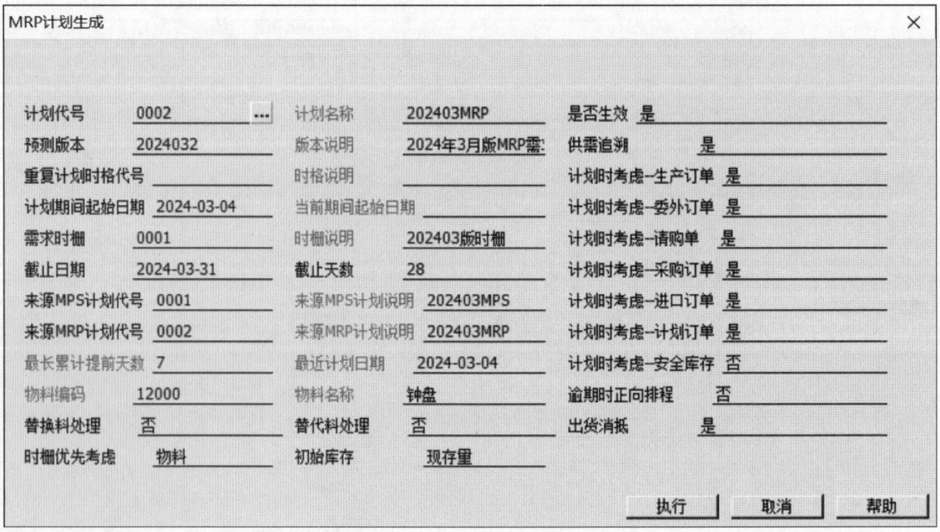

图3-12　MRP计划生成

MRP运用相关需求的概念进行计算，受到MPS、工作日历、BOM、库存现存量的影响，若它们发生变化，则MRP需要重新计算生成，计划也发生改变。MRP要与其MPS相匹配。

8. MRP计划作业的供需资料查询

岗位：规划人员

菜单路径：业务工作/生产制造/需求规划/MRP计划作业/供需资料查询—物料

(1) 执行"供需资料查询—物料"命令，再单击"查询条件选择"命令，打开"查询条件选择"对话框，输入查询条件后，单击"确定"按钮，如图3-13所示。

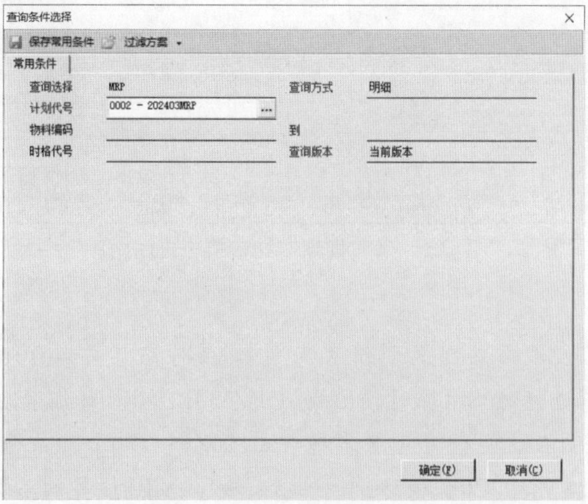

图3-13　MRP查询条件选择

(2) 在打开的图3-14所示的"供需资料查询—物料"窗口中，双击某物料(如电池)所在行，即可查看其详细规划资料，如图3-15所示。

图3-14　"供需资料查询—物料"窗口

图3-15　供需规划明细资料查询(电池)

规划资料分析如下。

由图3-15所示的电池的供需规划情况可见，在对销售订单0000000001和销售订单0000000002这两笔需求进行MPS运算时，已规划出在3月18日开始组装电子挂钟60个和在3月22日开始组装390个，说明在这两个时间点需要电池120个和780个，且符合供应倍数(10个)的要求，即此时电池的规划需求为120个和780个。因此，经过MRP运算的结果显示：规划3月18日需求电池120个、3月22日需求电池780个，由于电池采购提前期为1天，所以规划3月17日需要采购订货120个和3月21日需要采购订货780个的供应计划。

❖ 注意：

　◇ 本模块是在MPS已完成的基础上，针对MRP料品进行净需求数据的计算。

　◇ MRP中料品的供需数据计算如下。

　　料品的规划需求量(订单原量) = 上层母件规划供应数量

　　料品的规划供应量(订单原量) = 料品的规划需求 − 现有库存量 + 在单量 − 预约量

　◇ MRP中料品的供需时间计算如下。

　　料品的规划需求时间(供需日期) = 上层母件规划供应的开始日期(审核日期)

　　规划供应的开始时间(审核日期)是根据料品的规划需求日期逆推而得。逆推的天数为该料品的累计提前期。累计提前期 = 固定提前期 + 变动提前期。计算累计提前期时，只考虑物料的主要物料清单，不考虑替代清单，母件不考虑其虚拟子件的固定提前期，不计算其产出品提前期。

　◇ 做完MRP运算后，还需要进行能力需求计算和资源能力需求检验，了解资源是否能满足MRP中各物料对产能的要求。若产能不能满足，则需要调配资源、修改MRP和MPS，甚至销售订单的完工日期等资料(参见"第4章　产能管理")。

【系统功能参数说明】

关于需求来源及需求时栅、需求规划等事项的说明如下。

在MPS和MRP运算过程中所考虑的需求资料来源于两方面：一方面是客户销售订单的需求数据，另一方面是企业自身预测的需求数据。这两类数据可以同时存在，也可以只有其中之一。若既有客户订货，又有企业预测，那么，如何计算需求量数据呢？需要对需求来源资料划分时间段(时栅)以分别计算不同时间段内的数据。在某时间段内可能兼有实际订单需求和预测需求，两者组合的需求数据需要使用抵消方法来计算求得。通常有四种需求抵消方式(反向抵消、正向抵消、先反向再正向抵消、先正向再反向抵消)，参见下述内容。

1) 时栅

"时栅"表示用来划分需求来源资料的时间段，时栅方案中设置了不同时间段计算需求的取数算法。由于不同时段的需求来源不同，取数算法不同，因此，所得到的需求数据也将不同。在计算MPS和MRP时，对某一时段的某物料而言，其独立需求来源可能是客户销售订单，也可能是预测订单，或者两者都有，则系统将按需求时栅资料设置的算法进行运算。需求时栅资料如表3-1所示，三个时间段有不同的取数算法。

举例说明，如图3-16所示，3月1日、3月11日、3月21日分别有预测需求500个，3月7日有一张客户订单需求为1200个。因为所有的预测需求都是为客户真实订单准备的，所以抵消方法是以客户实际需求日期为分界点与预测需求进行抵消计算的。

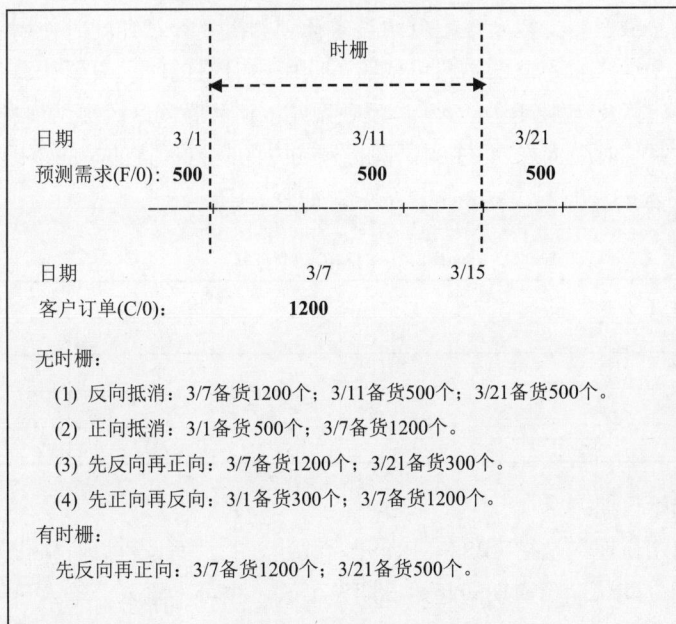

图3-16 需求数据来源分析

若不分时段(无时栅)，则需求数据情况如下。

若采用"反向抵消"的方法，以3月7日为分界点，从3月7日往前抵消，则只有3月1日的500个预测需求被抵消掉，3月7日以后的预测需求被保留，此时需求为3月7日需要1200个，3月11日、3月21日分别需要500个。

若使用"正向抵消"的方法，则3月1日的预测需求被保留，3月11日、3月21日的两张预测订单被抵消掉，此时需求为3月1日需要500个，3月7日需要1200个。

若选择"先反向再正向"的抵消方法，则3月1日的500个预测需求被抵消掉，余700个(1200－500)，再抵消后面3月11日和3月21日的预测需求，3月21日还剩余300个(500＋500－700)，此时需求为3月7日需要1200个，3月21日需要300个。

若使用"先正向再反向"的抵消方法，则3月11日和3月21日的共1000个预测需求被抵消掉，余200个(1200－500－500)，再抵消前面的预测订单，则3月1日还剩余300个(500－200)，此时需求为3月1日需要300个，3月7日需要1200个。

在有时栅的情况下，若第一时段为15天(3.4～3.19)，则第二时段不限制时间范围(3.20以后)。如果按照"先反向再正向"的抵消方法，则需求数据情况如下：在3月1日至3月15日的时段内，有3月1日、3月11日两张需求预测订单，均为500个电子挂钟，还有一张3月7日的客户需求订单，为1200个电子挂钟。按照抵消要求，先抵消3月7日之前的需求预测订单，即3月1日的500个预测需求被抵消掉，余700个(1200－500)，然后再抵消掉后面3月11日需求500个的预测订单，因这一时段的预测值全部被抵消掉(1200＞1000)，故不再考虑需求预测值，则此时最终的需求为3月7日需要1200个。第二时段的需求预测订单不受影响，即3月21日(属于第二时段)需要500个电子挂钟的预测订单保留。最终需要做生产规划的需求订单为：3月7日客户需求订单1200个，3月21日需求预测订单500个。

2) 时格

"时格"是一种时间区段的划分方式，供查看物料可承诺量、MPS和MRP供需资料、工作中心资源产能及负载资料，以及设定资源需求计划和重复计划期间时使用。时格时间段包括天、周、旬、月、季、年。不同的物料可依照不同版本时格的时段设置计算和查询可承诺量及可用量、产能需求计算及产能问题检核等，反映系统以何种时间区段提供信息。

例如，若当前系统时间为2024.03.04，则代号0091的时格设置的时间范围为3.4～3.10(周)、3.11～3.17(周)、3.18～3.27(月)、3.28～4.27(月)，如表3-3所示。

表3-3 时格(0091)资料

行号	类别	期间数	起始位置
1	周	1	星期一
2	周	1	星期一
3	月	1	28日
4	月	1	28日

3) 计划期间起始日期

"计划期间起始日期"是指MPS和MRP开始做计划的时间。可以时格代号划分重复制造计划期间的起始日期。默认"当前期间起始日期"可改，也可不输入。输入日期不可大于系统日期及当前期间起始日期。MPS展开时，系统以该日期为起点，并按重复计划时格代号所对应的时段和顺序，将该日期至MPS及MRP展开工作日历限度(当年往后两年、往前一年)截止日期，正向和反向分别划分为若干重复计划期间，若时格中定义的各时段总日期长度不足，则不足部分以时格代号最后一个时段再设置若干计划期间。

4) 截止日期

"截止日期"是设定参与MPS和MRP运算的客户订单及产品预测订单的预完工日期的截止日期，本栏必输入且不可小于系统日期。客户订单以预完工日期为准，预测订单则以均化后各期间的起始日期为准。在截止日期之后的客户订单或预测订单，不列入本次计划的范围；均化后预测订单的需求日期若小于系统日期，也不视为计划对象。

5) 提前期

"提前期"是指执行某项任务由开始到完成所消耗的时间。根据物料属性不同，可以有采购提前期、制造提前期、委外提前期等。由于供应批量或能力变化，或者作业进度安排上的问题，提前期会发生改变。物料的提前期等于其固定提前期加变动提前期(随供应数量和变动基数而变)之和。

按照物料工艺路线，累计提前期是采购、加工、装配提前期的总称，如图3-17所示。计算累计提前期时，只考虑主要物料清单，不考虑替代清单，母件不考虑其虚拟子件的固定提前期，不计算其产出品提前期。建议在每次展开MPS和MRP之前，先执行"累计提前天数推算"。"最长累计提前天数"是指按照物料工艺路线计算的MPS和MRP物料中最长的累计提前期天数，截止天数应不小于最长累计提前天数，否则物料需求计划中某些物料的供应计划将会"逾期"(来不及供应)。该值由"MPS计划前稽核作业"中的"累计提前期天数推算"命令自动计算而得，在"MPS计划参数维护界面"中显示可见(此处仅是固定提前期的总和)。该计算实际上是对"存货档案/计划"中的累计提前期数据项的计算，在存货档案中可见该数值。总提前期是指从取得原材料开始到完成制造该料品所需要的时间，实际上是指计划提前期、采购提前期、加工提前期、装配提前期的总和。

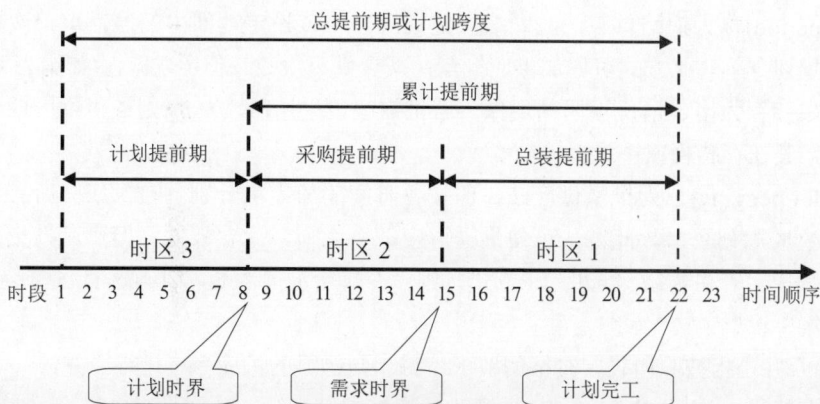

图3-17 料品提前期计算

6) 净需求量

在MPS和MRP系统中，按照先完工先规划的原则，根据BOM结构，结合现有库存状况等资料，统筹计算物料的净需求量。

$$净需求量 = 毛需求量 + 在单量 - 预约量 - 现有库存量$$

这些数据同在一个时间段内。

(1) 毛需求：料品的独立需求(订单需求)或相关需求。相关需求是由独立需求根据BOM结构推算出来的派生的需求。

(2) 在单量(在途量)：已计划好将来要有的，但目前尚未真正拥有的数量。即根据正在执行中的采购订单或生产订单，在未来某个时段内物料将要入库或将要完成的数量。

○ 采购件：已下采购订单而供应商尚未交货(验收入库)的数量。

○ 自制成品、半成品：已下生产订单而制造车间尚未完工入库的数量。

○ 委外件：已下达委外单而委外商尚未交货(验收入库)的数量。

(3) 预约量：将来要发生而现在还没有发生的需求量。即尚保存在仓库中但已被分配掉的物料数量。

○ 采购件：已发生产订单或委外单，要领用而车间或委外商尚未领料的数量。

○ 成品：已接到客户订单而尚未交货的数量。

○ 自制半成品：已发生产订单或委外单，要领用而车间或委外商尚未领料的数量。

○ 委外件：已发生产订单或委外单，要领用而车间或委外商尚未领料的数量。

(4) 安全库存量：为了预防需求或供应方面不可预测的波动，在仓库中经常应保持最低库存数量作为安全库存量。不参加MPS和MRP的运算。

(5) 供应(订购或生产)倍数：在某个时段内向供应商订购或要求生产部门生产某种物料的数量。例如制造倍数为30，表示生产线一批生产的量为30，即使实际料品净需求为1，也要规划供应生产30个。

(6) 现有库存量：是指在企业仓库中实际存放的物料(成品、半成品、采购件)的现有库存数量。

(7) 现存可用量＝现有库存量－预约量。

(8) 可用量(可承诺量)＝现存可用量＋在单量＝现存量－预约量＋在单量。

7) 供需政策

供需政策指的是规划生成供应令单(采购订单、生产订单)的方式，有PE和LP两种。

(1) PE(period)称为期间供应法，即按一定期间，将该设定期间内的净需求一次供应，即一起生成一张规划令单。此方式可增加供应批量，减少供应次数。但需求来源(如销售订单)变化太大时，将造成库存太多、情况不明的现象。若供需政策采用PE方式，则在"供应期间"栏位需另输入天数，其在存货档案中设置。

(2) LP(lot pegging)称为批量供应法，即按各时间的净需求分别各自供应。所有净需求都不合并，各自生成规划令单。此方式可使供需对应关系明晰，库存较低，但供应批量可能偏低，达不到经济规模。若供需政策选用LP方式，则"令单合并"栏位必须输入(或选择或不选择)，其在存货档案中设置。

(3) 令单合并是指按照所设定时格的要求，将相同物料的供应令单进行合并。

例如，有料品A，当MPS或MRP展开时的净需求有三笔，分别是4月1日需求100件、4月11日需求200件、4月21日需求150件，如表3-4所示。若该料品为自制，供应固定提前期为30天(不计假日时，依系统工厂工作日历的工作日，推算令单的到期日)，则选择同一物料销售订单的各个净需求是否予以合并。若供需政策选用LP方式，则"令单合并"栏位必须选择或不选择。

表3-4 供应政策说明

供应政策	设定内容	MPS或MRP展开后，规划生产订单
PE	供应期间为30天	只生成一张生产订单，即4月1日应完成450件
LP	无	生成三张生产订单： 4/01应完成100件 4/11应完成200件 4/21应完成150件

例如，有两种料品A和F，其料品结构如图3-18所示(括号内为全部提前期)。销售订单001订购A料品，销售订单002订购F料品。由图3-18的BOM结构可见，若B料品、C料品、E料品有不同的提前期，则B料品会有4个不同需求日期，假设如下。

○ 7月19日需要100件(销售订单001)。

○ 7月15日需要150件(销售订单001)。

○ 7月12日需要80件(销售订单002)。

○ 7月8日需要200件(销售订单002)。

若B料品的供需政策为LP，并选择"令单合并"，按照时格要求，则上述四项需求合并成为两项：7月8日需要280件(200＋80)；7月15日需要250件(150＋100)。

若B料品的供需政策为LP，而不选择"令单合并"，则上述四项需求维持不变。

若B料品的供需政策为PE，而"供应期间"为10天，则上述四项需求合并成为两项：7月8日需要430件(200＋80＋150)；7月19日需要100件。

若B料品的供需政策为PE，而"供应期间"为5天，则上述四项需求合并为三项：7月8日需要280件(200＋80)；7月15日需要150件；7月19日需要100件。

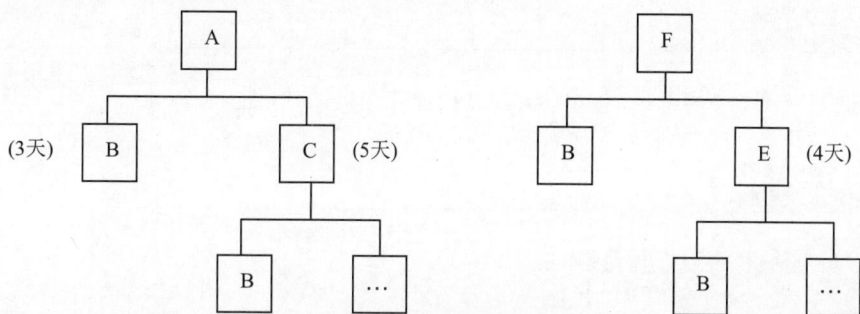

图3-18 料品结构图(BOM)

综上所述，供需政策为LP，则依据销售订单供应；供需政策为PE，则不依据销售订单供应，完全以需求日期和供应日期作为供应(生产订单、委外订单、采购订单)依据。在LP政策下，各销售订单的各自供应数量不合并运用，只有PE政策才需合并运用。

8) 状态

MPS和MRP的规划结果中的"状态"是指供应订单的状态，供进行例外管理使用。系统提供以下7种状态。

○ 逾期：计划订单的审核日期小于系统日期或锁定和审核的供应订单的供应日期小于系统日期。

○ 冲突：计划生产订单的审核日期介于系统日期与冻结日期之间。

○ 提前：锁定和审核的供应订单，系统建议其计划供应日期提前。

○ 取消：因为需求减少，锁定和审核的供应订单应取消。

○ 延后：锁定和审核的供应订单，系统建议其计划供应日期延后。

○ 减少：因需求减少，锁定和审核的供应订单的计划数量应减少。

○ 审核日：计划订单的审核日期等于系统日期。

补充实验一　销售预订单处理与ATP模拟

本实验针对以下情况展开：假如企业根据以前客户需求已经完成了企业主生产计划和物料需求计划的编制，并制定了采购订单、生产订单和委外订单，企业正常的生产经营活动正在开展过程之中。

企业在生产活动进行过程中，经常遇到新的客户购买意向，此时，企业销售人员需要了解企业某时间段的满足需求的能力，因此，需要企业能够提供某时间段料品的可承诺量数据，以便与客户商议出稳妥的供货协议。本软件通过销售预订单的方式来进行售前分析和ATP模拟推算，以得到可承诺量数据。

销售预订单是指非正式的、客户有意向的销售订单，用于计划人员判断企业是否能满足此订单(即此订单是否能插入当前生产过程中进行加工生产)的需要。计划人员可以对销售预订单进行ATP交期模拟，求出模拟结果，如果认为订单生产可以满足，则审批预订单，并在销售管理系统中根据预订单生成正式的销售订单，然后进一步制订计划进行生产。

下述实验操作方法可用于单独模块练习，也可以与其他模块结合使用。

【实验目的】

理解销售预订单的作用，掌握多阶ATP模拟计算和供需分析的操作。

【实验要求】

以操作员身份进入系统进行操作。

【实验资料】

1. 实验数据准备

(1) 修改系统时间为2024-03-06。

(2) 引入"补充实验一数据准备"数据账套。

2. 实验资料

(1) 已有采购订单计划如图3-19所示。

选择	业务类型	订单编号	日期	供应商	部门	业务员	币种	存货名称	主计量	数量	原币含税单价	原币单价	原币金额	原币税额	原币价税合计	计划到货日期
	普通采购	0000000001	2024-03-04	上海昊恒工贸	采购部	李梅	人民币	机芯	个	40.00	30.00	26.55	1,061.95	138.05	1,200.00	2024-03-18
	普通采购	0000000001	2024-03-04	上海昊恒工贸	采购部	李梅	人民币	机芯	个	390.00	30.00	26.55	10,353.98	1,346.02	11,700.00	2024-03-22
	普通采购	0000000001	2024-03-04	上海昊恒工贸	采购部	李梅	人民币	电池	节	120.00	10.00	8.85	1,061.95	138.05	1,200.00	2024-03-18
	普通采购	0000000001	2024-03-04	上海昊恒工贸	采购部	李梅	人民币	电池	节	780.00	10.00	8.85	6,902.65	897.35	7,800.00	2024-03-22
	普通采购	0000000002	2024-03-04	北京铝材厂	采购部	刘东	人民币	铝材	千克	1.20	20.00	17.70	21.24	2.76	24.00	2024-03-13
	普通采购	0000000002	2024-03-04	北京铝材厂	采购部	刘东	人民币	铝材	千克	7.80	20.00	17.70	138.05	17.95	156.00	2024-03-19
合计										1,339.00			19,539.82	2,540.18	22,080.00	

图3-19 已有采购订单计划

(2) 已有委外订单计划如图3-20所示。

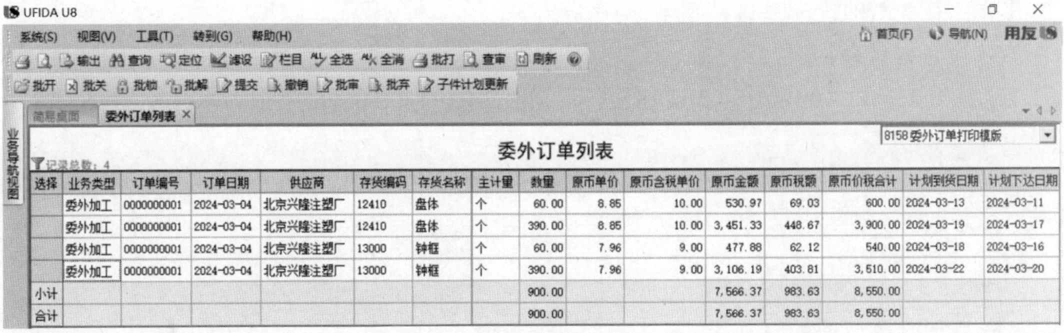

委外订单列表

记录总数：4

选择	业务类型	订单编号	订单日期	供应商	存货编码	存货名称	主计量	数量	原币单价	原币含税单价	原币金额	原币税额	原币价税合计	计划到货日期	计划下达日期
	委外加工	0000000001	2024-03-04	北京兴隆注塑厂	12410	盘体	个	60.00	8.85	10.00	530.97	69.03	600.00	2024-03-13	2024-03-11
	委外加工	0000000001	2024-03-04	北京兴隆注塑厂	12410	盘体	个	390.00	8.85	10.00	3,451.33	448.67	3,900.00	2024-03-19	2024-03-17
	委外加工	0000000001	2024-03-04	北京兴隆注塑厂	13000	钟框	个	60.00	7.96	9.00	477.88	62.12	540.00	2024-03-18	2024-03-16
	委外加工	0000000001	2024-03-04	北京兴隆注塑厂	13000	钟框	个	390.00	7.96	9.00	3,106.19	403.81	3,510.00	2024-03-22	2024-03-20
小计								900.00			7,566.37	983.63	8,550.00		
合计								900.00			7,566.37	983.63	8,550.00		

图3-20　已有委外订单计划

(3) 已有生产订单计划如图3-21所示。

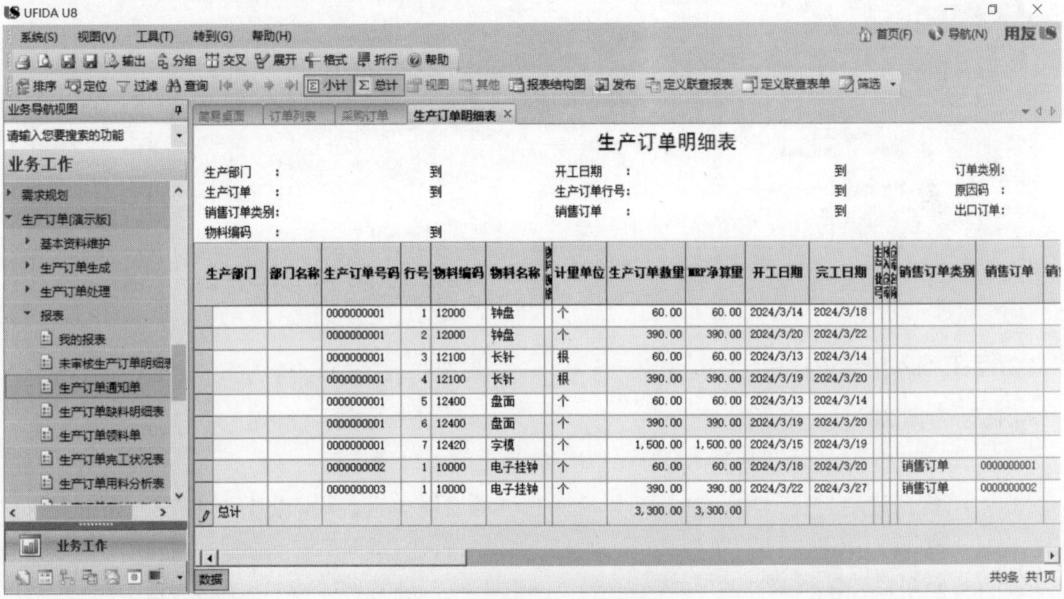

生产订单明细表

生产部门　：　到　开工日期　：　到　订单类别：

生产订单　：　到　生产订单行号：　到　原因码　：

销售订单类别：　销售订单　：　到　出口订单：

物料编码　：　到

生产部门	部门名称	生产订单号码	行号	物料编码	物料名称	[illegible]	计量单位	生产订单数量	MRP净算量	开工日期	完工日期	[illegible]	[illegible]	[illegible]	销售订单类别	销售订单
		0000000001	1	12000	钟盘		个	60.00	60.00	2024/3/14	2024/3/18					
		0000000001	2	12000	钟盘		个	390.00	390.00	2024/3/20	2024/3/22					
		0000000001	3	12100	长针		根	60.00	60.00	2024/3/13	2024/3/14					
		0000000001	4	12100	长针		根	390.00	390.00	2024/3/19	2024/3/20					
		0000000001	5	12400	盘面		个	60.00	60.00	2024/3/13	2024/3/14					
		0000000001	6	12400	盘面		个	390.00	390.00	2024/3/19	2024/3/20					
		0000000001	7	12420	字模		个	1,500.00	1,500.00	2024/3/15	2024/3/19					
		0000000002	1	10000	电子挂钟		个	60.00	60.00	2024/3/18	2024/3/20				销售订单	0000000001
		0000000003	1	10000	电子挂钟		个	390.00	390.00	2024/3/22	2024/3/27				销售订单	0000000002
总计								3,300.00	3,300.00							

共9条　共1页

图3-21　已有生产订单计划

(4) 在“基础档案/存货/存货档案/其他”中，电子挂钟存货选择“检查售前ATP”，“售前ATP方案”输入模拟方案号001(202403ATP模拟)。

(5) 按照北京西单商场的购买意向输入一张销售预订单：购买电子挂钟300个，期望需求日期为2024-03-20，可接受完工日期为2024-03-27。

(6) 做售前分析的ATP模拟运算，展望期为22天。

(7) 对电子挂钟进行多阶ATP模拟计算和供需分析。

(8) 审批销售预订单。

(9) 参照销售预订单生成销售订单，含税单价为100元，保存并审核。

【操作指导】

1. 设置电子挂钟存货的“售前ATP方案”

岗位：销售部门/业务员

菜单路径：基础设置/基础档案/存货/存货档案

在"电子挂钟存货档案"窗口中，选中"其他"页签中的"检查售前ATP"复选框，输入"售前ATP方案"为"001-202403ATP模拟"，如图3-22所示。

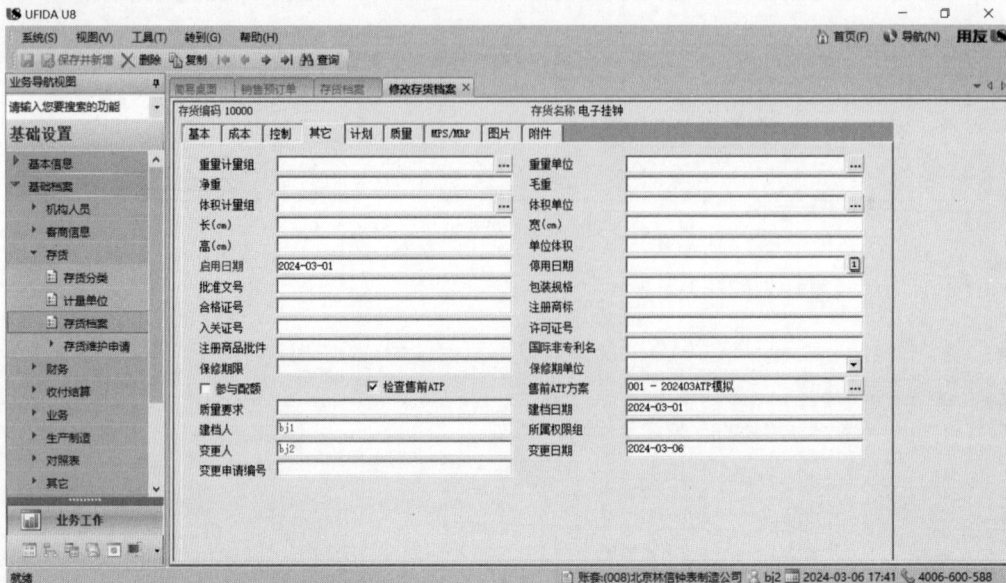

图3-22　电子挂钟售前ATP方案选择设置

2. 手工输入销售预订单

岗位：销售部门/业务员

菜单路径：业务工作/供应链/销售管理/销售预订单/销售预订单

在"销售预订单"窗口中，单击工具栏上的"增加"按钮，输入的订单日期为期望需求时间，在表体中输入电子挂钟的数量，单击"保存"按钮，完成录入工作，此时订单为待审核状态，如图3-23所示。销售预订单中可满足的完工日期，可以通过多阶ATP模拟计算出来。

图3-23　录入销售预订单

❖ 注意:

在输入销售预订单之前，需要事先做好以下几项准备工作。

◇ 在"基本信息/系统启用"中，检查"售前分析"模块是否被启用。

◇ 在"基础档案/业务/ATP模拟方案定义"中设置ATP模拟方案，如图3-24所示。

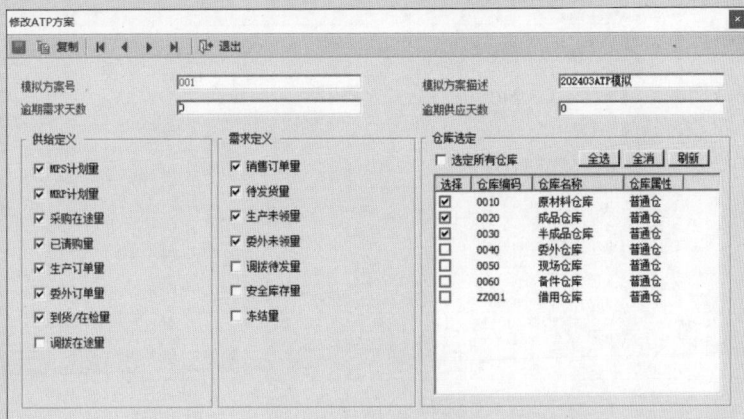

图3-24　ATP模拟方案设置

◇ 在"基础档案/存货/存货档案/其他"中，电子挂钟存货选择"检查售前ATP"，"售前 ATP方案"输入模拟方案号，以便在售前分析时依此进行ATP模拟运算。

◇ 在"基础档案/生产制造/制造ATP规则维护"中，按照企业特定需要，设置相应规则， 可以使用不同规则来计算不同物料的ATP数量，系统每次执行ATP检查时，这些规则是 匹配物料供应和需求的依据，如图3-25所示。

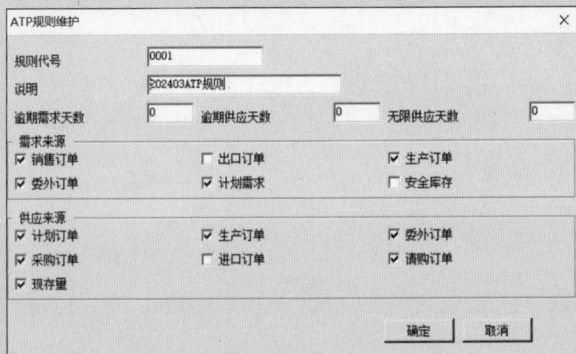

图3-25　制造ATP规则设置

3. 做售前分析的ATP模拟运算

岗位：销售部门/业务员

菜单路径：业务工作/供应链/售前分析/ATP模拟/ATP模拟运算

在"ATP模拟运算"窗口中，单击"增加"按钮，依次输入表头信息："模拟日期"为当 前系统时间推后一天，"展望期"为22天(默认7天)，"模拟方案号"为001，"存货编码"为 10000，单击"运算"按钮，在表体中显示出模拟运算的结果，提供22天内不同的ATP可用数 量，如图3-26所示。在3月20日的"预计占用量"栏手工录入300个，观察ATP模拟数量的变化， 以便销售人员了解最终确定的客户订单是否可以被满足。

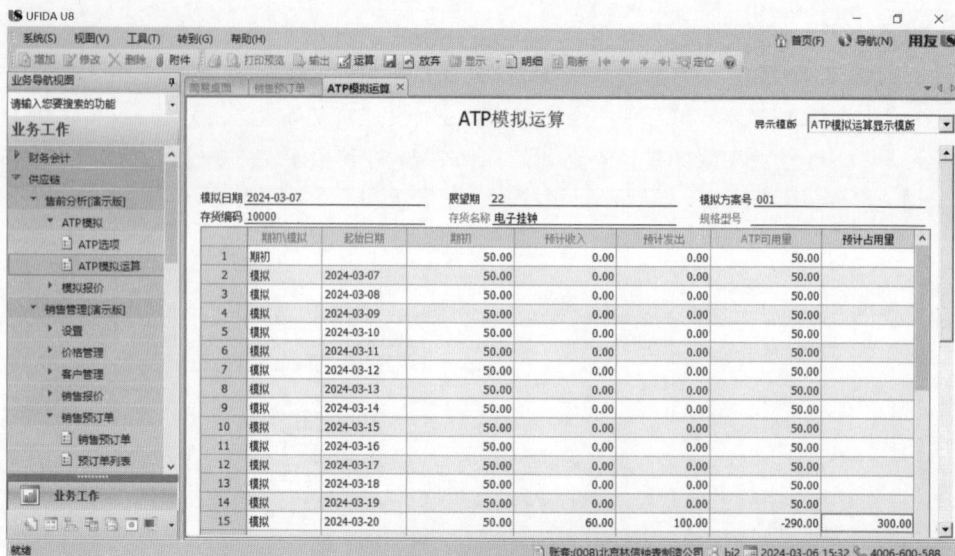

图3-26　ATP模拟运算

模拟结果资料分析如下。

电子挂钟期初现存量为50个，在3月20日有一个客户订单完工100个电子挂钟，若该预订单3月20日也需要交货300个，则ATP可用量数据显示为-290，即此时现有库存不能满足该预订单的要求，但是，由于300个电子挂钟的生产完工时间约为10天，因此，此预订单通过做生产计划来安排生产，就可满足该客户(北京西单商场)的需要了。

4. 多阶ATP模拟计算和供需分析

岗位：销售部门/业务员

菜单路径：业务工作/供应链/销售管理/销售预订单/销售预订单

(1) 进入第一张销售预订单的界面，如图3-27所示，右击表体中电子挂钟记录行，执行快捷菜单中的"多阶ATP模拟"命令。

图3-27　多阶ATP模拟计算

❖ **注意:**

启用了MRP或MPS系统时，对于预订单可以进行多阶ATP模拟和供需平衡分析。已经过多阶ATP模拟的记录行，在下次进行多阶ATP模拟时，仍可以选择此行进行多阶ATP模拟。预订单在以下状态下可进行多阶ATP模拟。

① 单据未审核。

② 对于是否订单中BOM为"是"的订单行且订单BOM选配完成为"是"。

③ 对于ATO模型，要选配完成(客户BOMID不为空)。

④ 预订单在进行多阶ATP模拟时，可以按记录行进行，对于符合条件的行可以进行ATP模拟。

预订单在审核时，需要判断所有的明细行是否都进行过多阶ATP模拟，如果有未进行过多阶ATP模拟的行，则提示用户是否继续，用户确认后，再审核单据。

预订单审核完后才允许关闭，关闭的预订单不再提供给ATP模拟。

(2) 在"销售订单可承诺交期推算"窗口中，单击"查询"按钮，进入如图3-28所示的对话框中，再单击"查询"按钮，下方列表中显示已存在的预订单，选择相应的预订单后，单击"添加"按钮，即回到"销售订单可承诺交期推算"结果对话框。

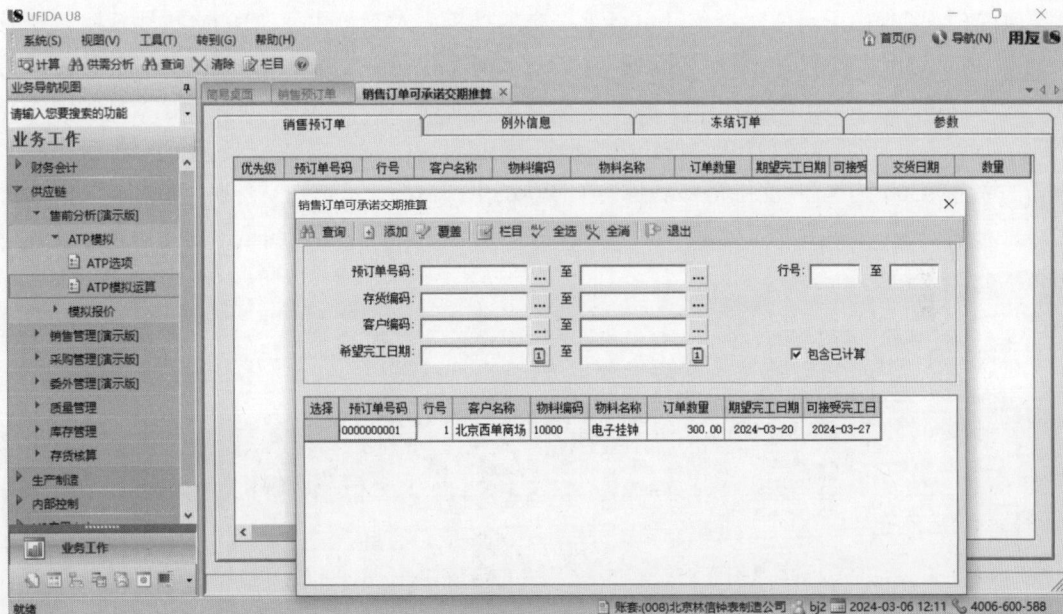

图3-28 销售预订单的选择

(3) 在"销售订单可承诺交期推算"结果对话框的"销售预订单"页签中列出该预订单的内容，如图3-29所示。单击"计算"按钮，进入"销售订单可承诺交期推算"对话框。

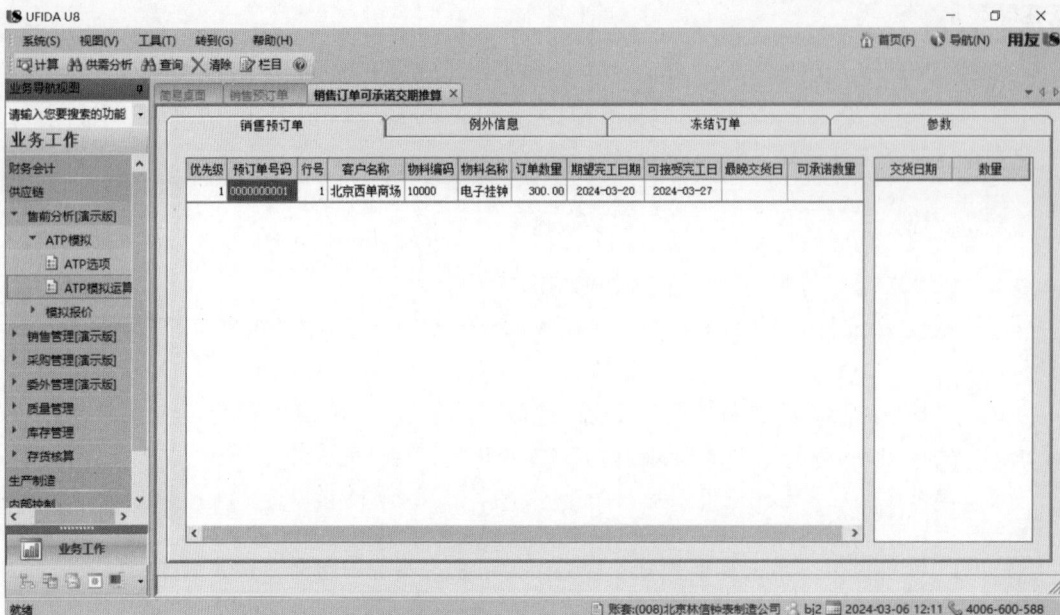

图3-29 销售订单可承诺交期的推算

(4) 在如图3-30所示的"销售订单可承诺交期推算"对话框中，"BOM基准日期"设为2024-03-01，选中"自动更新预订单交期"和"采购计划满足"复选框，单击"计算"按钮，完成最晚交货日期、可承诺数量、交货日期、交货数量的推算，交期推算结果如图3-31所示。若修改了参数，则需要单击"计算"按钮重新推算。由结果资料显示，在交货期2024年3月20日可承诺的数量为300个，说明企业能够满足该预订单的生产需要，能够在交货期内生产完工，则此时可以对该销售预订单进行审核，然后生成正式的销售订单。若不能满足，则不对预订单进行审核，不生成销售订单。

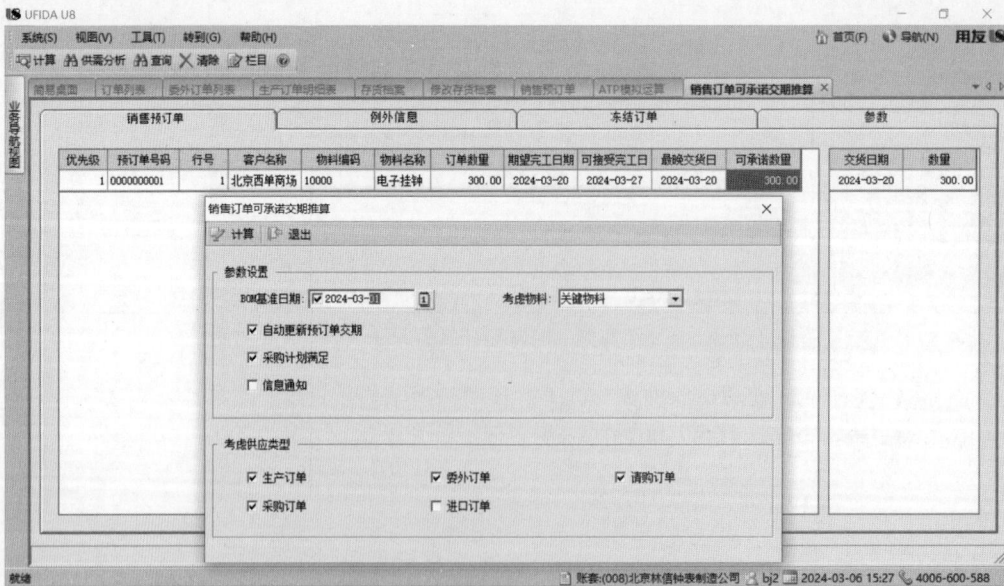

图3-30 销售预订单可承诺交期推算参数设置

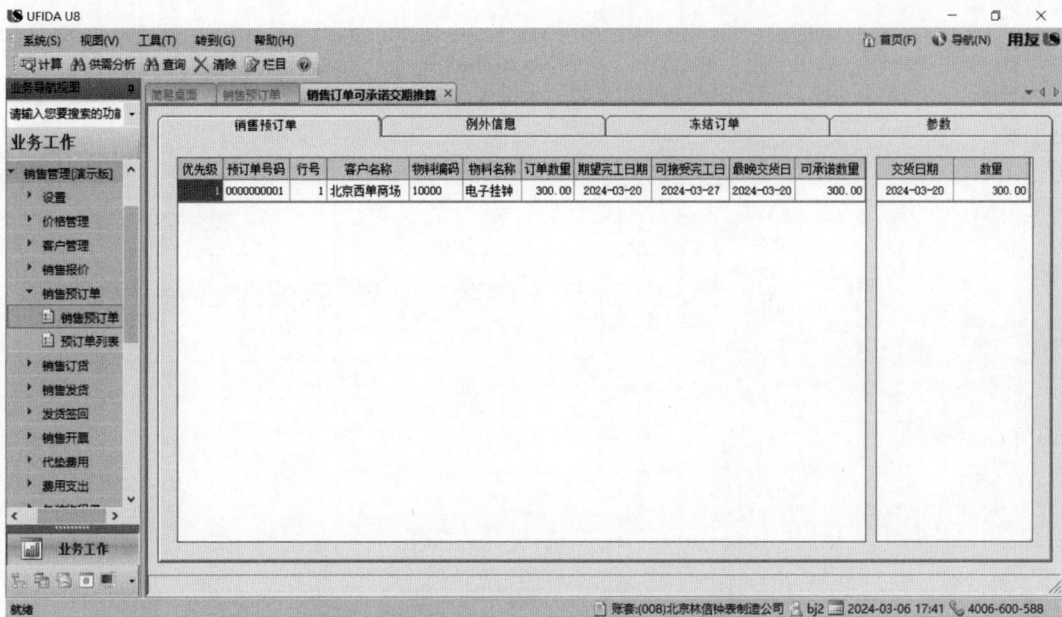

图3-31　销售预订单可承诺交期推算结果

(5) 单击"供需分析"按钮，打开如图3-32所示的"查询条件选择"对话框，输入条件过滤后，显示预订单的ATP模拟及供需平衡分析结果的窗口，如图3-33所示。

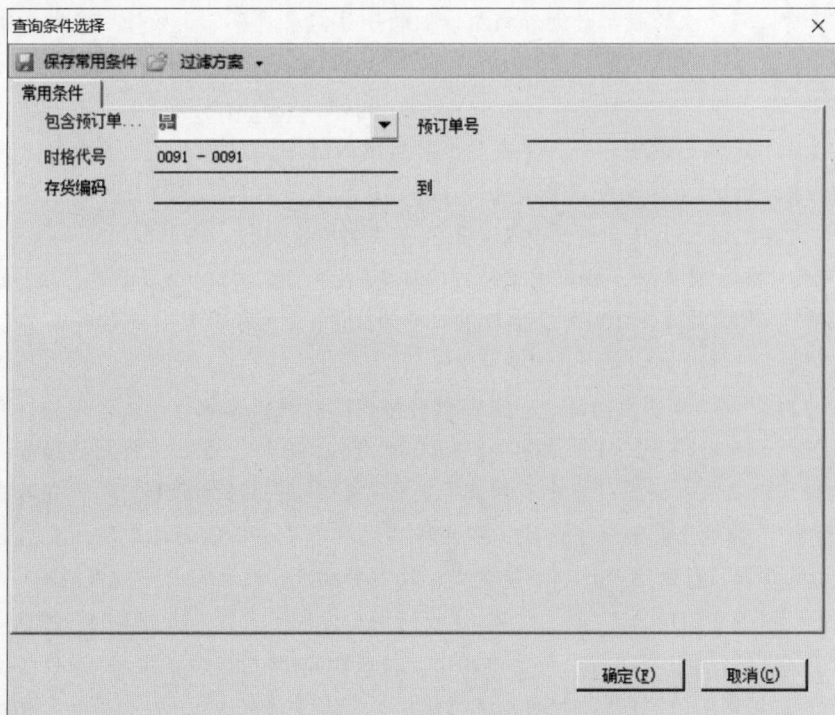

图3-32　查询条件选择

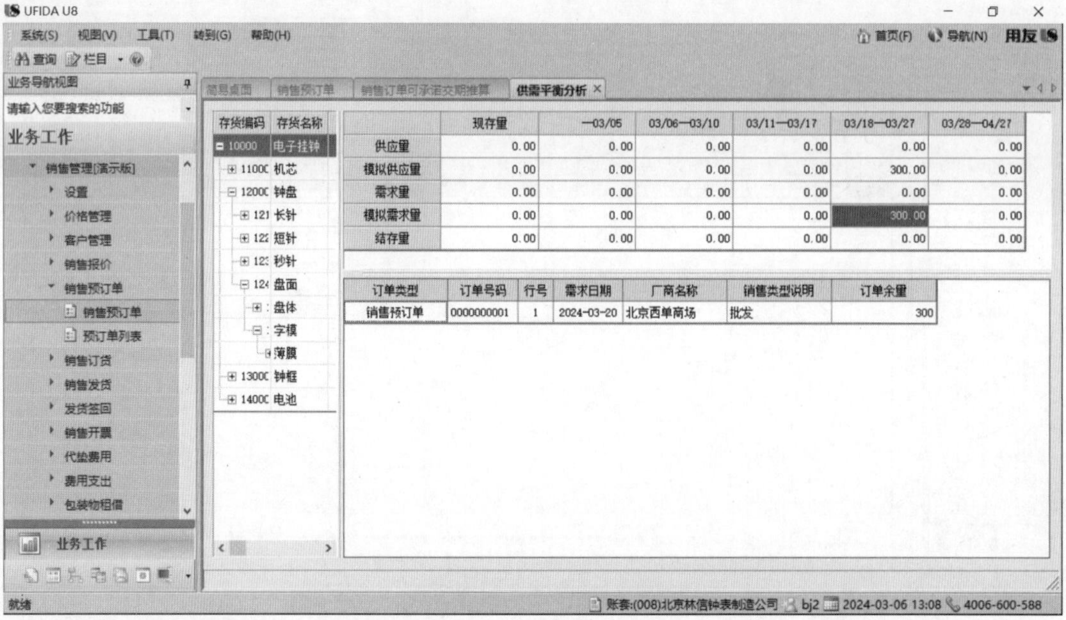

图3-33　预订单的ATP模拟及供需平衡分析结果(母件电子挂钟)

由图3-33，对电子挂钟预订单供需资料分析如下。

经过可承诺交期推算之后，在所选定的时格范围内进行供需平衡分析，目的是查看为了满足预订单的交货，而产生的模拟计划和模拟计划的子件需求对原来生效计划版本的供需平衡的影响。

由图3-33可见，在窗口左侧树状列表中显示电子挂钟的BOM结构，单击某一物料，窗口右侧显示该物料各个时格的供需资料。单击各个时格中的数字，则在下方列表中显示该时格的供需明细资料。其中，订单类型为"审核生产订单"是指生产订单已经执行并审核，订单类型为"规划供应"是指已进行生产计划，但是尚未执行该生产计划。

由图3-33的供需数据可知，按照电子挂钟预订单3月20日需要300个数量进行模拟时，在3.18~3.27时格内，模拟需求量为300个，模拟供应量为300个。电子挂钟作为母件，其预订单能否插单，则要依据其子件的供需平衡情况来决定。

3月份电子挂钟期初现存量为50个，且在该时格内已有两张在执行的生产订单，实际执行的生产计划供应量为450个(3月20日供应60个，3月27日供应390个)。在已有计划数据基础上，按照其BOM结构，查看机芯、钟盘、盘面、字膜等其他子件料品的供需资料，是否有不能满足所有订单需求的情况。若结存量有红字出现，即为料品供应不足，不能满足需求，表明若该预订单插单，将会影响正在执行的生产计划不能完成，故不可插单，应该自行单独做规划。

根据上述模拟运算的结果可知，机芯、字模的供应出现了负数，如图3-34、图3-35所示。

(1) 在图3-34中，机芯的期初现存量为20个，按照BOM结构，为了满足300个电子挂钟的预订单需求，3月11日到3月17日这段时间，机芯的模拟需求量为300个，加上20个库存后，模拟供应量为280个，表明在此期间，只要模拟供应280个即可满足模拟需求300个的需要。但是，在3月18日到3月27日期间，机芯实际需求量为450个，此时已无库存，则机芯实际供应量为430个，不够需求的数量，故影响了450个机芯实际采购订单的执行，表明该销售预订单不能插单。

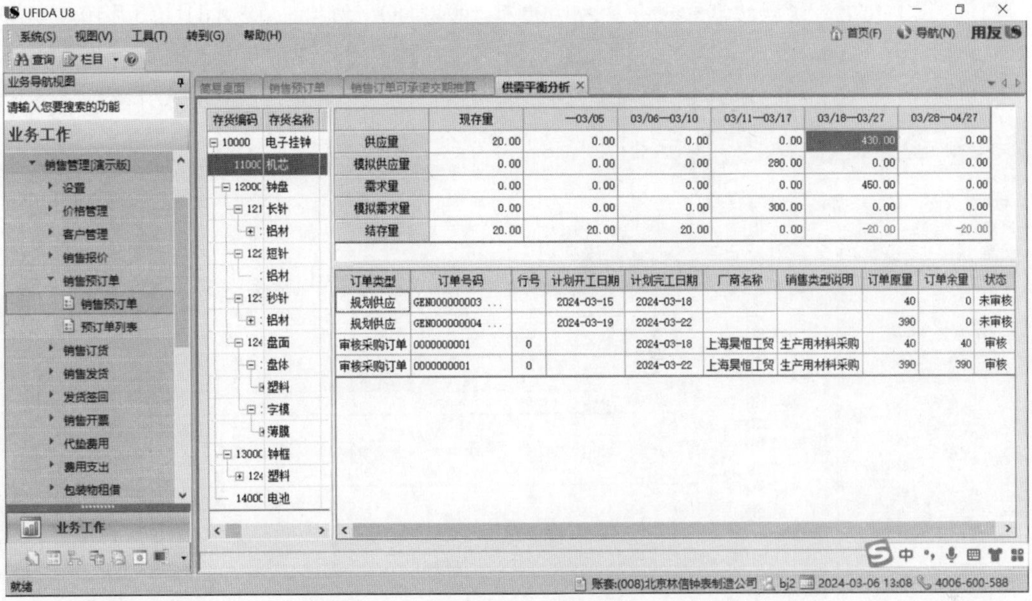

图3-34 子件机芯的供需平衡分析结果

(2) 在图3-35中，字模的期初现存量为300个，为了满足300个电子挂钟的预订单需求，3月11日到3月17日这段时间，字模的模拟需求量为1200个，加上300个库存被使用后，模拟供应量为900个即可，表明在此期间，只要模拟供应900个即可满足模拟需求1200个的需要，但此时还有字模实际需求量240个，因无实际可执行的生产计划，无供应量，且又无库存可用，故240个的实际生产订单无法完成，所以结存为负数，缺240个字模。在3月18日到3月27日期间，字模的实际需求量为1560个，实际执行的生产计划供应量为1500个，因库存全被使用，尚缺60个，故字模实际供应的1500个将不能满足1560个的实际需求，表明实际执行的生产计划不能完成，共计缺少300个字模。因此，对实际客户订单来说，所计划的供应量与需求量是不平衡的，结存量为负300，表明字模的供应不足，缺料300个，这将导致正在进行的生产环节的字模缺料。所以，说明此预订单是不能够插单的，除非自行计划来生产，否则将影响正常的生产活动。

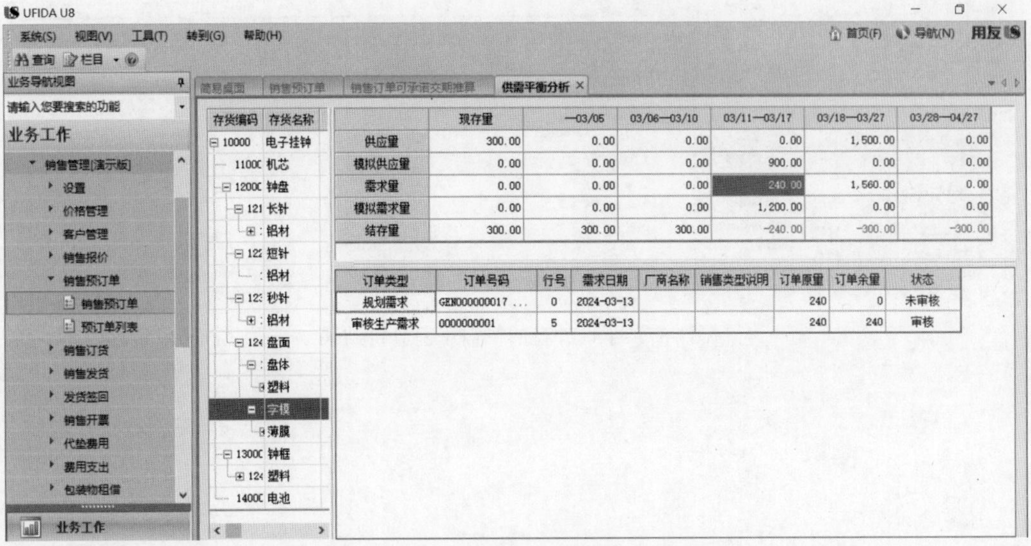

图3-35 子件字模的供需平衡分析结果

(3) 在图3-36中，薄膜的期初现存量为1000米，按照BOM结构，在3月6日至3月10日期间，薄膜的模拟需求量为45米，由于库存量大于需求量，因此，无须模拟供应，在此时格内，库存结存量为955米。在3月11日至17日期间，客户订单计划需求量为75米，而955米库存结存量完全可以满足其需要，无须订购，则在此时格内结存量还余880米。

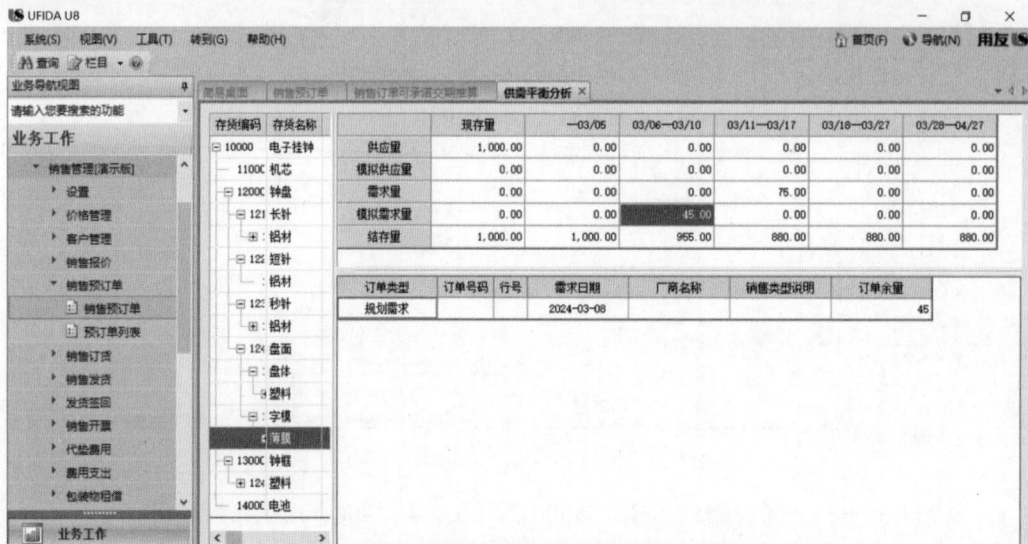

图3-36　子件薄膜的供需平衡分析结果

(4) 其他子件如钟盘、长针、盘面等物料的供需平衡无异常，结存量无负数。模拟供应量能够满足模拟需求量，实际执行的供应计划能够满足实际计划的需求，如图3-37、图3-38所示。

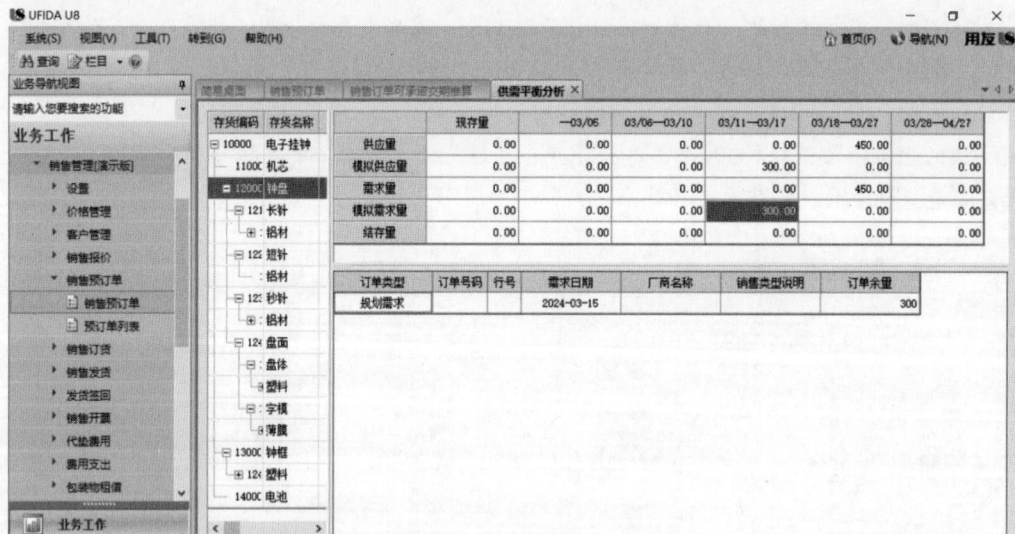

图3-37　子件钟盘的供需平衡分析结果

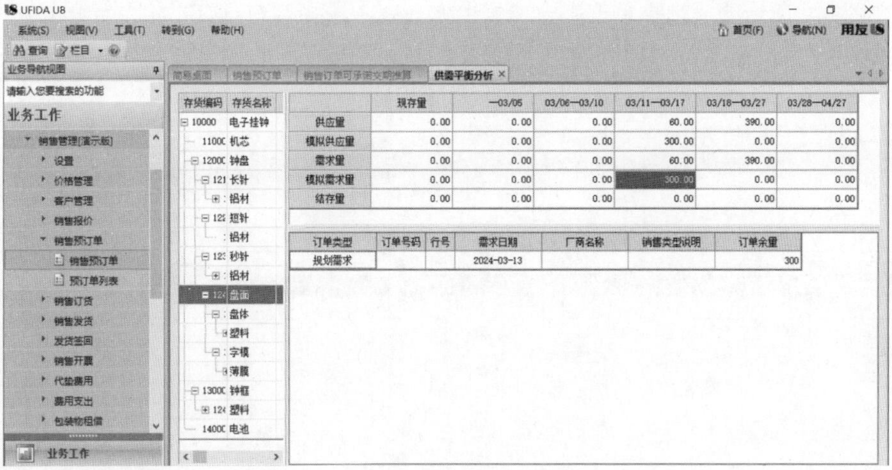

图3-38 子件盘面的供需平衡分析结果

5. 审批销售预订单

岗位：销售部门/业务员

菜单路径：业务工作/供应链/销售管理/销售订货/销售预订单

经过售前ATP模拟分析及多阶ATP模拟计算和供需平衡分析，如果可以对该预订单进行插单安排生产，则可以进入预订单审批程序进行审核，审核过的预订单可以用来生成销售订单。在"销售预订单"窗口中，单击"审核"按钮，完成审批工作。若企业不能满足该订单，则无须审核，不必生成销售订单。

6. 参照销售预订单生成销售订单并审核

岗位：销售部门/业务员、销售主管

菜单路径：业务工作/供应链/销售管理/销售订货/销售订单

(1) 在如图3-39所示的"销售订单"窗口中，单击工具栏上的"增加"按钮，生成一张新的销售订单号。单击工具栏上的"生单"下拉菜单按钮中的"预订单"选项，弹出"查询条件选择"对话框，输入预订单的开始与截止日期，单击"确定"按钮，进入"选择单据"窗口。

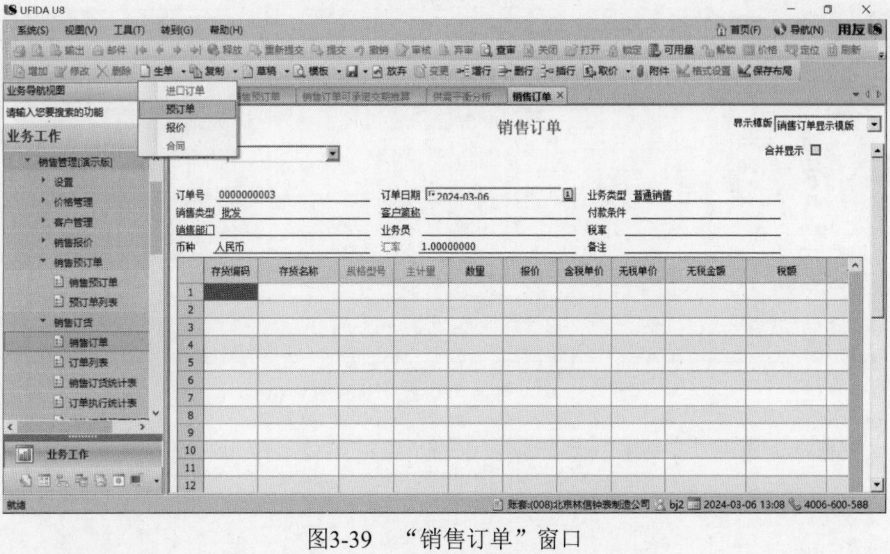

图3-39 "销售订单"窗口

(2) 在图3-40所示的"选择单据"窗口的上方列表中选择客户预订单记录行，双击"选择"栏使之变为"Y"，再在下方的列表中选择电子挂钟记录行，单击"确定"按钮，返回"销售订单"窗口。

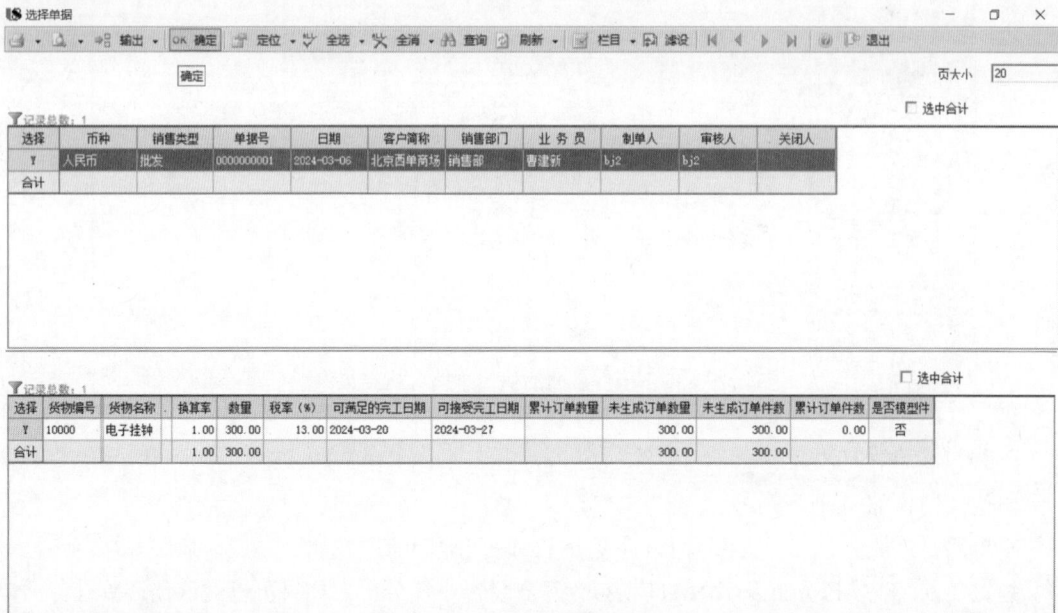

图3-40　选择预订单参照生单

(3) 在"销售订单"窗口中，录入含税单价，输入预发货和预完工日期为2024-03-20，单击"保存"按钮，即完成参照预订单生成销售订单的工作，如图3-41所示。

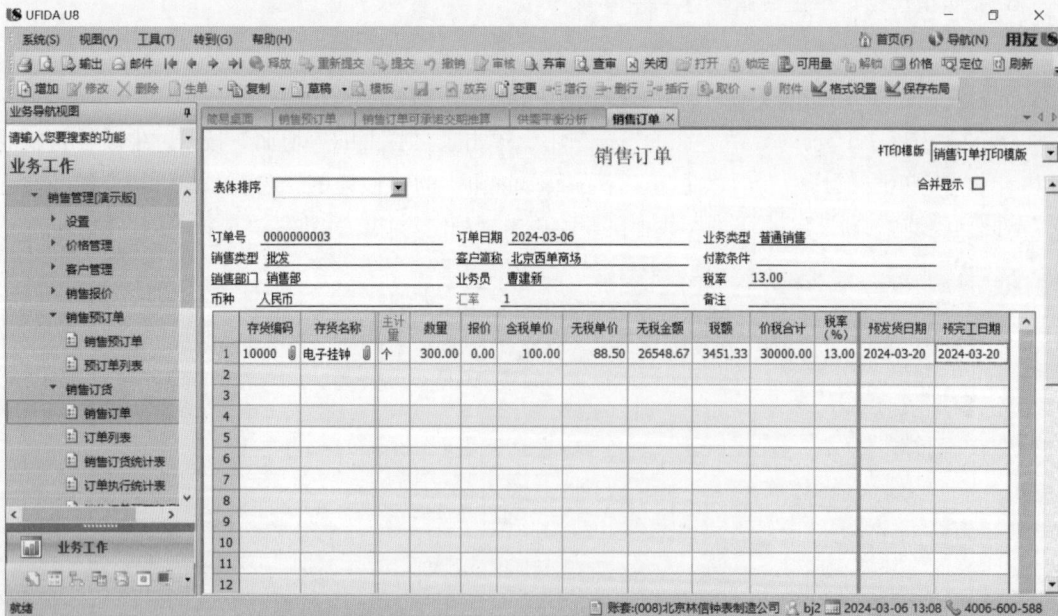

图3-41　销售订单生成

(4) 若要对该张销售订单进行排程规划，则需单击"审核"按钮，完成审核工作。

❖ **注意:**

◇ 在本书的实验中，将不对该张销售订单进行生产，所以，对该销售订单不做审核处理，因此，MPS和MRP也不对其做规划处理。

◇ 如果要对该销售订单进行生产，则必须先进行审核，然后重新运行MPS和MRP，为该销售订单制定供需规划。若资源能力能够满足生产，则可进行采购、生产及委外业务等活动，以最终实现产品制造。在此过程中，两个计划将并行执行。

补充实验二　需求预测订单处理与规划

在主生产计划和物料需求规划运算过程中所考虑的需求资料来源于两方面：一方面是客户销售订单的需求数据，另一方面是企业自身预测的需求数据。这两类数据可以同时存在，也可以只有其中之一。客户销售订单的需求数据由销售管理模块录入，预测需求的数据在"主生产计划"模块和"需求规划"模块中的"需求来源资料维护"模块中进行输入和处理。客户销售订单的需求量数据和预测需求量数据两者之间存在着抵消关系，通过抵消方法的运算即可得到某段时间内的需求量数据，然而，如何取得需求量数据的计算方法要由时栅资料所设定的抵消方法来决定(参见表3-1中时栅设置的内容)。

"需求来源资料维护"模块也是MPS或MRP运算的基础。若要考虑需求预测资料，在执行"MPS计划生成"或"MRP计划生成"之前，需先运行"需求来源资料维护"中的"产品预测订单输入"命令，单击"增加"按钮，即可输入产品预测订单。新增的预测订单，在保存后，系统默认为"审核"状态，"审核"状态的预测需求数据将参与MPS和MRP运算。订单关闭后，其状态将显示为"关闭"，此时预测订单将不再参与MPS和MRP的计算。

预测版本是用来说明MPS和MRP运算时所使用的产品需求预测资料的来源。在进行"产品预测资料输入"时，会使用此版本。

本实验主要学习销售预测需求的数据录入和均化处理。"均化"是指将预测需求的数据在不同时段进行平均分摊。均化类型分为不均化、日均化、周均化、月均化、时格均化五种，默认为"不均化"。预测订单输入完成保存时，系统即自动按每行的"均化类型"执行分摊处理。

【实验目的】

理解销售预测订单的作用，掌握销售预测订单的录入和均化处理。

【实验要求】

以操作员身份进入系统进行操作。

【实验资料】

1. 实验数据准备

(1) 修改系统时间为2024-03-04。

(2) 引入"补充实验二数据准备"数据账套。

2. 实验资料

(1) 账套中已有客户销售订单：湖北华联商厦购买电子挂钟，数量为100个，含税单价为115元，预发货日期和预完工日期为3月20日。

(2) 账套中已有客户销售订单：江西钟表公司购买电子挂钟，数量为400个，含税单价为100元，预发货日期和预完工日期为3月27日。

(3) 将MPS、MRP计划参数中的"截止日期"修改为4月30日。

(4) 输入一张产品预测订单：料品为电子挂钟，预测需求起始日期为3月8日，结束日期为4月10日，预测需求数量1000个。

(5) 对产品预测需求数量进行分摊计算。

(6) 对产品预测需求数量进行均化处理。

(7) 对MPS规划结果的产品需求数据进行分析。

【操作指导】

1. 输入产品预测订单

岗位：销售部门/业务员

菜单路径：业务工作/生产制造/主生产计划/需求来源资料维护/产品预测订单输入

(1) 在输入产品预测订单之前，将MPS、MRP计划参数中的"截止日期"修改为4月30日，表示可以对当前系统时间3月4日至4月30日期间的所有订单做规划处理。

(2) 执行"产品预测订单输入"功能，单击"增加"按钮，如图3-42所示，在表头中选择预测版本号、"均化类型"和"均化取整"方法，选择输入时格代号、起始日期和结束日期后，在表体中补充录入电子挂钟的物料编码等，单击"保存"按钮生成一张产品预测订单，再单击"审核"按钮完成单据审核功能，即可开展下一流程工作。

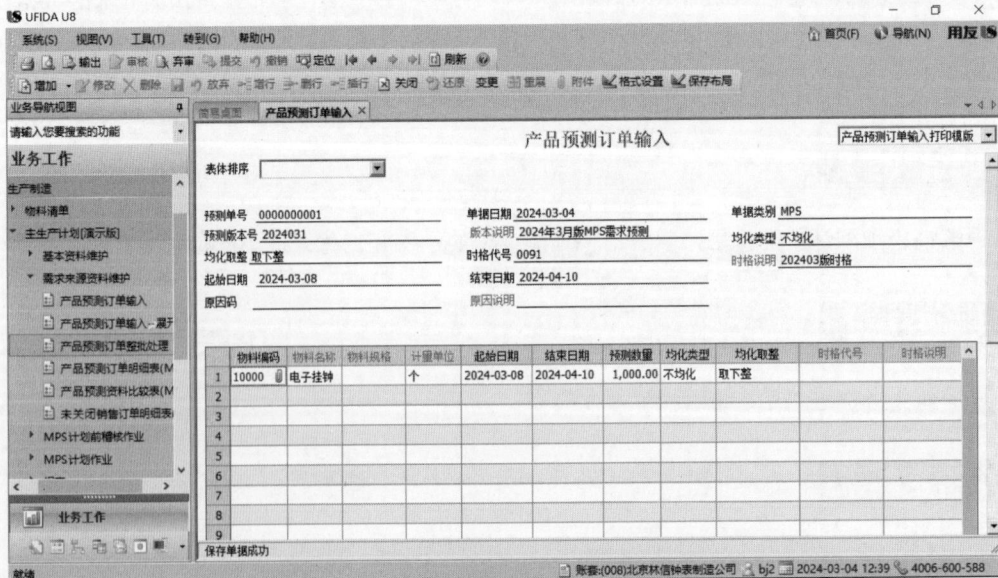

图3-42　录入产品预测订单——不均化(电子挂钟)

- MPS、MRP计划参数维护的菜单路径:业务工作/生产制造/主生产计划/基本资料维护/MPS计划参数维护;业务工作/生产制造/需求规划/基本资料维护/MRP计划参数维护。
- 单据日期:默认系统日期,可改。由于在之后的产能管理中计算资源需求和查询资源需求状况时,是以周为单位进行的资源需求规划,所以假设本企业在3月4日(周一)有一张产品预测订单。
- 单据类别:选择预测订单预测对象是MPS件或MRP件。默认为MPS,可修改。
- 均化类型:包括不均化、日均化、周均化、月均化、时格均化五种,可选择其一作为表体资料新增时的默认值。
- 均化取整:包括不取整、取上整、取下整三种,可选择其一作为表体资料新增时的默认值。
- 起始/结束日期:可不输入。若输入,则作为表体资料新增时的默认值,"起始日期"不可大于"结束日期"。

2. 产品预测订单需求量的分摊计算

岗位:销售部门/业务员

菜单路径:业务工作/生产制造/主生产计划/需求来源资料维护/产品预测订单整批处理

执行"产品预测订单整批处理"功能,在"查询条件选择"对话框中选择单据类别为"MPS"、预测版本代号为"2024031",状态选择"审核",单击"确定"按钮,进入"产品预测订单整批处理"界面,如图3-43所示。在表体中选择某记录行,单击"重展"按钮,再单击"确定"按钮,则根据均化类型及均化取整方式对整批预测订单重新进行预测数据的分摊计算。若不均化,则不必做分摊计算。

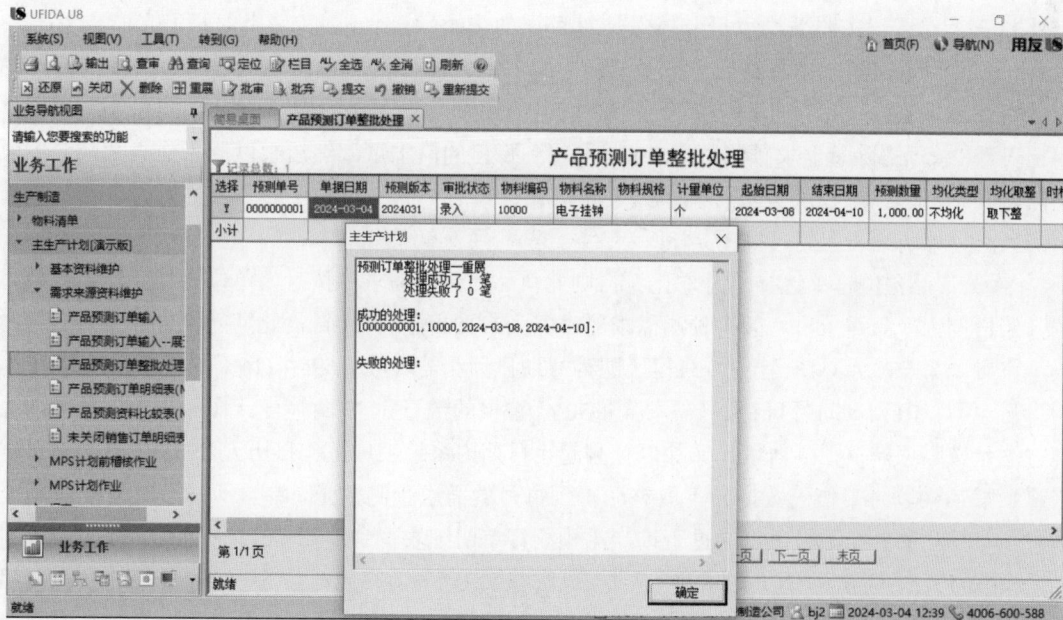

图3-43 产品预测订单整批处理

3. 产品预测需求数量的均化处理

(1) 若产品预测订单录入时，"均化类型"选择"不均化"，则不进行分摊计算，仅表示在2024年3月8日预测需求数量为1000个。分摊结果可以通过查询产品预测订单明细表(业务工作/生产制造/主生产计划/需求来源资料维护/产品预测订单明细表)得到，如图3-44所示。

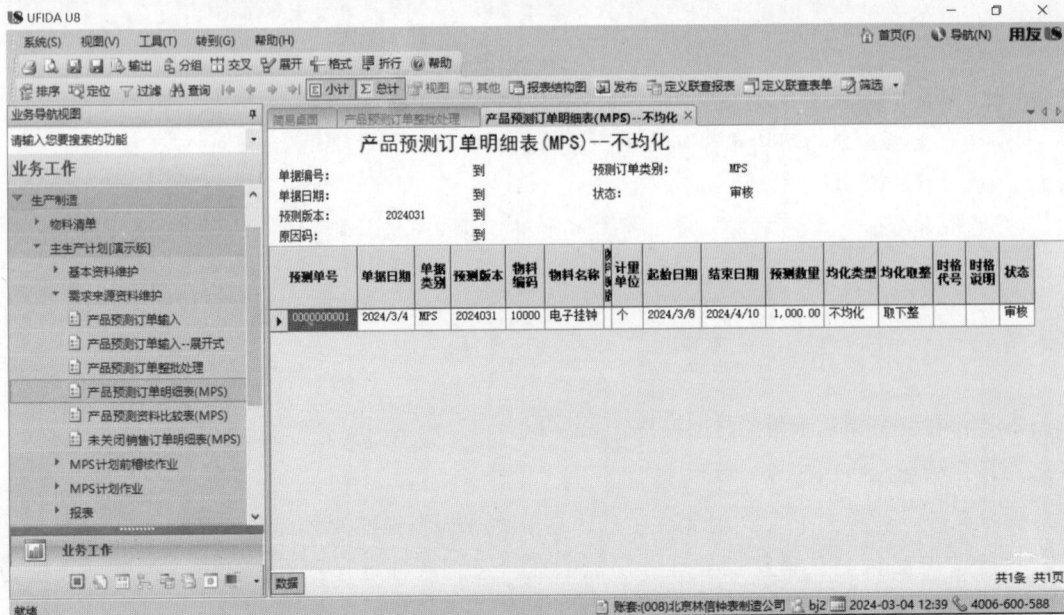

图3-44　产品预测订单明细表(MPS)——不均化(不分摊计算需求量)

(2) 若产品预测订单选择"周均化"，则进行分摊计算，此料品的预测需求将以周为单位平均分配，以每周第一天为产品需求日。因为预测需求的时间为3月8日至4月10日，此期间包含6周共23天工作日，按照平均每日分摊量计算每周的需求数量，因此，3月8日预测数量43个、3月11日预测数量217个、3月18日预测数量217个、3月25日预测数量217个、4月1日预测数量173个、4月8日预测数量133个，共6笔合计1000个电子挂钟。计算方法是依据此期间系统工厂工作日历天数(23天)去除总需求预测数量(1000个)得到每日的需求量，然后乘以周工作天数，向下取整后得到本周的需求预测数量，剩余天数的量置于最后一周，周均化的分摊结果可以通过查询产品预测订单明细表得到，如图3-45所示。

(3) 若产品预测订单选择"月均化"，则此料品的预测需求将按月为单位进行分配，以每月的开始日期为产品需求日，因为预测需求的时间为3月8日至4月10日，此期间包含两个月份共23天工作日。第一段为3月8日至3月31日，即为3月8日预测需求数量695个(16天的数量)；第二段为4月1日至4月10日，即4月1日预测需求数量305个(7天的数量)，共两笔合计1000个电子挂钟。计算方法是按照总需求预测数量1000除以预测起止日期内系统工厂工作日历天数(23天)得到每日需求量，然后乘以月工作天数，向下取整后得到每月的需求预测数量，剩余天数的量置于最后一个月，月均化的分摊结果可以通过查询产品预测订单明细表得到，如图3-46所示。

(4) 若产品预测订单的"均化类型"选择"时格均化"，则此料品的预测需求将按所选时格代号进行分配，以每个时格的第一天为需求日。本实验时格为"周周月月"的分段方式，该张需求预测订单的需求起始日期为2024年3月8日，结束日期为2024年4月10日，需在该时间范围内进行时格划分。

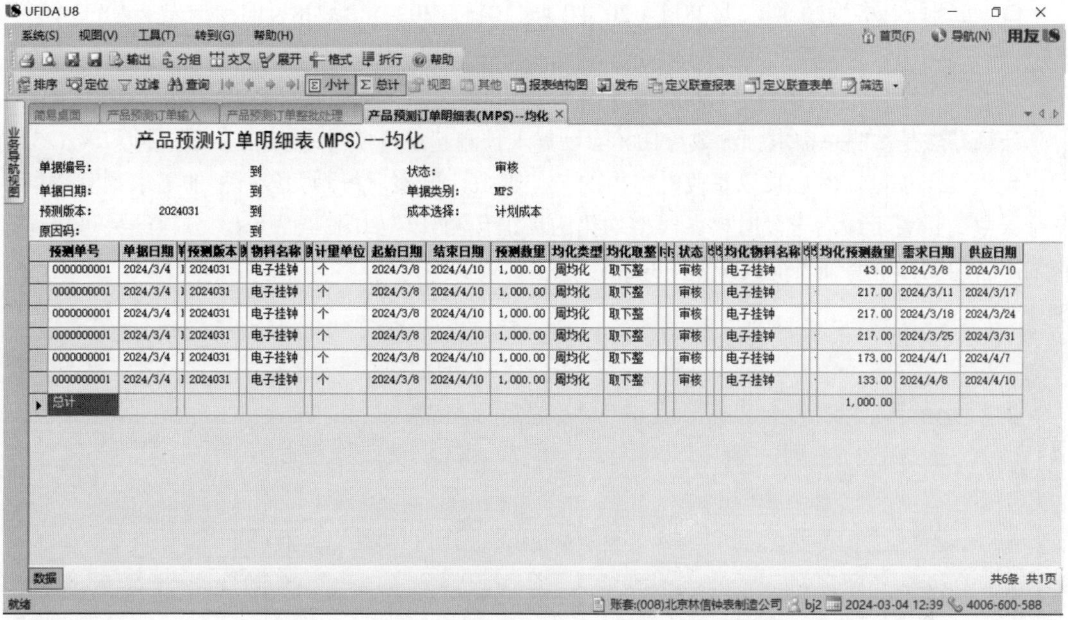

图3-45 产品预测订单明细表(MPS)——周均化分摊计算

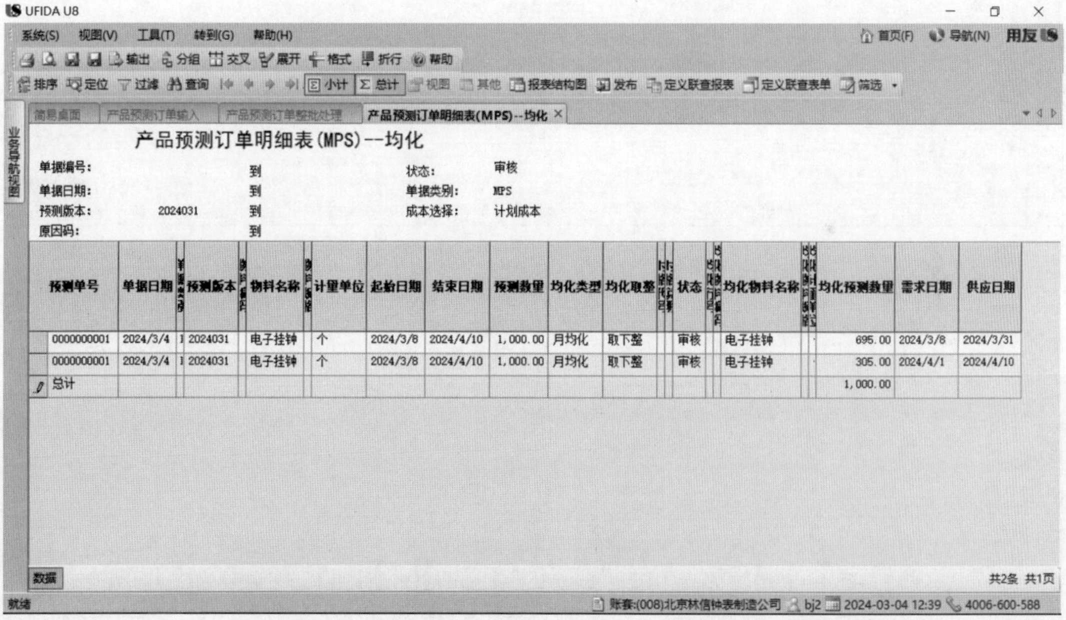

图3-46 产品预测订单明细表(MPS)——月均化分摊计算

- 第一段时格为2024年3月8日至2024年3月10日，2024年3月8日的预测需求为43个(1天工作日)。

- 第二段时格为2024年3月11日至2024年3月17日，2024年3月11日的预测需求为217个(5天工作日)。

- 第三段时格为2024年3月17日至2024年3月27日，2024年3月17日的预测需求为347个(8天工作日)。

○ 第四段时格为2024年3月28日至2024年4月10日，2024年3月28日的预测需求为393个(9天工作日)。

综上，共4笔预测需求合计1000个电子挂钟。

计算方法是按照总需求预测数量1000除以需求预测起止日期内系统工厂工作日历天数(23天)即得到每日需求量，然后乘以每段时格内的工作天数，取整后得到每段时格的需求预测数量，剩余天数的量置于最后一段时格。时格均化的需求预测订单如图3-47所示，分摊结果可以通过查询产品预测订单明细表得到，如图3-48所示。

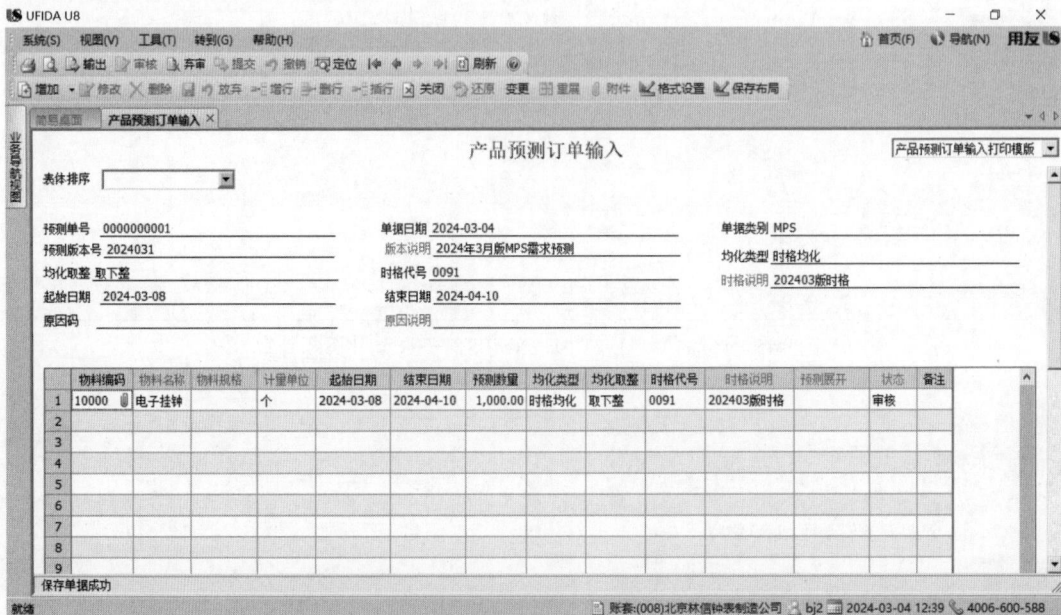

图3-47 录入产品预测订单——时格均化(电子挂钟)

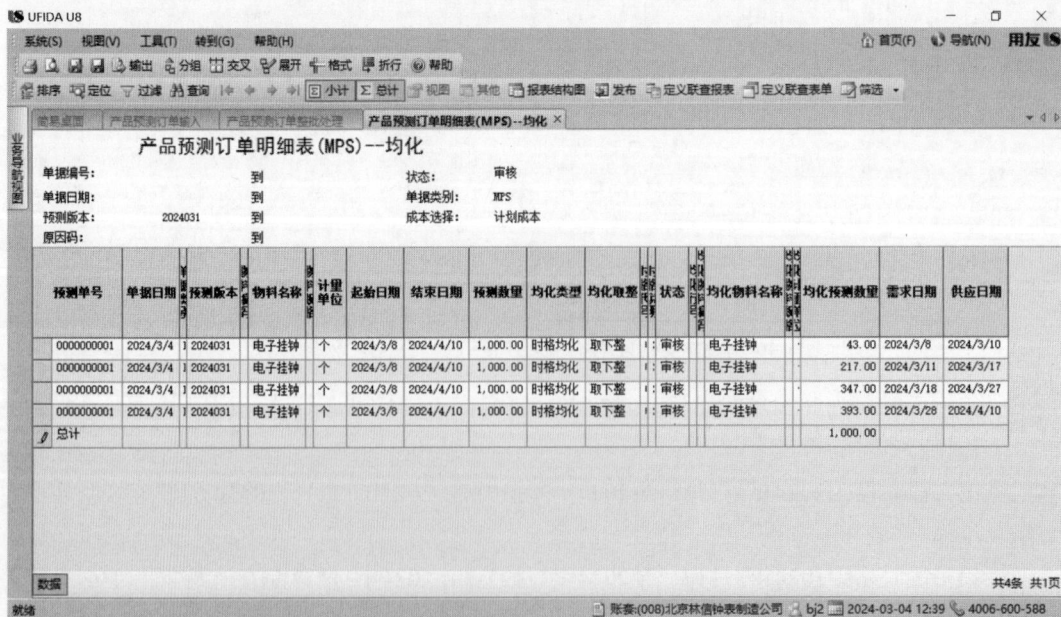

图3-48 产品预测订单明细表(MPS)——时格均化分摊计算

❖ **注意:**

◇ 均化处理的时间范围由产品预测订单中的起始日期和结束日期的期间决定。

◇ 每日需求量是指该期间的系统工厂工作日历上的每个工作日的需求量。

◇ 本实验时格中的"月"设置以28日为节点。工作日历见第1章中SYSTEM。

4. MPS规划结果的产品需求数据分析

根据需求时栅资料(即决定需求来源,求取独立需求的算法方案)所设定的抵消方法,将客户订单需求数量与预测订单需求数量进行抵消处理,求算出不同时段所取得的需求数据的结果,从而确定预测订单的需求数量。

依据本实验所使用的需求时栅资料(代号0001,202403版时栅,划分了三个时段分别使用不同算法),自系统日期开始,前10天内(3.4~3.13)为第一时段,需求来源由客户订单决定;后20天内(3.14~4.2)为第二时段,需求来源由客户订单和预测订单共同决定,用"反向抵消"的方法求取需求数据;第三时段是指后40天,但实际上预测订单结束时间为4月10日,共8天(4.3~4.10)作为第三时段,需求来源由客户订单和预测订单共同决定,用"先反向再正向抵消"的方法取得需求数据。

MPS和MRP规划的供需数量由BOM结构和物料的净需求决定(净需求量=毛需求量-现有库存量+安全库存量),规划的供需时间由BOM结构和物料的提前期决定。此外,还要考虑供应批量、在单量和预约量等因素。

(1) 若产品预测订单选择"不均化",则不需分时段分摊计算,审核销售预测订单之后,在生成MPS和MRP计划时,只有2024年3月8日需求数量为1000个的预测订单参与规划,如图3-44所示。

MPS规划所提取的需求数据分析如下。

❍ 第一时段有3月8日的预测需求1000个及3月20日需求100个电子挂钟的客户销售订单,根据需求时栅资料的要求,此段只取客户订单,预测需求不予考虑,因此,MPS规划此时段的需求订单只有一张3月20日客户订单需求数量100个。

❍ 第二时段因没有预测订单,只有3月27日需求400个的客户销售订单,无须抵消,因此,需求数据仍然是客户销售订单的数量,即MPS规划3月27日需求400个电子挂钟。

❍ 第三时段均无客户订单和预测订单,无须做MPS规划。

MPS规划的结果分析,如图3-49所示,具体如下。

3月20日客户需要100个电子挂钟,减去现存量50个,还需再生产50个。由于电子挂钟制造批量为30个,因而需规划供应60个,而生产60个电子挂钟的提前期为2天(固定1天+变动1天),因此,规划3月18日开始组装,3月20日即可完工60个,扣除客户需求的100个后,结存余10个;3月27日有需求400个电子挂钟的客户销售订单,扣除结存的10个,还需生产390个,符合批量制造要求,因其提前期为3天(固定1天+变动2天),排除周六日非工作日后,规划3月22日开始组装,3月27日完成生产390个,扣除客户需求的400个后,结存余0。综上,生产出的电子挂钟加上现有库存量,能够满足客户要求按期交货,且库存为零。

图3-49　MPS规划的结果——不均化

(2) 若产品预测订单选择"周均化"，审核销售预测订单之后，重新生成MPS/MRP的供需计划，则此料品的预测需求将按周平均分配，如图3-45所示。

MPS规划后的需求数据可根据需求时栅方案的时段划分为10天、20天、40天三个时段的算法。

- 第一时段(3.4～3.13)有3月8日预测需求43个、3月11日预测需求217个，根据需求时栅要求，此时段只取客户需求订单，因无客户需求订单，故此时段没有需要规划的需求订单。

- 第二时段(3.14～4.2)有3月18日预测需求217个、一张3月20日需求100个的客户销售订单、3月25日预测需求217个、一张3月27日需求400个的客户需求订单和4月1日预测需求173个共计五笔需求订单，根据需求时栅的抵消算法要求，采用"反向抵消"的方法，以客户订单需求时间为界，将3月18日、3月25日的需求预测订单全部抵消掉，最后剩余的订单需求有3月20日需求100个的客户订单、3月27日需求400个的客户订单和4月1日预测需求173个共三笔需求订单。

- 第三时段(4.3～4.10)只有一张4月8日需求133个的预测订单，没有客户需求订单，按照"先反向再正向抵消"的方法，无须抵消，需求数据由预测需求决定，因此，需要MPS规划的只有4月8日预测需求数量133个一笔需求订单。

MPS规划的结果分析，如图3-50所示，共有四笔需要MPS规划的需求订单，具体如下。

3月20日客户销售订单需求100个，减去电子挂钟现存量50个，还需生产50个，由于电子挂钟制造批量为30，因而，需规划供应60个，又由于生产60个电子挂钟的提前期为2天(固定1天＋变动1天)，因此，最终规划3月18日开始组装，3月20日完工60个，扣除客户需求100个，结存余10个；3月27日客户销售订单需求400个，减去3月20日结存的10个，还需生产390个，符合制造批量(30的倍数)，由于生产390个电子挂钟的提前期为3天(固定1天＋变动2天)，排除周六日非工作日，因此，规划3月22日开始组装，3月27日完工390个，此时，供需平衡，没有剩余；4月1日预测需求173个，考虑到制造批量因素，则需生产180个，提前期为2天，排除周六日非工作日，因此，最终规划3月28日开始组装，4月1日完工180个，扣除173个需求后，结存余7个；4月8日预测需求133个，扣除结存7个，还需生产126个，考虑到制造批量为30个，则需生产150个，其提前期为2天(固定1天＋变动1天)，扣除3日、4日、5日节假日，则生产时间为4月3日、4月7日两天，因此，规划4月3日开始组装，4月8日完工150个，满足需求后结存余24个，即为这些订单执行完成后的电子挂钟结存量。

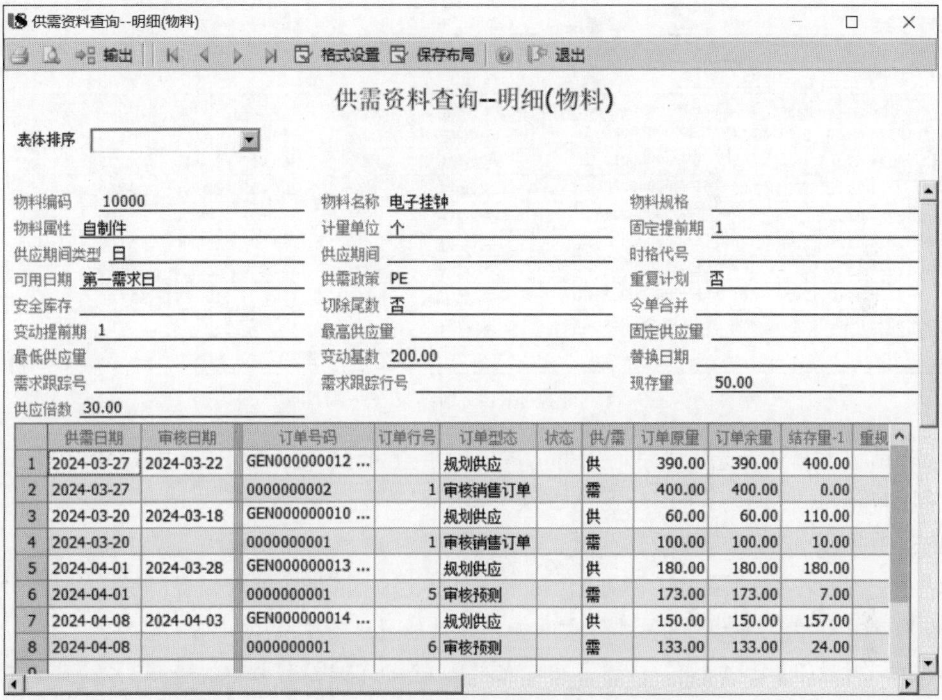

	供需日期	审核日期	订单号码	订单行号	订单型态	状态	供/需	订单原量	订单余量	结存量-1	重规
1	2024-03-27	2024-03-22	GEN000000012 ...		规划供应		供	390.00	390.00	400.00	
2	2024-03-27		0000000002	1	审核销售订单		需	400.00	400.00	0.00	
3	2024-03-20	2024-03-18	GEN000000010 ...		规划供应		供	60.00	60.00	110.00	
4	2024-03-20		0000000001	1	审核销售订单		需	100.00	100.00	10.00	
5	2024-04-01	2024-03-28	GEN000000013 ...		规划供应		供	180.00	180.00	180.00	
6	2024-04-01		0000000001	5	审核预测		需	173.00	173.00	7.00	
7	2024-04-08	2024-04-03	GEN000000014 ...		规划供应		供	150.00	150.00	157.00	
8	2024-04-08		0000000001	6	审核预测		需	133.00	133.00	24.00	

图3-50 MPS规划的结果——周均化

以钟盘为例，分析MRP的规划结果如下。

依据物料清单的结构，钟盘(编号12000)的需求量是由电子挂钟的需求量派生而来的相关需求，也称为配套量，因此钟盘的供应量就是配套量减去库存现存量的值，如图3-51所示。

根据上述MPS规划结果可知，若要在3月18日、3月22日、3月28日、4月3日组装电子挂钟，则钟盘必须已经生产完工。因此，钟盘MRP规划的结果如下。

3月18日需求钟盘60个，因其现有库存为0，所以，需要生产60 个，提前期为2天，排除周六日非工作日，则规划3月14日开工，3月18日完工60个，满足需求后结存余0；3月22日需求钟盘390个，因此，需要生产390 个，提前期为2天，扣除周六日非工作日，则规划3月20日开工，3月22日完工390个，满足需求后结存余0；3月28日需求钟盘180个，提前期为2天，则规划3月26日开工，3月28日完工180个，满足需求后结存余0；4月3日需要完工150个，提前期为2天，则规划4月1日开工，4月3日完工150个，满足需求后结存余0。即生产出的钟盘全部满足了电子挂钟组装的需要，没有剩余库存。

其他物料的MPS和MRP的规划结果分析同理，都是在上一层物料的供需基础上，根据配套量由上而下逐层推算而得。

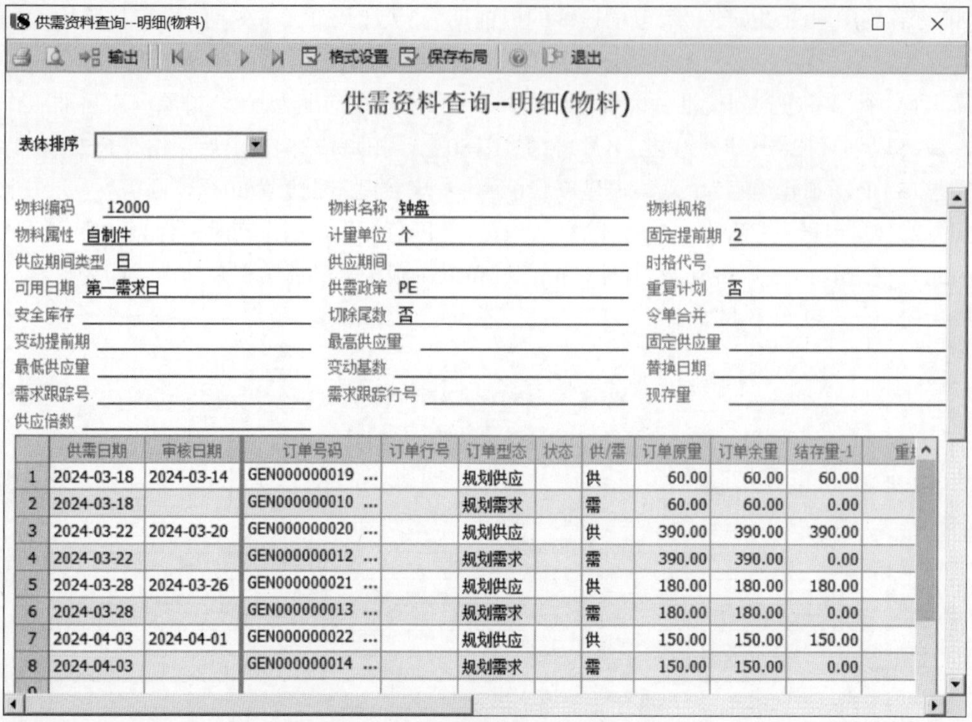

图3-51　　钟盘MRP规划结果——周均化

(3) 若销售预测订单选择"月均化"，审核销售预测订单之后，重新生成MPS/MRP计划，则此物料的预测需求将按月平均分配，如图3-46所示。

MPS规划所提取的需求数据分析如下。

❑ 第一时段(3.4～3.13)只有3月8日预测订单695个，根据需求时栅资料的要求，该时段只取客户订单，因为无客户需求订单，所以此时段没有需要做MPS规划的需求订单。

❑ 第二时段(3.14～4.2)有一张3月20日需求100个的客户销售订单、一张3月27日需求400个的客户销售订单和一张4月1日需求305个的需求预测订单，根据需求时栅资料的要求，采用"反向抵消"的方法，此预测订单无须被抵消，所以，需要做MPS规划的需求订单有3月20日需求100个的客户订单、3月27日需求400个的客户订单和4月1日需求450个的预测订单三笔。

❑ 第三时段(4.3～4.10)无客户订单和预测订单，所以没有需要做MPS规划的需求订单。

MPS规划的结果分析，如图3-52所示，针对上述三笔需求订单做MPS规划，具体如下。

3月20日客户需要100个电子挂钟，减去现存量50个，还需生产50个。由于制造批量为30个，所以需要生产60个，提前期为2天，因此，规划3月18日开始组装，3月20日完成生产60个，满足需求后库存结余10个；3月27日客户需求400个电子挂钟，扣除库存结存的10个，还需生产390个，符合制造批量要求，提前期为3天(固定1天＋变动2天)，因此，排除非工作日，规划3月22日开始组装，3月27日完工390个，满足需求后结存0；4月1日预测需求305个电子挂钟，考虑制造批量要求，需要生产330个，提前期为3天(固定1天＋变动2天)，排除非工作日，因此，规划3月27日开始组装，4月1日完工330个，满足需求后结存余25个。即为订单执行完成后的电子挂钟库存结存量。

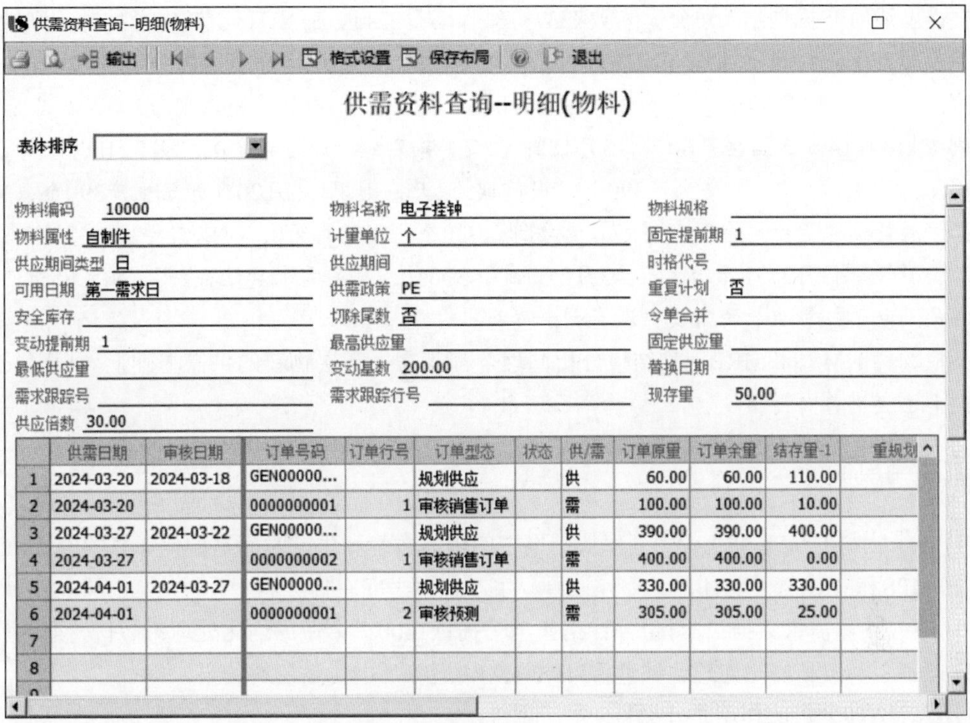
供需资料查询--明细(物料)

输出 格式设置 保存布局 退出

供需资料查询--明细(物料)

表体排序

物料编码 10000　物料名称 电子挂钟　物料规格
物料属性 自制件　计量单位 个　固定提前期 1
供应期间类型 日　供应期间　时格代号
可用日期 第一需求日　供需政策 PE　重复计划 否
安全库存　切除尾数 否　令单合并
变动提前期 1　最高供应量　固定供应量
最低供应量　变动基数 200.00　替换日期
需求跟踪号　需求跟踪行号　现存量 50.00
供应倍数 30.00

	供需日期	审核日期	订单号码	订单行号	订单型态	状态	供/需	订单原量	订单余量	结存量-1	重规划
1	2024-03-20	2024-03-18	GEN00000...		规划供应		供	60.00	60.00	110.00	
2	2024-03-20		0000000001	1	审核销售订单		需	100.00	100.00	10.00	
3	2024-03-27	2024-03-22	GEN00000...		规划供应		供	390.00	390.00	400.00	
4	2024-03-27		0000000002	1	审核销售订单		需	400.00	400.00	0.00	
5	2024-04-01	2024-03-27	GEN00000...		规划供应		供	330.00	330.00	330.00	
6	2024-04-01		0000000001	2	审核预测		需	305.00	305.00	25.00	
7											
8											

图3-52　MPS规划的结果——月均化

以钟盘为例分析MRP的规划结果如下。

依据物料清单的结构，钟盘(编号12000)的需求量是由电子挂钟的需求量派生而来的相关需求，也称为配套量，因此钟盘的供应量就是配套量减去库存量的值，如图3-53所示。

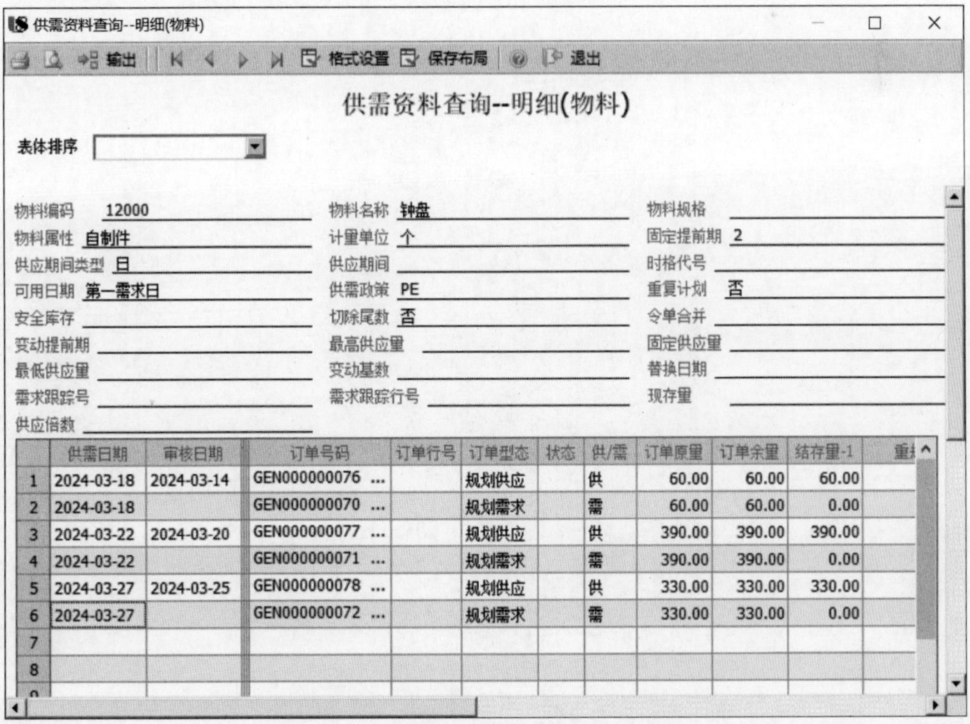
供需资料查询--明细(物料)

输出 格式设置 保存布局 退出

供需资料查询--明细(物料)

表体排序

物料编码 12000　物料名称 钟盘　物料规格
物料属性 自制件　计量单位 个　固定提前期 2
供应期间类型 日　供应期间　时格代号
可用日期 第一需求日　供需政策 PE　重复计划 否
安全库存　切除尾数 否　令单合并
变动提前期　最高供应量　固定供应量
最低供应量　变动基数　替换日期
需求跟踪号　需求跟踪行号　现存量
供应倍数

	供需日期	审核日期	订单号码	订单行号	订单型态	状态	供/需	订单原量	订单余量	结存量-1	重
1	2024-03-18	2024-03-14	GEN000000076 ...		规划供应		供	60.00	60.00	60.00	
2	2024-03-18		GEN000000070 ...		规划需求		需	60.00	60.00	0.00	
3	2024-03-22	2024-03-20	GEN000000077 ...		规划供应		供	390.00	390.00	390.00	
4	2024-03-22		GEN000000071 ...		规划需求		需	390.00	390.00	0.00	
5	2024-03-27	2024-03-25	GEN000000078 ...		规划供应		供	330.00	330.00	330.00	
6	2024-03-27		GEN000000072 ...		规划需求		需	330.00	330.00	0.00	
7											
8											

图3-53　钟盘MRP规划结果——月均化

　　根据上述MPS规划结果可知，若要在3月18日、3月22日、3月27日组装电子挂钟，则钟盘必须已经生产完工。因此，钟盘MRP规划的结果如下。

　　3月18日需求钟盘60个，因库存现存量为0，故需要生产60个，提前期为2天，排除非工作日，则规划3月14日开始生产60个，3月18日完工，满足需求后结存余0；3月22日需求钟盘390个，因结存为0，所以，需要生产390个，提前期为2天，则规划3月20日开始生产390个，3月22日完工，满足需求后结存余0；3月27日需要钟盘330个，因结存为0，所以需要生产330个，提前期为2天，则规划3月25日开始生产，3月27日完工330个，满足需求后结存余0。即生产出的钟盘全部满足了电子挂钟组装的需要，没有剩余库存。

　　其他物料的MPS和MRP规划结果分析同理，都是在上一层物料的供需基础上，根据配套量由上而下逐层推算而得。

思考题

　　(1) 各个物料的MPS和MRP规划建议结果中的供需数量和供需时间是如何计算的？

　　(2) MPS和MRP与采购订单、委外订单、生产订单之间有何关系？

　　(3) 输入预测需求数据：3月份预计销售电子挂钟1000个，做周均化处理；4月份预计销售电子挂钟1200个，做不均化处理。试分析MPS与MRP运算后的供需资料结果。

　　(4) 售前ATP分析的作用是什么？

　　(5) 分析MPS、MRP与销售订单之间的关系。

第4章 产能管理

4.1 业务概述

4.1.1 功能概述

在企业规划部门完成了产销排程后，需要对MPS及MRP的供需规划内容进行加工中心产能的检验，若产能可以满足生产的需要，则MPS及MRP可行，可以下发执行部门进行采购、委外及生产等业务工作。

"产能管理"从资源需求计划、粗能力需求计划和能力需求计划三个方面，对企业的工作中心和资源的产能与负载情况进行计算，以确保有足够的生产能力来满足企业的生产需求。它主要根据生产订单工序资料中各工序经过的工作中心和资源，以及各工序的开工时间和完工时间计算生产订单所需的产能，然后对比该工作中心中该资源所能提供的产能及负载情况，进行产能检核，以便进行产能调整，保证生产活动顺利进行。

1. 资源需求计划

资源需求计划(resource requirements planning，RRP)是一个针对中长期计划进行资源评估的工具。在建立长期的需求预测之后，运行主生产计划(MPS)之前，可依据长期的需求预测数据，来评估现有资源能否满足一个中长期计划的需要，以便及时调整现有设施、人员配备、设施资金预算等。

2. 粗能力需求计划

粗能力需求计划(rough cut capacity planning，RCCP)是将主生产计划转换为对工作中心关键资源的能力需求计划，用以验证有关工作中心的关键资源是否具有足够的可用产能来满足主生产计划的需求。在生成详细的MRP计划之前，最好根据工作中心关键资源使用RCCP验证主生产计划，以确保能够使用具有实际意义、切实可行的主生产计划来驱动MRP计划。由于MPS是企业所有作业计划的根源，因此制造、委外和采购这三种活动的细部日程均是依据MPS的日程加以计算而得到的，同时MPS也是产销协调的依据，如果MPS日程不够稳定或可行性不高，则它将迫使所有的供应活动摇摆不定，而降低资源的利用效率。

3. 能力需求计划

能力需求计划(capacity requirements planning，CRP)也称细能力需求计划，它是依据物料的生产订单及其工艺路线，将生产计划的需求与工作中心资源的可用能力相比较，以核实各工作中心是否具有足够的可用产能来满足所有MRP中生产计划的需求。

本实验主要应用"生产制造"系统中的"产能管理"模块，计算企业各工作中心及其资源在不同时段内的需求计划，了解各工作中心及其资源所能提供的产能及负载情况。

4.1.2 相关子系统功能模块之间的关系

产能管理与其他子系统之间的关系如图4-1所示。

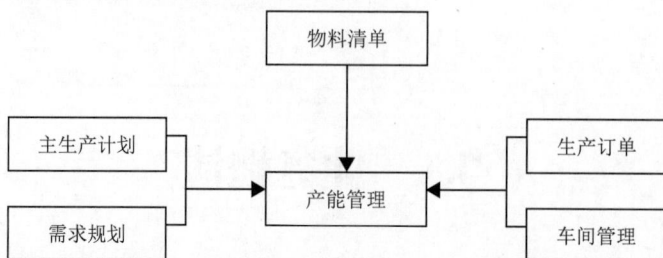

图4-1 产能管理与其他子系统之间的关系

4.1.3 应用准备

在启用产能管理模块之前，必须已启用生产订单和车间管理模块。需要准备的基础资料包括以下3个方面。

(1) 在基础资料设置中建立公司工作日历、工作中心资料、资源资料、标准工序资料、时格资料、物料工艺路线资料等。

(2) 建立产品物料清单。

(3) 生成MPS和MRP供需规划资料。

4.2 系统业务流程

4.2.1 日常业务流程

产能管理日常业务流程如图4-2所示。

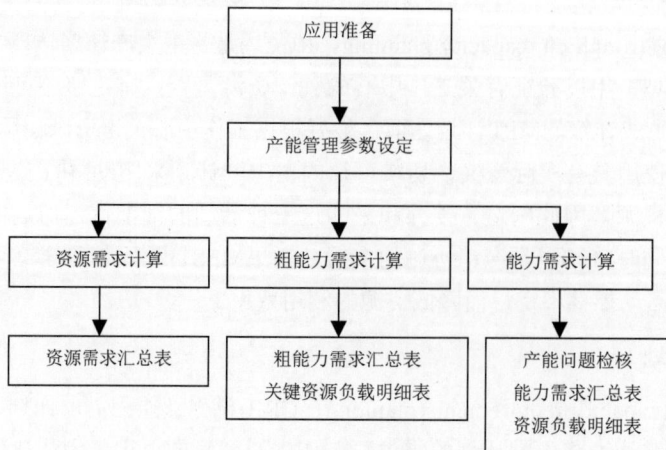

图4-2 产能管理日常业务流程

4.2.2 主要业务内容

1. 产能管理基本资料设置及生成资源清单

设置超载、低载等产能管理参数，并根据MPS自制件(含MPS计划品)物料的工艺路线资料生成资源需求计划及粗能力需求计划所需的资源清单。根据物料清单结构和当前有效的主工艺路线版本等资料，分别计算母件及其各子件物料的资源用量和使用资源工时。

2. 计算资源需求和查询资源需求状况

以产能管理参数设定的MPS物料的预测版本作为需求来源，根据资源清单计算各工作中心的资源需求，并同时计算相关工作中心资源的可用产能，以及计算每一预测订单在各工作中心的资源需求量及需求日期。若无预测需求订单，则此功能不用执行。

3. 计算粗能力需求和查询粗能力需求状况

根据工作中心关键资源的可用产能情况，验证资源是否能满足主生产计划对资源产能的需求，以便调整主生产计划。在执行完MPS后，就可以计算粗能力需求，即计算MPS件的产能和负载情况。

4. 关键资源负载情况

从工作中心和资源代号两个方面查询工作中心中各种资源在某一时段的资源产能占用情况，了解哪些MPS件占用了资源，以便在关键资源产能不足的情况下，调整主生产计划或资源能力。

5. 计算能力需求和查询能力需求状况

根据产能管理参数设定的截止日期及生产订单状态，将满足条件范围内的生产订单，按照物料工艺路线资料计算各工作中心资源的产能和负载，以核实各工作中心是否具有足够的可用能力来满足所有自制的MRP件对资源能力的需求，以便及时调配资源，使生产活动顺利进行。执行完MRP后，就可以计算能力需求，即计算自制MRP件的产能和负载情况。

6. 产能问题检核

查询各工作中心的资源在各时段内的产能及负载情况，以便及时调整生产订单资料。

7. 资源负载明细查询

查询工作中心的各资源在某一时段的被占用情况，了解哪些生产订单需要占用某一资源，以便在资源产能不足的情况下，调整生产订单或资源能力。

实验三　产能管理业务处理

【实验目的】

针对客户订货中两张销售订单的MPS及MRP的规划数据内容进行产能检验，确定产能是否满足生产计划的要求。本实验需要了解产能管理的含义，理解产能管理的作用，掌握产能管理的功能操作。

【实验要求】

以操作员身份进入系统进行操作。

【实验资料】

1. 实验数据准备

(1) 修改系统时间为2024-03-04。

(2) 引入"产能管理数据准备"数据账套。

2. 实验资料

(1) 设定产能管理参数，并根据"电子挂钟"的工艺路线资料生成物料资源清单。需求预测版本号为2024031，时格代号为0091，截止日期为2024-03-31，超载百分比为110%，低载百分比为60%，对全部资源进行能力需求计算，并选择所有状态的生产订单。

(2) 计算粗能力需求并查询粗能力需求状况。

(3) 查询各工作中心的关键资源粗能力负载情况。

(4) 计算细能力需求和查询细能力需求状况，时格代号为0091。

(5) 查询各工作中心及资源的产能和负载情况，时格代号为0091。

(6) 查询各资源细能力负载明细状况，时格代号为0091。

(7) 若有预测需求订单，可以计算资源需求和查询资源需求状况。

【操作指导】

1. 设定产能管理参数并生成工艺路线的资源清单

岗位：生产计划人员

菜单路径：业务工作/生产制造/产能管理/基本资料/产能管理参数设定

菜单路径：业务工作/生产制造/产能管理/基本资料/工艺路线转资源清单

菜单路径：业务工作/生产制造/产能管理/基本资料/资源清单维护

(1) 产能管理参数设定操作如图4-3所示。

(2) 物料工艺路线转资源清单操作如图4-4所示，单击"执行"按钮后，将弹出处理成功的信息提示对话框。

(3) 物料资源清单维护操作如图4-5所示。根据企业实际情况，可以在物料所用的资源清单中修改标准工时来调整产能和负载，以满足生产计划。

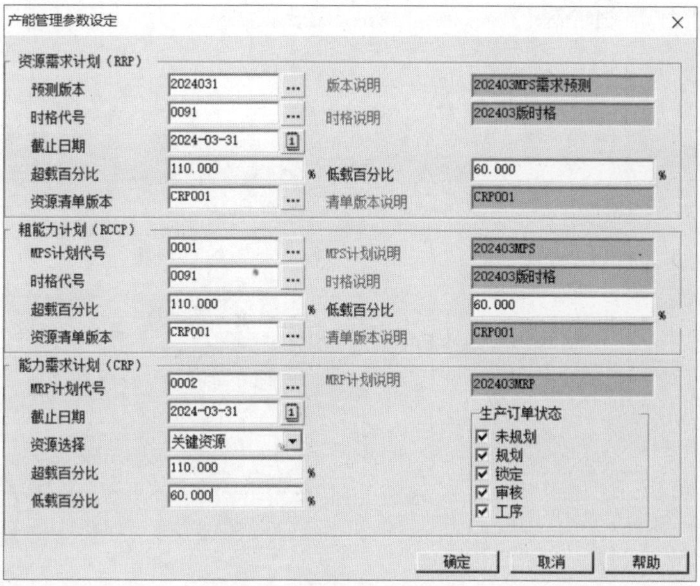

图4-3　产能管理参数设定

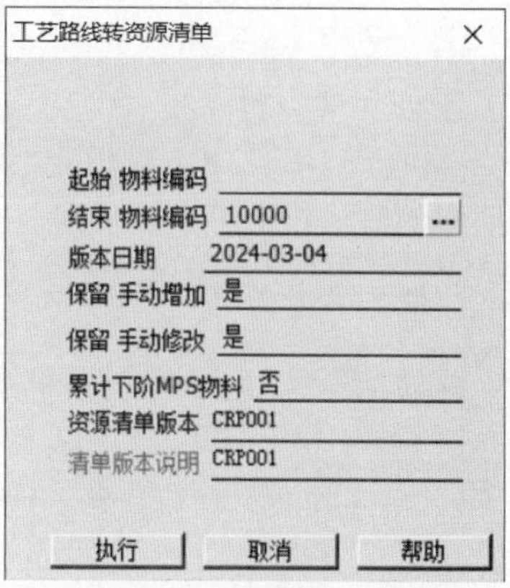

图4-4　物料工艺路线转资源清单

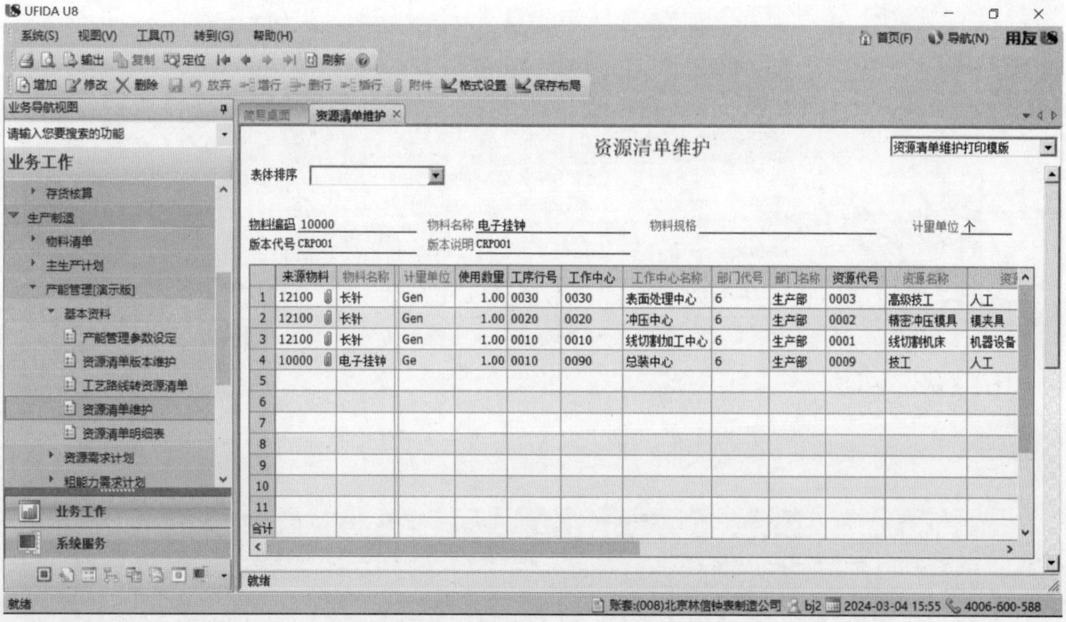

	来源物料	物料名称	计量单位	使用数量	工序行号	工作中心	工作中心名称	部门代号	部门名称	资源代号	资源名称	资…
1	12100	长针	Gen	1.00	0030	0030	表面处理中心	6	生产部	0003	高级技工	人工
2	12100	长针	Gen	1.00	0020	0020	冲压中心	6	生产部	0002	精密冲压模具	模夹具
3	12100	长针	Gen	1.00	0010	0010	线切割加工中心	6	生产部	0001	线切割机床	机器设备
4	10000	电子挂钟	Ge	1.00	0010	0090	总装中心	6	生产部	0009	技工	人工

图4-5　物料资源清单维护

❖ 注意：

工时(分子)代表生产每一单位物料所需的时间，该时间的计量单位究竟是秒、分钟，还是小时，是由工时(分母)的值决定的。若工时(分母)的值为1，工时(分子)的值为2，则代表单位工时为2小时；若工时(分母)的值为60，工时(分子)的值为5，则代表单位工时为5分钟，即5/60小时；若工时(分母)的值为3600，工时(分子)的值为30，则代表单位工时为30秒，即30/3600小时。计算产能时以小时为计量单位。

2. 计算粗能力需求和查询粗能力需求状况

岗位：生产计划人员

菜单路径：业务工作/生产制造/产能管理/粗能力需求计划/粗能力需求计算

菜单路径：业务工作/生产制造/产能管理/粗能力需求计划/粗能力需求汇总表

(1) 执行"粗能力需求计算"菜单命令，在如图4-6所示的对话框中单击"执行"按钮，执行成功后将弹出信息提示对话框。

❖ **注意：**

在MPS运算后，可以进行粗能力需求计划计算，但不能进行细能力需求计划计算。

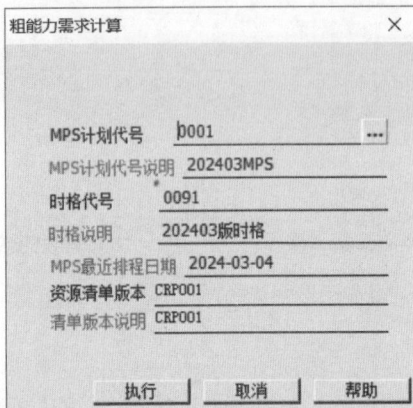

图4-6 粗能力需求计算

(2) 通过"粗能力需求汇总表"功能，按照"工作中心"或"资源代号"分别查看粗能力需求情况和资源负载情况，在"查询条件选择"对话框的"工作中心代号"栏中选择"0090"到"0090"，单击"确定"按钮，进入"粗能力需求汇总表"界面，如图4-7、图4-8所示。

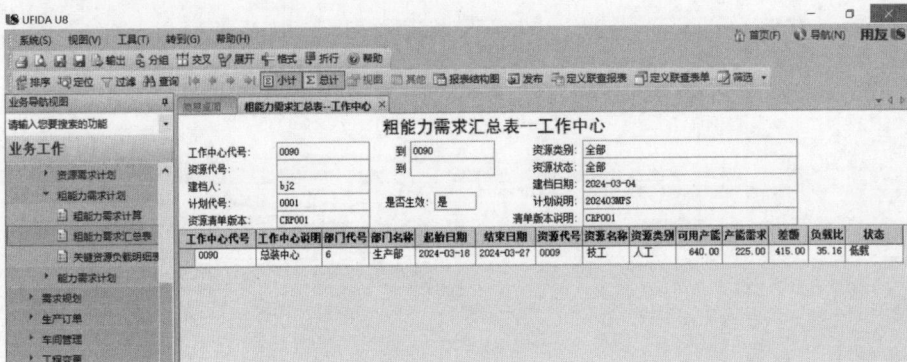

图4-7 粗能力需求汇总表——工作中心

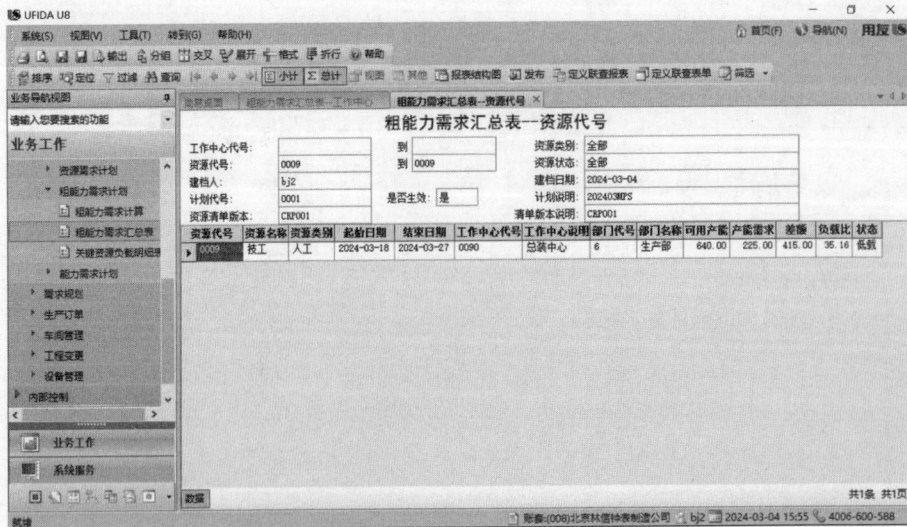

图4-8 粗能力需求汇总表——资源代号

粗能力需求分析如下。

- 粗能力需求计划是针对主生产计划(MPS)中MPS件所需使用资源的产能和负载情况进行的计算。本实验的MPS件是电子挂钟，其对应工作中心为总装中心(0090)，所用资源为技工，共10名，每名技工组装一个电子挂钟的单位工时为30分钟(即30/60＝0.5小时)。

- 由图4-7可见，总装中心在2024.03.18～2024.03.27时间段内的工作时间里，可用产能为640小时(即8天×10人×8小时)，产能需求为225小时(即生产450个×0.5小时)，负载比为35.16%(即225/640)，资源利用状态为低载。

- 按照本实验的工作日历(system)计算，在2024.03.18～2024.03.27时间段内有8个工作日，每天8小时，因此，10名技工的工作时间在该时间段内为640小时，代表技工的可用产能。根据MPS的计划结果显示，在上述时间段内计划组装电子挂钟450个，乘以单位工时以后得到225小时(即450×0.5)，表示对技工的产能需求为225小时。产能需求除以可用产能，即为负载比，所以在该时间段内的产能负载比为35.16%(即225/640)，说明产能需求小于可用产能，现有技工能够满足组装生产的需要。但是，由于其小于低载的标准(60%)，因此可知，此时的技工利用率较低，工作量不饱满，未达到充分合理使用人力资源的状态。

- 时间段的划分是按照所选定的时格(周、周、月、月)来定的。从当前系统时间2024.03.04开始，第一段为第一周，即2024.03.04～2024.03.10；第二段为第二周，即2024.03.11～2024.03.17；第三段为本月订单完工日到时格规定的月底前，即2024.03.18～2024.03.27；第四段为时格规定的月初到下月月底，即2024.03.28～2024.04.27。

3. 查询关键资源粗能力负载情况

岗位：生产计划人员

菜单路径：业务工作/生产制造/产能管理/粗能力需求计划/关键资源负载明细表

可按"工作中心"或"资源代号"查看关键资源负载情况，在"查询条件选择"对话框的"工作中心代号"栏中选择"0090"到"0090"，单击"确定"按钮，进入"关键资源负载明细表"界面，如图4-9、图4-10所示。

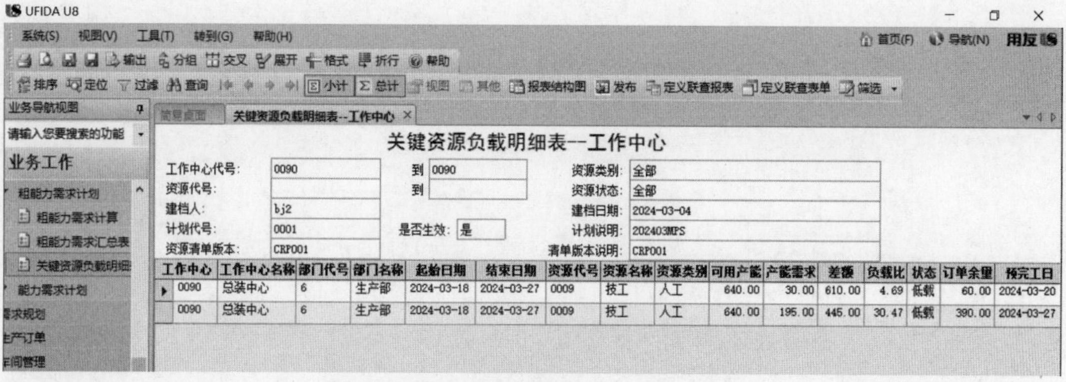

图4-9 关键资源负载明细表——工作中心

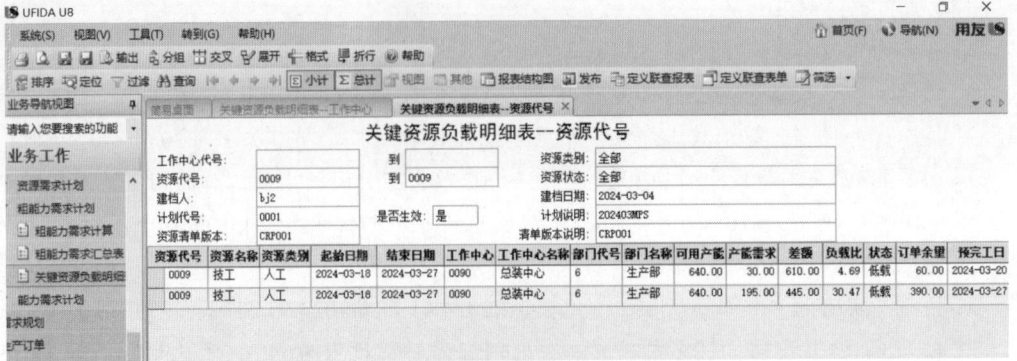

图4-10　关键资源负载明细表——资源代号

4. 计算细能力需求和查询细能力需求状况

岗位：生产计划人员

菜单路径：业务工作/生产制造/产能管理/能力需求计划/能力需求计算

菜单路径：业务工作/生产制造/产能管理/能力需求计划/能力需求汇总表

(1) 执行"业务工作/生产制造/需求规划/计划作业/MRP计划生成"中的"MRP计划"菜单命令。

(2) 执行"能力需求计算"菜单命令，在如图4-11所示的对话框中单击"执行"按钮，执行成功后将弹出信息提示对话框。

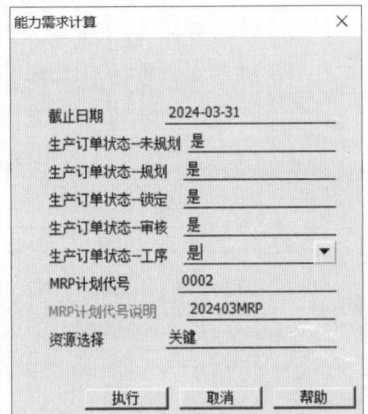

图4-11　细能力需求计算

(3) 通过"能力需求汇总表"功能，按照"工作中心"或"资源代号"查看各工作中心资源不同时格的各时间段的产能和负载情况，在"查询条件选择"对话框的"工作中心代号"栏中选择"0010"至"0030"，单击"确定"按钮，进入"能力需求汇总表"界面，如图4-12、图4-13所示。注意，"高级技工"出现超载，表明高级技工人员不足，导致产能不足。

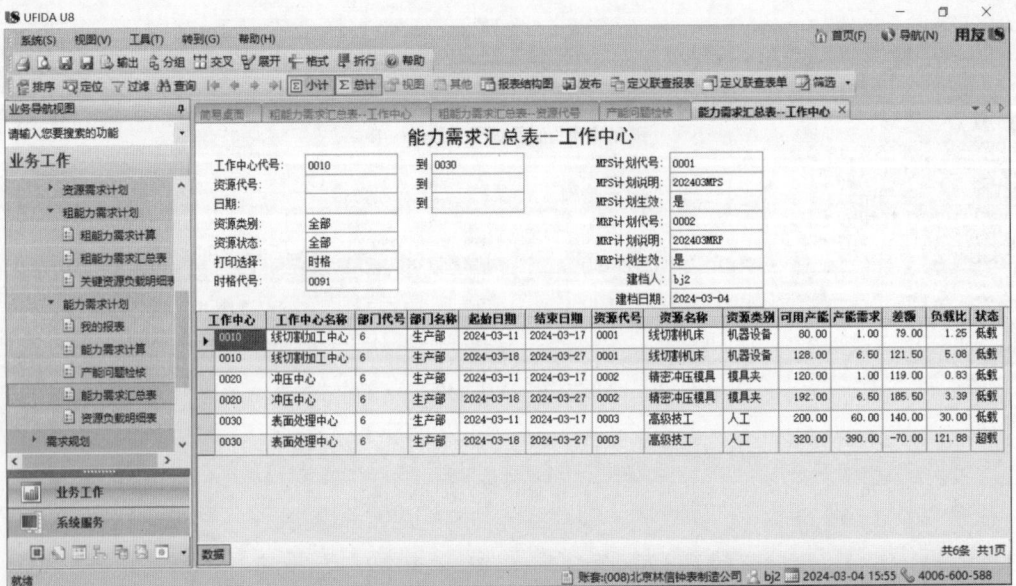

图4-12　能力需求汇总表——工作中心(产能不足)

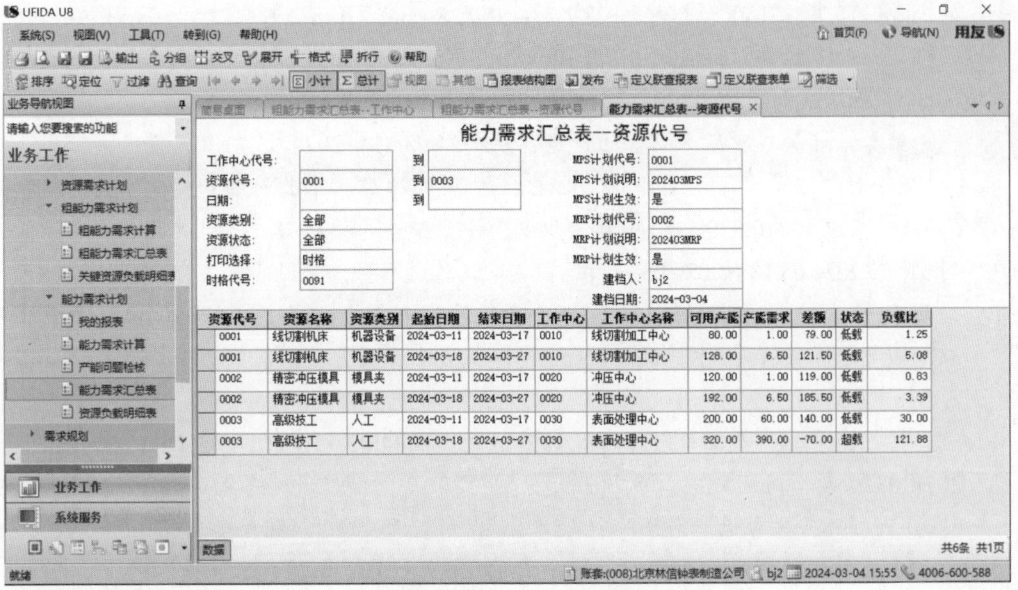

图4-13 能力需求汇总表——资源代号(产能不足)

细能力需求分析如下。

○ 时间段的划分是按照所选定的时格计划代号(即0091,设置为周、周、月、月的时间段划分)而定的。从当前系统时间2024.03.04开始,第一段为第一周,即2024.03.04～2024.03.10;第二段为第二周,即2024.03.11～2024.03.17;第三段为本月,即2024.03.18～2024.03.27(在设置时格时,每月27日定为月末最后一天);第四段为下月的全月时间段,即2024.03.28～2024.04.27。按照MRP的规划,长针生产订单加工时间发生在第二、第三时间段内,第一、第四时间段没有发生生产业务,所以没有显示。

○ 在执行此功能之前,需要先运算完成MRP,才可以计算细能力需求,根据产能及负载情况,了解资源是否能满足自制品生产计划的要求,以便调整生产计划或调配资源,使生产计划得以顺利执行。

○ 细能力需求计划是针对物料需求计划(MRP)中的自制料品在生产中所需使用资源的产能和负载情况进行计算的。本实验以长针为例,按照长针的物料工艺路线,对生产长针所需要工作中心的资源生产能力进行计算。生产长针对应3个工作中心,即线切割中心、冲压中心和表面处理中心,分别对应的资源有线切割机床(3台)、精密冲压模具(3个)和高级技工(5人),每个资源分别对应的单位工时为1分钟(即1/60小时)、1分钟(即1/60小时)和1小时。

○ 由图4-12可见,针对两个销售订单所编制的长针生产计划(由MRP中可查询)需要在3个工作中心进行加工生产,长针的规划供应时间所处的时格范围为2024.03.11～2024.03.17(即为第一个销售订单生产长针60个)、2024.03.18～2024.03.27(即为第二个销售订单生产长针390个)。

第一,"线切割中心"的线切割机床在2024.03.11～2024.03.17时间段内的工作时间里,可用产能共为80小时(即5天×每天工作8小时×2台),规划切割60个长针铝片的产能需求为1小时(即60/60),负载比为1.25%(即1/80),小于低载标准(60%),表明线切割机床的利用状态很低,有很多富余产能;同理,在2024.03.18～2024.03.27时间段内的工作时间里，可用产能共为128小时(即8天×每天工作8小时×2台)，规划切割390个长针铝片的产能需求为6.5小时(即390/60)，负载比为5.08%(即6.5/128)，小于低载标准(60%)，表明线切割机床的利用效率很低，有很多富余产能。

第二，计算"冲压中心"的产能，在2024.03.11～2024.03.17时间段内，可用产能为120小时(即5天×每天工作8小时×3台)，规划冲压60个长针的产能需求为1小时(即60/60)，负载比为0.83%(即1/120)，说明"冲压中心"的精密冲压模具的利用率很低；同理，在2024.03.18～2024.03.27时间段内的工作时间里，可用产能共为192小时(即8天×每天工作8小时×3台)，规划切割390个长针的产能需求为6.5小时(即390/60)，负载比为3.39%(即6.5/192)，小于低载标准(60%)，表明冲压模具的利用状态很低，有很多富余产能。

第三，计算"表面处理中心"的产能，在2024.03.11～2024.03.17、2024.03.18～2024.03.27两个时间段内，可用产能分别为200小时(即5天×每天工作8小时×5人)和320小时(即8天×每天工作8小时×5人)，规划表面处理共450个长针(即60＋390)，其中60个长针在第一时间段内加工生产，390个长针在第二时间段内加工生产，因此，第一时间段需要处理60个、第二时间段则处理390个。由图4-12可见，在2024.03.11～2024.03.17时间段内，可用产能为200小时，产能需求为60小时，产能需求小于可用产能，负载比为30%(即60/200)；而在第二时间段内，产能需求为390小时，可用产能为320小时，产能需求大于可用产能，负载比为121.88%(即390/320)，表明"表面处理中心"高级技工的利用率在第二时间段超载，即无法完成长针表面打磨抛光的任务。

5. 产能问题检核

岗位：生产计划人员

菜单路径：业务工作/生产制造/产能管理/能力需求计划/产能问题检核

(1) 执行"产能问题检核"菜单命令，输入时格资料后，修改"结束日期"为2024-04-30，单击"查询"按钮，显示各工作中心列表，如图4-14所示。

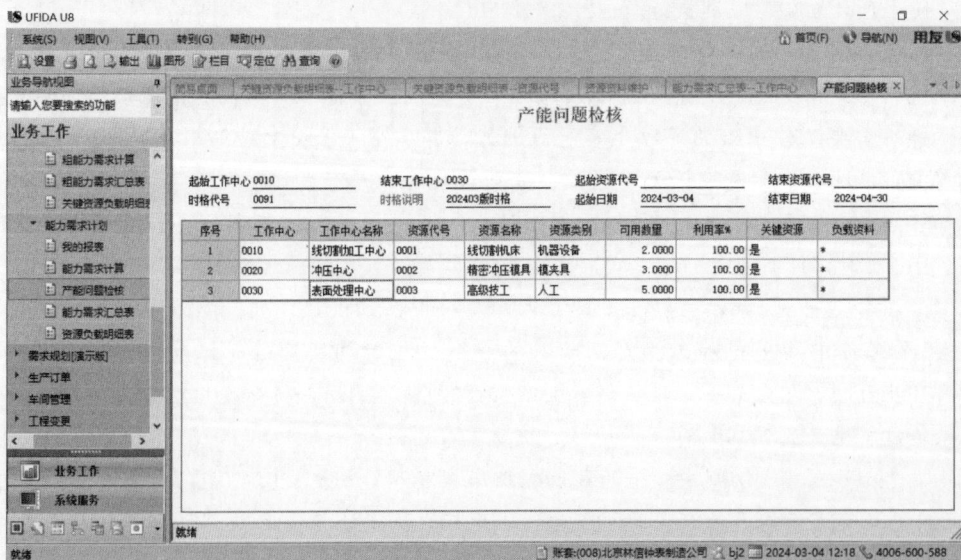

图4-14　产能问题检核

(2) 单击某工作中心所在行, 单击工具栏上的"图形"按钮, 则可通过"产能——负载图"查看该工作中心不同时间段内的产能和负载情况, 如图4-15所示, 高级技工的产能显示超载。

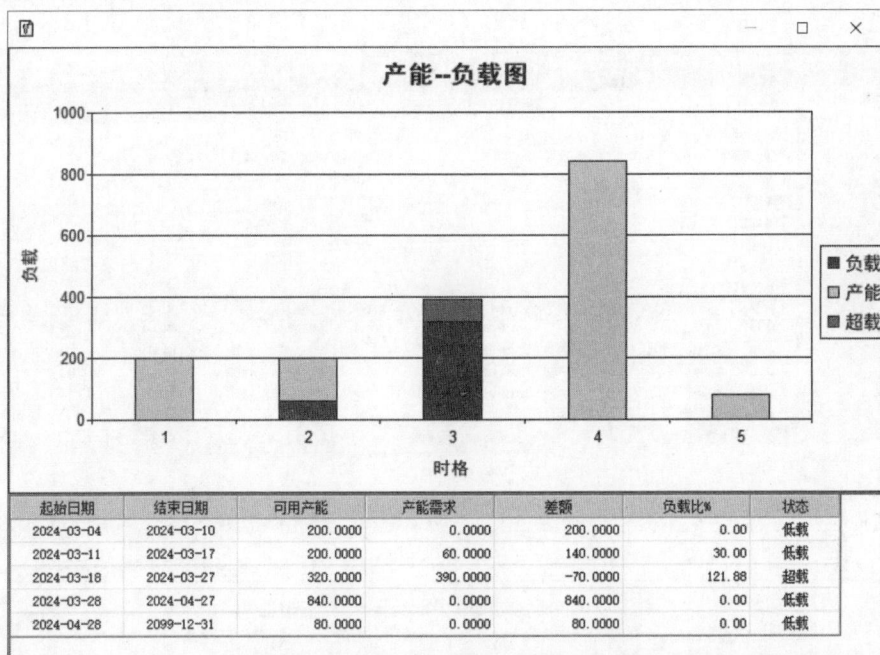

起始日期	结束日期	可用产能	产能需求	差额	负载比%	状态
2024-03-04	2024-03-10	200.0000	0.0000	200.0000	0.00	低载
2024-03-11	2024-03-17	200.0000	60.0000	140.0000	30.00	低载
2024-03-18	2024-03-27	320.0000	390.0000	-70.0000	121.88	超载
2024-03-28	2024-04-27	840.0000	0.0000	840.0000	0.00	低载
2024-04-28	2099-12-31	80.0000	0.0000	80.0000	0.00	低载

图4-15　产能——负载图(表面处理中心超载)

❖ **注意:**

◇ 可用产能、产能需求、负载比的计算与前面所述同理。

◇ 图中蓝色部分代表负载率, 绿色部分代表可以达到的产能, 红色部分代表超载。

◇ 由图4-15显示, 按照时格(周、周、月、月)的分段, 对某个工作中心的产能情况进行查询, 了解其负载状况, 以便调整资源利用计划, 指导资源利用决策。由于此时的系统时间是3月4日, 而第一时间段是从3月4日(周一)到3月10日(周日), 没有生产任务, 无产能需求; 2024-03-11至2024-03-17时间段, 有生产60个长针的计划, 产能需求60小时, 可用产能200小时, 产能充足; 2024-03-18至2024-03-27时间段, 有生产390个长针的计划, 产能需求390小时, 可用产能320小时, 高级技工产能不足, 此时段资源超载。

◇ 当出现超载状况时, 表明资源不能满足生产所需。可以通过以下途径来解决。

  • 增加资源的数量。

  • 增加工作日历中的工作天数和每日工作小时数。

  • 减低资源的单位加工工时, 提高生产效率。

  • 调整生产计划的时间。

6. 资源负载明细查询

岗位: 生产计划人员

菜单路径: 业务工作/生产制造/产能管理/能力需求计划/资源负载明细表

可按"工作中心"或"资源代号"查看各工作中心资源不同时段的产能和负载情况, 如

图4-16、图4-17所示。

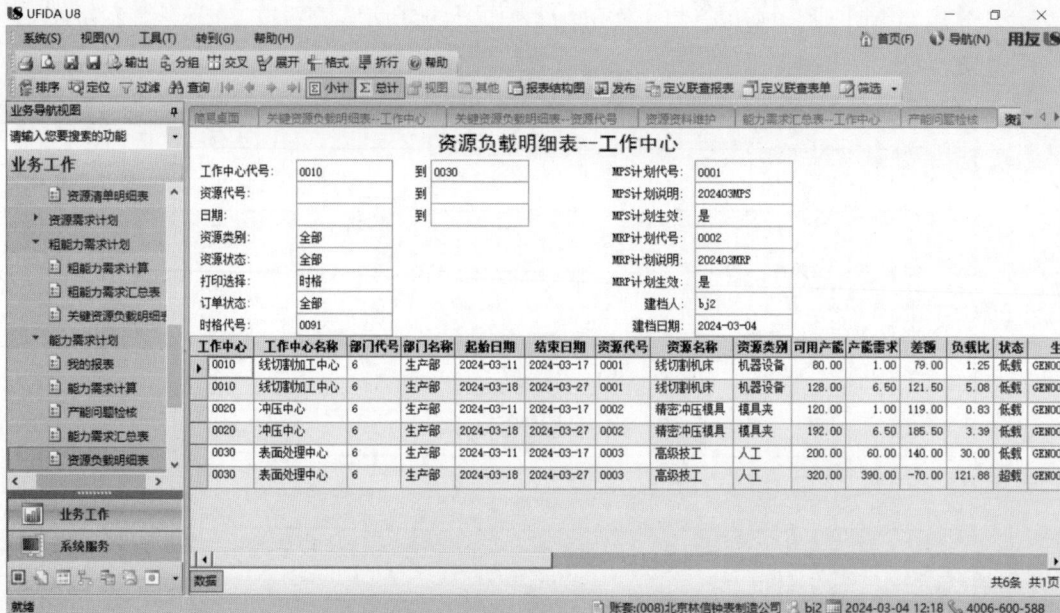

图4-16　资源负载明细表——工作中心

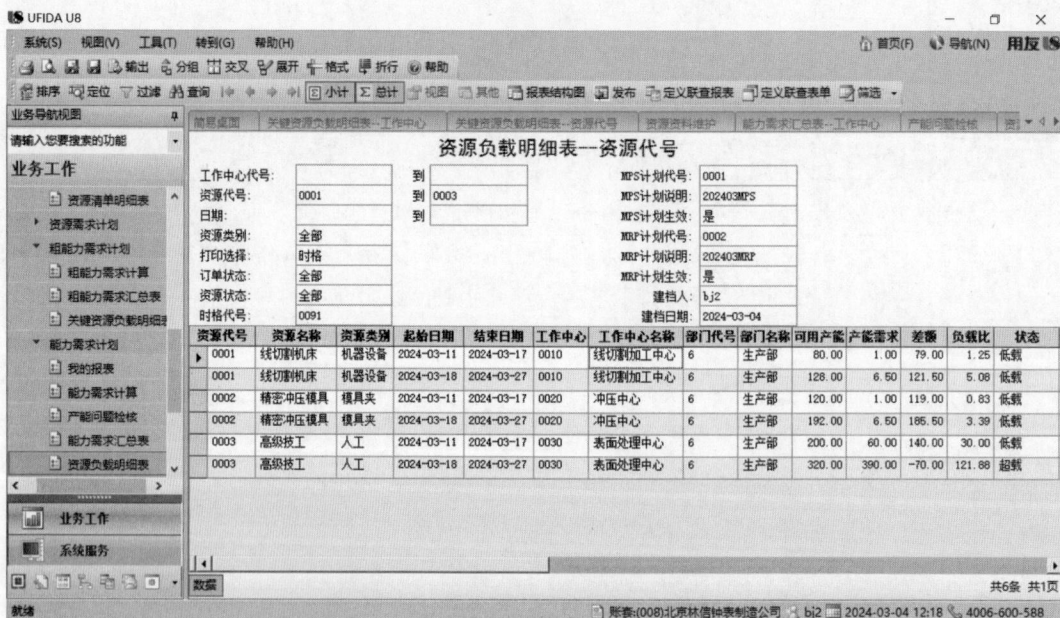

图4-17　资源负载明细表——资源代号

7. 资源产能不足的调整处理

针对长针的第三道工序表面处理中心的产能计算结果显示超载，表明在2024.03.18～2024.03.27的工作时间段内，当前5个高级技工不能完成390个长针第三道工序的表面处理工作，需要调整生产能力，满足生产计划的产量需求。如果工作时间不变，则需要补充人员才能完成长针表面处理的生产任务。即，通过增加高级技工人员数量来调整"表面处理中心"的资源，以增大可用产能的工时量，满足此时段的产能需求。通过计算可知，需要增加2人[即(390－

320)÷(8×8)=1.09]才可满足产能需求，此时段多提供可用产能为128小时。由账套主管或授权人员在基础档案的资源资料维护中修改人员数量，然后由生产计划人员在产能管理模块中，重新计算能力需求计划，操作方法如下。

1) 修改资源数量

岗位：账套主管或授权人员

菜单路径：基础设置/基础档案/生产制造/资源资料维护

(1) 执行"基础设置/基础档案/生产制造/资源资料维护"菜单命令，单击"查询"按钮，在弹出的"查询条件选择"对话框中输入查询条件后，单击"确定"按钮。资源资料维护查询结果如图4-18所示。

图4-18 资源资料维护查询结果

(2) 选中"0003"高级技工，单击"修改"按钮，修改"可用数量"为"7"，即增加两名高级技工，修改结果如图4-19所示。

(3) 单击"保存"按钮完成设置。

图4-19 资源资料维护——高级技工可用数量修改

2) 重新计算能力需求计划

岗位：生产计划人员

菜单路径：业务工作/生产制造/产能管理/能力需求计划/能力需求计算

菜单路径：业务工作/生产制造/产能管理/能力需求计划/能力需求汇总表

(1) 重新执行"业务工作/生产制造/产能管理/能力需求计划/能力需求计算"菜单命令，在如图4-11所示的窗口中单击"执行"按钮，执行成功后将弹出信息提示对话框。

(2) 通过"能力需求汇总表"功能，按照"工作中心"或"资源代号"查看各工作中心资源不同时格的各时间段的产能和负载情况，在"查询条件选择"对话框的"工作中心代号"栏中选择"0010"至"0030"，单击"确定"按钮，查询结果如图4-20、图4-21所示。此时表面处理中心无"超载"现象，说明可用产能能够满足产能需求。

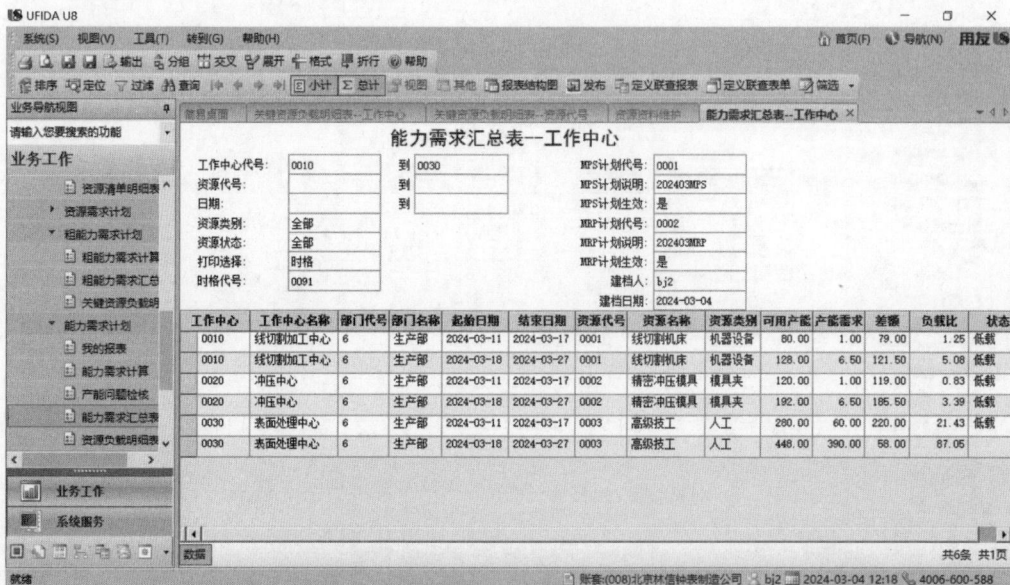

图4-20　能力需求汇总表——工作中心

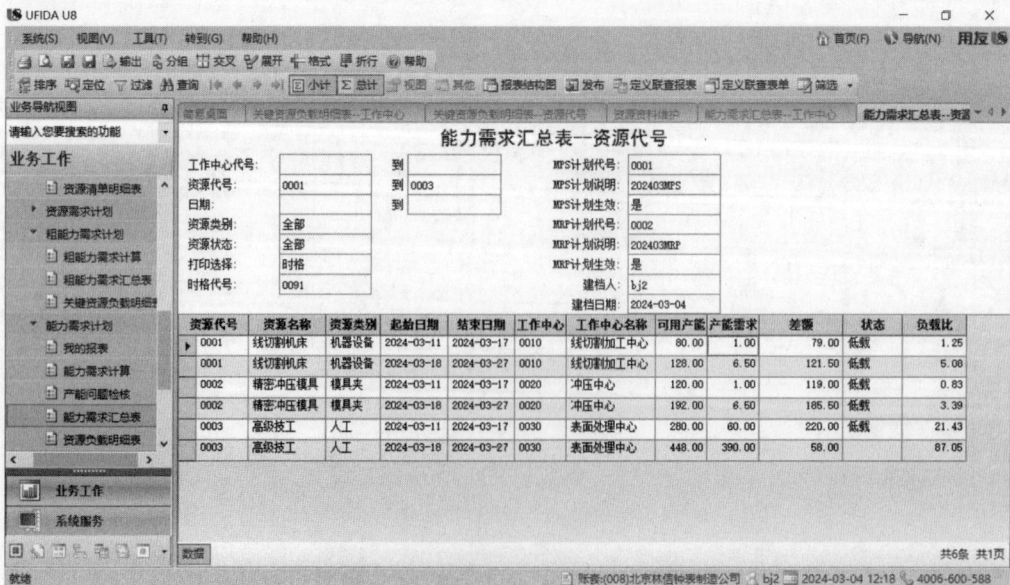

图4-21　能力需求汇总表——资源代号

❖ **注意:**

被修改的资源资料数据可能是MRP件,也可能是MPS件对应的资源,当修改完成之后,在产能管理模块中,可以重新执行"工艺路线转资源清单"命令,再运行粗能力需求计划、能力需求计划的功能命令,重新进行产能检验。直到资源能力不出现超载,即认为生产能力可以满足MPS、MRP的计划要求,MPS和MRP可以下发执行,进而由各部门执行采购、委外、生产等业务活动。

8. 计算资源需求和查询资源需求状况

岗位:生产计划人员

菜单路径:业务工作/生产制造/主生产计划/需求来源资料维护/产品预测订单输入

菜单路径:业务工作/生产制造/产能管理/资源需求计划/资源需求计算

菜单路径:业务工作/生产制造/产能管理/资源需求计划/资源需求汇总表

(1) 输入一张产品预测订单。执行"产品预测订单输入"功能,单击"增加"按钮,在表头中选择"预测版本代号"为2024031、"均化类型"为"不均化"、"均化取整"方法为"取下整","起始日期"为2024-03-08,"结束日期"为2024-04-10,"预测需求数量"为1000个。单击"保存"和"审核"按钮后生成产品预测订单,参见第3章图3-42。

(2) 在产能管理模块的资源需求计划中,双击"资源需求计算"菜单命令,在如图4-22所示的界面中输入条件后,单击"执行"按钮,显示结果提示界面。

图4-22 资源需求计算

(3) 双击"资源需求汇总表"菜单命令,可按照"工作中心"或"资源代号"查看资源需求情况。按照"工作中心"查看资源需求,如图4-23所示;按照"资源代号"查看资源需求,如图4-24所示。

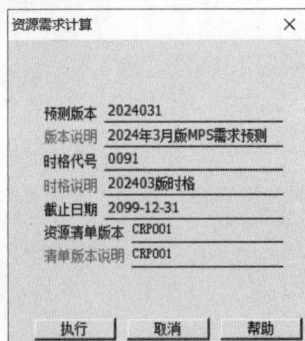

图4-23 资源需求汇总表——工作中心

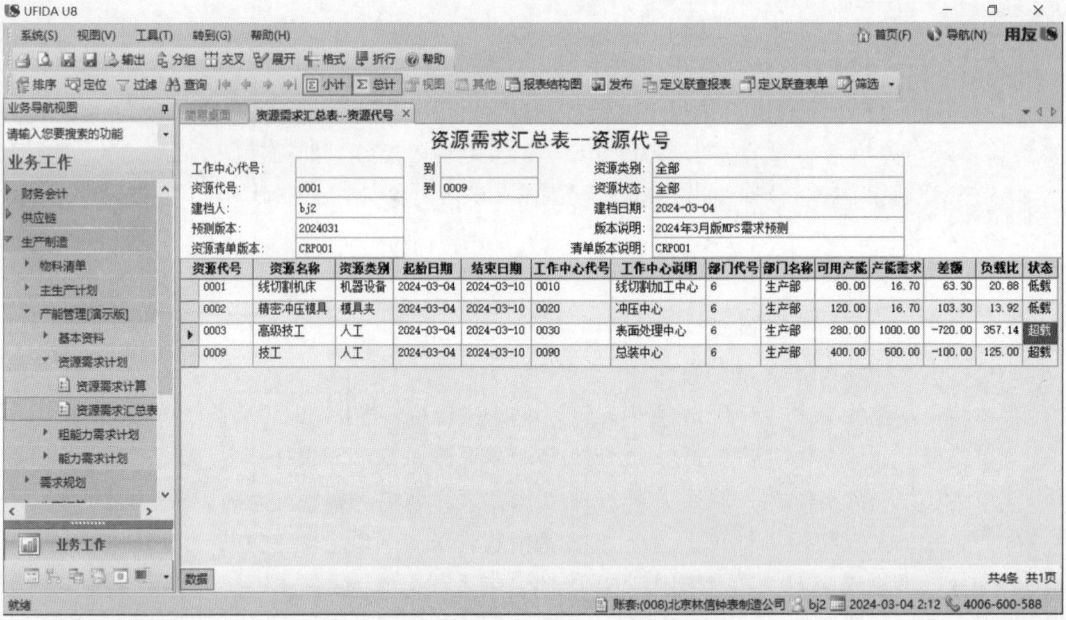

图4-24　资源需求汇总表——资源代号

❖ **注意:**

◇ 资源需求计划(RRP)主要用于评估现有资源能否满足一个中长期计划的需要,以便及时安排人力、设备等资源配备。它是在建立长期的需求预测之后和运算主生产计划之前,依据长期的需求预测数据来估算完成生产计划所需的资源,有助于企业解决长期的计划问题,如扩充现有设施、增加新设施、人员配备、设施资金预算等。执行此功能时,需先录入销售预测订单,方法参见第3章"补充实验二　需求预测订单处理与规划"。

◇ 资源需求计划的负载计算,是以有效范围内的各销售预测订单为需求来源,按各物料所对应的资源清单分别计算每一预测订单在各工作中心的资源需求量及需求日期。资源的需求日期等于各预测订单的需求日期减去该资源在资源清单中的偏置天数(在计算资源需求计划和粗能力计划时,该工作中心资源负载需求日期比其订单计划完工日应提前或延后的天数。正数表示提前,负数表示延后),然后系统再按计划期间汇总各工作中心资源的总产能需求量。

◇ 若无预测需求订单,则此功能不用执行。

【系统功能说明】

(1) 资源需求计划(RRP):针对中长期计划进行资源评估的工具。计划期间跨度一般为1至3年,而且通常在产品系列级进行计划。以产能管理参数中设定的预测版本所对应的预测订单均化/预测展开后、完工日期介于系统日期和产能管理参数中设定的"截止日期"范围内的订单资料,作为需求来源;按时格代号划分的若干计划期间,分别计算每一预测产品在各计划期间、各工作中心、各种资源的资源需求,以及相应的可用产能。其可以提供产能/负载比较分析报表，以评估产能需求。

(2) 粗能力需求计划(RCCP)：将主生产计划转换为对工作中心关键资源的能力需求计划，用于验证是否具有足够的可用产能满足主生产计划的产能需求。在生成详细的物料需求计划(MRP)之前，最好根据工作中心关键资源，使用该功能来验证主生产计划是否切实可行，以便更好地驱动物料需求计划。它只限于对工作中心的关键资源。

(3) 能力需求计划(CRP)：依据物料的生产订单及其工艺路线，将生产计划的产能需求与可用产能相比较，以核实各工作中心是否具有足够的可用产能来满足所有自制MRP件的生产计划的产能需求。采用这种方法，可以识别产能需求和可用产能之间的短期差异。

(4) 资源"状态"分为"全部""逾期""低载""超载"4种状态。系统默认为"全部"。

○ 若"起始日期"小于系统日期，则显示"逾期"。

○ 若负载比小于产能管理参数中的"低载百分比"，则显示"低载"。说明资源利用率偏低，资源没有得到很好的利用，存在闲置状况。

○ 若负载比大于"超载百分比"，则显示"超载"。说明资源利用率过度，资源处于超负荷利用状态，无法满足生产的需要。

(5) 某时间段内的可用产能＝该时间段内的工作天数×每天工作小时数×资源数量。

(6) 某时间段内的产能需求＝每单位物料耗用的工时数×该时间段内的生产数量。

(7) 差额＝可用产能－产能需求。

(8) 负载比＝产能需求÷可用产能。

思考题

(1) 产能管理的作用是什么？能力需求计划与粗能力需求计划有何区别？

(2) 产能管理与MPS及MRP是什么关系？

(3) 以长针为例，进一步做粗能力需求计划和能力需求计划对生产规划进行检验，分析每个工作中心的可用产能和产能需求的数据，并解释出现超载的原因；同时，分析解决的办法，进而使MPS和MRP调整正确。

第5章 采购业务

5.1 业务概述

5.1.1 功能概述

采购管理系统对企业采购业务的全部流程进行管理，它可以提供请购、订货、到货、入库、开票、采购结算等完整的采购流程，也可以根据企业的实际情况进行采购流程的定制。

本实验主要针对依据MPS和MRP规划的结果生成采购订单，以及由其他部门请购生成的采购订单进行采购业务的处理。采购业务流程选用最长的业务流程，包括请购、采购订货、采购到货、采购入库、登记发票、采购结算的采购管理过程。

5.1.2 相关子系统功能模块之间的关系

采购管理与其他子系统之间的关系如图5-1所示。

图5-1 采购管理与其他子系统之间的关系

5.1.3 应用准备

(1) 建立账套、启用采购管理系统。

(2) 设置供应商档案、存货档案等共用资料。

(3) 设定采购管理的业务模式、企业类型、采购类型、采购流程等基础信息。

(4) 设置供应商存货对照表、供应商存货价格表等基础信息。

(5) 设置采购管理参数及期初数据。

(6) MPS、MRP规划已完成。

5.2 系统业务流程

5.2.1 日常业务流程

针对根据MPS和MRP的建议规划结果生成采购订单，以及从其他部门请购生成的采购订单进行采购业务处理。采购部门根据采购订单进行采购订货、采购到货、采购物料入库、采购发票填制、审核及采购结算等业务处理工作。采购日常业务流程如图5-2所示。

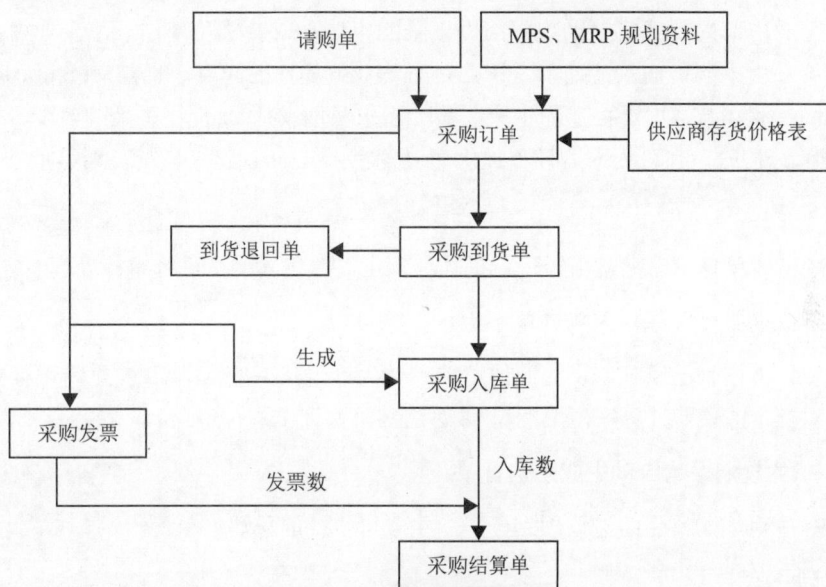

图5-2 采购日常业务流程

5.2.2 主要业务内容

1. 期初记账

初次使用"采购管理"模块时，要将采购业务期初数据记入有关采购账簿中，以保证数据的连贯性。如果系统中已有上年数据，则可通过"结转上年"功能，将上年度期末采购数据自动结转到本年期初。期初记账后，期初数据不能增加、修改，除非取消期初记账。期初记账后输入的入库单、发票都是启用月份及其以后月份的单据，在"月末结账"功能中记入有关采购账。期初数据包括以下4个方面。

(1) 期初暂估入库：将启用"采购管理"模块时，货已到但没有取得供货单位采购发票，而不能进行采购结算的入库单输入系统，以便取得发票后进行采购结算。

(2) 期初在途存货：将启用"采购管理"模块时，已取得供货单位的采购发票，但货物尚未到货而没有入库，不能进行采购结算的发票输入系统，以便货物到货入库填制入库单后进行采购结算。

(3) 期初受托代销商品：将启用"采购管理"模块时，将没有与供货单位结算完的受托代销商品入库记录输入系统，以便在受托代销商品销售后，再进行受托代销结算。

(4) 期初代管挂账确认单：将启用"采购管理"模块时，已与代管的供应商物料进行了耗用挂账，但还没有取得供应商的采购发票，而不能进行采购结算的代管挂账确认单输入系统，以便取得发票后再与之进行结算。

2. 供应商存货价格表

该表用于供应商和存货价格的录入与维护，可以事先设置不同的价格，供填制采购单据(订单、到货单、发票)时使用。

3. 请购单输入

请购指企业内部的各部门向采购部门提出采购申请，或者采购部门汇总企业内部采购需求提出采购清单并由采购员输入请购单。请购是采购业务处理的起点，也是MPS和MRP计划与采购订单的中间过渡环节，用于描述和生成采购的需求(如采购什么货物、采购多少、何时使用、谁使用等内容)；同时，也可为采购订单提供建议(建议供应商、建议订货日期等)。

4. 请购单审核

采购员将请购单打印出来交由经理审批，经理可以授权采购员进行审核处理。

5. 请购转采购处理并审核采购订单

采购员将已审核且已经确定供应商的请购单转为锁定状态的采购订单(重新运行MPS、MRP计算时不会对锁定的采购订单产生影响)，并对这些采购订单进行审核。

6. 由MRP的规划采购自动生成采购订单

根据MRP中对采购料品的建议规划资料，生成可执行的采购订单。

7. 填制到货单

采购业务员在与供应商签订了采购合同或协议后，向供应商发出采购订单，货物送达企业后，采购业务员根据供方通知或送货单，确认货物的数量、价格等信息，填制采购到货单，然后以入库通知单的形式传递到仓库作为仓管员收货入库的依据。

8. 将所采购的货物入库

仓管员根据采购业务员的到货通知，验收货物的数量、质量、规格型号等，确认验收无误后登记入库，记入库存账。

9. 登记采购发票

采购业务员根据供应商开出的销售货物的发票单据，登记采购发票，确认采购成本，以备登记应付账款之用。采购发票分为增值税专用发票、普通发票、运费发票3种，可手工填制，也可参照采购订单或入库单据生成。

10. 采购结算

采购结算是指根据采购发票与采购入库单进行的结算，以便核算采购入库成本。以"采购结算单"的形式记载采购入库单记录与采购发票记录的对应关系。

采购结算分为自动结算、手工结算两种方式，另外运费发票可以单独进行费用折扣结算。

实验四　采购业务处理

【实验目的】

理解采购管理的作用，掌握对由MRP规划资料制作采购订单进行业务处理的操作。

【实验要求】

以操作员身份进入系统进行操作。

【实验资料】

1. 实验数据准备

(1) 修改系统时间为2024-03-04。

(2) 引入"采购业务数据准备"数据账套。

2. 实验资料

(1) 对采购物料进行期初记账。

(2) 检查修改单据默认税率为13%。

(3) 输入和查询供应商存货价格(含税单价)：北京铝材厂的铝材20元/千克；江苏塑料二厂的塑料19元/千克；上海昊恒工贸有限公司的机芯30元/个、电池10元/节、薄膜8元/米。

(4) 仓管部李丽申请购买机芯(11000)100个，3月20日要货，建议向上海昊恒工贸有限公司购买。

(5) 对请购单进行审核。

(6) 由上述的请购单生成采购订单，并进行审核处理。

(7) 根据MRP的规划建议编制采购订单，并进行审核。铝材供应商为北京铝材厂，塑料供应商为江苏塑料二厂，其他物料供应商为上海昊恒工贸有限公司。

(8) 进行采购到货处理，填制到货单。

(9) 对采购的物料进行验收入库。

(10) 登记专用采购发票。

【操作指导】

1. 采购期初记账

岗位：采购部门/业务员

菜单路径：业务工作/供应链/采购管理/设置/采购期初记账

在"期初记账"对话框中单击"记账"按钮，记账完毕后弹出"期初记账完毕"信息提示框，单击"确定"按钮，即完成记账，如图5-3所示。

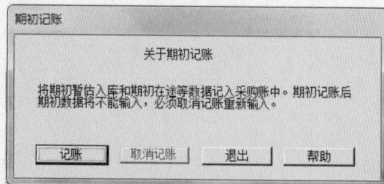

图5-3　采购期初记账

❖ **注意：**

❖ 期初记账是将采购期初数据记入有关采购账，以保证数据的连贯性。期初记账后，期初数据不能增加、修改，除非取消期初记账。

❖ 若采购管理模块初次使用，且已有手工记账的采购入库单和采购专用发票，则需要在本模块期初记账之前录入，单据名称显示"期初采购入库单"和"期初专用发票"。在本模块期初记账执行完成后，录入采购入库单和采购专用发票时，单据名称恢复。

❖ 启用"采购管理"模块时，如果期初没有数据，则直接运行"采购期初记账"即可。

2. 修改单据默认税率

岗位：采购部门/业务员

菜单路径：业务工作/供应链/采购管理/设置/采购选项

执行"采购选项"命令，在"公共及参照控制"页签中，修改"单据默认税率"为13%。

3. 查询供应商存货调价单和存货价格

岗位：采购部门/业务员

菜单路径：业务工作/供应链/采购管理/供应商管理/供应商供货信息/供应商存货调价单

菜单路径：业务工作/供应链/采购管理/供应商管理/供应商供货信息/供应商存货价格表

(1) 执行"业务工作/供应链/采购管理/供应商管理/供应商供货信息/供应商存货调价单"命令，进入"供应商存货调价单"界面，由于供应商存货价格已经在第1章中录入完成，此时，单击工具栏上的箭头按钮，即可显示出预设好的供应商存货价格信息，如图5-4所示。

图5-4 录入和查询供应商存货调价单

(2) 执行"业务工作/供应链/采购管理/供应商管理/供应商供货信息/供应商存货价格表"命令，进入"供应商存货价格表"界面，查看供应商存货价格信息，如图5-5所示。

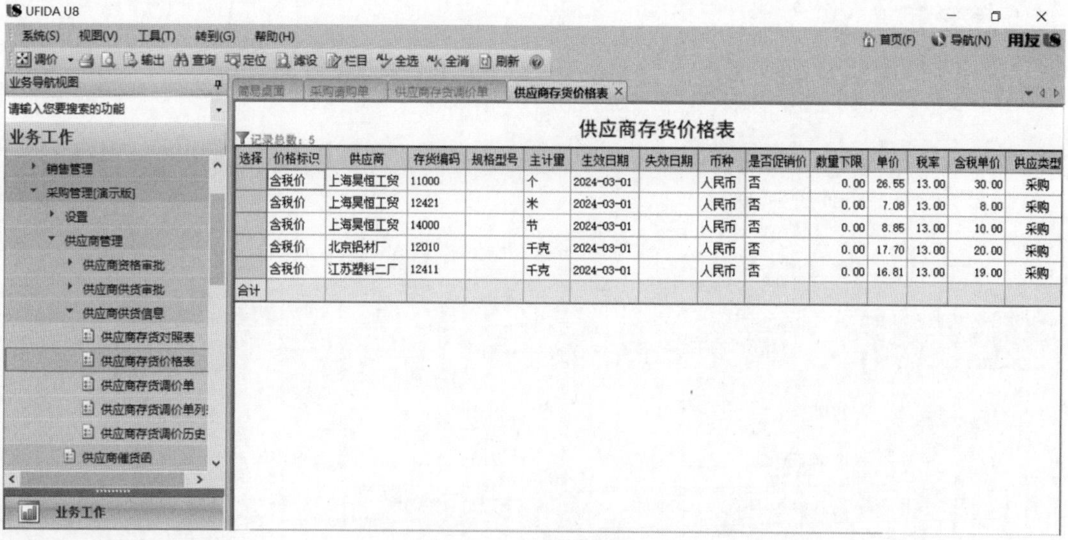

图5-5 供应商存货价格表

❖ 注意：

    执行"采购管理/设置/采购选项"命令，将"订单、到货单、发票单价录入方式"设为"取自供应商货价格表价格"方式，则当录入采购订单时，就可以从"供应商存货价格表"中自动取价，如图5-6所示。

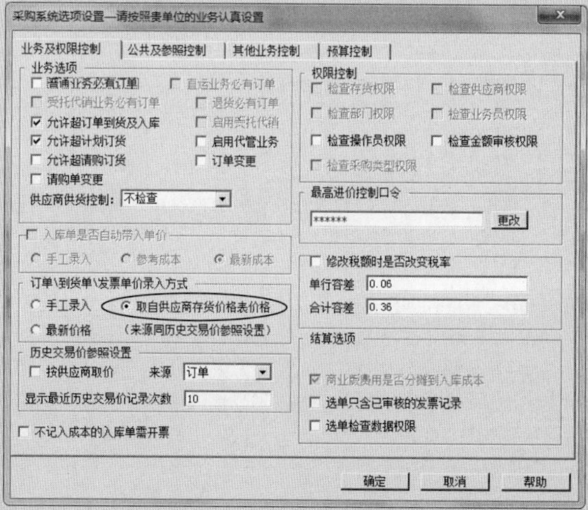

图5-6 设置采购选项

4. 填制请购单

岗位：申购部门/申购员

菜单路径：业务工作/供应链/采购管理/请购/请购单

(1) 在"采购请购单"窗口中，单击工具栏上的"增加"按钮，生成一个新的请购单据号。

(2) 输入表头请购部门和请购人员资料后，在表体中输入请购物料、请购数量和需求时间等信息，单击"保存"按钮完成操作，在表尾显示"制单人"的签名，如图5-7所示。

5. 审核请购单

岗位：申购部门的主管

菜单路径：业务工作/供应链/采购管理/请购/请购单

对已经保存的请购单，单击工具栏上的"审核"按钮，即可完成审核工作，在表尾显示出"审核人"的签名，如图5-7所示。

图5-7 录入并保存及审核采购请购单

6. 由请购单生成采购订单

岗位：采购部门/业务员

菜单路径：业务工作/供应链/采购管理/采购订货/采购订单

(1) 在"采购订单"窗口中，单击工具栏上的"增加"按钮，生成一个新的采购订单单据号。

(2) 单击工具栏中的"生单"下拉菜单按钮，在列表中选择"请购单"选项，如图5-8所示。

图5-8 新增采购订单

(3) 在"查询条件选择"窗口中单击"确定"按钮后，进入"拷贝并执行"窗口，选择"订单拷贝请购单表头列表"的记录行，双击"选择"栏位单元格，出现"Y"时，再选择下方表体列表的记录行，"选择"栏为"Y"时，表示已选中需要生成采购订单的请购单中的物料，单击工具栏中的"确定"按钮，该请购单中的信息即被带入采购订单中，如图5-9所示。

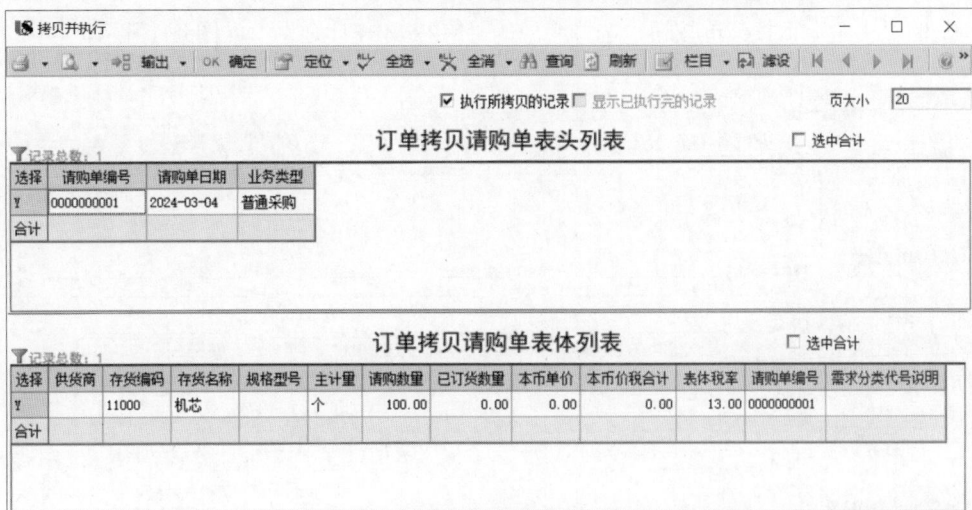

图5-9　选择请购单

(4) 补充输入供应商为"上海昊恒工贸"，部门为"采购部"，业务员为"李梅"，如图5-10所示，价格信息可以根据实际数据录入或由供应商存货价格表中自动带入及修改，然后单击"保存"按钮，即完成请购单生成采购订单的工作。

(5) 单击工具栏上的"审核"按钮，表尾审核人处显示签名，即完成对采购订单的审核工作。

图5-10　由请购单生成采购订单

7. 根据MRP规划资料生成采购订单

岗位：采购部门/业务员

菜单路径：业务工作/供应链/采购管理/采购订货/采购订单

(1) 在"采购订单"窗口中，单击"增加"按钮，生成一个新的采购订单单据号，然后单击工具栏上的"生单"下拉菜单按钮，选择其中的"MPS/MRP计划"，如图5-11所示。

图5-11 生单选择MRP计划

(2) 在"查询条件选择"对话框中单击"确定"按钮后，进入"拷贝并执行"窗口，选择MRP计划列表中"机芯""电池"所在行，"选择"栏单元格显示"Y"时，表示已选中需要生成采购订单的物料，如图5-12所示。单击"确定"按钮，所选物料的规划信息即被带入采购订单中。

图5-12 MRP规划的选单列表

(3) 在"采购订单"窗口中，补充录入确定供应商和物料单价等信息。单击表头"供应商"栏位的"…"图标，选择输入供应商为"上海昊恒工贸"，表体中自动带入存货含税单价信息(可修改)，也可以根据实际数据录入，录入"采购部"业务员"李梅"，然后单击"保存"按钮完成采购订单生成的工作。单击工具栏上的"审核"按钮，即可完成对采购订单的审核工作，如图5-13所示。

(4) 同理操作，可以对其他物料MRP规划资料生成相应采购订单并完成审核。通过"采购订单列表"功能，可以查询到所有生成的采购订单，如图5-14所示。

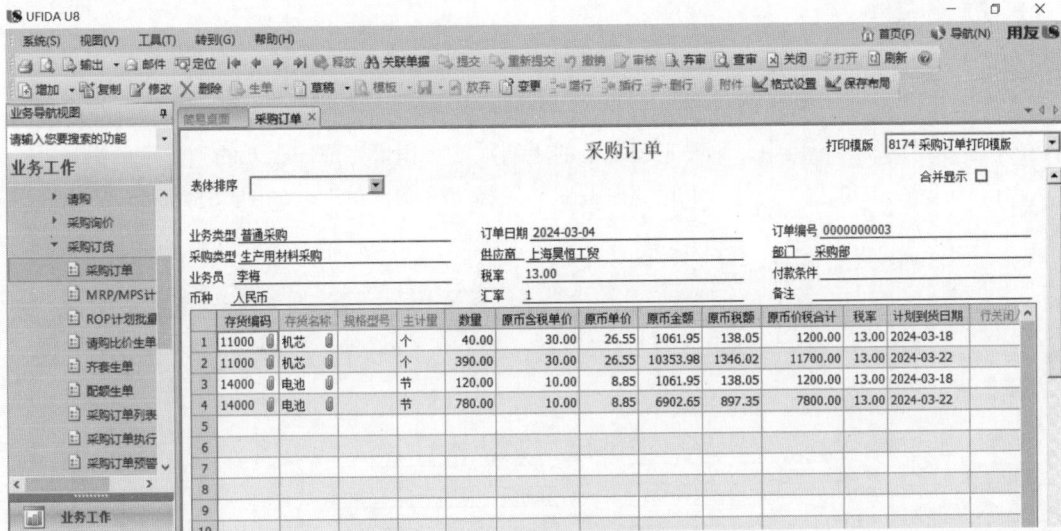

图5-13 由规划订单生成采购订单

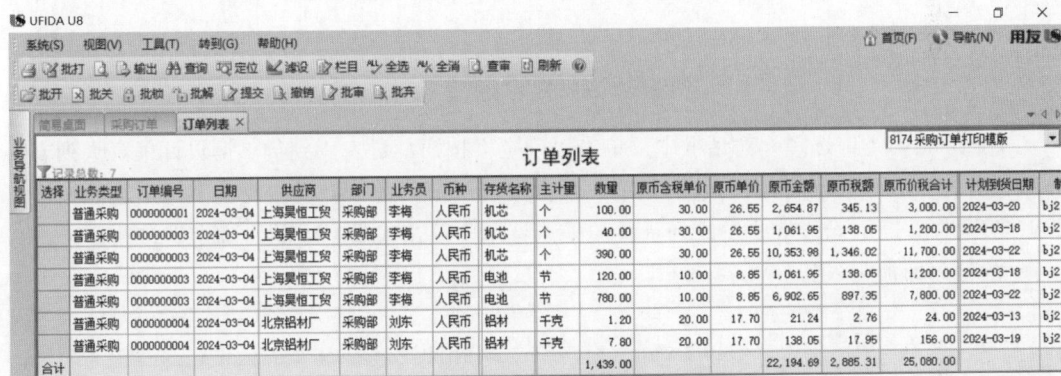

图5-14 采购订单列表

❖ 注意：

- ◇ 各采购物料的含税单价是指物料的含税采购成本。本实验采购成本数据：机芯为30元/个，电池为10元/节，薄膜为8元/米，铝材为20元/千克，塑料为19元/千克。
- ◇ 采购订单可以手工录入，也可以参照请购单、销售订单、采购规划(MPS、MRP、ROP)、采购合同、出口订单生成。
- ◇ 采购订单可以修改、删除、审核、弃审、变更、关闭、打开、锁定和解锁。
- ◇ 已审核未关闭的采购订单可以参照生成采购到货单、采购入库单和采购发票。
- ◇ 审核前的订单可以修改，审核后的订单需要进行弃审后方可修改。
- ◇ 满足下列条件之一者，即可对采购订单进行审核。
    - 采购订单输入计算机后，将确认后的订单交由供货单位。
    - 如果订单由专职录入员输入，则由业务员进行数据检查，确定正确的订单。
    - 经过采购主管批准的订单。
- ◇ 实际工作中，按照物料采购订货日期或实际订货日，完成采购订货单的录入。本实验仅模拟功能操作，不再修改日期。

8. 填制到货单

岗位：采购部门/业务员

菜单路径：业务工作/供应链/采购管理/采购到货/到货单

(1) 在"到货单"窗口中，单击工具栏上的"增加"按钮，生成一个新的到货单单据号。

(2) 在工具栏中单击"生单"下拉菜单按钮，选择"采购订单"，如图5-15所示。

图5-15　新增物料采购到货单

(3) 在"查询条件选择"对话框中，单击"确定"按钮，进入"到货单拷贝订单表头列表"窗口，如图5-16所示。在列出的采购订单记录行中，双击"选择"栏位或单击"全选"按钮，出现"Y"时，表示已选中要生成到货单的采购订单，单击工具栏中的"确定"按钮，所选采购订单的信息即被带入到货单中。

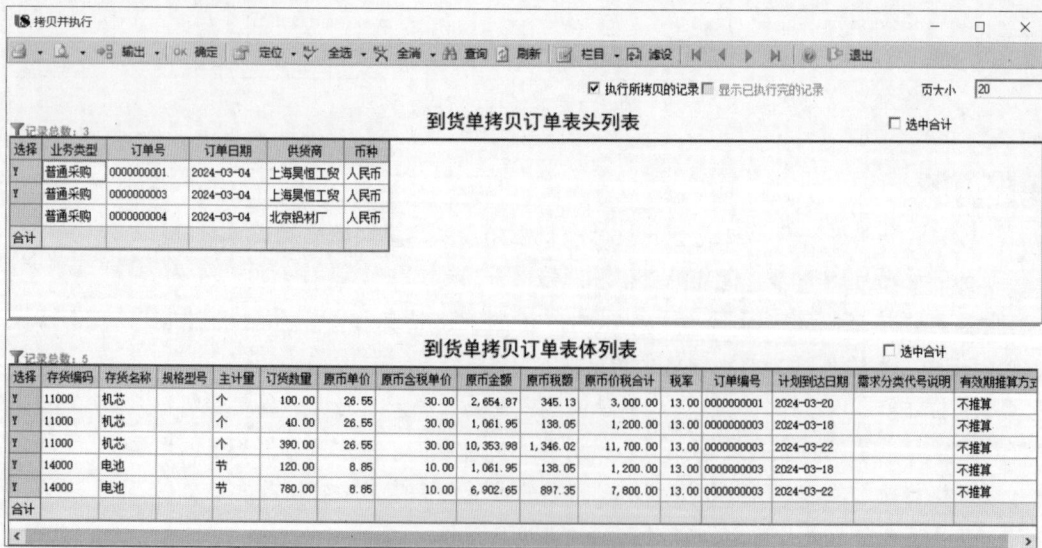

图5-16　到货选单列表

(4) 如图5-17所示，在到货单中补充输入相关信息后，单击"保存"按钮，即可完成到货单的生成工作。

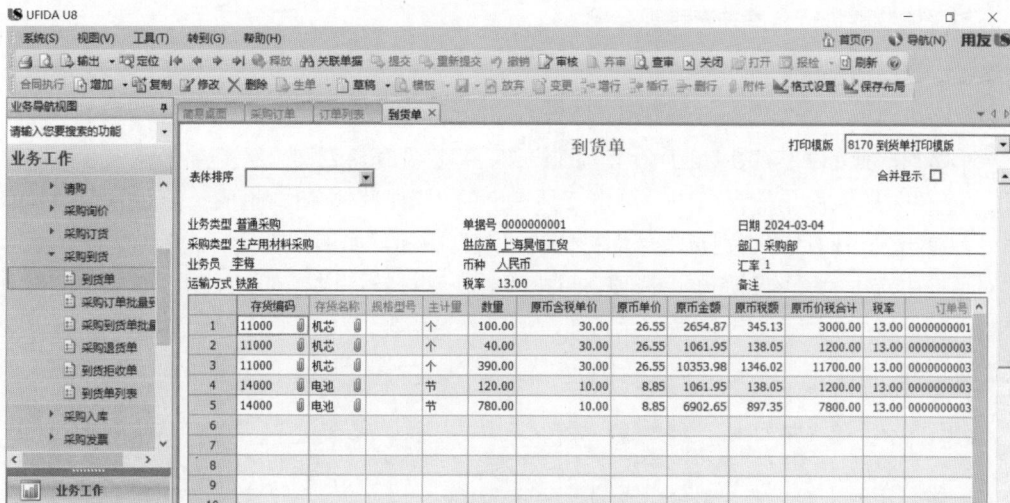

图5-17　生成物料采购到货单

（5）单击工具栏上的"审核"按钮，即可完成对采购到货单的审核工作。同理操作，可对其他物料采购到货单进行操作并审核，生成相应物料的到货单。

（6）通过"到货单列表"可以查询所有物料采购的到货单资料，如图5-18所示。

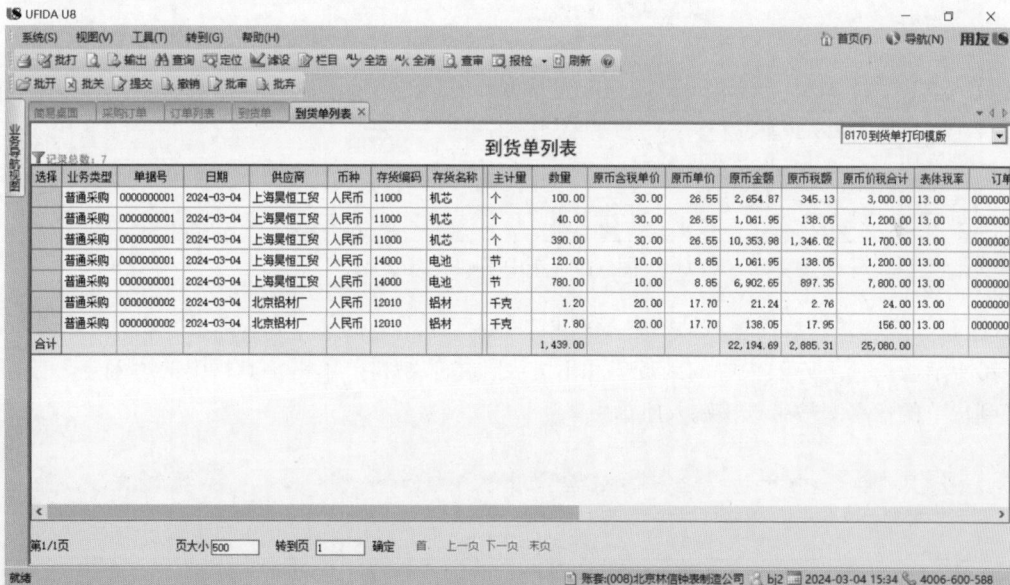

图5-18　物料到货单列表

❖ 注意：

◇ 采购物料类的到货单可以手工输入，也可由采购订单生成。若为"必有订单业务模式"，为了能跟踪采购的整个业务流程，则不能手工输入采购到货单。

◇ 若在新增到货单的表头中选择了供应商，则在"选单列表"窗口中将该供应商的采购订单列出来，选择后即生成了对该供应商物料采购的到货单。

◇ 实际工作中，按照计划到货日期或实际到货日，操作完成到货单的录入。本实验仅模拟功能操作，不再修改日期。

9. 对采购物料进行入库并查询现存量

岗位：仓库/仓管员

菜单路径：业务工作/供应链/库存管理/入库业务/采购入库单

菜单路径：业务工作/供应链/库存管理/报表/库存账/现存量查询

(1) 在"采购入库单"窗口中，单击工具栏上的"增加"按钮，生成一个新的采购入库单单据号，单击表头栏目的"到货单号"栏位的"..."图标，如图5-19所示，在弹出的"生单来源"对话框中选中"采购到货单"选项，单击"确认"按钮；或者在"采购入库单"窗口中，直接单击工具栏中的"生单"下拉菜单按钮，选择"采购到货单(蓝字)"选项，进入"查询条件选择"对话框。

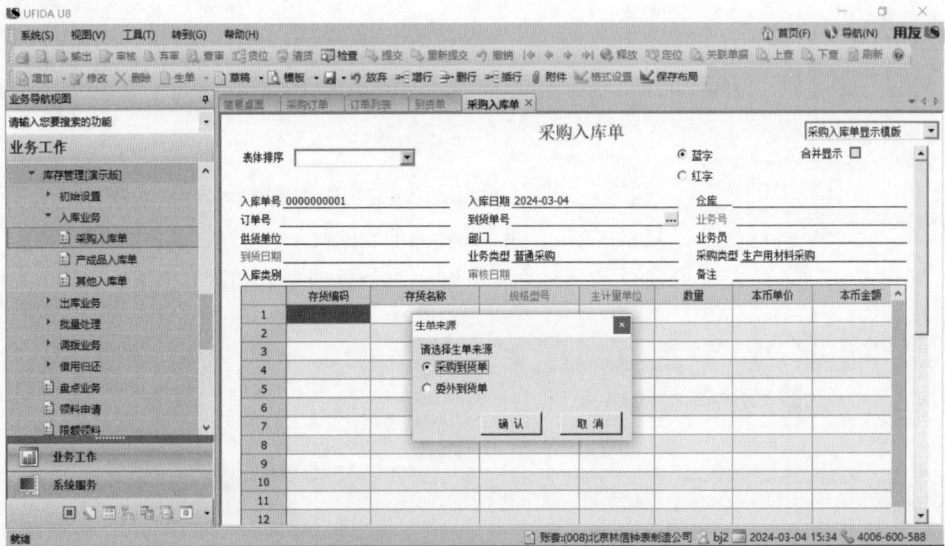

图5-19　新增采购入库单

(2) 在"查询条件选择"对话框中，单击"确定"按钮，进入"到货单生单列表"窗口，如图5-20所示，选择上方表头中的到货单和下方表体中的物料，单击工具栏中的"确定"按钮，所选到货单的信息即被带入采购入库单中。

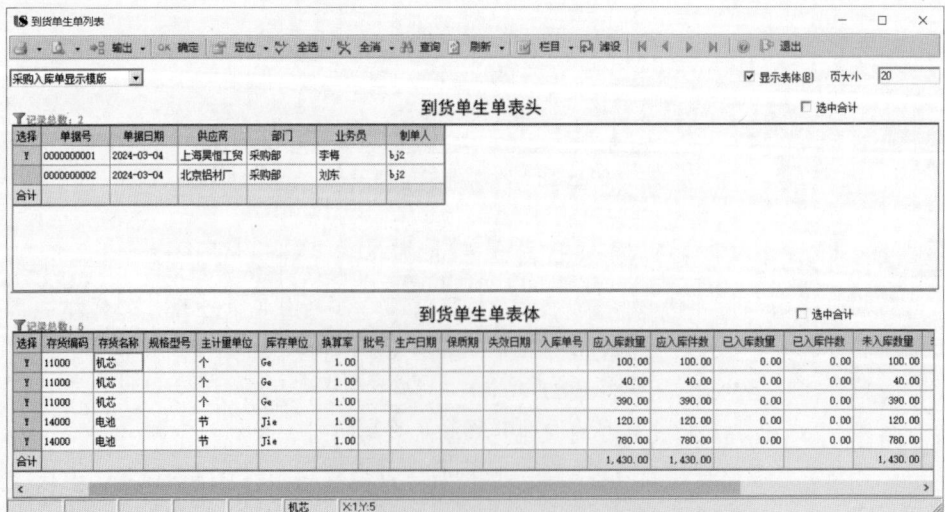

图5-20　到货单生单列表

(3) 如图5-21所示，补充填写入库仓库为"半成品仓库"后，单击"保存"按钮即完成入库单的生成工作。单击工具栏上的"审核"按钮，对入库单进行审核。

图5-21　生成采购入库单

(4) 以此类推，完成其他物料的采购入库单的生成工作。

(5) 可以由"入库单列表"查询所有采购入库单的情况。

(6) 通过"业务工作/供应链/库存管理/报表/库存账/现存量查询"功能，可以查询采购物料的库存现存量资料，如图5-22所示。

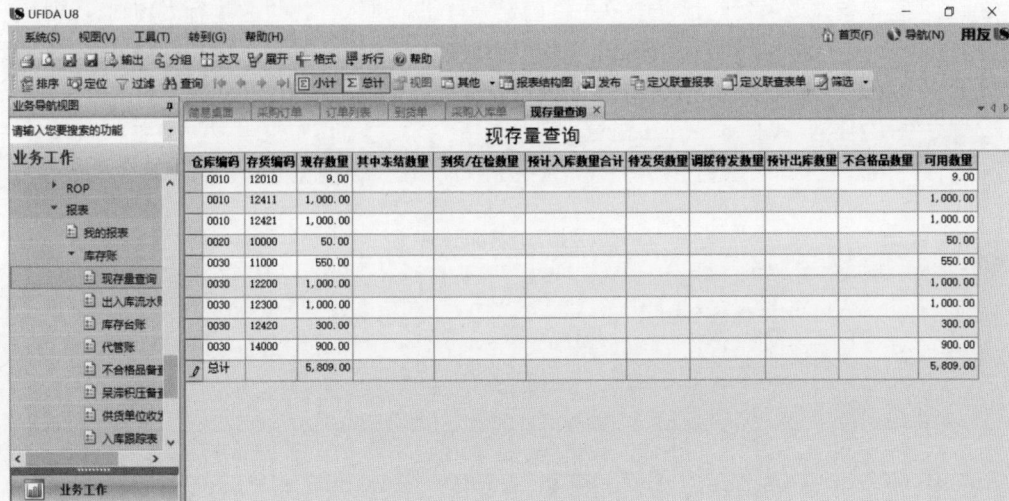

图5-22　查询库存现存量

❖ 注意:

❖ 当购销存管理模块集成使用时，采购入库单要由库存管理模块中的"采购入库单"命令录入。此时，采购管理模块的"采购入库单"命令仅为浏览功能。

❖ 若购销存管理模块不集成使用，则采购物料的入库由采购管理模块中的"采购入库单"命令录入。

10. 登记专用采购发票

岗位：采购部门/业务员

菜单路径：业务工作/供应链/采购管理/采购发票/专用采购发票

(1) 单击"专用采购发票"功能，进入"专用发票"窗口，单击工具栏上的"增加"按钮，生成一个新的发票号，再单击"生单"下拉菜单按钮，选择"采购订单"选项，如图5-23所示。

图5-23　新增采购专用发票

(2) 在"查询条件选择"对话框中单击"确定"按钮，进入"拷贝并执行"窗口，选择上方"发票拷贝订单表头列表"中的供应商订单和下方表体列表中的物料，如图5-24所示，再单击工具栏中的"确定"按钮，所选采购订单的信息即被带入采购发票中。

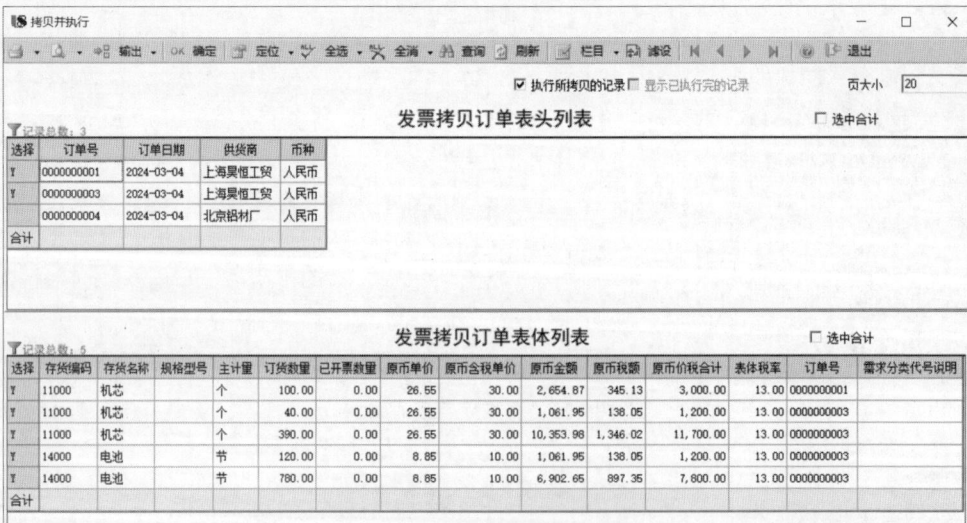

图5-24　发票拷贝订单表头列表

(3) 如图5-25所示，录入采购发票日期，检查各项数据无误后，单击"保存"按钮完成发票填制工作。同理操作，登记录入北京铝材厂采购订单的专用采购发票，如图5-26所示。

图5-25　生成上海昊恒工贸的采购专用发票

图5-26　生成北京铝材厂的采购专用发票

❖ 注意：

实际工作中，发票日期按照实际开票日期填写。本实验仅模拟功能操作，不再修改日期。

【系统功能说明】

(1) 启用"库存管理"前，可在"采购管理/采购入库/入库单"中填制采购入库单；若已启用"库存管理"，并与购销存子系统集成使用，则必须在"库存管理/入库业务/采购入库单"中进行物料入库操作。此时在"采购管理"中只可录入期初入库单和查询浏览入库单据。

(2) 初次使用"采购管理"模块时，应先输入"采购管理"的期初数据。如果系统中已有上年数据，可使用"系统服务/系统管理/年度账/结转上年"模块，将上年度采购数据自动结转到本年初。

(3) "期初记账"是将采购期初数据记入有关的采购账。期初记账后，期初数据不能再增加、修改，除非取消期初记账。期初记账后输入的入库单、发票都是启用月份及以后月份的单据，由"月末结账"功能将当月的采购数据记入有关账表。

(4) 在填制采购单据(订单、到货单、发票)的价格时，可以从"供应商存货价格表"中取价，此前需要事先在"采购管理/设置/采购选项"中将"订单/到货单/发票单价录入方式"设为"取供应商存货价格表价格"方式。供应商的属性包括货物、委外或服务等，存货的属性包括外购、委外或应税劳务等。当供应类型为委外时，价格指委外物料的加工费用。在采购管理系统中，单据取价只取供应类型为采购的相应记录。

(5) 采购请购单是可选单据，用户可以根据业务实际需要选用。

(6) 采购订单可以手工录入，也可以参照请购单、销售订单、采购计划(MRP、MPS、ROP)、采购合同及出口订单等生成。

思考题

采购订单有哪几种状态和来源？采购订单的"锁定"作用是什么？

第6章 委外业务

6.1 业务概述

6.1.1 功能概述

委外加工是一种代工不代料的外包委外商进行产品外协加工的加工方式。其是由于本企业生产能力不足，或有特殊工艺要求，或自制成本高于委外成本，或其他原因，而采取的需要由企业提供加工委外件的材料，由委外供应商领料后负责完成委外件的生产，之后结算相应加工费用的一种加工运作模式。

委外管理系统是对委外业务的全部流程进行管理，提供委外订单下达、委外材料出库、委外到货、委外入库、委外材料核销、委外开票、委外结算等完整委外业务流程的管理。其中委外材料出库、委外入库业务在"库存管理"系统中进行。委外管理系统适用于离散型工业行业的委外加工业务管理。委外业务以委外订单为核心，支持严格按照委外订单进行收发料、开具委外加工费发票的业务处理。

本实验主要针对由MPS和MRP的供需规划资料生成委外订单，并进行委外加工业务的处理。委外业务包括从委外询价开始，到委外单的输入与审核、委外料品的领料加工、完工验收入库，直至财务制单的全部业务处理程序。委外业务兼有采购管理和生产订单的特点，既有询价和验收入库的环节，又有领料和发料等业务的内容。

6.1.2 相关子系统功能模块之间的关系

委外管理与其他子系统之间的关系如图6-1所示。

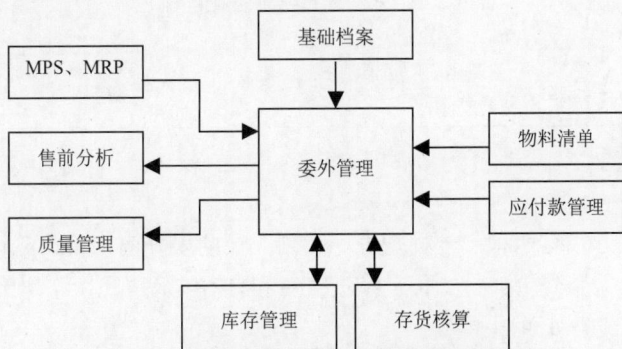

图6-1 委外管理与其他子系统之间的关系

6.1.3 应用准备

在启用委外管理模块之前，需要准备的基础资料如下。

(1) 建立账套，启用委外管理系统。

(2) 设置存货档案等共用资料。

(3) 设置委外供应商存货对照表、存货价格表等基础信息。

(4) 对委外管理参数及期初数据进行维护。

(5) MPS、MRP规划已完成。

6.2 系统业务流程

6.2.1 日常业务流程

委外管理日常业务处理流程如图6-2所示。

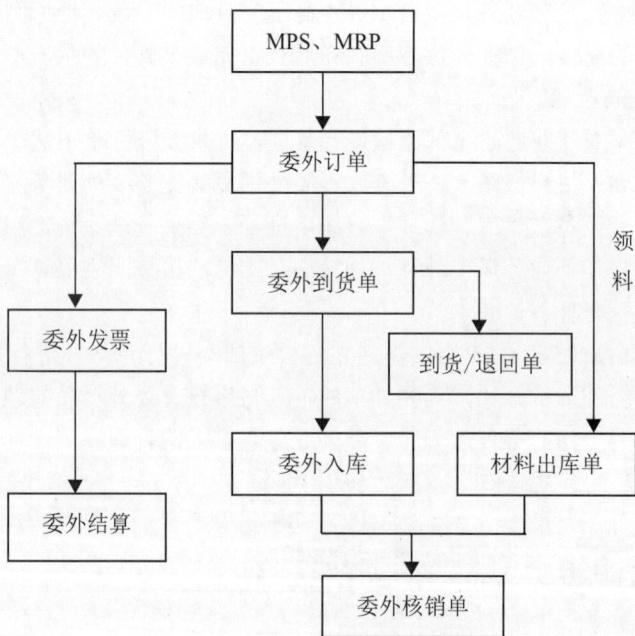

图6-2 委外管理日常业务处理流程

6.2.2 主要业务内容

1. 制作委外订单

委外订单的生成方式有两种：一种是生产计划人员向委外商询价，签订委托加工合同后，生产计划人员手动录入委外单；另一种是经过MPS和MRP自动规划后，规划人员对建议规划量进行查核和确认后生成委外单(未审核)。

委外订单(委外加工单)包括反映在订单中的委外加工母件信息及反映在订单用料表中的加工用料子件信息。母件信息包括委托供应商加工什么货品、加工多少、什么时间加工完成等收货数据信息，作为仓库收货的依据；子件信息包括需要提供给委外供应商的子件种类、用量、需求日期、批次、发料仓库、供应类型等发料数据信息，作为仓库发料的依据。因此，对委外订单的管理包括对母件的管理和对子件的管理。

企业生产管理部门或物料管理部门通常以委外订单为中心，依据委外订单进行委外后续的发料、到货、入库、发票、核销、结算等业务。

2. 审核委外订单

委外业务员打印出委外订单，由生产部门经理审核签字确认，再由委外商确认后，就形成了正式的委外加工合同，将委外订单打印出来后送达委外商和企业仓库，供领料和备料使用。

3. 根据委外订单领料

委外商接到委外订单的通知后，凭借委外订单到企业进行领料，然后仓库填制材料出库单。

4. 委外料品完工到货

委外商将加工完成的料品送达企业，企业要进行到货业务的处理。委外到货是委外订货和委外入库的中间环节，一般由委外业务员根据供方通知或送货单填写，确认对方所送达的委外加工料品、数量及价格等信息，以到货单的形式传递到仓库作为仓管员收货的依据。

5. 委外料品入库

委外料品加工完成送达企业后，仓管员根据到货单据进行收料入库。

6. 登记委外发票

委外发票是委外供应商开出的记载委外料品加工费的凭证，是企业据以登记应付账款的凭据。委外发票包括专用发票、普通发票及运费发票。

7. 委外业务结算

核算人员根据委外入库单和委外发票进行结算，以核算委外物品的加工成本，以"委外结算单"的形式记载委外入库单记录与发票记录的对应关系。委外结算采用手工结算的方式，另外运费发票可以单独进行费用折扣结算。

实验五 委外业务处理

【实验目的】

理解委外管理的作用，掌握委外管理的功能操作。

【实验要求】

以操作员身份进入系统进行操作。

【实验资料】

1. 实验数据准备

(1) 修改系统时间为2024-03-04。

(2) 引入"委外业务数据准备"数据账套。

2. 实验资料

(1) 委外业务期初记账。

(2) 检查修改单据默认税率为13%。

(3) 根据MRP的规划建议制作委外订单：委外商为北京兴隆注塑厂。各物料的委外含税单价为钟框9元、盘体10元。

(4) 审核并查询委外订单。

(5) 北京兴隆注塑厂根据企业的委外订单通知，将所需物料全部领走。

(6) 委外加工的料品加工完成，送达企业，填制到货单。

(7) 委外料品入库业务。

(8) 登记委外专用发票。

【操作指导】

1. 委外业务期初记账

岗位：生产计划人员

菜单路径：业务工作/供应链/委外管理/委外期初/期初记账

在"期初记账"窗口中，单击"记账"按钮，如图6-3所示，记账完毕后弹出"期初记账完毕"信息提示框，单击"确定"按钮即完成记账。

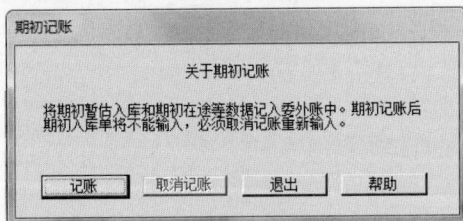

图6-3　委外期初记账

2. 修改单据默认税率

岗位：生产计划人员

菜单路径：业务工作/供应链/委外管理/设置/委外选项

执行"委外选项"命令，在"公共及参照控制"页签中，修改"单据默认税率"为13%。

3. 生成委外订单

岗位：生产计划人员

菜单路径：业务工作/供应链/委外管理/委外订货/委外订单

(1) 在"委外订单"窗口中，单击工具栏上的"增加"按钮，生成一个新的委外订单号。

(2) 单击工具栏中的"生单"按钮下拉菜单，选择"委外计划单"命令，如图6-4所示。

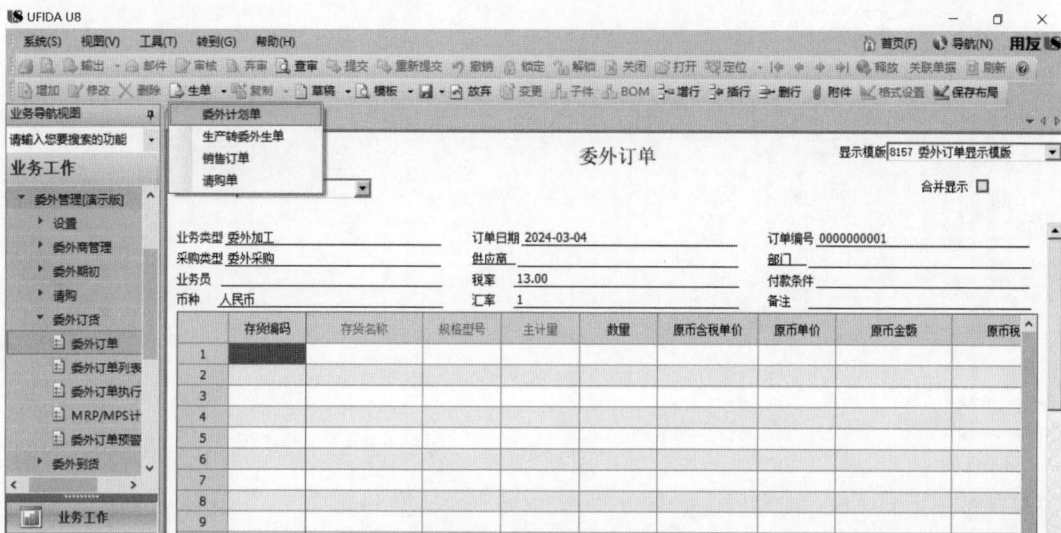

图6-4　新增委外订单

(3) 在"查询条件选择"对话框中，单击"确定"按钮后，进入"拷贝并执行"窗口。在列表的记录行双击"选择"栏单元格，出现"Y"时，表示已选中需要生成委外订单的计划单，如图6-5所示，单击工具栏中的"确定"按钮，所选记录行的信息即被带入委外订单中。

图6-5　选择委外计划

(4) 补充输入委外商及单价等信息后，单击"保存"按钮完成委外订单的生成，如图6-6所示。单击"审核"按钮完成委外订单的审核工作。

图6-6 生成委外订单

❖ 注意：

◇ 各物料的委外含税单价，即支付给委外商的单件加工费。

◇ 委外订单可手工录入，也可参照MPS及MRP的委外规划及生产规划自动生成。

◇ 委外加工料品的价格可以由"委外商管理/供应商存货调价单"事先输入，在"委外选项设置"的"订单/费用发票单价录入方式"中选择"取自供应商存货价格表价格"，当生成委外订单时，价格将随着委外商自动带出，可进行修改。

◇ 委外订单可以修改、删除、审核、弃审、变更、关闭、打开、锁定、解锁。委外订单审核前可以直接修改，审核后的委外订单需弃审后才可修改。

◇ 已审核未关闭的委外订单可以参照生成委外到货单、委外入库单、委外发票。

◇ 本实验只支持有委外订单的委外业务，即委外后续业务单据必须以委外订单为来源，不可手工无来源地增加后续委外业务单据。

◇ 实际工作中，按照物料委外订单日期或实际订货日，完成委外订货单的录入。本实验仅模拟功能操作，不再修改日期。

4. 审核及查询委外订单

岗位：生产部门/主管

菜单路径：业务工作/供应链/委外管理/委外订货/委外订单

菜单路径：业务工作/供应链/委外管理/委外订货/委外订单列表

(1) 在"委外订单"窗口中，单击工具栏上的"审核"按钮对委外订单进行审核。或者在"委外订单列表"窗口中，单击工具栏上的"全选"按钮，选中需要审核的内容，再单击"批审"按钮对委外订单进行审核。

(2) 双击执行"委外订单列表"命令，查看所有委外订单的情况，如图6-7所示。

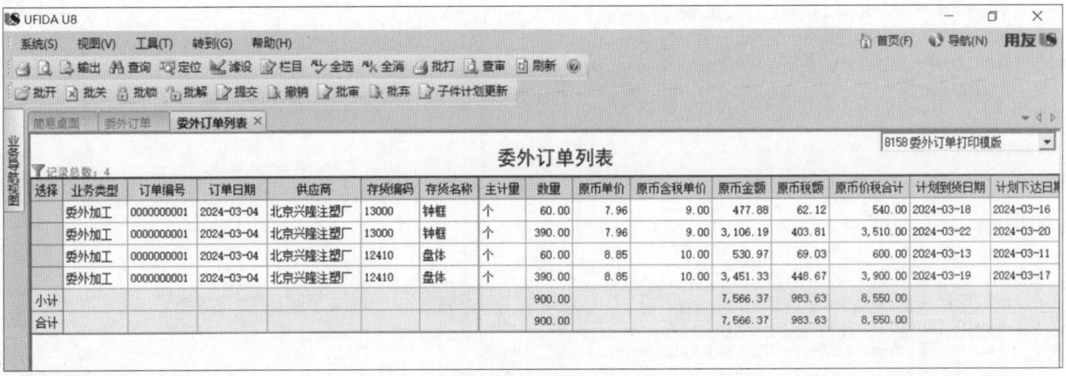

选择	业务类型	订单编号	订单日期	供应商	存货编码	存货名称	主计量	数量	原币单价	原币含税单价	原币金额	原币税额	原币价税合计	计划到货日期	计划下达日期
	委外加工	0000000001	2024-03-04	北京兴隆注塑厂	13000	钟框	个	60.00	7.96	9.00	477.88	62.12	540.00	2024-03-18	2024-03-16
	委外加工	0000000001	2024-03-04	北京兴隆注塑厂	13000	钟框	个	390.00	7.96	9.00	3,106.19	403.81	3,510.00	2024-03-22	2024-03-20
	委外加工	0000000001	2024-03-04	北京兴隆注塑厂	12410	盘体	个	60.00	8.85	10.00	530.97	69.03	600.00	2024-03-13	2024-03-11
	委外加工	0000000001	2024-03-04	北京兴隆注塑厂	12410	盘体	个	390.00	8.85	10.00	3,451.33	448.67	3,900.00	2024-03-19	2024-03-17
小计								900.00			7,566.37	983.63	8,550.00		
合计								900.00			7,566.37	983.63	8,550.00		

图6-7 查看委外订单

❖ 注意：

实际工作中，按照物料委外订单日期或实际订货日，完成委外订货单的录入及审核等工作。本实验仅模拟功能操作，不再修改日期。

5. 根据委外订单进行领料

岗位：仓库/仓管员

菜单路径：业务工作/供应链/库存管理/出库业务/材料出库单

(1) 在“材料出库单”窗口中，单击工具栏中的“增加”按钮，生成一个新的材料出库单号，单击表头“仓库”栏右侧的“...”图标，选择“原辅料仓库”，再单击“订单号”栏右侧的“...”图标，弹出“生单来源”对话框，如图6-8所示，选择“委外订单”选项，单击“确认”按钮后，进入“查询条件选择—委外发料父项过滤条件”窗口。或者在“材料出库单”窗口中，直接单击“生单”下拉菜单按钮，选择“委外订单(蓝字)”选项，进入“查询条件选择—委外发料父项过滤条件”窗口。

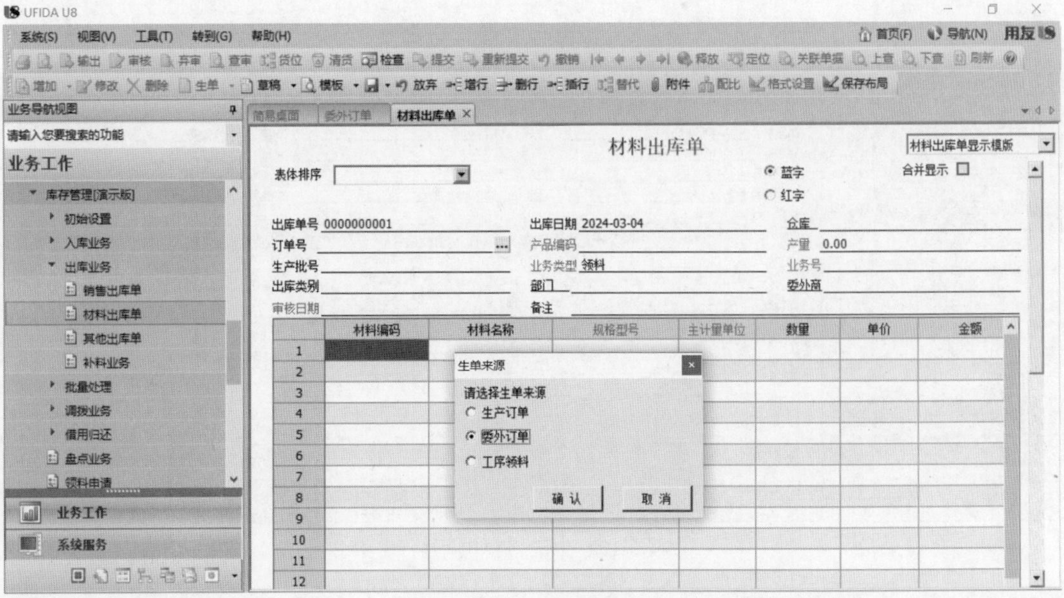

图6-8 录入材料出库单

(2) 在"查询条件选择—委外发料父项过滤条件"窗口中，单击"确定"按钮，进入"委外领料出库生单列表"窗口，如图6-9所示，选择上方父项委外料品记录行和下方子项记录行，单击"确定"按钮，所选物料的信息将被带入材料出库单中。

图6-9　委外订单领料选择

(3) 在"材料出库单"中补充输入"仓库"为"原材料仓库"，"出库类别"为"生产领用"，单击"保存"按钮，完成委外加工料品的领料工作，如图6-10所示。

(4) 在"材料出库单"窗口中，单击工具栏上的"审核"按钮，完成审核工作。

图6-10　生成材料出库单

◇ 材料出库单可以手工增加，也可以配比出库，还可以参照"生产订单"的生产订单用料表生成，参照"委外管理"的委外订单用料表生成，或者根据限额领料单生成；材料出库单还可以在产成品入库单、采购入库单、生产订单工序转移单保存后由系统自动生成；倒冲仓库盘点的盘点单审核后可自动生成材料出库单。

◇ 材料出库单可以修改、删除、审核、弃审，但根据限额领料单生成的材料出库单不可修改、删除；自动倒冲或盘点补差生成的材料出库单不允许删除；自动倒冲或盘点补差生成的材料出库单根据倒冲材料出库单设置自动审核后方可自动审核。

6. 委外加工料品完工到货

岗位：委外业务员

菜单路径：业务工作/供应链/委外管理/委外到货/到货单

(1) 在"到货单"窗口中，单击工具栏上的"增加"按钮，生成一个新的到货单单据号。

(2) 单击工具栏中的"生单"按钮下拉菜单，如图6-11所示，选择"委外订单"命令。在"查询条件选择"对话框中，单击"确定"按钮，进入"拷贝并执行"窗口。

图6-11　新增委外到货单

(3) 在"拷贝并执行"窗口中，双击"选择"栏或单击"全选"按钮，选择上方委外订单记录行和下方到货料品记录行，"选择"栏出现"Y"时，表示已选中要生成到货单的委外订单及料品，单击工具栏中的"确定"按钮，所选委外订单到货信息即被带入到货单中，如图6-12所示。

图6-12　选择委外订单到货料品

(4) 在"到货单"窗口中，补充输入委外商等其他项目的资料，然后单击"保存"按钮完成到货单的生成工作，如图6-13所示。

(5) 在"到货单"窗口中，单击"审核"按钮，完成对"到货单"的审核。

图6-13　生成委外到货单

❖ 注意:

实际工作中，委外料品到货按照委外到货日期，完成委外到货单录入。本实验仅模拟功能操作，不再修改日期。

7. 委外料品完工入库

岗位：仓库/仓管员

菜单路径：业务工作/供应链/库存管理/入库业务/采购入库单

菜单路径：业务工作/供应链/库存管理/报表/库存账/现存量查询

(1) 在"采购入库单"对话框中，单击工具栏上的"增加"按钮，生成一个新的入库单号。单击"到货单号"栏右侧的"…"图标，在弹出的"生单来源"对话框中选择"委外到货单"选项，如图6-14所示，单击"确认"按钮，进入"查询条件选择—委外到货单列表"窗口。或者在"采购入库单"窗口中，直接单击"生单"下拉菜单按钮，选择"委外到货单(蓝字)"选项，进入"查询条件选择—委外到货单列表"窗口中。

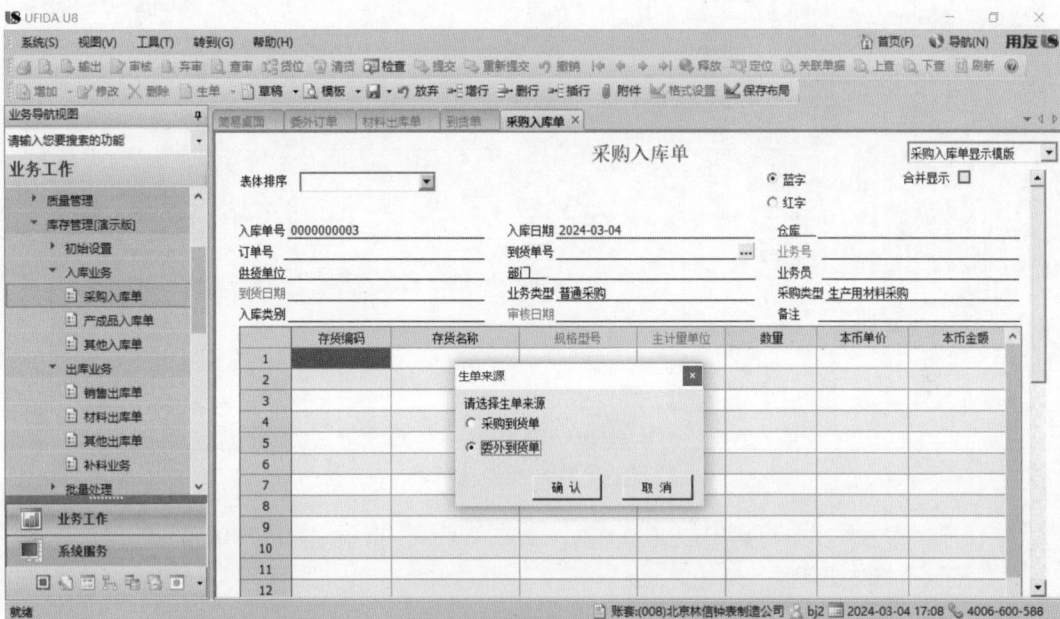

图6-14 新增委外入库单

(2) 在"查询条件选择"对话框中单击"确定"按钮后，进入"委外到货入库生单列表"窗口，如图6-15所示，选择上方表头中要入库的到货单和下方表体中的料品，单击工具栏中的"确定"按钮，所选到货单的信息即被带入入库单中。

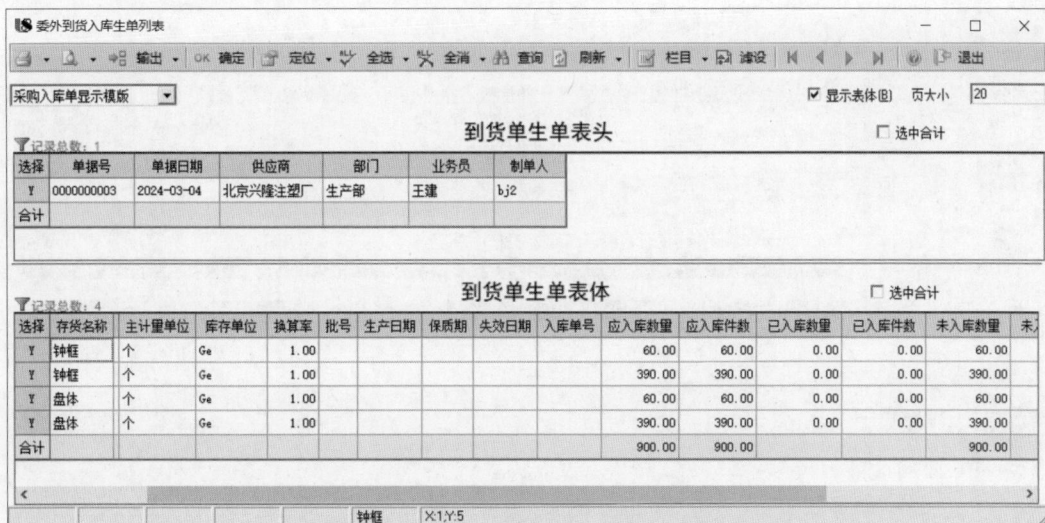

图6-15 "委外到货入库生单列表"窗口

(3) 补充输入入库仓库为"半成品仓库",单击"保存"按钮,即完成委外入库单的生成工作,如图6-16所示。

图6-16　生成委外入库单

(4) 在"采购入库单"窗口中,单击工具栏上的"审核"按钮,完成对该单据的审核。此时库存现存量数据将被更新。

(5) 执行"业务工作/供应链/库存管理/报表/库存账/现存量查询"命令,可以查询委外物料的库存现存量,如图6-17所示。或者单击工具栏中的"分组"按钮,在弹出的"分组方案"对话框中,双击选择"无分组项展现"选项,即可查看料品现存量详细信息,如图6-18所示。

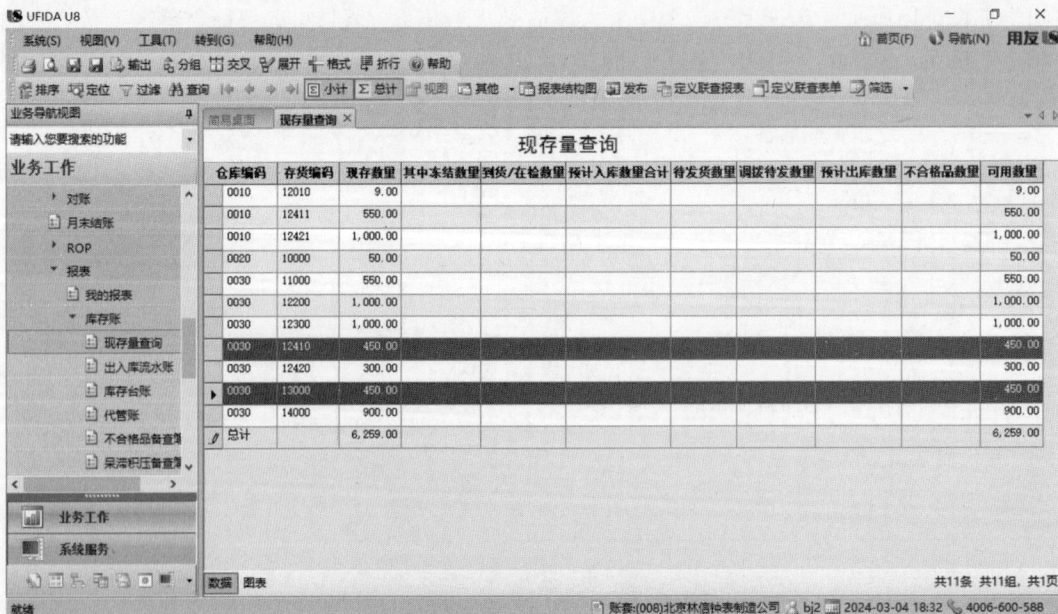

图6-17　查询委外物料库存现存量及可用量

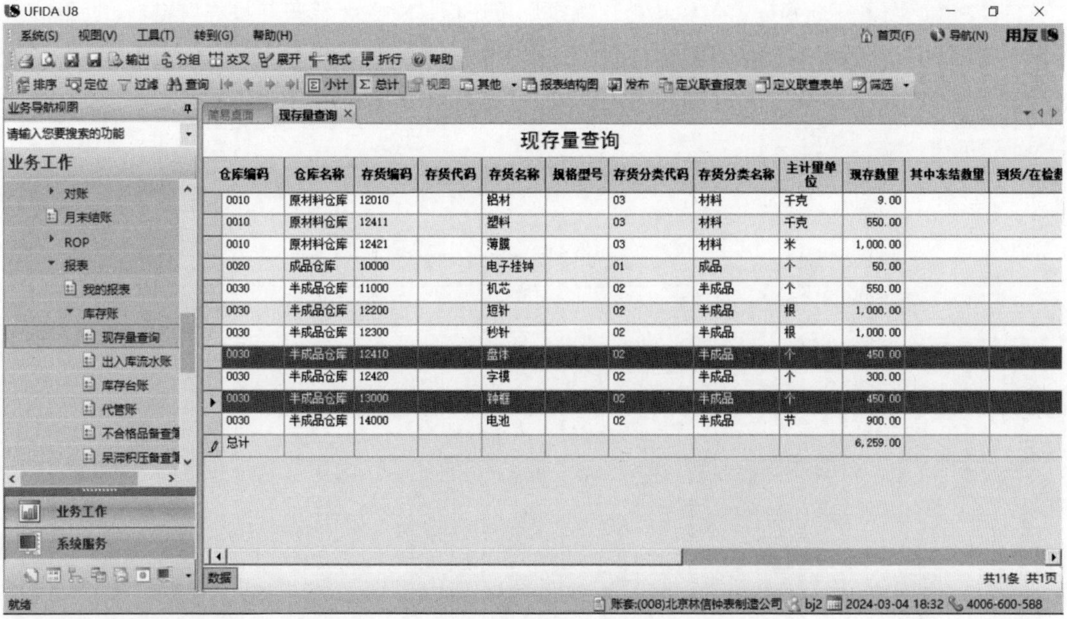

图6-18　委外物料库存现存量详细资料查询

8. 登记专用委外发票

岗位：委外业务员

菜单路径：业务工作/供应链/委外管理/委外发票/专用委外发票

(1) 在"专用委外发票"窗口中，单击工具栏上的"新增"按钮，生成一个新的发票号。

(2) 单击工具栏中的"生单"下拉菜单按钮，选择"委外订单"或"委外入库单"命令，如图6-19所示。

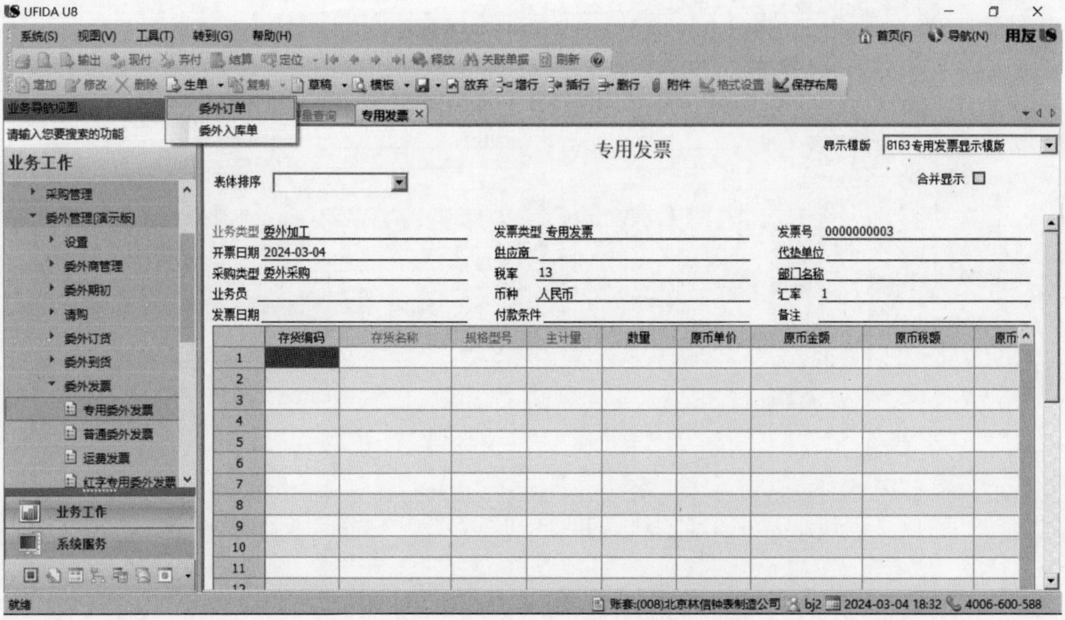

图6-19　登记专用委外发票(参照委外订单)

(3) 在"查询条件选择"窗口中单击"确定"按钮后，进入"拷贝并执行"窗口，如图6-20所示，选择列表中的委外订单和料品，单击工具栏中的"确定"按钮，所选委外订单料品的信息即被带入"专用发票"中。

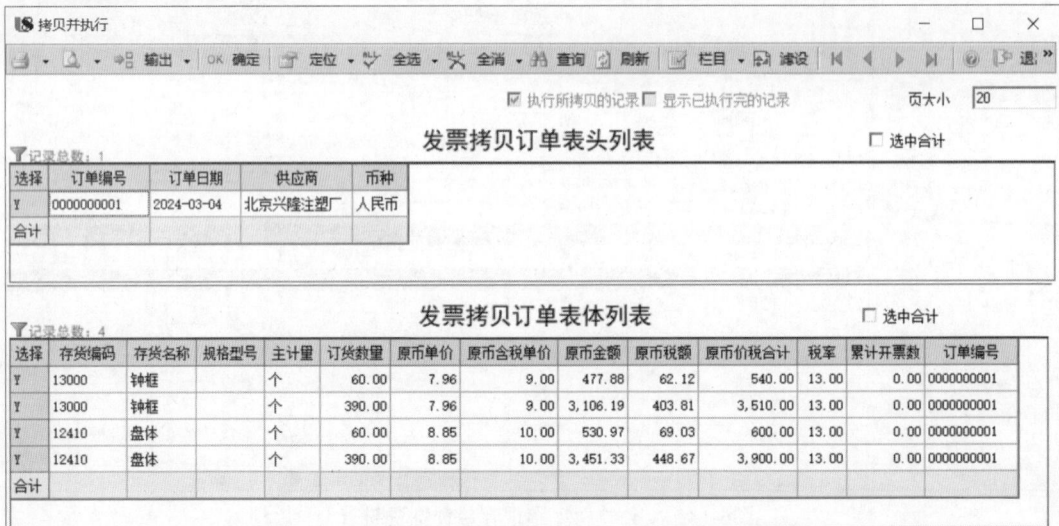

图6-20   生成发票选单列表窗口

(4) 在委外专用发票窗口中，补充录入发票日期，发票上的价税合计数据与委外订单上的价税合计数据要完全一致，检查无误后，单击"保存"按钮，即完成发票的登记录入，如图6-21所示。

图6-21   填制专用委外发票(参照委外订单)

❖ **注意:**

◇ 若检查发现专用发票的"原币价税合计"项的总和数据与委外订单中的"原币价税合计"项的总和数据不相符,此为专用发票计算时的小数误差,只需对"原币价税合计"栏目的任意行修改数据即可,其他数据项会自动推算,保证专用发票的原币价税合计数值与委外订单的原币价税合计数值保持一致。

◇ 当本实验参照入库单生成专用委外发票时,会因计算机计算时出现小数误差,使得专用发票和委外订单两者数据不一致。例如,专用发票合计数为8547.89,与委外订单的价税合计8550不相符。因此,需要对小数误差进行修改调整,即对发票中"原币价税合计"栏目各行的数值进行修改,使得价税合计总数与委外订单价税合计总数保持一致,然后,再保存委外发票单据。同理,处理其他业务或物料的专用发票出现的误差。

◇ 实际工作中,发票日期按照实际开票日期填写。本实验仅模拟功能操作,不再修改日期。

【系统功能说明】

(1) 用户在进行"委外管理"模块上线启用时,需要将上线前委外业务所涉及的未完成业务的期初数据进行整理并录入,便于在信息系统中进行后续的业务处理,以保持系统数据的连贯性和一致性。设置期初数据,有利于缩短信息系统上线模拟磨合时间。

委外业务涉及的期初业务数据包括以下几种情况。

① 期初委外发票:记载已开票但未收回的加工品。

② 期初已记账、已发出但未核销的材料:表示尚在委外商处已记账但未核销的材料,将直接用于材料的核销,确认回收,不影响库存期初量。

这种情况通过期初委外材料出库单进行处理。期初材料出库单用于记载期初尚在委外商处,已记账,但因未完工尚未收回,无法核销的委外发出材料。系统正式启用后,待其加工完成收回入库后,可直接参与材料的核销处理。

③ 期初已核销、已暂估收回的委外加工品:表示委外商已经加工完成并返还的加工品,该加工品已进行材料核销,并且已暂估收回,但尚未取得委外商的委外发票,而不能进行委外品加工费用的结算。

○ 这种情况通过录入期初委外入库单进行处理。期初委外入库单是用于让用户录入在未启用"委外管理"之前的已经与材料核销过,并且已经暂估过加工费但未进行加工费结算的入库单。

○ 手工新增的期初入库单不参与核销,不进行成本卷积。

○ 对于手工新增的期初入库单,结算后,在"存货核算"系统中通过"结算成本处理"确认存货成本。

(2) 期初数据录入完成后,进行期初记账。期初记账后,不允许再录入期初数据。

○ 期初记账后不能再增加期初入库单。

○ 期初委外入库单保存不影响库存,并且不需要审核,在期初记账后不允许再修改。

○ 委外管理系统进行期初记账以后,存货核算才能进行期初记账。而且只有进行期初记账以后,才能进行委外加工费结算和核销。

思考题

如何理解委外业务？查询委外订单的收发情况及委外料品的结存明细资料，并做委外业务分析。

第7章 生产业务

7.1 业务概述

7.1.1 功能概述

生产管理系统是针对自制料品的加工生产而进行管理的，自制料品的生产管理包括制订生产计划并核发可执行的生产订单，然后根据生产订单进行领料、加工生产、完工入库等作业。因此，本系统将针对与制造活动有关的生产订单进行计划、锁定、审核、备料、关闭等作业的管理，协助企业有效掌握各项制造活动的信息，以达到如下目的。

(1) 针对主生产计划及物料需求规划生成的建议生产量，提供分批计划功能，或者手动建立生产订单资料，使生产计划作业更具弹性。

(2) 提供生产订单的锁定和审核功能，有效控制计划执行过程。

(3) 提供各种角度的跟催资料，有效掌握生产进度。

(4) 提供生产订单缺料模拟分析，作为调整生产进度的参考。

(5) 提供按生产订单设定特殊用料功能，供替代料及特殊用料使用。

(6) 提供生产订单用料分析，以有效掌握各生产订单的用料及成本差异资料。

本实验主要应用"生产制造"子系统中的"生产订单"模块及"库存管理"子系统的出入库功能模块，对生产订单业务进行处理，完成生产订单的生成、生产领料、生产完工入库的工作。

7.1.2 相关子系统功能模块之间的关系

生产订单与其他子系统之间的关系如图7-1所示。

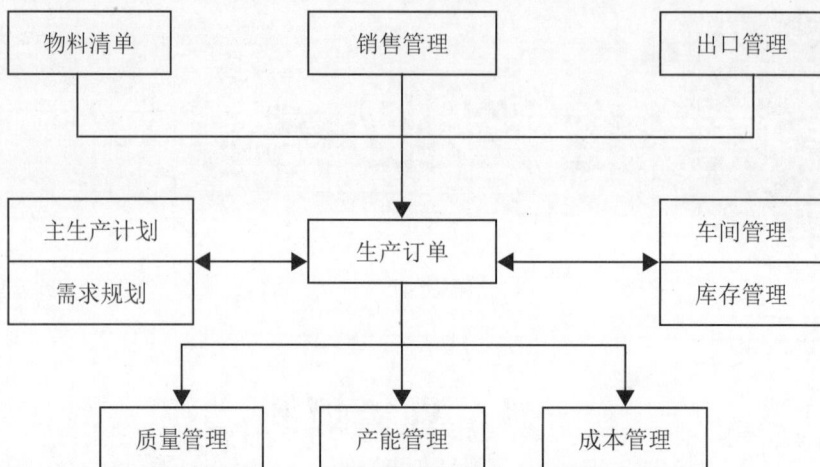

图7-1　生产订单与其他子系统之间的关系

7.1.3　应用准备

(1) 建立账套：在新建账套时选择工业版，并设置单位信息、分类编码方案、数据精度等。

(2) 系统启用：在新建账套后，设置启用"生产订单"系统。

(3) 用户及其权限管理：在完成用户管理的基础上，对操作员权限进行设置。

(4) 基础档案设置：包括设置部门档案、职员档案、存货分类、计量单位、存货档案、仓库档案、自定义项、生产制造参数、工作日历、工作中心等系统公用资料。

(5) 单据设置：用户可以对"生产订单"系统所有单据进行格式设置、编号设置。

(6) 基本资料维护：使用"生产订单"系统处理生产订单之前，对"生产订单类别资料、物料生产线关系资料"等基础资料进行设置。

(7) MPS、MRP规划已完成。

7.2　系统业务流程

7.2.1　日常业务流程

生产业务流程如图7-2所示。

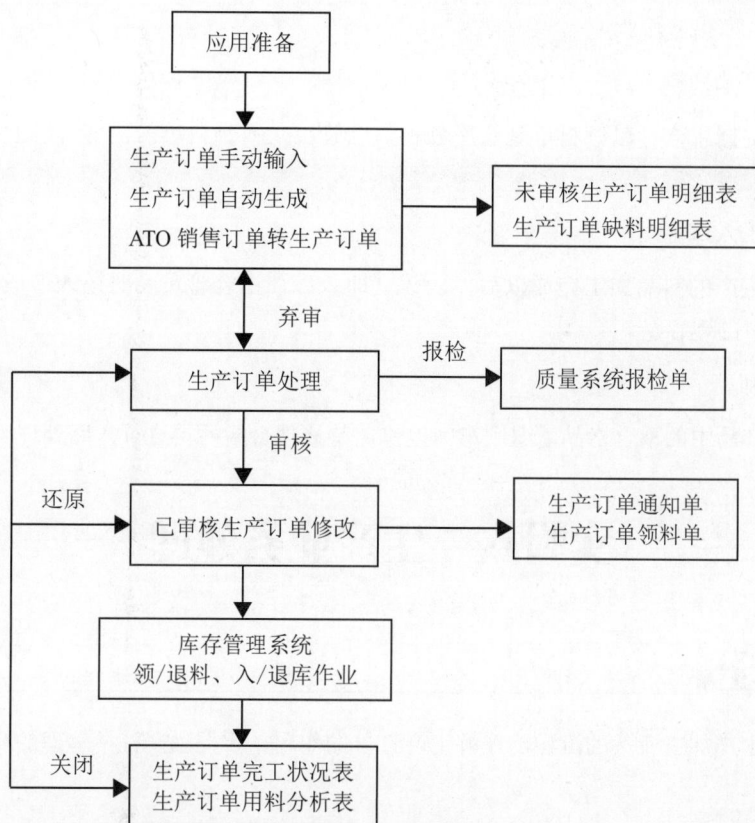

图7-2 生产业务流程

7.2.2 主要业务内容

1. 手动输入生产订单

手工输入标准与非标准生产订单资料，可修改、删除和查询按MPS、MRP、BRP规划自动生成的锁定状态的生产订单及其子件供需资料。

2. 手动输入重复计划

对需要重复制造的物料进行供需计划安排，是按照日产量来计划的一种生产订单。事先要在"存货档案"的"MPS/MRP"页签中对物料设置为"重复计划"。

3. 自动生成生产订单

核查并确认MPS、MRP、BRP所产生的建议自制(或委外)量，并由此自动生成生产订单，以便进一步执行加工处理活动。

4. 自动生成重复计划

从MPS、MRP、BRP计算产生的建议生产量，自动生成重复计划的生产订单。

5. 处理生产订单

从销售订单、生产订单、生产线、生产部门的角度，审核、弃审、关闭、还原生产订单，并可执行产品入库报检作业。

6. 按生产订单领料

制造部门依据生产订单领料单到仓库领料，仓管员录入领料单的内容，以便准确计算物料库存。

7. 产品完工入库

制造部门生产的料品加工完成以后，应该立即入库，由仓管员及时录入产成品入库单，并及时更新各物料的现存量。

8. 产品退制

对已入库产品中的不合格品，退回车间返修，待修理合格后再进行入库处理。

实验六　生产业务处理

【实验目的】

了解企业生产加工业务的流程，理解生产订单的作用，掌握生产订单管理的操作。

【实验要求】

以操作员身份进入系统进行操作。

【实验资料】

1. 实验数据准备

(1) 修改系统时间为2024-03-09。

(2) 引入"生产业务数据准备"数据账套。

2. 实验资料

(1) 根据MPS和MRP规划的结果，生成生产订单。

(2) 对生成的生产订单进行审核。

(3) 打印生产订单通知单。

(4) 打印生产订单领料单。

(5) 按生产订单进行领料。

(6) 制品加工完成以后进行完工入库。

(7) "电子挂钟"入库后有5个不合格，需要退制，返回车间返修。

(8) 退制5个"电子挂钟"。

(9) 经过生产车间修理后，5个"电子挂钟"全部合格，再次办理入库手续。

【操作指导】

1. 自动生成生产订单

岗位：生产计划人员

菜单路径：业务工作/生产制造/生产订单/生产订单生成/生产订单自动生成

(1) 执行“生产订单自动生成”菜单命令，弹出“查询条件选择”对话框，单击“确定”按钮，系统自动列示符合要求的自制品生产计划资料，即自制品生产计划明细资料列表，如图7-3所示。

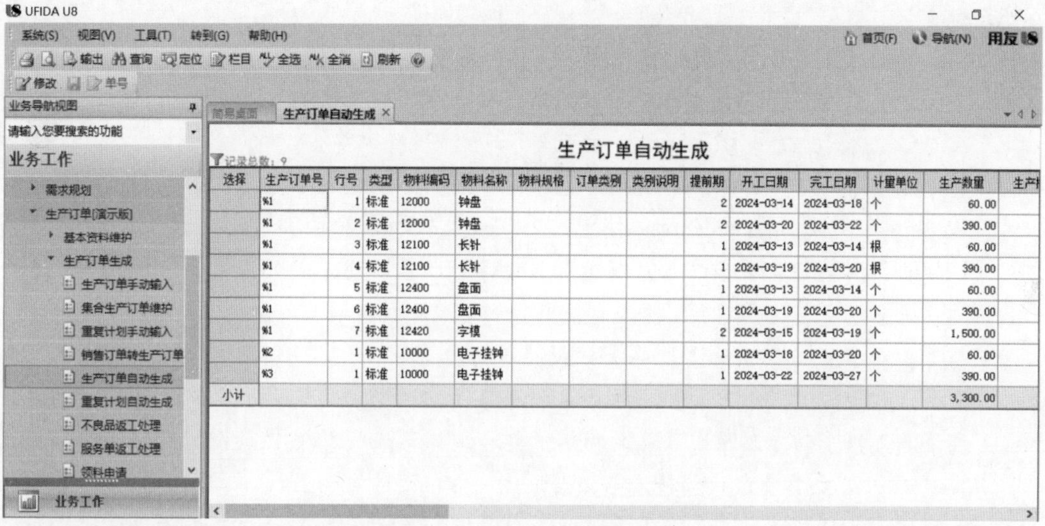

选择	生产订单号	行号	类型	物料编码	物料名称	物料规格	订单类别	类别说明	提前期	开工日期	完工日期	计量单位	生产数量	生产
	%1	1	标准	12000	钟盘				2	2024-03-14	2024-03-18	个	60.00	
	%1	2	标准	12000	钟盘				2	2024-03-20	2024-03-22	个	390.00	
	%1	3	标准	12100	长针				1	2024-03-13	2024-03-14	根	60.00	
	%1	4	标准	12100	长针				1	2024-03-19	2024-03-20	根	390.00	
	%1	5	标准	12400	盘面				1	2024-03-13	2024-03-14	个	60.00	
	%1	6	标准	12400	盘面				1	2024-03-19	2024-03-20	个	390.00	
	%1	7	标准	12420	字模				2	2024-03-15	2024-03-19	个	1,500.00	
	%2	1	标准	10000	电子挂钟				1	2024-03-18	2024-03-20	个	60.00	
	%3	1	标准	10000	电子挂钟				1	2024-03-22	2024-03-27	个	390.00	
小计													3,300.00	

图7-3　自制品生产计划资料列表

(2) 在图7-4所示的窗口中，双击表体行“选择”栏位的单元格，即选中某物料要生成生产订单，或者单击“全选”按钮选中所有物料，单击“修改”按钮，再单击“保存”按钮，即可完成所有物料生产订单的自动生成操作。弹出完成生成生产订单信息提示框，如图7-5所示，此时表体中的记录为空。

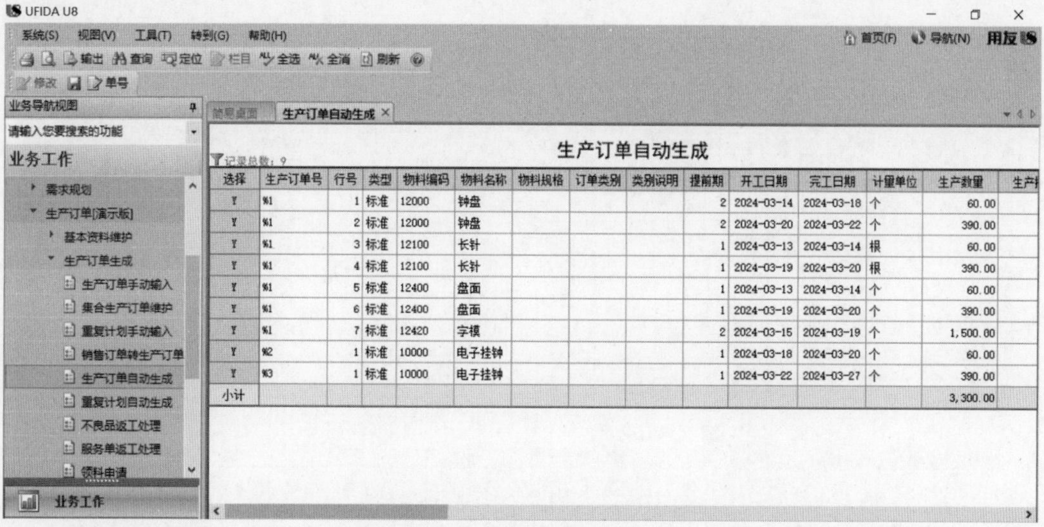

选择	生产订单号	行号	类型	物料编码	物料名称	物料规格	订单类别	类别说明	提前期	开工日期	完工日期	计量单位	生产数量	生产
Y	%1	1	标准	12000	钟盘				2	2024-03-14	2024-03-18	个	60.00	
Y	%1	2	标准	12000	钟盘				2	2024-03-20	2024-03-22	个	390.00	
Y	%1	3	标准	12100	长针				1	2024-03-13	2024-03-14	根	60.00	
Y	%1	4	标准	12100	长针				1	2024-03-19	2024-03-20	根	390.00	
Y	%1	5	标准	12400	盘面				1	2024-03-13	2024-03-14	个	60.00	
Y	%1	6	标准	12400	盘面				1	2024-03-19	2024-03-20	个	390.00	
Y	%1	7	标准	12420	字模				2	2024-03-15	2024-03-19	个	1,500.00	
Y	%2	1	标准	10000	电子挂钟				1	2024-03-18	2024-03-20	个	60.00	
Y	%3	1	标准	10000	电子挂钟				1	2024-03-22	2024-03-27	个	390.00	
小计													3,300.00	

图7-4　生产订单生成列表

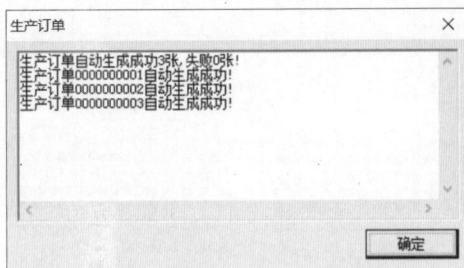

图7-5 完成生成生产订单提示框

❖ **注意：**

◇ 生成的生产订单可以通过执行"生产订单手动输入"命令查询。

◇ 若要修改或删除经本作业自动生成而未审核的生产订单资料，可在"生产订单手动输入"作业进行删除或修改，删除后可以重新生成生产订单。

◇ 本作业生成的生产订单，其类型为标准生产订单，状态为"锁定"，表明在重新进行MPS、MRP计算时，不会对"锁定"状态的生产订单产生影响，起到保护作用。生产订单的"状态"取决于"生产制造参数设定"功能中对参数的设置，可以改为"未审核"状态。

◇ 本作业不可生成ATO(面向订单装配)的生产订单。

◇ 各生产订单以其开工日期默认主物料清单及主工艺路线版本号，若无工艺路线则无默认值。可以手动修改系统默认的物料清单和工艺路线版本(或改为替代物料清单和工艺路线)，若无主要或替代物料清单，则该生产订单无法自动生成。

◇ 系统按默认的主要物料清单及主工艺路线版本，自动产生生产订单的子件需求资料。执行"生产订单手动输入"命令，单击工具栏中的"子件"按钮，列示出相应子件的用料资料，通过翻页逐一查看每个物料的子件情况，如图7-6所示。

图7-6 查询电子挂钟子件资料

❖ 注意：

实际工作中，按照自制品生产订单实际制作日期完成生产订单的生成及审核，然后进行派工。本实验仅模拟功能操作，不再修改日期。

2. 审核生成的生产订单

岗位：生产部门主管

菜单路径：业务工作/生产制造/生产订单/生产订单处理/生产订单整批处理

(1) 双击"生产订单整批处理"菜单命令，弹出"查询条件选择"对话框，如图7-7所示，仅输入"开工日期"为2024-03-01，单击"确定"按钮，进入"生产订单整批处理"窗口，如图7-8所示。

(2) 双击"选择"栏的单元格，选中需要处理的生产订单，然后单击"审核"按钮进行审核，审核完成后显示审核结果报告，单击"确定"按钮，"生产订单整批处理"窗口的记录行中将不再显示该物料的记录，表明该生产订单已审核完成。同理，完成所有生产订单的审核工作。也可单击"全选"按钮，审核全部生产订单。

图7-7 查询条件选择窗口

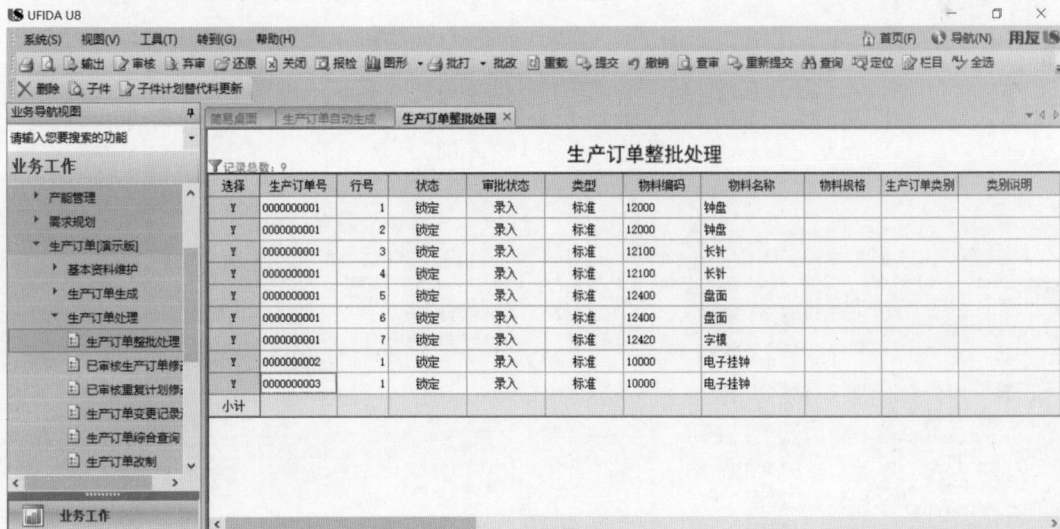

(3) 已审核过的生产订单可以在"已审核生产订单修改"模块中修改订单内容。

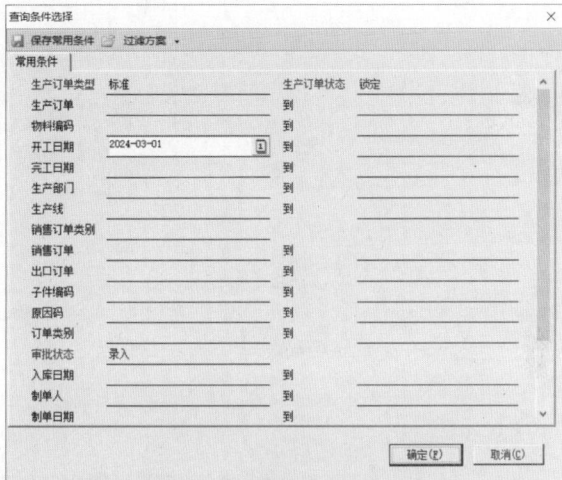

图7-8 审核生产订单

❖ 注意：

生产订单可以在"生产订单整批处理"命令中进行批审、批弃操作，也可以在"生产订单手动输入"命令中进行审核、弃审、修改、删除等操作。

3. 打印生产订单通知单

岗位：生产计划人员

菜单路径：业务工作/生产制造/生产订单/报表/生产订单通知单

生产订单通知单可以按生产订单明细表、重复计划明细表、生产订单和重复计划四种方式打印，如图7-9所示，以便通知制造部门做生产准备，在条件选择窗口输入“生产订单”的号码或号码范围，仅输入开工日期即可。操作结果如图7-10～图7-12所示。

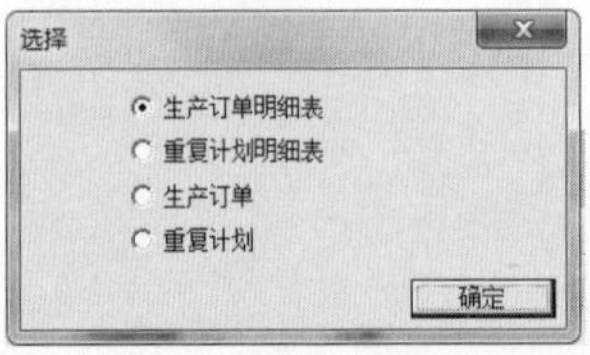

图7-9　生产订单通知单打印选择

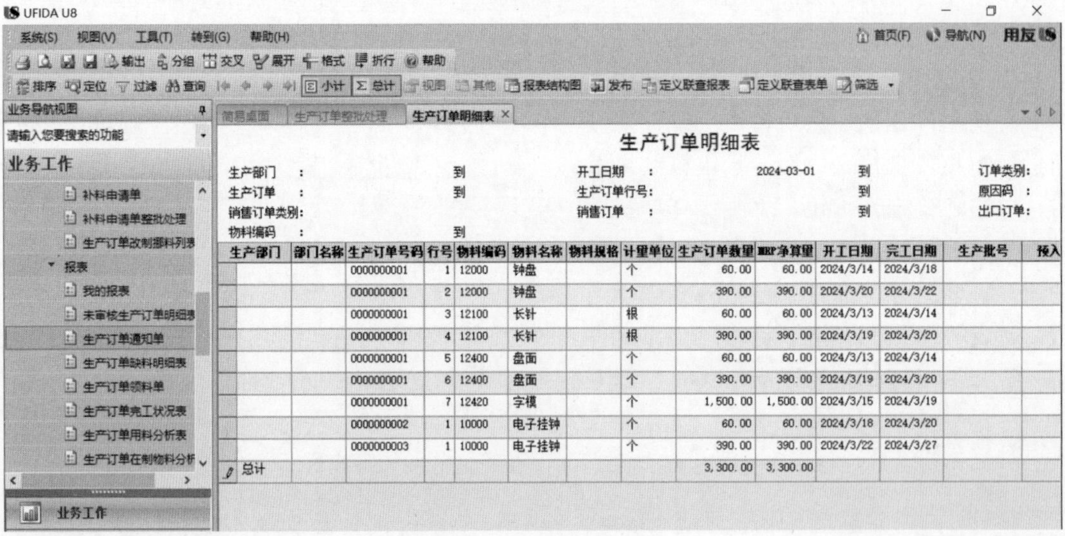

生产部门	部门名称	生产订单号码	行号	物料编码	物料名称	物料规格	计量单位	生产订单数量	MRP净算量	开工日期	完工日期	生产批号	预入
		0000000001	1	12000	钟盘		个	60.00	60.00	2024/3/14	2024/3/18		
		0000000001	2	12000	钟盘		个	390.00	390.00	2024/3/20	2024/3/22		
		0000000001	3	12100	长针		根	60.00	60.00	2024/3/13	2024/3/14		
		0000000001	4	12100	长针		根	390.00	390.00	2024/3/19	2024/3/20		
		0000000001	5	12400	盘面		个	60.00	60.00	2024/3/13	2024/3/14		
		0000000001	6	12400	盘面		个	390.00	390.00	2024/3/19	2024/3/20		
		0000000001	7	12420	字模		个	1,500.00	1,500.00	2024/3/15	2024/3/19		
		0000000002	1	10000	电子挂钟		个	60.00	60.00	2024/3/18	2024/3/20		
		0000000003	1	10000	电子挂钟		个	390.00	390.00	2024/3/22	2024/3/27		
总计								3,300.00	3,300.00				

图7-10　生产订单明细表

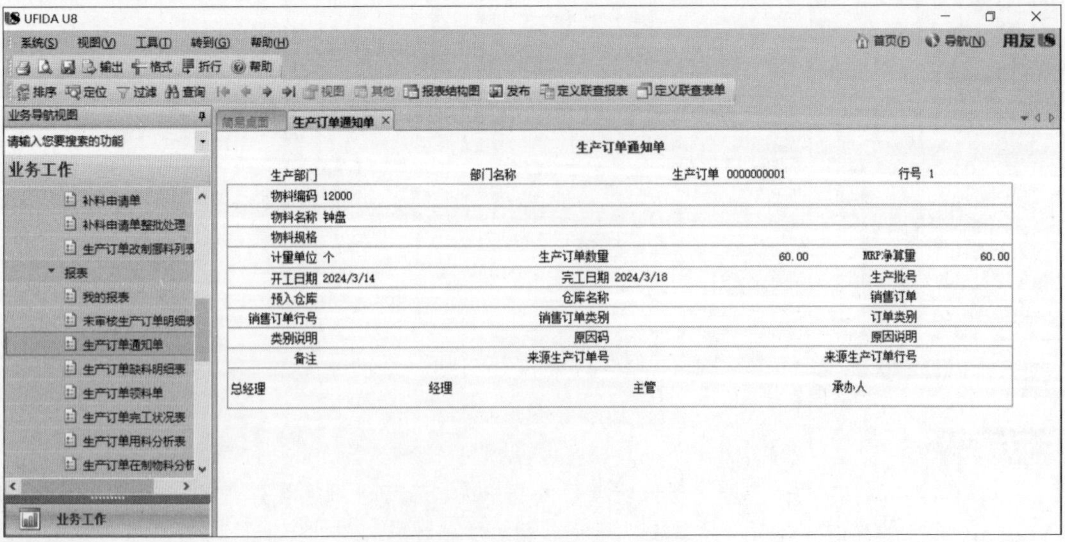

图7-11　生产订单通知单(钟盘)

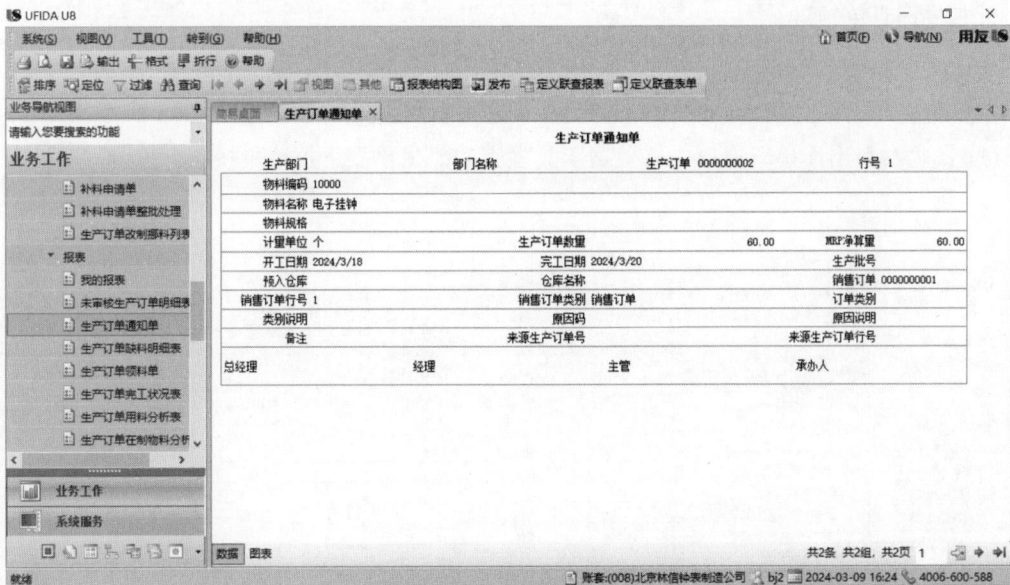

图7-12 生产订单通知单(电子挂钟)

4. 打印生产订单领料单

岗位：生产计划人员

菜单路径：业务工作/生产制造/生产订单/报表/生产订单领料单

生产订单领料单可按生产订单和重复计划两种方式打印，如图7-13所示。若按照生产订单分别领料，则在过滤条件中输入生产订单编号和开工日期，即可形成该生产订单的领料单，单击"＋"按钮展开子件资料。若对全部生产订单进行领料，则不必输入过滤条件。

操作结果如图7-14所示。

图7-13 生产订单领料单打印选择

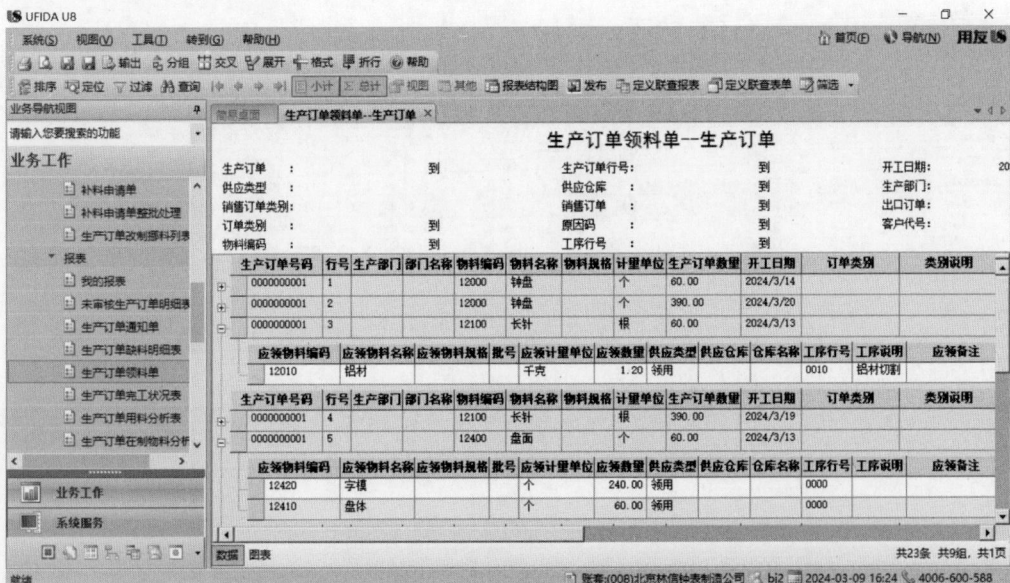

图7-14 生产订单领料单

5. 按生产订单领料

岗位：仓库/仓管员

菜单路径：业务工作/供应链/库存管理/出库业务/材料出库单

(1) 在"材料出库单"窗口中，单击工具栏上的"生单"下拉菜单按钮，选择"生产订单(蓝字)"选项，如图7-15所示。

图7-15　生产订单领料操作

(2) 进入"查询条件选择—父项过滤条件"窗口，单击"确定"按钮，进入"生产领料出库生单列表"窗口，此时，选择父项的物料后，在下方显示出其子项内容，单击"确定"按钮，所选物料的信息即被带入材料出库单中，如图7-16所示。

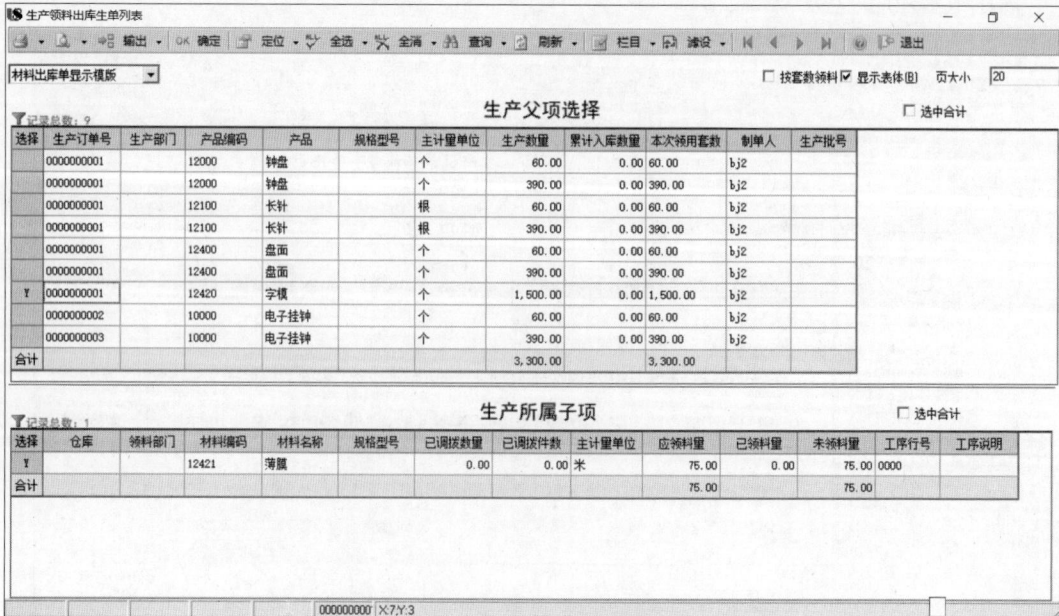

图7-16　订单生单列表

(3) 补充输入材料仓库、出库类别、部门信息后，单击"保存"按钮，完成该生产订单的生产领料工作，如图7-17所示。

(4) 在"材料出库单"窗口中，单击工具栏上的"审核"按钮，完成审核工作。

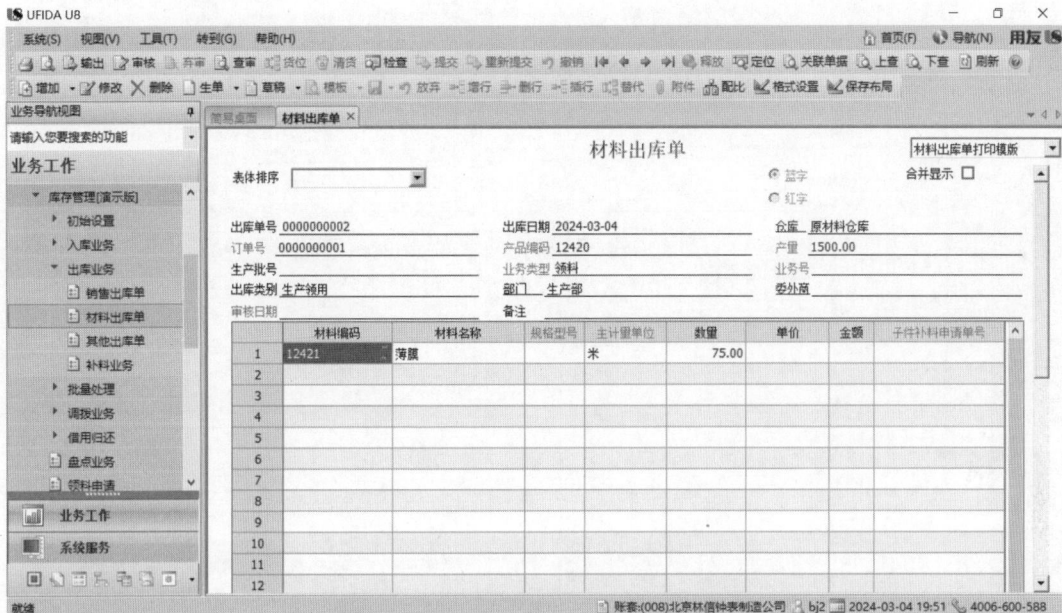

图7-17 生成材料出库单(薄膜领料)

> ❖ **注意:**
>
> ◇ 先完工的物料需要先开工先生产，因而先领料。根据BOM结构，必须按照产品的生产加工顺序，经过领料—完工入库—再领料—再完工入库，逐道工序进行加工，直至生产出产成品为止。
>
> ◇ 材料出库单可以手工增加，也可以参照"生产订单"的生产订单用料表生成，可以配比出库或根据限额领料单生成；材料出库单还可以在产成品入库单、采购入库单、生产订单工序转移单保存后由系统自动生成；倒冲仓库盘点的盘点单审核后可自动生成材料出库单。
>
> ◇ 材料出库单可以修改、删除、审核、弃审，但根据限额领料单生成的材料出库单不可修改、删除；自动倒冲或盘点补差生成的材料出库单不允许删除；自动倒冲或盘点补差生成的材料出库单根据倒冲材料出库单自动审核设置后方可自动审核。
>
> ◇ 根据"选项"中"修改现存量时点"的设置，材料出库单保存和审核后将更新现存量。
>
> ◇ 实际工作中，按照生产计划给各个工作中心下发生产订单，各工作中心按照计划的开工日期开始领料加工生产。本实验仅模拟功能操作，不再修改日期。

6. 完工产品入库并查询现存量

岗位：仓库/仓管员

菜单路径：业务工作/供应链/库存管理/入库业务/产成品入库单

菜单路径：业务工作/供应链/库存管理/报表/库存账/现存量查询

(1) 在"产成品入库单"窗口中,单击工具栏上的"生单"下拉菜单按钮,选择"生产订单(蓝字)"选项,如图7-18所示。

图7-18　产成品入库生单来源

(2) 进入"查询条件选择—生产订单列表"窗口,单击"确定"按钮,进入"生产订单入库生单列表"窗口,选中要入库的生产订单和窗口下方的物料,单击"确定"按钮,所选物料的信息即可带入产成品入库单中,如图7-19所示。

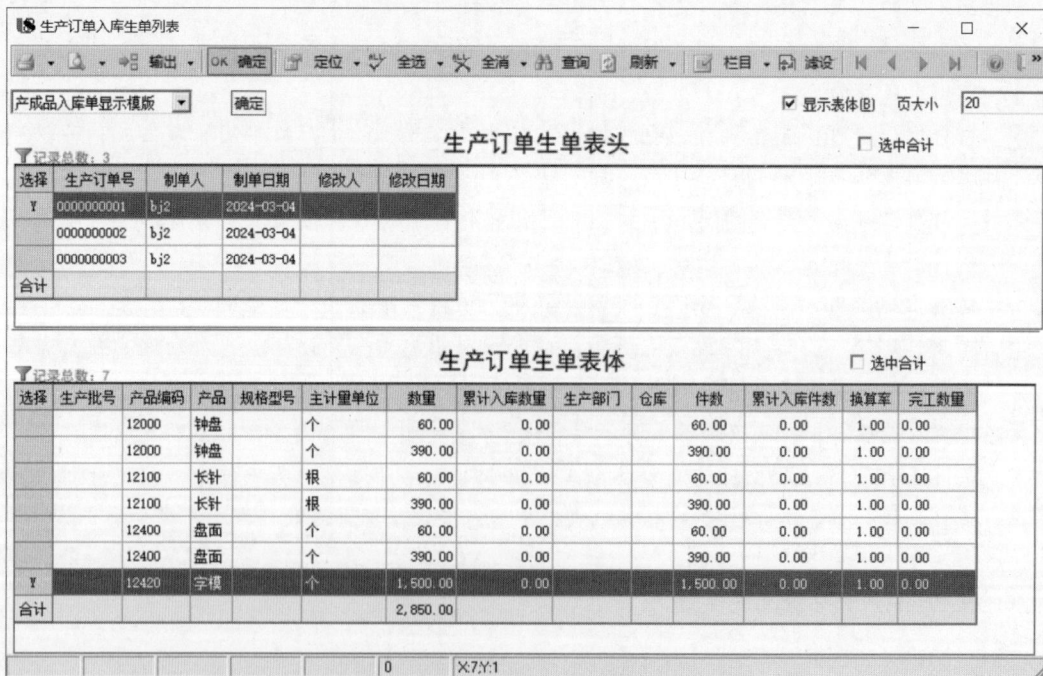

图7-19　生产订单生单列表(字模)

(3) 补充填写所入仓库、入库类别、部门信息后,单击工具栏上的"保存"按钮,即完成产品入库单的录入工作，如图7-20所示。

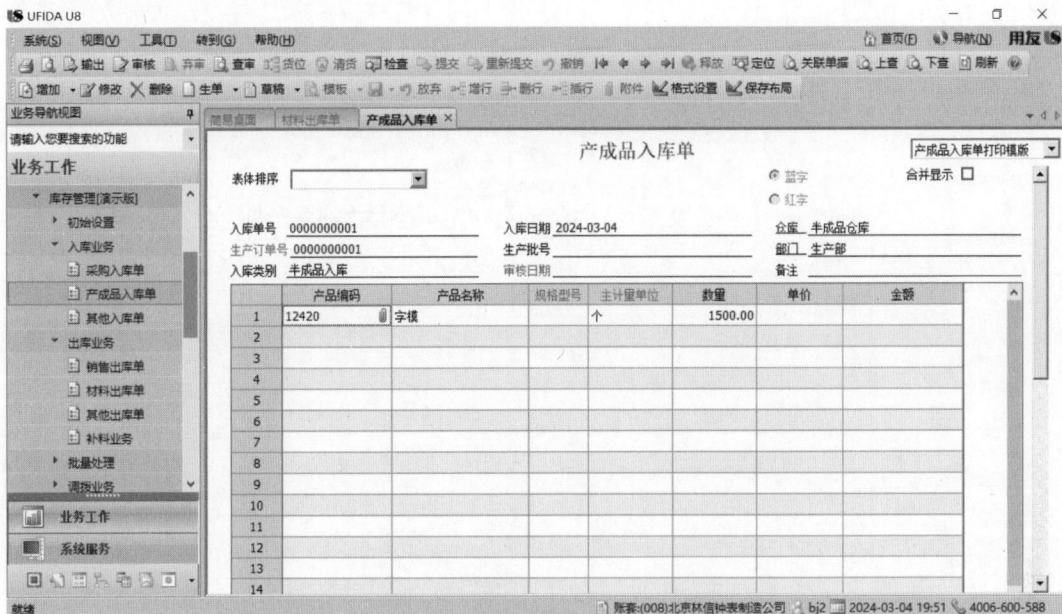

图7-20 生成产成品入库单(字模)

(4) 单击工具栏上的"审核"按钮，完成审核工作，即完成了一个料品的加工生产过程。

(5) 再返回"5. 按生产订单领料"步骤，按照工艺路线，对BOM中的各级自制料品反复经过领料、加工生产、完工入库的环节进行处理，即可完成所有物料的加工生产工作，最终完成电子挂钟产成品加工生产。

(6) 执行"业务工作/供应链/库存管理/单据列表/产成品入库单列表"命令，可以查询到产品入库的顺序(双击"入库单号"由小到大排序)，如图7-21所示。

图7-21 查询产成品入库单

(7) 执行"业务工作/供应链/库存管理/报表/库存账/现存量查询"命令,可以查询库存现存量数据资料,如图7-22所示。

图7-22 查询现有库存量

❖ 注意:

　　在操作生产领料、生产加工、完工入库时,领料和完工入库这两项功能需要按照工序流程反复交替进行,并遵循下列原则。

　　❖ 完工日期在前的料品先生产、先领料。领料后,进行加工制作,完成后对完工产品进行入库处理,由"产成品入库单"功能进行入库处理。

　　❖ 按照BOM结构的层次顺序或工序进行领料,然后加工生产、完工入库。这样,经过各个工序的领料、加工生产、完工入库的多次循环操作,最终生产出产成品。

　　❖ 若不按顺序进行领料和产品入库,会导致缺料,以致无法生产出最终产品。例如:若生产某一种产品,第一步,应领取生产该产品所需要的物料,如生产"字模"先要领取的物料是"薄膜",即做"薄膜"的材料出库单;第二步,"字模"加工完成后,将"字模"入库,即做"字模"的产成品入库单。以此类推,依据BOM结构图由下而上的顺序将其他物料进行生产领料和完工入库,直至"电子挂钟"成品完工入库为止。

　　❖ 实际工作中,按照生产订单完工日期进行入库处理。本实验仅模拟功能操作,不再修改日期。

7. 对入库后的不合格产品进行退回返修

岗位:仓库/仓管员

菜单路径:业务工作/供应链/库存管理/不合格品/不合格品记录单

菜单路径:业务工作/供应链/库存管理/不合格品/不合格品处理单

（1）双击执行"不合格品记录单"命令，进入"不合格品记录单"窗口，"转入仓库"选择"现场仓库"，"转出仓库"选择"成品仓库"，"入库类别"选择"其他入库"，"出库类别"选择"其他出库"，"部门名称"选择"生产部"，"存货名称"为"电子挂钟"，"数量"为"5"，即完成不合格品的记录，保存单据并进行审核操作，如图7-23所示。

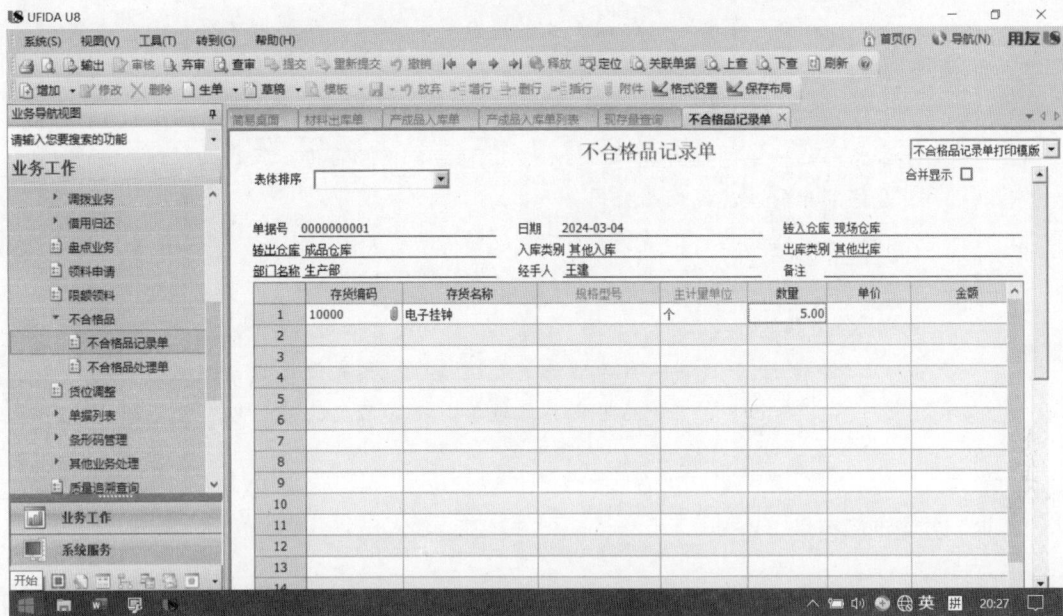

图7-23　不合格品记录单

（2）双击执行"不合格品处理单"命令，单击"增加"按钮，输入仓库及不合格品数量等信息，对不合格品进行"返修"处理，如图7-24所示。对保存后的单据要进行审核操作，完成审核后，自动生成对应的"其他出库单"。

图7-24　不合格品处理单

第7章　生产业务

177

❖ **注意:**

❖ 企业外购或生产完工对产品进行检验后,如果发现不合格品,对于严重不合格不能再使用的料品可当时销毁;对于可再作为不合格品继续使用或等待以后处理的不合格品可先办理入库,记入不合格品备查簿,与合格品分开进行专门保管。对于在存货保管过程中,由于保管不善或其他原因产生的不合格品,也要登记到不合格品备查簿中,以便进行相应的处理。

❖ 通常企业对不合格品的处理方法有以下3种。

• 将不合格品返回车间进行加工维修,然后作为合格品再进行产成品入库。

• 将不合格品出售给废品回收公司。

• 将不合格品直接销毁,如医药行业。

❖ 不合格品处理方法的资料可以通过执行"基础设置/基础档案/常用摘要"命令事先输入,则"不合格品处理单"的"处理方式"栏位即可选择输入了。

❖ 不合格品记录单的手工填制:当与"质量管理"模块集成使用时,不合格品记录单可以参照来料不良品处理单、产品不良品处理单、在库不良品处理单、发货不良品处理单、退货不良品处理单生成。

8. 退制并查询库存量

岗位: 仓库/仓管员

菜单路径: 业务工作/供应链/库存管理/出库业务/其他出库单

菜单路径: 业务工作/供应链/库存管理/报表/库存账/现存量查询

(1) 单击箭头翻页符,查询出退制料品的"其他出库单",单击"审核"按钮完成审核工作,如图7-25所示。

图7-25 仓库退制

(2) 审核完成"其他出库单"后,即完成不合格产品的出库处理,通过查询库存现存量观察库存量的变化(电子挂钟返修5个，现存量余495个)，如图7-26所示。

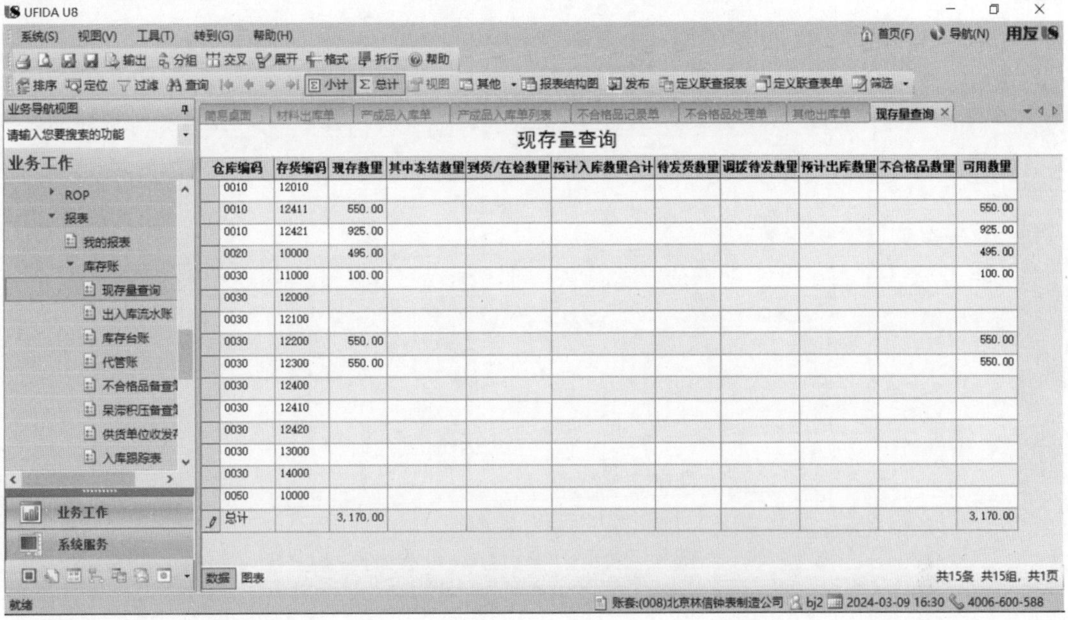

图7-26　查询仓库现有库存量(退制返修5个电子挂钟)

9. 对返修后合格的料品再次办理产成品入库手续

岗位：仓库/仓管员

菜单路径：业务工作/供应链/库存管理/入库业务/产成品入库单

在"产成品入库单"窗口中，手工输入入库料品信息，保存后进行审核，如图7-27所示，即完成不合格产品的返修合格入库处理。通过查询库存现存量观察库存量的变化，如图7-28所示。

图7-27　返修产品重新入库

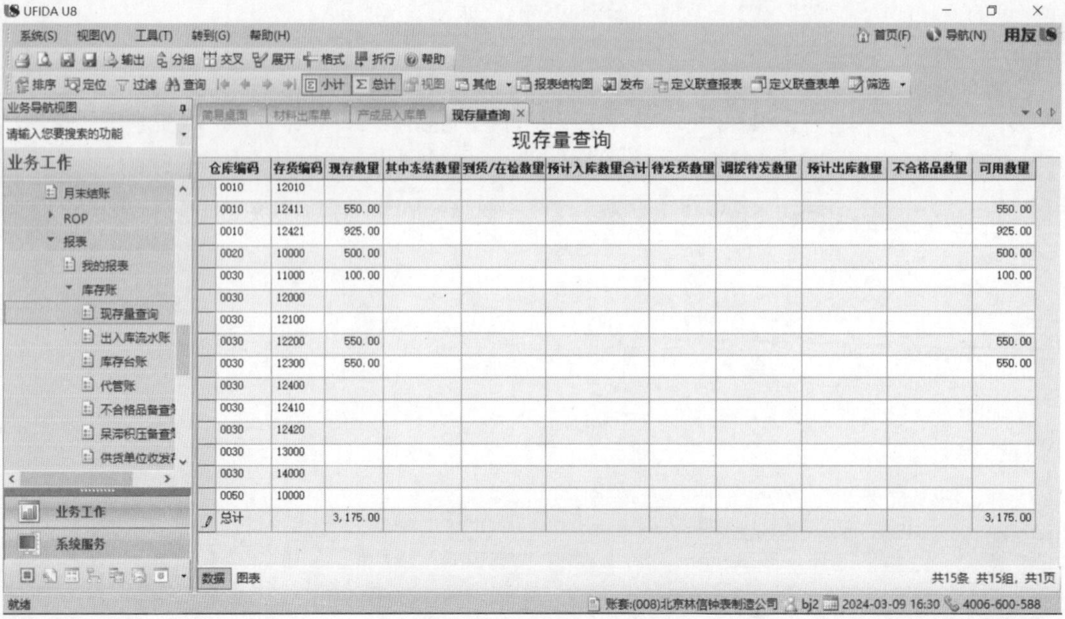

现存量查询

仓库编码	存货编码	现存数量	其中冻结数量	到货/在检数量	预计入库数量合计	待发货数量	调拨待发数量	预计出库数量	不合格品数量	可用数量
0010	12010									
0010	12411	550.00								550.00
0010	12421	925.00								925.00
0020	10000	500.00								500.00
0030	11000	100.00								100.00
0030	12000									
0030	12100									
0030	12200	550.00								550.00
0030	12300	550.00								550.00
0030	12400									
0030	12410									
0030	12420									
0030	13000									
0030	14000									
0050	10000									
总计		3,175.00								3,175.00

图7-28　查询仓库现有库存量

【系统功能说明】

(1) 先完工的料品先生产，因而先领料。若按照产品的生产加工顺序，经过领料、加工、完工入库，再领料、再加工、再完工入库，逐层加工，直至生产出成品。

(2) 若其中某料品需要由车间按工序进行加工生产，则该料品就不能按生产领料的方式进行领料生产了，应该在车间管理中对料品进行工序规划，按第一道工序进行领料、加工直至完工，中间工序没有领料处理，而是以转移单的形式进行加工和工序转移，最后一道工序才制作产成品入库单，表示料品加工完成入库。

(3) 若全部自制品都要使用车间管理的模块进行操作，则先在“生产订单”模块中生成生产订单，然后由“车间管理”模块按照生产订单生成工序计划，再按照加工的顺序进行领料、加工、工序转移，直到最后一道工序，由“库存管理”模块中的“产成品入库单”进行某料品的完工入库。

(4) 若不使用车间管理进行工序生产，则生产中只需按照生产领料的方式领取物料，然后完工入库即可。

(5) 生产订单又称制造命令或工作订单，它主要表示某一物料的生产数量，以及计划开工和完工日期等信息。它是现场自制派工或领料的依据，企业的生产管理或物料管理通常以生产订单为中心，以控制其产能利用、缺料、效率、进度等情形。

生产订单包括标准、非标准(返工、维修、改制、拆解、新品等)生产订单和按生产线建立重复性生产计划的生产订单。MPS和MRP系统不会为非标准生产订单建立计划订单(建议生产量)，必须人工建立非标准生产订单；重复制造生产订单可以手工建立生产订单，也可以从MPS或MRP或BRP计算产生的建议生产量自动生成重复计划的生产订单。

(6) 生产线：在本系统中，一条生产线即可定义为一个工作中心。它是制造部门内部的一个区域，可以由一个或多个人员、设备或供应商组成。在工作中心内可以收集成本以比较能力负荷；可以将工作中心指定到工艺路线中的某道工序，并指定可用于该工作中心的资源；可以通过生产线来管理重复性生产；可以在一条或多条生产线上生产同一个物料，也可以在一条生产线上生产单一物料或多个物料。

(7) 重复计划：在本系统中，重复计划是一种生产订单，但其表示方式和内容不同。重复计划是根据日产量及起始和结束日期而非某一时点的离散数量对物料需求或供应进行的计划。虽然重复计划与离散计划有许多相似之处，但其中仍有显著的区别。重复性计划是使用日产量进行定义的，它表示重复性计划起始和终止日期之间每个工作日的供应量。而离散计划则是使用离散数量进行定义的，为计划订单定义的离散数量仅表示计划订单计划完工日那一天的供应量。

(8) 生产订单有以下4种状态。

○ 未审核：未审核的生产订单不能进行任何库存交易作业(领/退料、入/退库)，也不能执行报检、转车间处理。在MPS和MRP计算时不考虑。

○ 锁定：锁定状态的生产订单不能进行任何库存交易作业(领/退料、入/退库)，也不能执行报检、转车间处理。将纳入MPS和MRP计算中。

○ 审核：审核状态的生产订单为可执行订单，可以进行库存交易作业(领/退料、入/退库)，也可以报检、转车间处理。将纳入MPS和MRP计算中。

○ 关闭：关闭状态的生产订单不可进行任何库存交易作业(领/退料、入/退库)，也不可报检、转车间处理。在MPS和MRP计算时不考虑。

思考题

手工输入一张生产订单："电子挂钟"数量800个，要求完工日期为3月22日。对该订单进行生产领料、加工制作、完工入库、查询其现存量等操作。

第8章 车间管理

8.1 业务概述

8.1.1 功能概述

本实验根据生产订单编制工序计划，按照物料工艺路线进行首道工序领料，通过工序转移完成中间工序的加工生产，直到完成末道工序，最后料品完工入库。

车间管理模块的使用为本教程实验的可选项，若开展该实验，则领料业务需要按照工序领料方式进行；若不开展该实验，则领料按生产订单领料方式进行。

生产车间是企业进行产品制造加工的单位。车间管理的具体内容包括：随时了解与掌握产品的加工进度和完工状况、生产现场的用料和不良品的情况，以及必要的生产调度，以确保能适时完成生产订单的计划要求；统计各生产订单各完工工序的实际加工工时、用料情况、不良品情况，提供给生产管理部门和财务部门计算料品成本和工作中心效率。

本系统根据设置的自制品的加工工艺路线(routing)制订车间工序(operation)计划，可作为产能管理、产品报价模拟的依据；通过车间事务处理，可随时掌握生产订单各工序在制品的状态和完工状况，支持工序倒冲领料，收集生产订单各工序的实际工时以作为成本计算的依据，自动产生工序报检并随时掌握工序质量状况；可与工程变更系统集成，支持工艺路线的工程变更过程管理。

使用车间管理系统时应注意以下几个方面。

- ❑ 若企业不使用车间管理系统的功能，则生产中只需按照生产订单领料的方式领取物料，然后完工入库即可。
- ❑ 若企业使用车间管理系统的功能来管理料品的加工生产，如果全部自制品都需要使用车间管理模块进行加工生产处理，那么，首先在"生产订单"模块中生成某自制品的生产订单，然后由"车间管理"模块针对该生产订单生成对应物料的工序计划，再按照工序进行领料、加工，一道工序料品加工完成后，将这道工序的料品通过工序转移单转移到下一道工序，直到最后一道工序的料品加工完成为止，最后将该物料在"库存管理"模块中按产成品进行入库。注意要遵照先开工的料品，先领料，先加工，先入库的顺序进行工序生产，逐级生产。
- ❑ 若其中一部分物料需要由车间按工序进行加工生产，则这些物料需要按照工序进行领料生产，操作原理同上所述。当这些物料完工入库以后，在库存中即可查询到它们的现存量，其他物料加工生产时即可以领用它们。其他物料仍按生产领料的方式进行领料生产，直到最终产品生产完成。

8.1.2 相关子系统功能模块之间的关系

车间管理与其他子系统之间的关系如图8-1所示。

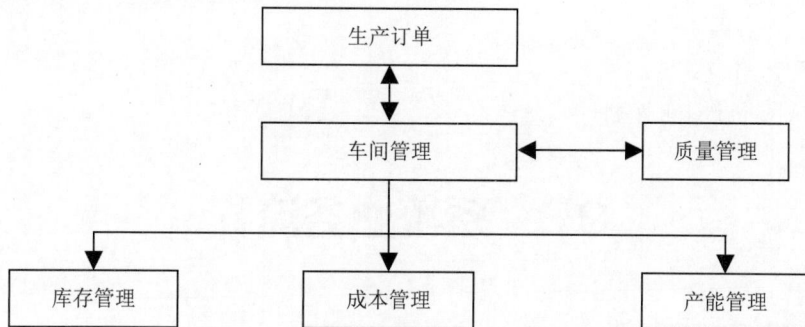

图8-1　车间管理与其他子系统之间的关系

在"生产订单"的"已审核生产订单修改"模块中维护生产订单的工艺路线时，可选择"车间管理"模块所建立的主要工艺路线版本或替代工艺路线；通过"车间管理"中"生产订单工序计划生成"作业将生产订单转入车间管理系统，以产生生产订单的工序计划资料；修改已审核生产订单后，会立即更新该生产订单的工序资料；在"车间管理"中修改生产订单工序资料后，会更新生产订单开工和完工日期及其子件需求日期。

"车间管理"模块的物料工艺路线中各工序的关键资源资料可转入"产能管理"模块，产生粗能力需求计划或资源需求计划所需的资源清单，同时"车间管理"模块中的工艺路线及生产订单工序资料是"产能管理"进行细能力需求计划的依据。

在用"车间管理"模块的工序转移单进行物料移动，并由"库存管理"模块按照生产订单输入产成品入库单时，"车间管理"将传递该生产订单末道工序"合格"状态数量给库存管理系统，作为其入库数量的默认值，当保存该产品入库单时，将减少所对应工序上"合格"状态数量，如果删除产成品入库单或输入产品退库单，则按入、退库的数量来增加所对应工序上"合格"状态的数量。

对于具有倒冲属性的物料，在用"车间管理"模块的工序转移单进行物料移动时，也可自动产生倒冲子件的领、退料单资料，并转入"库存管理"模块。

"质量管理"模块中可以设置"质量检验方案"对工序要求进行质量检验，"车间管理"中若生产订单的某一工序为检验工序，则在物料被移入"检验"工序状态时，该工序转移单可自动产生报检单，或者由"质量管理"模块参照有移入"检验"工序状态的工序转移单生成报检单。

"工程变更"模块可以建立各版本的物料工艺路线，传递给"车间管理"系统，也可以对"车间管理"中已建立的工艺路线进行复制或变更修改。

"车间管理"模块中物料的工艺路线可供"售前分析"模块模拟产品标准成本和报价使用，也可供"成本管理"模块计算产品标准成本使用。"车间管理"模块中生产订单工序的完工工时，可作为"成本管理"模块计算产品实际成本的依据。

8.1.3 应用准备

在启用"车间管理"模块之前，必须先启用"生产订单"模块。需要准备的基础资料包括以下5个方面。

(1) 工作中心资料。

(2) 资源资料。

(3) 标准工序资料。

(4) 物料工艺路线资料。

(5) 已完成的生产订单计划。

8.2 系统业务流程

8.2.1 日常业务流程

车间管理日常业务处理流程如图8-2所示。

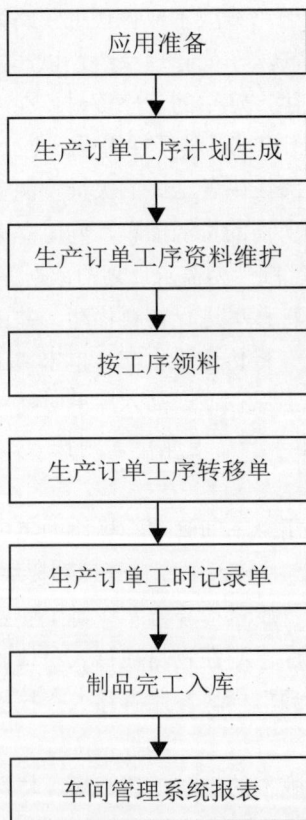

```
        ┌──────────────┐
        │   应用准备    │
        └──────┬───────┘
               ↓
        ┌──────────────┐
        │ 生产订单工序计划生成 │
        └──────┬───────┘
               ↓
        ┌──────────────┐
        │ 生产订单工序资料维护 │
        └──────┬───────┘
               ↓
        ┌──────────────┐
        │   按工序领料   │
        └──────┬───────┘
               ↓
        ┌──────────────┐
        │ 生产订单工序转移单 │
        └──────┬───────┘
               ↓
        ┌──────────────┐
        │ 生产订单工时记录单 │
        └──────┬───────┘
               ↓
        ┌──────────────┐
        │   制品完工入库  │
        └──────┬───────┘
               ↓
        ┌──────────────┐
        │ 车间管理系统报表 │
        └──────────────┘
```

图8-2 车间管理日常业务处理流程

8.2.2　主要业务内容

1. 工作中心的资料维护

建立企业的工作中心，确定其工作范围和任务，以便满足收集成本、核销制造费用、分析产能负荷、划分工序、分配资源等业务的要求。通常将完成相同或相近任务的工作单元划分为同一工作中心。工作中心可以是企业内的一个区域，它由一个或多个人员、设备或供应商组成。可以将工作中心指定到工艺路线中的每道工序上，并指定可用于该工作中心的资源。因此，工作中心的含义可定义为：①用于生产产品的生产资源(机器、人、设备等)，是各种生产或加工单元的总称；②一台设备、一组功能相同的设备、一条自动生产线、一个班组、一块装配面积、某种生产单一产品的封闭车间；外协工序对应的工作中心是一个协作单位的代号；③一个加工件的工艺路线中的每一道工序对应一个工作中心。例如，加工表针的工作中心包括线切割加工中心、冲压中心、表面处理中心。

2. 资源资料维护

建立各工作中心主要资源的档案，以便帮助车间管理人员实现对制造要素的控制。

3. 工序资料维护

建立企业所有料品在加工过程中需要进行过程控制的加工工序的资料。例如，加工"长针"由铝材切割、冲压成型、表面处理三道工序完成。

4. 物料工艺路线资料维护

物料工艺路线资料维护用于建立物料与工序及资源之间的关系。它是各项自制件的加工顺序和标准工时定额的文件，也称为加工路线；也是一种计划文件，只说明加工过程中的工序顺序和生产资源等计划信息。例如，"长针"的工艺路线包括铝材切割、冲压成型、表面处理。

5. 生成生产订单的工序计划资料

根据"生产订单"模块中已审核的生产订单，按照物料的工艺路线资料，安排物料的工序计划，包括工序的开工和完工日期、工序资源需求和工序检验资料等。

6. 工序领退料作业

工序领料，即由某工序的加工人员持生产领料单到仓库领取该道工序加工所需的原材料或配件；可以整批领料，即一次性将所有工序所需的料品一次领出，也可以分多次领料。

启用车间管理模块时，对要填制的材料出库单、配比出库单，提供按生产订单子项所属工序领料的功能，以方便用户操作。

7. 工序转移

工序加工是通过工序转移进行的，工序之间转移是指上一道工序加工完成的料品转入下一道工序。一道工序加工完成后，相应的要制作一张工序转移单，直到最后一道工序完成为止。最后一道工序上的合格品数量即作为料品完工的依据。

8. 工时记录

在按各工序加工过程中，根据工序转移单可以生成工时记录单，以统计生产订单工序各班次、设备或员工的实际完工数量及耗用工时。

9. 工序生产完工和在制情况查询

车间管理模块为生产管理人员提供车间加工数据的查询，以便及时掌握生产订单的加工进度，了解料品的消耗情况，对生产订单的加工过程进行过程控制。

10. 制品完工入库

料品经过各道工序的加工处理后，生产完成，要进行入库处理，即填制产成品入库单。

11. 制品入库/退制

加工完成的料品应做完工入库处理。若料品不合格或其他原因，可以做退制出库处理。

实验七 车间管理业务处理

【实验目的】

了解车间管理的日常业务处理过程，理解车间管理的作用，掌握车间管理的功能操作。

【实验要求】

以操作员身份进入系统进行操作。

【实验资料】

1. 实验数据准备

(1) 修改系统时间为2024-03-09。
(2) 引入"车间管理数据准备"数据账套。

2. 实验资料

本实验以"长针"为例，根据已经生成的"长针"的生产订单，进行车间工序规划，按照长针的工艺流程，在车间相应的工作中心完成各工序的生产加工任务，最终将"长针"成品入库。

(1) 设置生产长针的工作中心资料，如表8-1所示。

表8-1 生产长针的工作中心资料

工作中心代号	工作中心名称	隶属部门	是否生产线
0010	线切割加工中心	生产部	是
0020	冲压中心	生产部	否
0030	表面处理中心	生产部	否

(2) 设置生产长针的资源资料，如表8-2所示。

表8-2 生产长针的资源资料

资源代号	资源名称	资源类别	计费类型	隶属工作中心	工作中心名称	计算产能	可用数量	超载百分比/%	关键资源
0001	线切割机床	机器设备	自动	0010	线切割加工中心	是	2	110	是
0002	精密冲压模具	模夹具	自动	0020	冲压中心	是	3	110	是
0003	高级技工	人工	自动	0030	表面处理中心	是	6	110	是

(3) 设置生产长针的标准工序资料，如表8-3所示。

表8-3 生产长针的标准工序资料

项目	内容		
工序代号	0001	0002	0003
工序说明	铝材切割	冲压成型	表面处理
报告点	是	是	是
工作中心	0010	0020	0030
倒冲工序	否	否	是
委外工序	否	否	否
选项相关	否	否	否
计费点	是	是	是
检验方式	免检	免检	免检
行号	10	10	10
资源代号	0001	0002	0003
资源名称	线切割机床	精密冲压模具	高级技工
资源活动	切割	冲压成型	剖光
基准类型	物料	物料	物料
工时(分子)	1	1	1
工时(分母)	60	60	1
是否计划	是	是	是
计费类型	自动	自动	自动

(4) 设置生产长针的工艺路线及资源资料，如表8-4所示。

表8-4 生产长针的工艺路线及资源资料

工序行号	标准工序	工序说明	报告点	工作中心	资源名称	资源数量	工时(分子)	工时(分母)	计费类型
0010	0001	铝材切割	是	线切割加工中心	线切割机床	2	1	60	自动
0020	0002	冲压成型	是	冲压中心	精密冲压模具	3	1	60	自动
0030	0003	表面处理	是	表面处理中心	高级技工	6	1	1	自动

(5) 根据"长针"的生产订单，制订"长针"的工序计划。

(6) 按照"长针"的工序计划进行领料——领用铝材。

(7) 进行工序转移：将第一道工序加工的"长针"移入下一道工序，直至最后一道工序完工为止。

(8) "长针"加工完成后进行完工入库，并查询库存现存量。

(9) 工序生产完工的资料查询。

(10) 制品退制处理。

【操作指导】

1. 工作中心资料维护

岗位：车间管理人员

菜单路径：基础设置/基础档案/业务/工作中心维护

双击"工作中心维护"菜单命令，进入"工作中心维护"界面，单击"增加"按钮，输入工作中心资料，完成后保存即可，操作结果如图8-3所示。

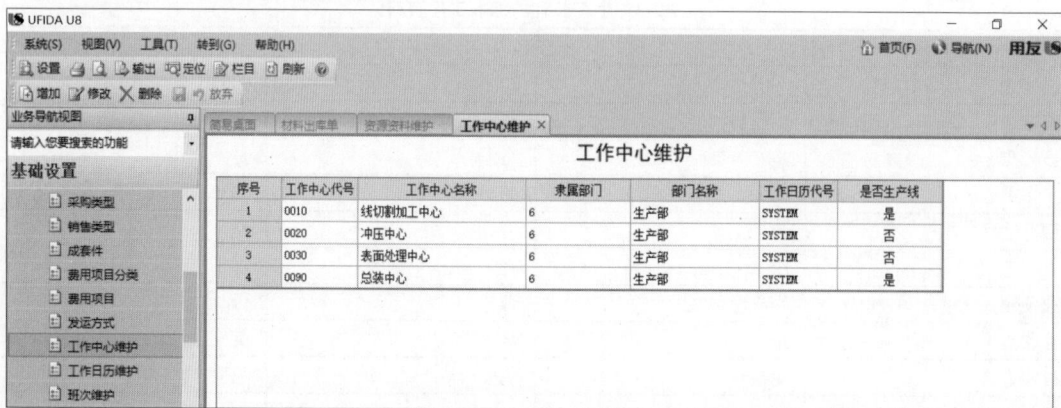

图8-3　工作中心维护

❖ **注意：**

工作中心资料已在第1章公用资料设置中完成录入，此处可以查询资料。

2. 资源资料维护

岗位：车间管理人员

菜单路径：基础设置/基础档案/生产制造/资源资料维护

双击"资源资料维护"菜单命令，进入"资源资料维护"界面，单击"增加"按钮，输入资源代号为0001的资源资料，完成后保存即可，操作结果如图8-4所示。同理，输入所有资源资料。

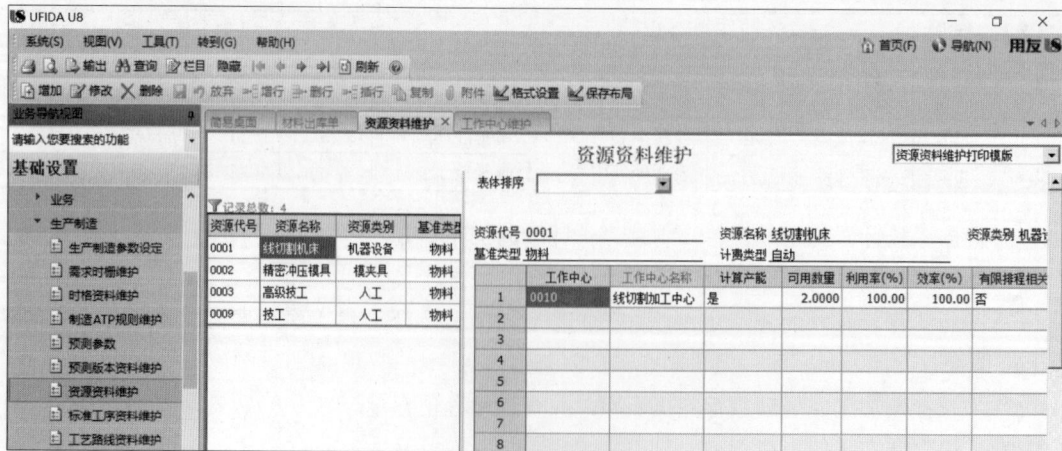

图8-4　资源资料维护

资源资料已在第1章公用资料设置中完成录入，此处可以查询资料。

3. 标准工序资料维护

岗位：车间管理人员

菜单路径：基础设置/基础档案/生产制造/标准工序资料维护

双击"标准工序资料维护"菜单命令，进入"标准工序资料维护"窗口，单击"增加"按钮，输入工序代号为0001的工序所需资源及标准单位工时等资料，完成后保存即可，操作结果如图8-5所示。同理，输入其他工序资料。

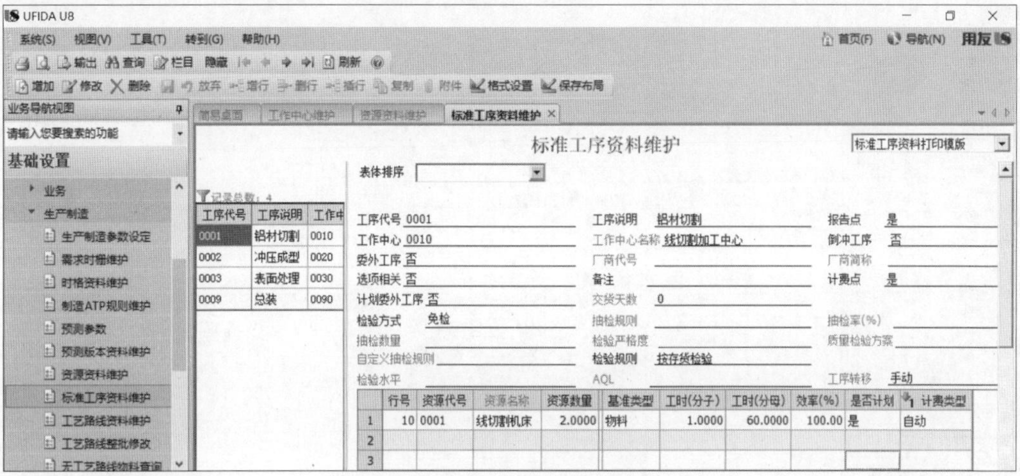

图8-5 标准工序资料维护

❖ 注意：

◇ 标准工序资料已在第1章公用资料设置中完成录入，此处可以查询资料。

◇ 基准类型：选择"物料"表示将使用资源的单位工时乘以母件的生产数量来对资源进行负载计算；选择"批次"表示资源负载不随母件加工数量而变动，即每个生产订单对于该资源的负载占用是固定的(如模具安装)。

◇ 在定义工序资源时，资源计划属性(即"是否计划"设置)有4种选项：是、否、同上工序结束、同下工序开始。默认为"是"。

• 是：表示该资源参与该工序计划计算。

• 否：可以将资源指定到工序，但不能对其进行工序计划。例如零件加工过程，同时使用人工和机器两项资源，但假设人工资源不是影响该工序加工时间的关键资源，因此不必对人工资源进行计划，但它可能要计算负载和成本等。

• 同上工序结束：表示该工序资源与上道工序同时结束。例如上道工序为车加工，本道工序为磨加工，在上道工序结束时，本道工序第一项计划资源"模具安装"结束，则本道工序"模具安装"便可设为"同上工序结束"。

• 同下工序开始：表示该工序资源与下道工序同时开始。例如本道工序为磨加工，下道工序为检验，在本道工序"模具拆卸"开始时，下道工序也同时开始，则本道工序"模具拆卸"资源便可设为"同下工序开始"。

◇ 计费类型：选择"手动"表示在建立工时记录单时，该工序资源必须手动输入完工工时；"自动"则表示系统可自动按该工序资源的标准工时计算完工工时。

4. 物料工艺路线资料维护

岗位：车间管理人员

菜单路径：基础设置/基础档案/生产制造/工艺路线资料维护

(1) 在"工艺路线资料维护"窗口中，单击"增加"按钮，输入表头信息，在表体中输入工序资料，单击"保存"按钮，操作结果如图8-6所示。

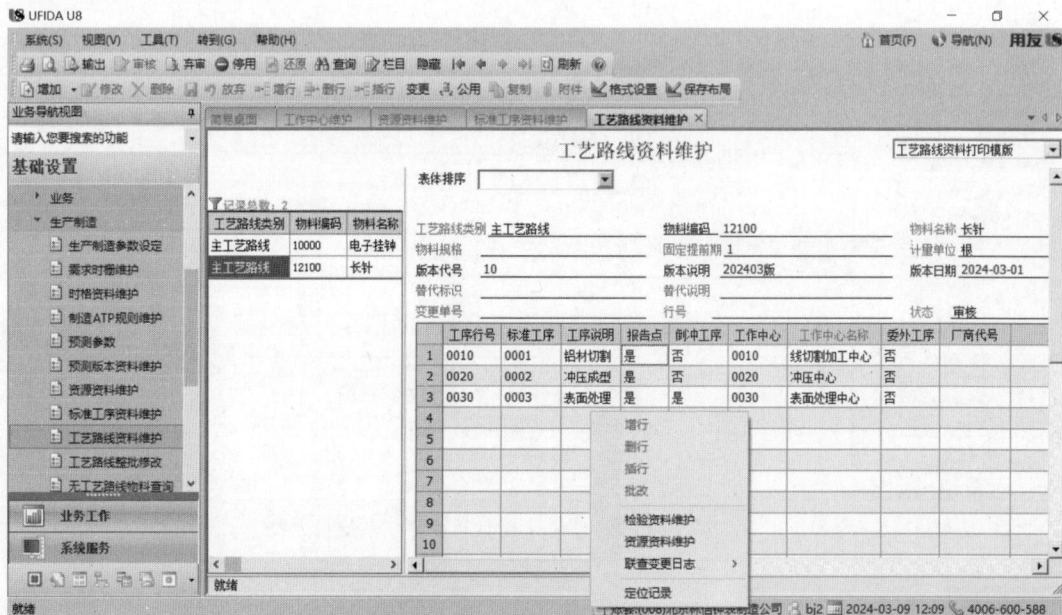

图8-6　工艺路线资料维护

(2) 料品的加工工序资料输入完成后，选择表体某工序记录行，右击，在弹出的快捷菜单中选择"资源资料维护"命令，如图8-6所示，进入"工艺路线资源资料维护"窗口，可对各个工序所使用的资源情况进行维护，如图8-7所示，此处录入的资源数量和工时数据也是产能计算的依据。若选择"检验资料维护"命令，可以设定工序的检验标准。

(3) 输入完成后，单击"保存"按钮，即完成工艺路线资料的维护工作。

❖ **注意：**

◇ 工艺路线资料及工艺路线资源资料已在第1章公用资料设置中完成录入，此处可以查询资料。

◇ 基准类型：选择"物料"。

◇ 计费类型：选择"自动"。

◇ 在定义工序资源时，"是否计划"设置有4种选项：是、否、同上工序结束、同下工序开始。详见"标准工序资料维护"。

图8-7　工艺路线资源资料维护

5. 根据"长针"的生产订单制订"长针"的工序计划

岗位：车间管理人员

菜单路径：业务工作/生产制造/车间管理/生产订单工序计划/生产订单工序计划生成

菜单路径：业务工作/生产制造/车间管理/生产订单工序计划/生产订单工序资料维护

(1) 执行"业务工作/生产制造/车间管理/生产订单工序计划/生产订单工序计划生成"命令，在"查询条件选择"对话框中，单击"确定"按钮，进入"生产订单工序计划生成"窗口，表体显示料品的生产订单列表，选择"长针"所在记录行的生产订单，单击"生成"按钮，执行完成后弹出生成结果信息提示对话框，如图8-8、图8-9所示。

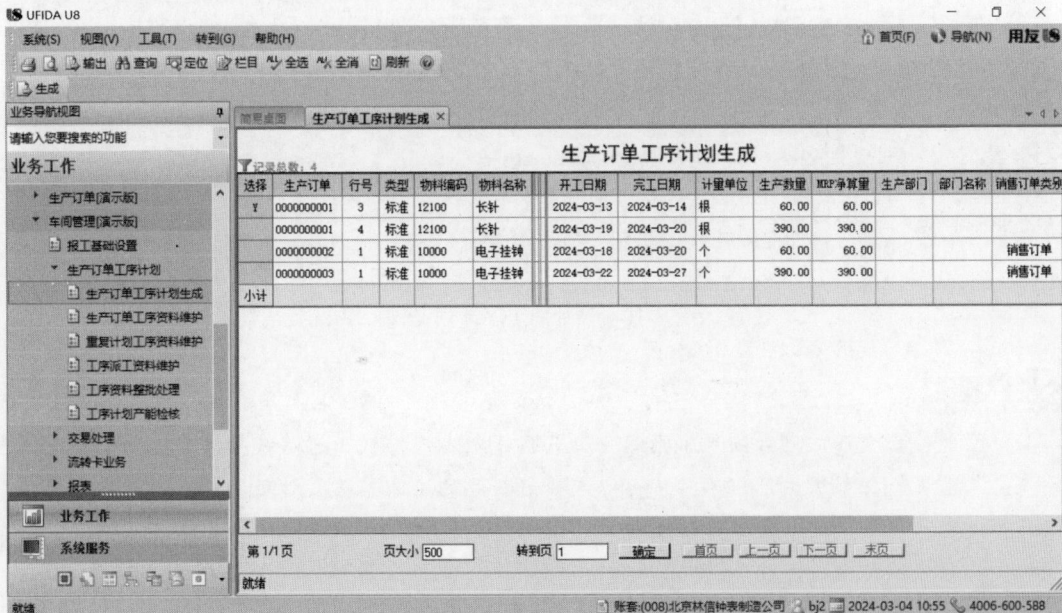

图8-8　生成工序计划

图8-9　生成结果信息提示对话框

(2) 执行"业务工作/生产制造/车间管理/生产订单工序计划/生产订单工序资料维护"命令，显示生产订单工序资料列表，即为"长针"的工序计划，此处可以进行修改，如图8-10所示。在查询状态，单击工具栏中的"重排"按钮，可对该生产订单行(状态为已审核、未关闭)重新生成工序计划。

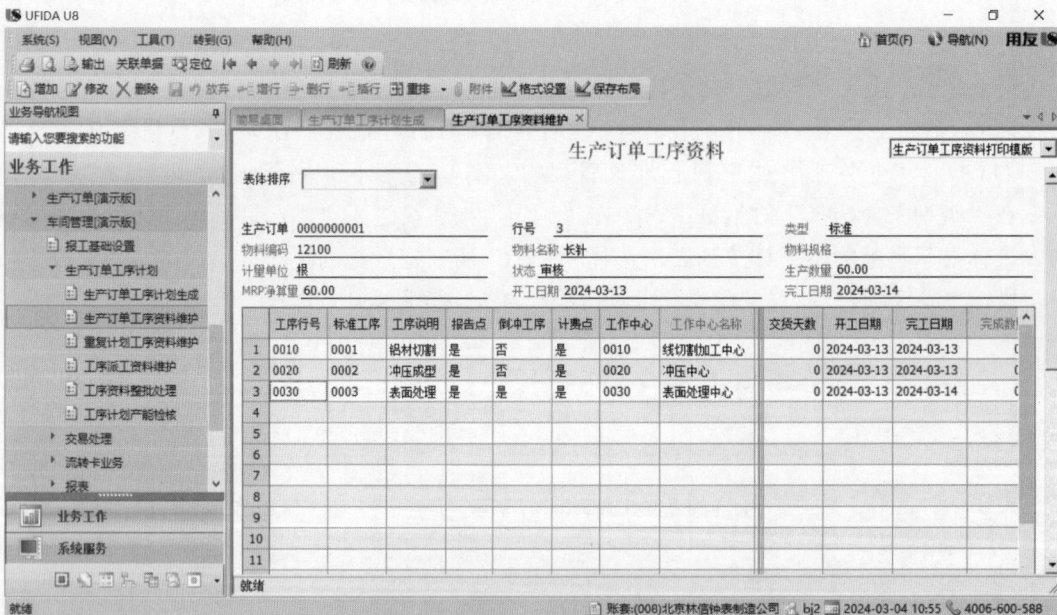

图8-10　长针的工序计划资料

❖ 注意：

◇ 已审核的生产订单必须事先指定主工艺路线版本或替代工艺路线标志，否则无法转入本系统。在审核生产订单时，可以选择好料品的主工艺路线和版本号，或者在"已审核生产订单修改"窗口中修改料品"工艺路线选择"栏位内容为"主工艺路线"，并输入其版本号。

◇ 已转车间管理系统的生产订单不可利用本作业重复转入。

◇ "基础设置/基础档案/生产制造/生产制造参数设定"中的"生产订单排程类型"选项，可作为建立生产订单时的默认值，表示生产订单转车间管理时工序计划的生成方式。默认为"不排程"，可修改。若选择"顺推"或"逆推"，则按照指定的工艺路线，对标准或非标准生产订单按各工序工作中心资源需求和产能比较，计划生产订单工序的开工和完工日期；若选择为"不排程"，则系统默认各工序日期分别等于生产订单的开工和完工日期。

- "顺推"是以生产订单的"开工日期"为第一工序的开工日期，然后按每一工序的资源用量及资源产能比较而推算以后各工序的完工日期。
- "逆推"是以生产订单的"完工日期"为最后工序的完工日期，然后往前推算每一工序的开工日期与完工日期。

◇ 生产订单工序计划生成后，即可打印"生产订单工序派工单"，作为生产派工时交给现场加工单位执行的凭单；还可打印"工序完工异常状况表"，以掌握生产订单工序计划异常情况。

6. 生产订单工序的领料

岗位：仓库/仓管员

菜单路径：业务工作/供应链/库存管理/出库业务/材料出库单

(1) 在"材料出库单"窗口中，单击工具栏上的"生单"下拉菜单按钮，选择"工序领料(蓝字)"选项，如图8-11所示。或者，在"材料出库单"窗口中，单击工具栏上的"增加"按钮，生成一个新的出库单号，单击表头"订单号"栏位的"⋯"图标，将会弹出一个"生单来源"窗口，选择"工序领料"选项，单击"确定"按钮，如图8-12所示。

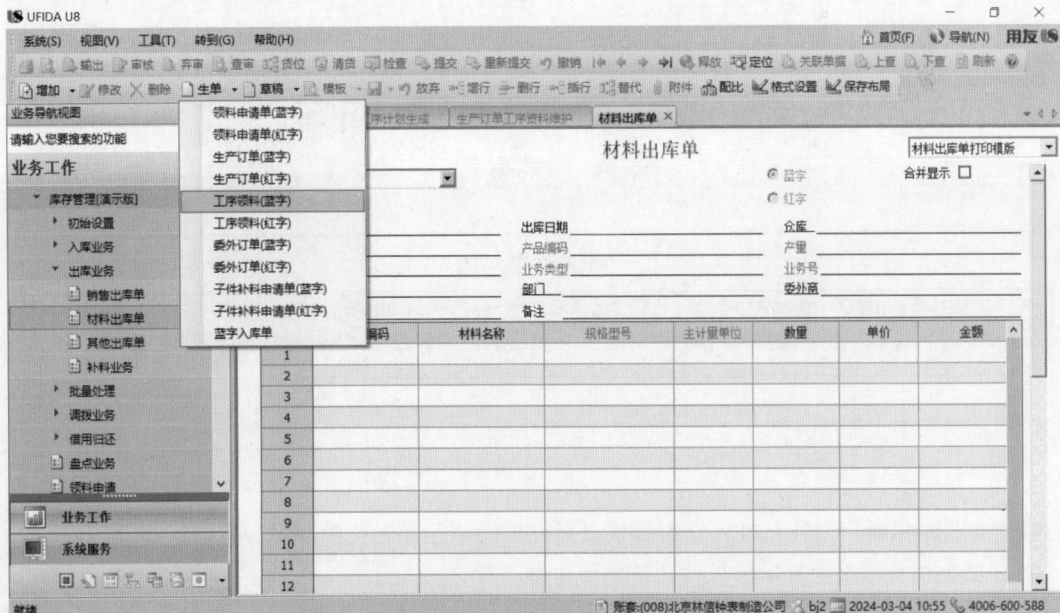

图8-11 工序领料操作

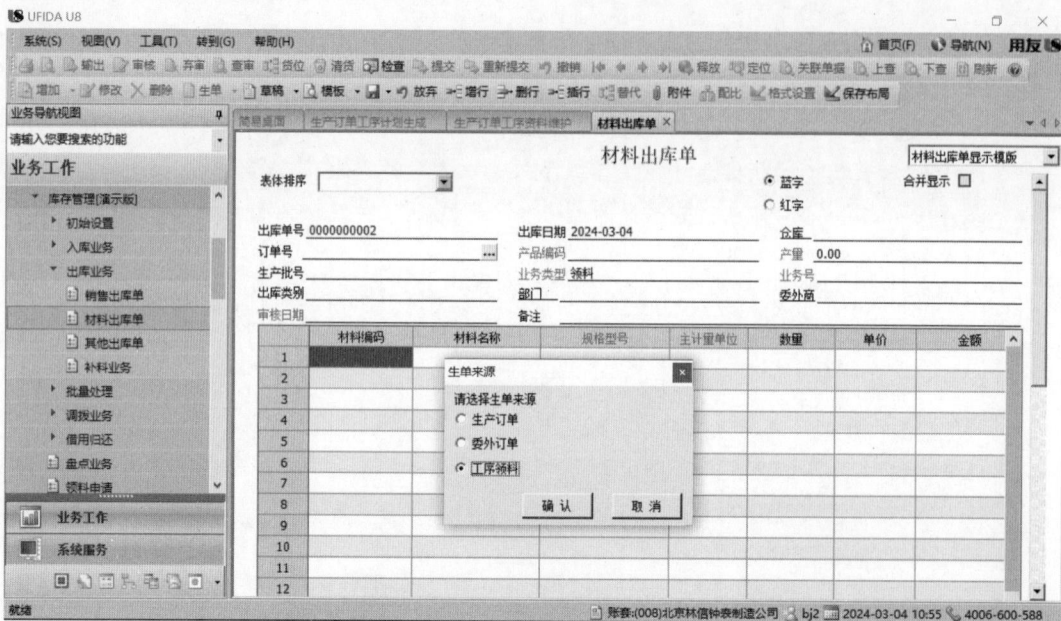

图8-12　录入材料出库单——工序领料

(2) 在"查询条件选择"对话框中,输入"材料名称"栏位的物料名称"铝材"到"铝材","领料部门"为"生产部",单击"确定"按钮,进入"订单生单列表—工序领料"窗口,选择料品后,单击"确定"按钮,所选料品的信息即被带入"材料出库单"中,如图8-13所示。

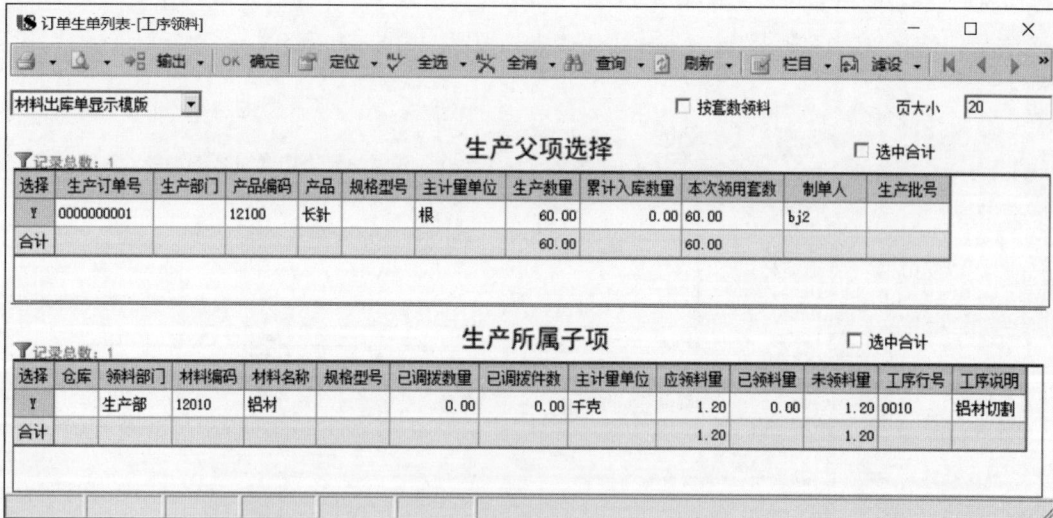

图8-13　订单生单列表——工序领料

(3) 如图8-14所示,补充输入仓库等信息后,单击"保存"按钮,完成生产工序领料。

(4) 单击工具栏上的"审核"按钮,完成审核工作。

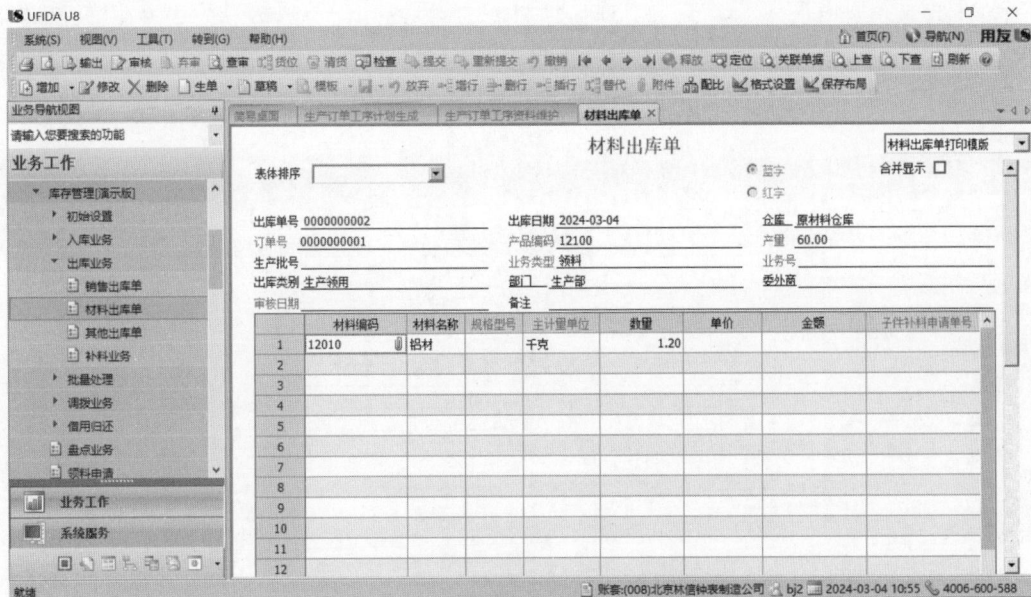

图8-14 生成材料出库单——工序领料

7. 转移工序

岗位：车间管理人员

菜单路径：业务工作/生产制造/车间管理/交易处理/工序转移单(逐笔)

工序之间转移是指上一道工序料品加工完成转入下一道工序，直到最后一道工序完成为止。

(1) 在"工序转移单(逐笔)"窗口中，单击"增加"按钮，生成一个新转移单据号，在"生产订单"栏位选择输入生产订单号，输入移出工序说明为"铝材切割"，移入工序说明会自动带出"冲压成型"，输入"加工数量"为60，单击"保存"按钮，即生成第一张转移单，如图8-15所示。

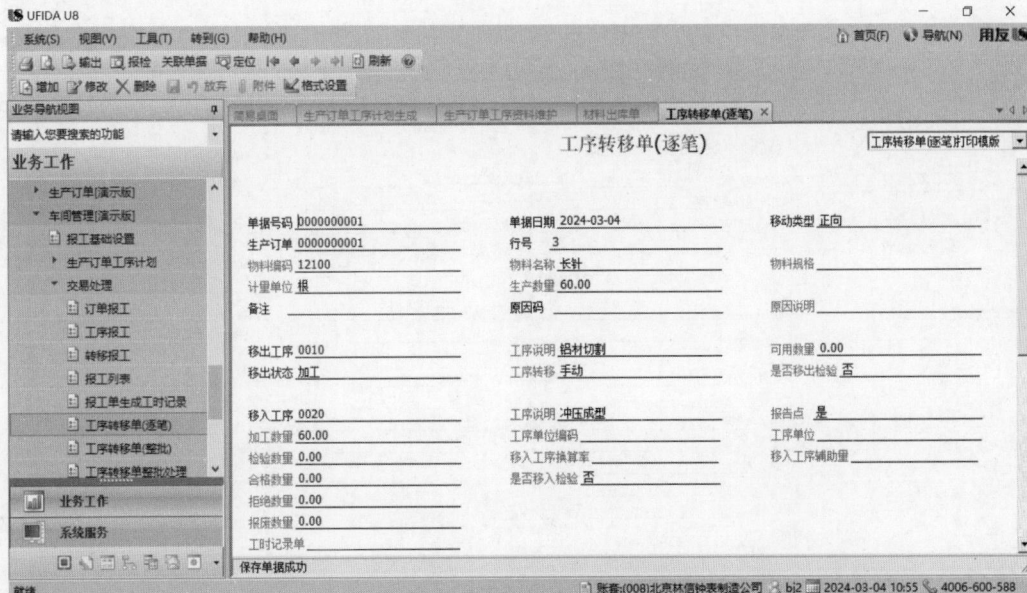

图8-15 工序转移(第一道转第二道工序输入加工数量)

(2) 同理，再新增一个转移单，选择同一张生产订单，移出"工序说明"为"冲压成型"，系统自动带出移入"工序说明"为"表面处理"，输入"加工数量"为60，单击"保存"按钮，即生成第二张转移单，如图8-16所示。

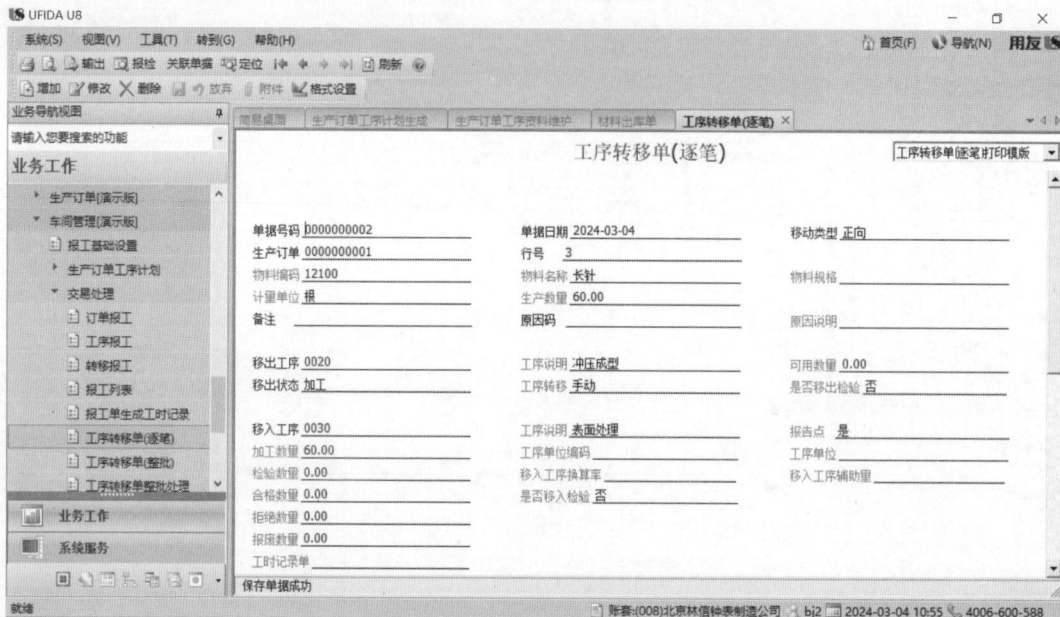

图8-16　工序转移(第二道转第三道工序输入加工数量)

(3) 第三道工序，再新增一个转移单，选择同一张生产订单，移出"工序说明"为"表面处理"，移入"工序说明"仍输入"表面处理"，输入合格数量，单击"保存"按钮，即生成第三张转移单，如图8-17所示。该张转移单中的合格数量作为最后一道工序的完工数量，可以作为库存管理中进行产成品完工入库的依据。此时，表明长针的工序加工作业完成。

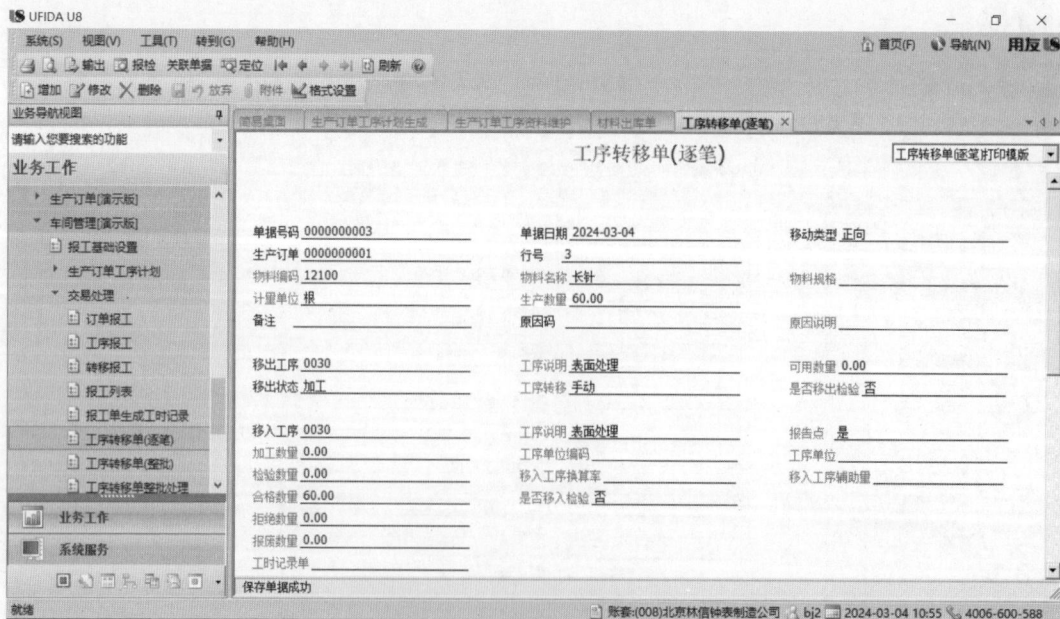

图8-17　工序转移(第三道工序不移出输入合格数量)

❖ **注意:**

◇ 填写最后一道工序的转移单时，移入工序说明要与移出工序说明相同，表示进入最后一道工序的加工。

◇ 输入生产订单工序转移单后，可打印"工序转移单明细表"供核对用，打印"工序在制状况表"供随时掌握生产订单各工序的在制状况。

◇ 同理操作5、6、7步，可以再生成390个长针生产订单的工序计划。

8. 查询工序在制状况

岗位：车间管理人员

菜单路径：业务工作/生产制造/车间管理/报表/工序在制状况表

加工长针的三道工序全部完成后，查询结果如图8-18所示。

若如图8-17所示的第三道工序转移单的数据没有录入，表明料品工序尚未最终加工完成，则可以查询到的工序在制状况如图8-19所示。

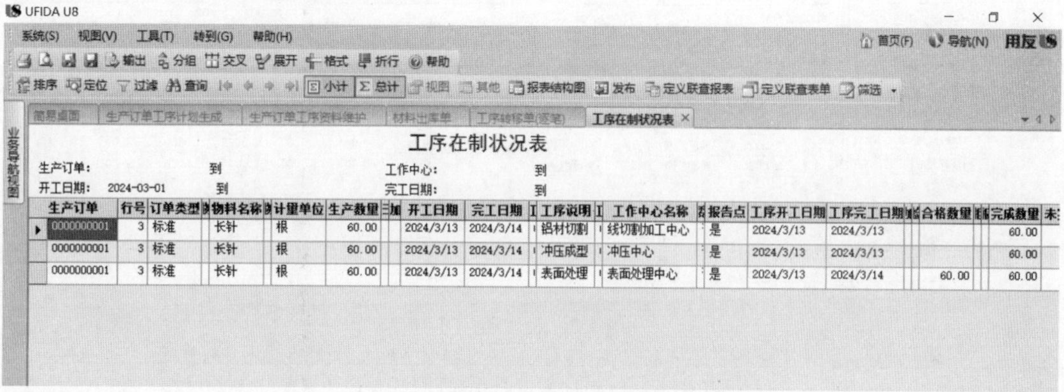

图8-18　工序在制状况表(三道工序全部完成的状态)

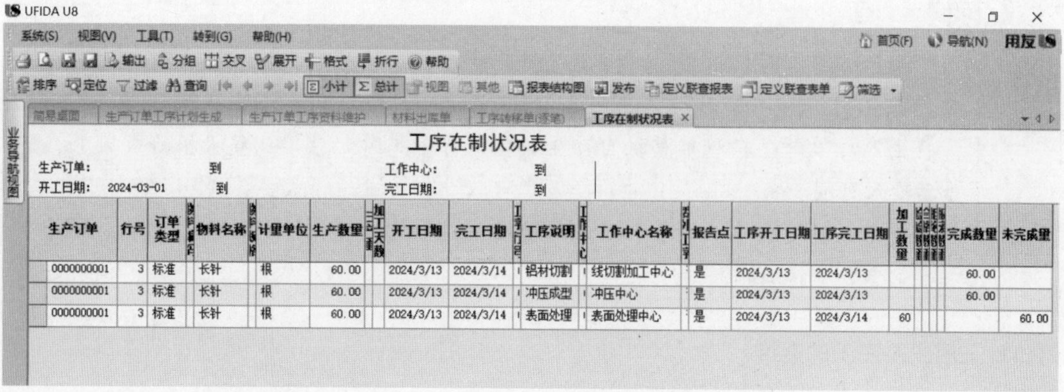

图8-19　工序在制状况表(第三道工序转移单未录入的状态)

9. 工序转移单整批处理

岗位：车间管理人员

菜单路径：业务工作/生产制造/车间管理/交易处理/工序转移单整批处理

在弹出的"查询条件选择"对话框中，单击"确定"按钮，进入"工序转移单整批处理"

窗口，单击工具栏中的"全选"按钮，在每行都出现"Y"字样后，再单击"生成"按钮，即可将未转工时记录单的工序转移单自动生成工时记录单。

10. 查询工时记录单

岗位：车间管理人员

菜单路径：业务工作/生产制造/车间管理/交易处理/工时记录单(汇总式)

在生产订单的"工时记录单(汇总式)"窗口中，可以看到自动生成的"工时记录单"。工时记录单(汇总式)如图8-20所示，该表用于记录生产订单工序的实际完工数量及耗用工时。

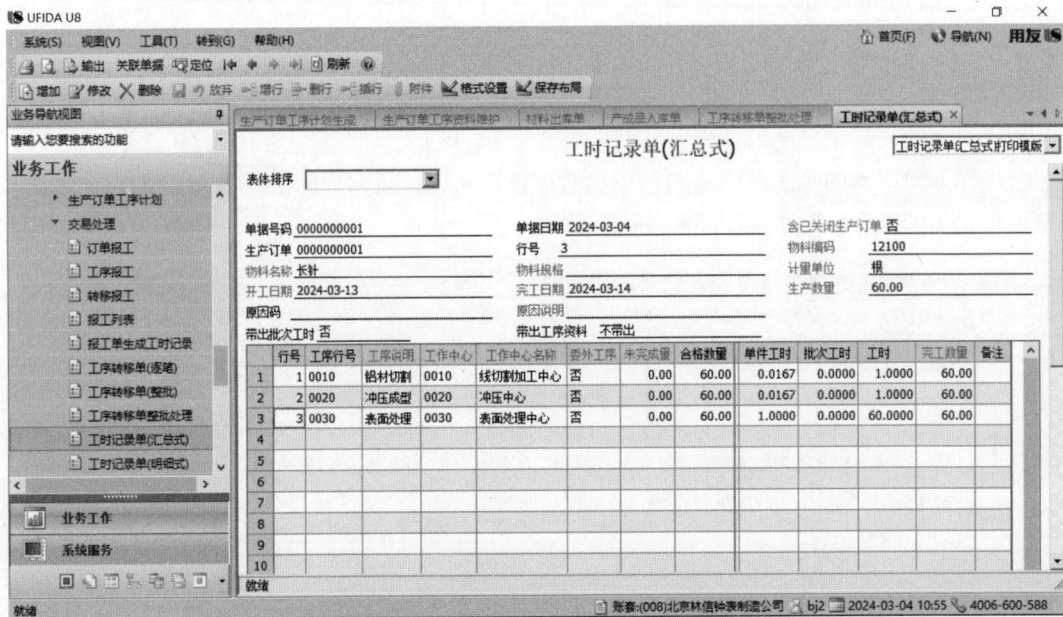

图8-20 生产订单工时记录(汇总式)

❖ **注意：**

❖ 使用"生产订单工时记录单"，可以提供生产订单工序各班次、设备或员工的实际完工数量及耗用工时。工时记录单可手动输入，也可在"工序转移单整批处理"作业中，将生产订单工序转移单整批自动生成生产订单工时记录单，整批报检或删除，节省手动输入时间。

❖ 可以打印"工时记录单明细表"供核对使用，打印"工序完工统计表"可用于统计生产订单完工数量和工时。

11. 工序生产完工的查询

岗位：车间管理人员

菜单路径：业务工作/生产制造/车间管理/报表/工序完工统计表

可从生产订单和工作中心等方面查看工序完工情况，如图8-21、图8-22所示。

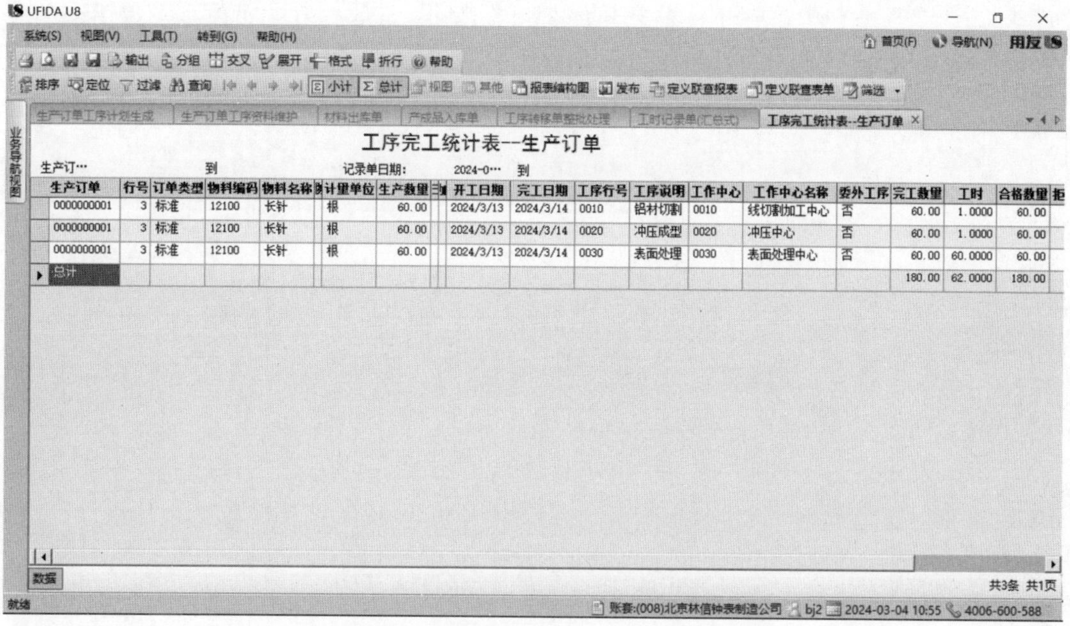

图8-21 工序完工统计表——生产订单

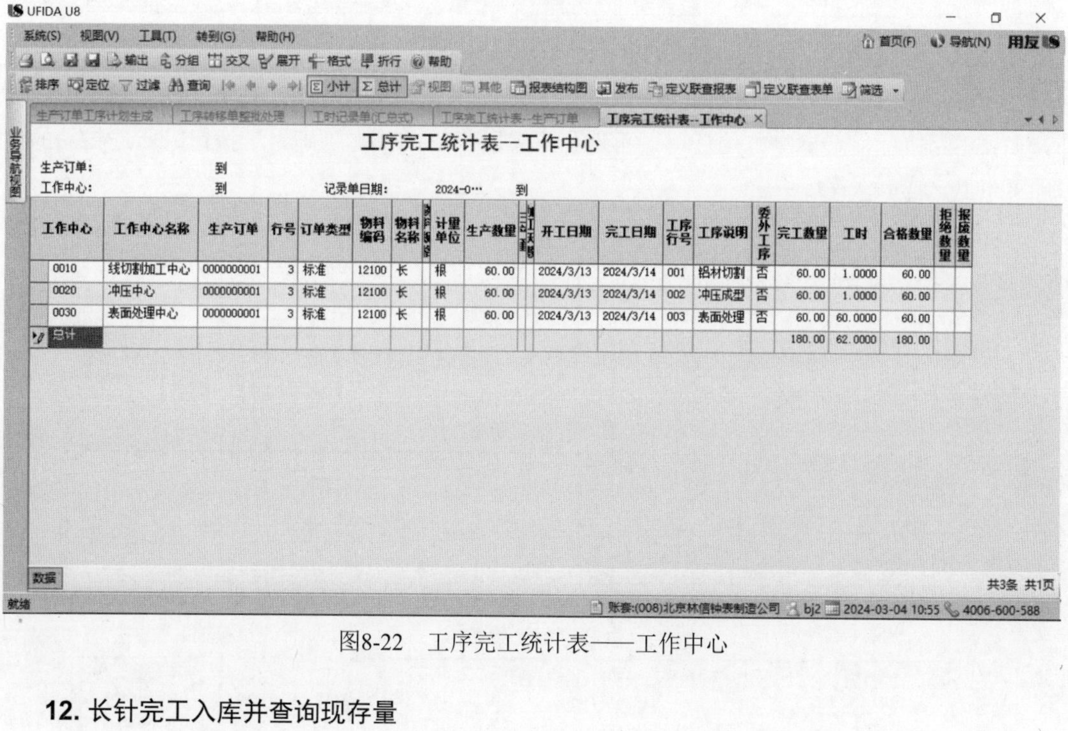

图8-22 工序完工统计表——工作中心

12. 长针完工入库并查询现存量

岗位：车间管理人员

菜单路径：业务工作/供应链/库存管理/入库业务/产成品入库单

菜单路径：业务工作/供应链/库存管理/报表/库存账/现存量查询

(1) 当已经加工到最后一道工序时，即最后一张工序转移单填写完成并保存后，表明料品所有工序的加工已完成，此时就可以进行完工产品的入库工作。在"产成品入库单"窗口中，单击工具栏上的"生单"下拉菜单按钮，选择"生产订单(蓝字)"选项，如图8-23所示。或者，在

"产成品入库单"窗口中，单击工具栏上的"增加"按钮，生成一个新的产成品入库单号，单击表头栏目"生产订单号"栏位的"..."图标。

图8-23　长针完工入库操作

(2) 在"查询条件选择"对话框中，单击"确定"按钮，进入"生产订单入库生单列表"窗口，如图8-24所示，选择上方的订单，再选择下方的长针，单击"确定"按钮，所选料品的信息即可带入产成品入库单中。

(3) 如图8-25所示，在产成品入库单中补充填写所入仓库等其他栏目信息后，单击工具栏上的"保存"按钮，即可完成长针的完工入库的录入工作。

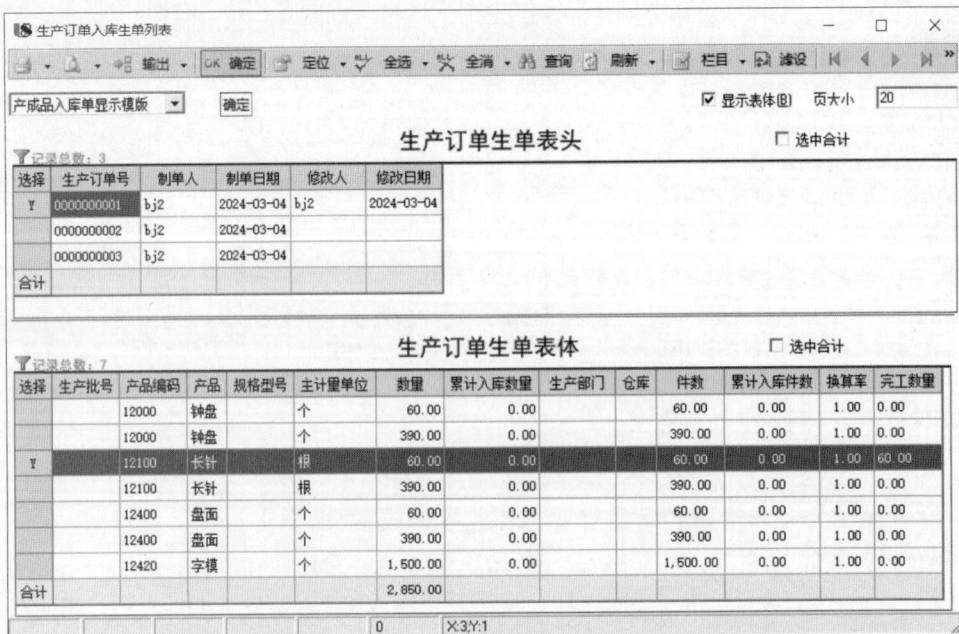

图8-24　长针订单生单列表

图8-25 长针完工入库

(4) 单击工具栏上的"审核"按钮,完成审核工作,即完成了长针的全部生产过程。

(5) 通过执行"业务工作/供应链/库存管理/报表/库存账/现存量查询"命令,可以查询"长针"的库存现存量,库存资料如图8-26所示。

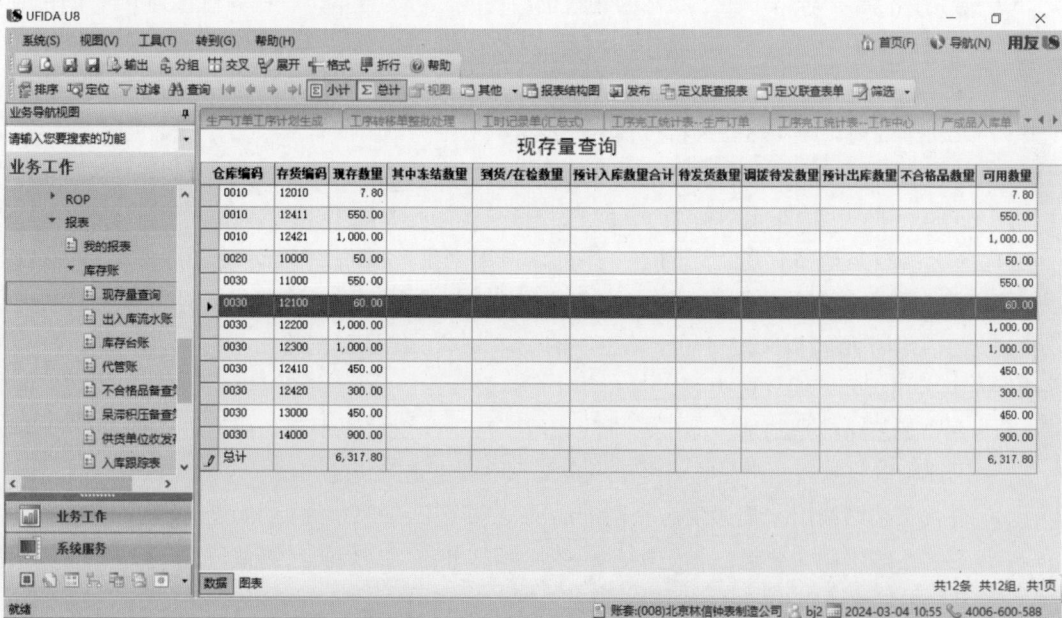

图8-26 查询长针库存现存量

13. 制品退制

岗位:仓库/仓管员

菜单路径:业务工作/供应链/库存管理/不合格品/不合格品处理单

菜单路径:业务工作/供应链/库存管理/不合格品库/不合格品记录单

菜单路径：业务工作/供应链/库存管理/出库业务/其他出库单

若发现加工完成的料品入库后不合格，则需要把不合格的制品退回工作中心进行返修处理，先输入不合格品处理单，再输入不合格品记录单，然后通过"其他出库单"进行退制处理。待返修合格后，可重新入库。此功能与"第7章　生产业务"中的不合格品退制处理操作同理。

【系统功能说明】

(1) 工作中心是企业制造部门内部的一个区域，它由一个或多个人员、设备或供应商组成。可在工作中心内收集成本以比较能力负荷，也可将工作中心指定到工艺路线中的每道工序，并指定可用于该工作中心的资源。企业一般会根据实际情况，将自己的制造加工单元根据加工内容、设备实际摆放的位置、归属的部门等原则划分为不同的工作中心，而把完成相同、相近任务的工作单元划分为同一工作中心。

(2) 资源是指计划、执行或成本计算所要求的任何事物，包括员工、设备、外协处理和物理场所等。可以使用资源来定义物料在加工工序所花费的时间和所引起的成本。

(3) 工序是制造过程的一个步骤，可以在其中执行各项作业和冲减加工物料的工作中心资源。工序状态用于控制工序内部和工序之间的移动和资源处理，并跟踪工序内部的物料(母件)。本系统包含五种工序状态(加工、检验、合格、拒绝、报废)，定义如下。

○ 加工：位于"加工"工序状态的物料正在等待加工或加工中。

○ 检验：位于"检验"工序状态的物料已经加工完成，正在检验中。

○ 合格：位于"合格"工序状态的物料已经完成，且为合格，正在等待移到下一工序。

○ 拒绝：位于"拒绝"工序状态的物料遭到拒绝，并且正在等待修理(返工)或报废。"拒绝"状态中的物料可能已经作废，但由于这些物料在生产时已经冲减子件和资源，因此对于当前工序，这些物料被视为完成。

○ 报废：位于"报废"工序状态的物料被视为作废。由于在物料生产过程中已经冲减子件和资源，因此对于当前工序，这些物料被视为完成。

(4) 工艺路线是产品制造工序的一个序列，可用来生产料品。工艺路线由物料、一系列工序、工序序列和工序有效日期组成。每个工艺路线可以由任意道工序组成。对于每道工序，可以指定一个工作中心，以确定可用于该工序的资源。本系统把工艺路线分为"主要和替代工艺路线"及"公用工艺路线"两类。

○ 主要工艺路线是制造产品最常用的一组工序。一般情况下都使用这些工序制造产品，因此可以将制造此产品的一组工序定义为主要工艺路线。

○ 替代工艺路线用来描述生产相同产品的与主要工艺路线不同的制造过程。与定义主要工艺路线不同，要通过指定物料和替代标志来定义替代工艺路线。在定义替代工艺路线之前，必须首先定义主要工艺路线。

○ 公用工艺路线指任何具有同一物料清单类型的两个物料均可以共享的公用工艺路线。如果两个不同的物料共享同一工艺路线，那么只需定义好一个物料的工艺路线，即可供另一物料公用，但这两个物料应该具有相同的BOM类型。在定义新的物料的工艺路线时，可以将另一物料作为公用工艺路线来引用，而不需要在工艺路线中输入任何信息，以节省输入时间并方便维护。

(5) 倒冲业务。对于因包装而不可分割或价值较低的材料，通常会存放在生产线或委外商处(将材料从普通仓库调拨到现场仓库或委外仓库)，当产品完工以后，将由系统根据完工或入库产品耗用的材料自动倒扣现场仓或委外仓的材料数量。

- ❍ 在物料清单维护中可以将子件"供应类型"设置为"入库倒冲"或"工序倒冲"。
- ❍ 在生产订单中可以将"供应类型"设置为"入库倒冲"或"工序倒冲"。
- ❍ 在"工艺路线资料维护"中可以设置某工序为"倒冲工序"。在执行工序转移时，若移入或移出该工序，则系统自动倒冲此工序之前的非倒冲工序中的所有供应类型为"工序倒冲"的子件。若依标准工序带出可修改，则工艺路线保存时自动将最终工序设置为倒冲工序，以确保装配件完成时倒冲所有工序倒冲子件。
- ❍ 倒冲业务包括生产倒冲和委外(入库)倒冲，生产倒冲又分为工序倒冲和入库倒冲。
  - • 工序倒冲：保存工序转移单时，如果加工的产品在生产订单中有工序倒冲子件，则系统按规则自动生成材料出库单，倒扣现场仓材料数量。
  - • 入库倒冲：产成品入库单保存时，如果入库产品在生产订单中有入库倒冲子件，则系统按规则自动生成材料出库单。
- ❍ 根据"库存管理/初始设置/选项/通用设置—业务校验"的"倒冲材料出库单自动审核"选项设置，可以提供倒冲生成的材料出库单及盘点补差生成的材料出库单的自动审核功能。

思考题

(1) 手工填制一张"长针"的生产订单，对它进行工序计划、工序领料、工序转移、完工入库、库存数量查询等一系列操作。

(2) 如果生产"长针"的工序领用的"铝材"是倒扣件，那么应该如何操作？(提示：在"生产订单手动输入"中将"供应类型"选择为"工序倒冲"，在工序加工完成后，自动生成铝材的材料出库单。)

9.1 业务概述

9.1.1 功能概述

本实验主要完成根据销售订单进行发货的业务，由销售管理子系统进行业务处理。

销售发货是企业执行与客户签订的销售合同或销售订单，将货物发送给客户，并开出销售发票的行为，是销售业务的执行阶段。发货单是销售方给客户发货的凭据，是销售管理的核心单据。

销售发货的工作流程可以按照"开票直接发货"的方式，也可以按照"先发货后开票"的方式处理发货业务。"开票直接发货"方式是通过先开具销售发票，然后由销售发票自动生成发货单的过程；"先发货后开票"方式是通过先填写发货单，然后再依据发货单生成销售发票的过程。本实验采用"开票直接发货"方式的流程组织销售发货工作。

9.1.2 相关子系统功能模块之间的关系

销售发货与其他子系统的关系如图9-1所示。

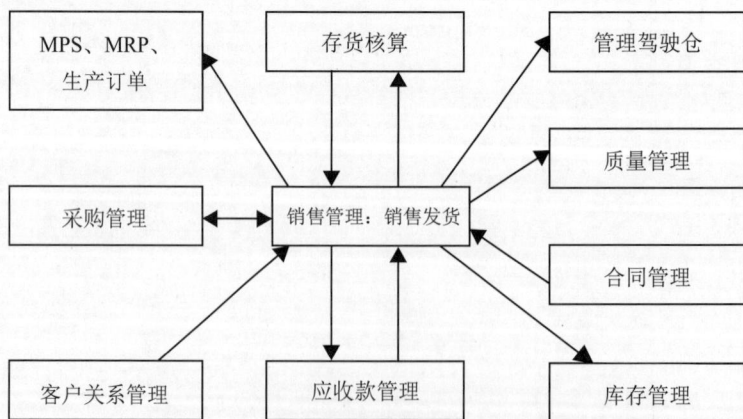

图9-1 销售发货与其他子系统的关系

9.1.3 应用准备

(1) 建立新账套、启用要使用的产品、设置用户及权限。

(2) 设置基础数据：供应链产品需要的基础档案(分类体系、基础档案)。

(3) 设置单据格式、单据编号。

(4) 设置"销售管理"模块的系统选项。

(5) 录入并审核期初发货单。

(6) 产成品生产完工。

9.2 系统业务流程

9.2.1 日常业务流程

销售发货的业务流程如图9-2所示。

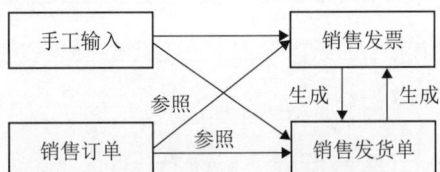

图9-2 销售发货的业务流程

9.2.2 主要业务内容

1. 填制销售发票

销售开票是在销售过程中企业给客户开具销售发票及其所附清单的过程，它是销售收入确认、销售成本计算、应交销售税金确认和应收账款确认的依据，是销售业务的重要环节。

销售发票是在销售开票过程中用户所开具的原始销售单据，包括增值税专用发票、普通发票及其所附清单。对于未录入税号的客户，可以开具普通发票，但不可开具专用发票。若要开具专用发票，则需要在客户档案中输入其税号和开户银行信息。

复核后的销售发票在财务部门的"应收款管理"模块中核算应收账款，在"应收款管理"模块中审核登记应收款明细账，并根据销售发票进行制单以生成记账凭证。

2. 销售发货

销售发货主要由发货单进行结算。发货单是销售方给客户发货的凭据，是销售发货业务的执行载体。如果按照"开票直接发货"的方式，则发货单由销售发票直接自动生成；如果按照"先发货后开票"的方式，则发货单可以手工增加，也可以参照销售订单生成，然后由发货单再生成销售发票。

3. 销售出库

销售出库主要由销售出库单进行结算。销售出库单是销售出库业务的主要凭据,在"库存管理"模块中用于存货出库数量核算,在"存货核算"模块中用于存货出库成本核算。

4. 销售报表查询

查询销售及发货统计表,以及销售增长情况,以便分析销售业绩。

实验八　销售发货业务处理

【实验目的】

理解销售发货管理的含义,掌握其功能与操作。

【实验要求】

以操作员身份进入系统进行操作。

【实验资料】

1. 实验数据准备

(1) 修改系统时间为2024-03-20。

(2) 引入"销售发货数据准备"数据账套。

2. 实验资料

(1) 在2024年3月20日给"湖北华联商厦"发货。按照"开票直接发货"的方式处理发货业务,根据"湖北华联商厦"的销售订单开具销售专用发票。

(2) 查看发货单:根据上述销售专用发票自动生成的发货单,向湖北华联商厦发货电子挂钟(编号为10000)数量100个。

(3) 查看根据上述资料自动生成的销售出库单,然后进行审核,完成后领取产品并送货。

(4) 客户收到货品后,企业参照发货单做签回记录。

(5) 查询此时电子挂钟的库存现存量。

(6) 查询此时电子挂钟的销售统计表、发货统计表、销售增长情况及销售综合情况等。

(7) 修改系统时间为2024年3月27日,对江西钟表公司开具销售专用发票,发货400个。

(8) 全部发货完成后,查询库存现存量、发货情况、销售发票。

【操作指导】

1. 填写销售发票

岗位：销售部门/业务员

菜单路径：业务工作/供应链/销售管理/销售开票/销售专用发票

(1) 在"销售专用发票"对话框中，单击工具栏上的"增加"按钮，系统生成一个新的销售专用发票号，并弹出"查询条件选择—参照订单"对话框，如图9-3所示，单击"确定"按钮。

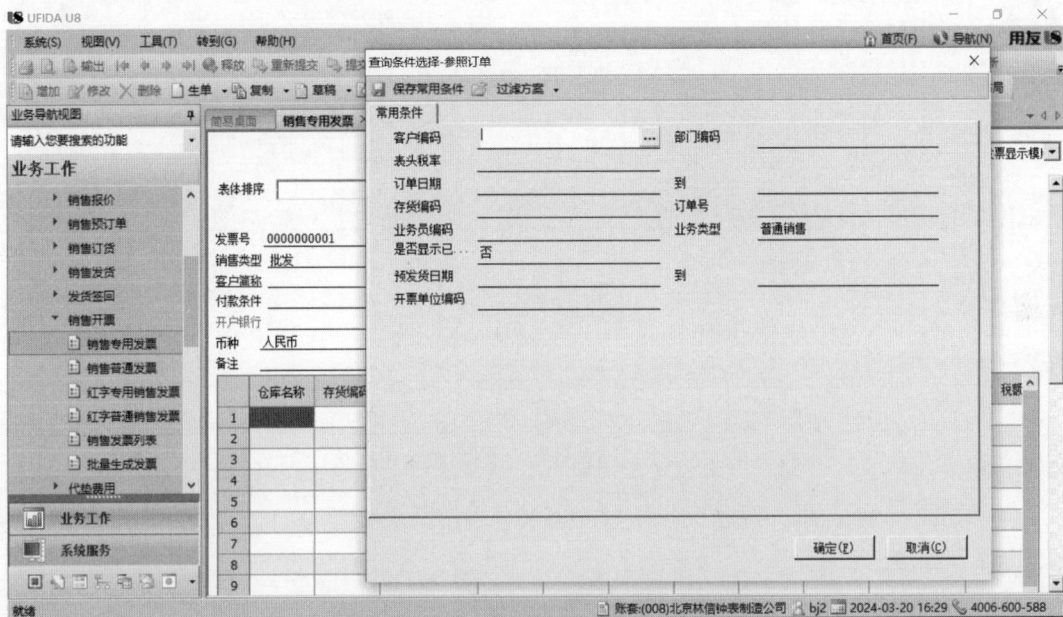

图9-3　录入销售专用发票(参照销售订单)

(2) 进入"参照生单"窗口，如图9-4所示，先选择窗口上方客户为"湖北华联商厦"的销售订单，此时系统自动选择窗口下方有关该订单详细内容的料品记录行。

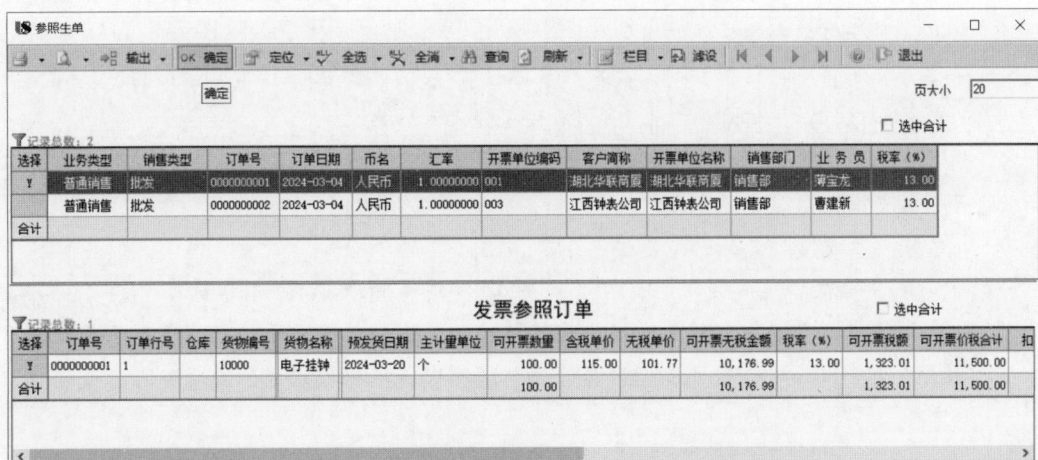

图9-4　选择订单

(3) 单击"确定"按钮，系统自动将所选信息带入"销售专用发票"窗口中，补充输入"仓库名称"为"成品仓库"，"需要签回"栏选择"是"，单击"保存"按钮，完成销售专用发票的录入工作，如图9-5所示。

图9-5　生成销售专用发票(参照销售订单)

(4) 单击工具栏中的"复核"按钮，完成对销售发票的审核工作。同时，系统自动生成对应的发货单和销售出库单。

❖ 注意：

- ❖ 为了后续能够填制发货签回单，需要对销售订单、发货单的格式事先进行设置，勾选显示"需要签回"字段项。操作见第1章共用资料设置第42项。
- ❖ 本实验采用"开票直接发货"方式。即销售发票复核后自动生成销售发货单，销售发票弃复时将自动删除生成的发货单。
- ❖ 若要开具销售专用发票，则需要在"基础设置/基础档案/客户档案"命令中先输入客户的税号和银行账户信息。本书在第1章中已经添加完成。
- ❖ 销售发票可以手工增加，也可以参照销售订单生成；在"必有订单业务模式"时，不可手工新增，只能参照生成。
- ❖ 销售发票可以修改、删除、复核、弃复。
- ❖ 与"库存管理"集成使用时，在"业务工作/销售管理/设置/销售选项"的"业务控制"页签中，若选中"销售生成出库单"选项，则销售发票复核后生成发货单的同时也生成销售出库单，否则在"库存管理"模块中将根据已生成的发货单再生成销售出库单。

2. 查看自动生成的发货单

岗位：销售部门/业务员

菜单路径：业务工作/供应链/销售管理/销售发货/发货单

在"发货单"窗口中，翻页可以看到经发票复核后自动生成的发货单，如图9-6所示。

图9-6 查看发货单

> **注意：**
>
> ◇ 在发货单记录行中，要将"需要签回"数据项设置为"是"，以便后面可以生成发货签回单。
>
> ◇ "开票直接发货"方式的发货单根据复核后的销售发票自动生成，作为货物发出的依据。在此情况下，发货单只可浏览，不能进行增加、删除、修改和审核等操作。
>
> ◇ 对于直接依据销售发票的某一联提货的企业，可能没有业务单据与系统中的发货单相对应，因而发货单不具有业务单据的作用；当然，发货单也可以作为运输部门的送货单据或类似用途。

3. 查看自动生成的销售出库单

岗位：仓库/仓管员

菜单路径：业务工作/供应链/库存管理/出库业务/销售出库单

执行"销售出库单"命令，单击翻页符，可以查看到自动生成的待审核的销售出库单，单击工具栏上的"审核"按钮，完成对销售出库单的审核工作，如图9-7所示。

图9-7 查询销售出库单

❖ 注意：

在"销售管理/设置/销售选项"的"业务控制"页签中，选中"销售生成出库单"选项，表示"销售出库单"可以由发货单自动生成，待审核状态。本实验即为自动生成设置，如图9-8所示。

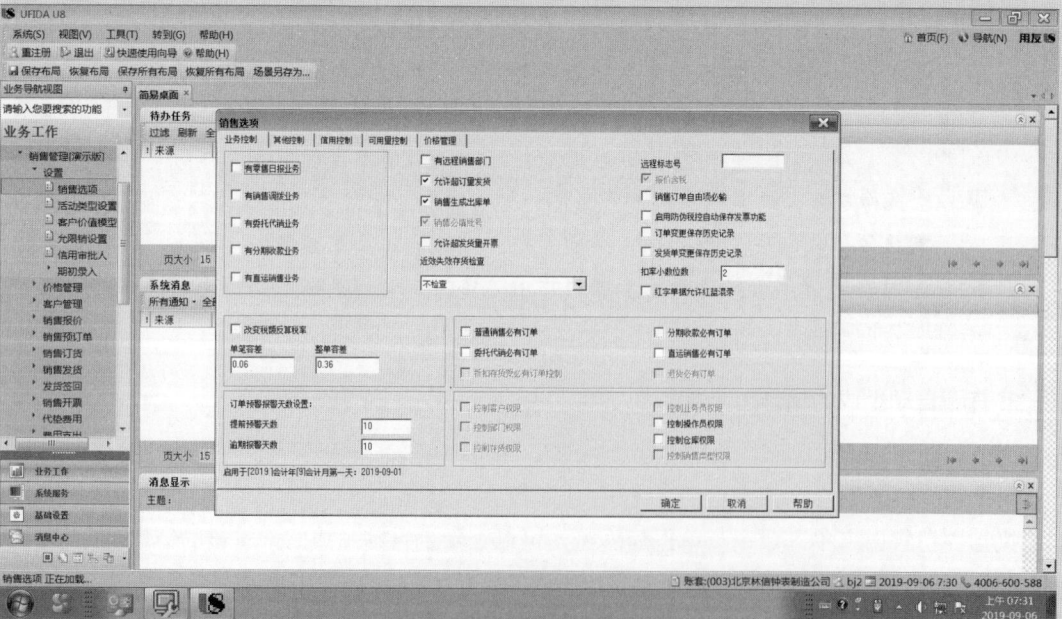

图9-8 设置销售选项

4. 发货单签回记录

岗位：销售部门/业务员

菜单路径：业务工作/供应链/销售管理/发货签回/发货签回单

在"发货签回单"窗口，单击"新增"命令，在打开的"查询条件选择"对话框中，单击"确定"按钮，在列表窗口中选择要参照的发货单日期，单击"确定"按钮后，即将发货数据带入发货签回单中，在签回单表体记录行选择"发货签回完成"栏为"是"，补充其他信息后，保存，即可完成发货签回单的录入，如图9-9所示。

图9-9　发货签回单

> ❖ **注意：**
>
> ◇ 发货签回单是依据发货单生成的。如果销售发票和发货单中没有设置显示"需要签回"数据项，当增加发货单时，就无法录入是否需要签回的信息，也就无法生成发货签回单。
>
> ◇ 对料品发货签回情况进行记录，可以对发货料品的在途、送达状况进行管理，以便对货品送达的及时性、效率及安全性进行监管。

5. 查询电子挂钟的现存量

岗位：仓库/仓管员

菜单路径：业务工作/供应链/库存管理/报表/库存账/现存量查询

执行"现存量查询"命令，打开"查询条件选择"对话框，单击"确定"按钮，进入"现存量查询"界面，如图9-10所示。

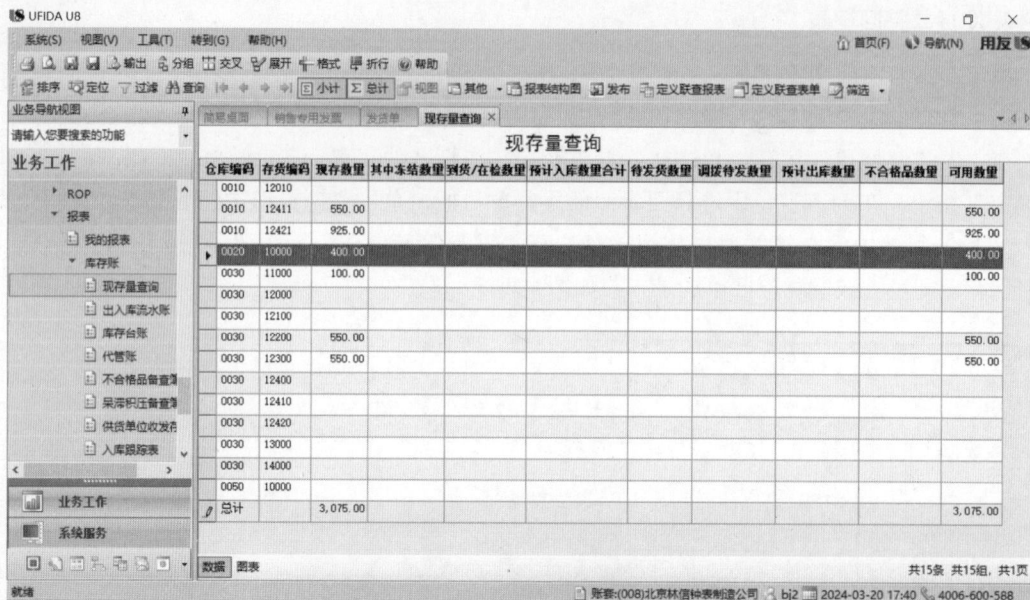

图9-10 查询库存现存量

6. 查询销售报表

岗位：销售部门/业务员

菜单路径：业务工作/供应链/销售管理/报表/统计表/销售统计表

菜单路径：业务工作/供应链/销售管理/报表/统计表/发货统计表

菜单路径：业务工作/供应链/销售管理/报表/销售分析/销售增长分析

菜单路径：业务工作/供应链/销售管理/报表/统计表/销售综合统计表

(1) 执行"销售统计表"命令，在"查询条件选择—销售统计表"过滤窗口中，单击"确定"按钮，进入"销售统计表"窗口，可查看产品的销售情况，如图9-11所示。

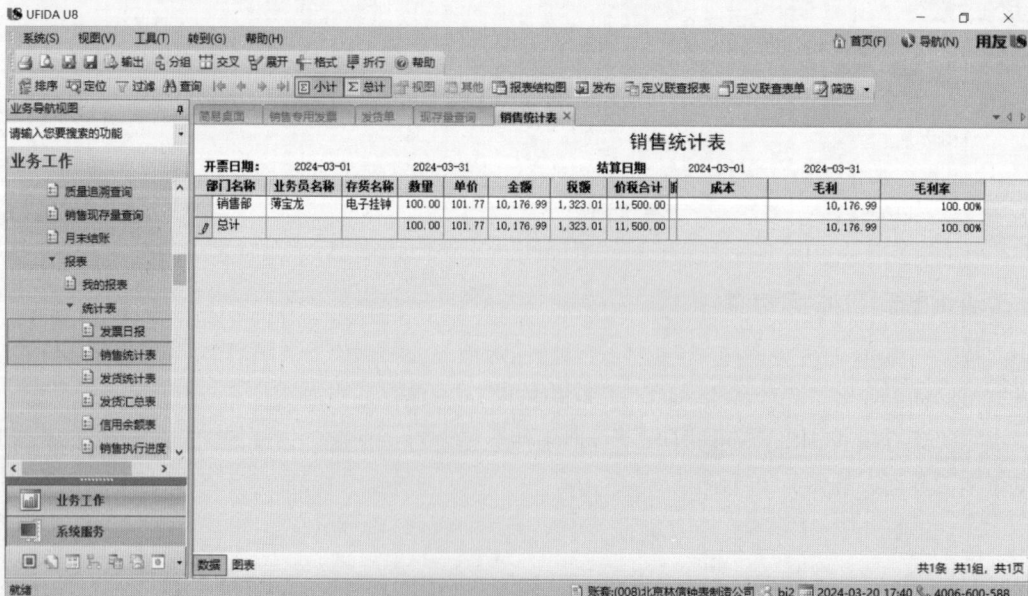

图9-11 查询销售统计表

(2) 执行"发货统计表"功能，在"查询条件选择—发货统计表"过滤窗口中，单击"确定"按钮，进入"发货统计表"窗口，可查看产品的发货情况，如图9-12所示。

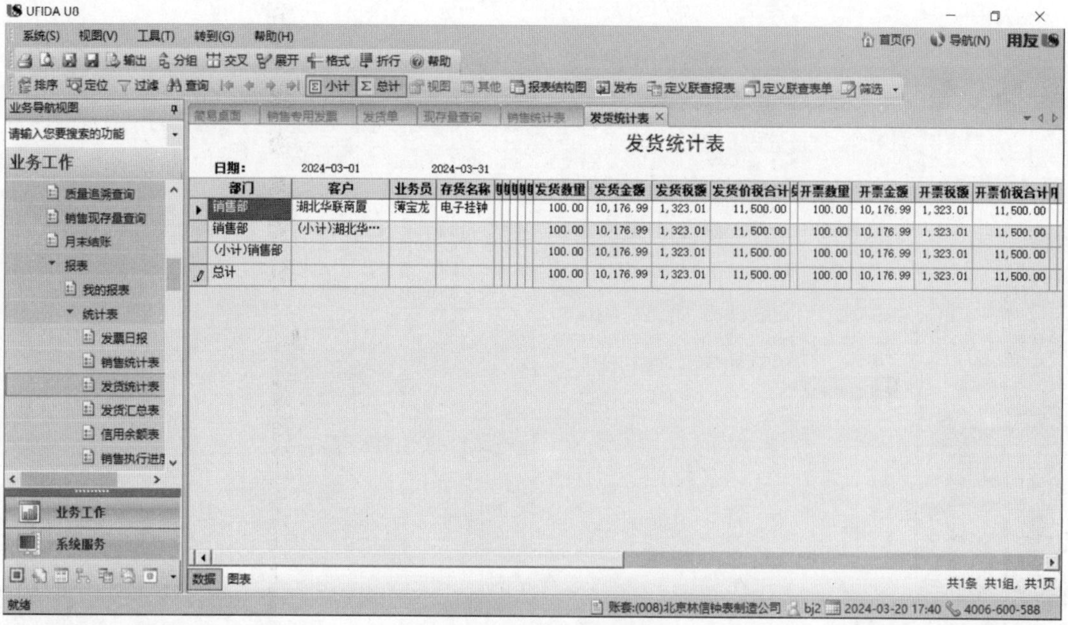

图9-12 查询发货统计表

(3) 执行"销售增长分析"命令，在"查询条件选择—销售增长分析"过滤窗口中，输入"年份"为2024，"月份"为"3月"到"3月"，单击"确定"按钮，进入"销售增长分析"窗口，可查看产品的销售增长情况，如图9-13所示。

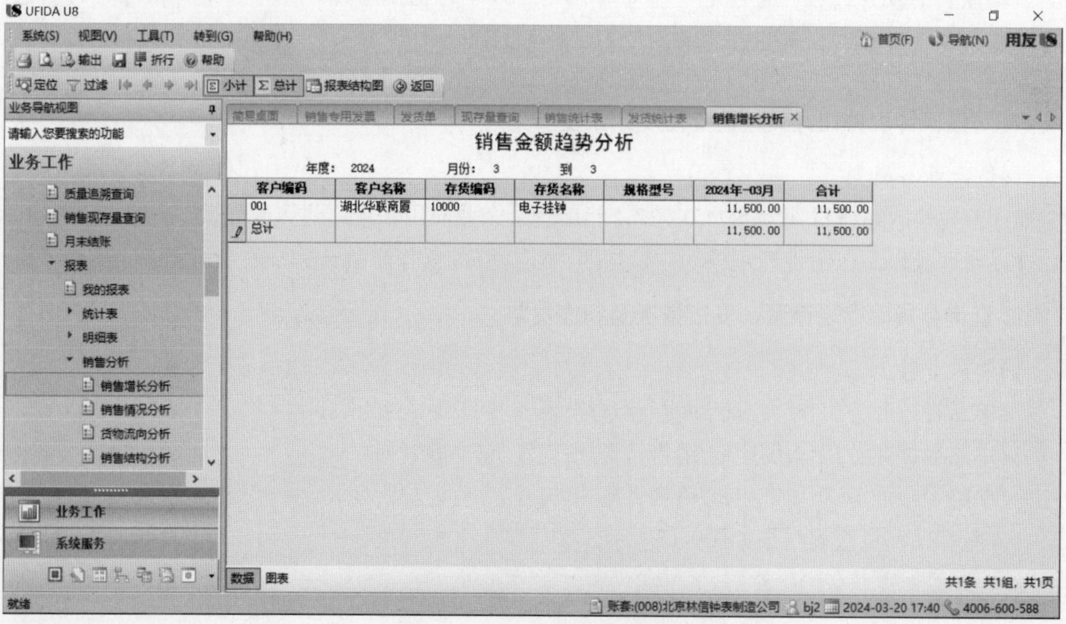

图9-13 查询销售增长情况

(4) 执行"销售综合统计表"命令,在"查询条件选择—销售综合统计表"过滤窗口中,单击"确定"按钮,进入"销售综合统计表"窗口,可查看产品的销售总体情况,如图9-14所示。

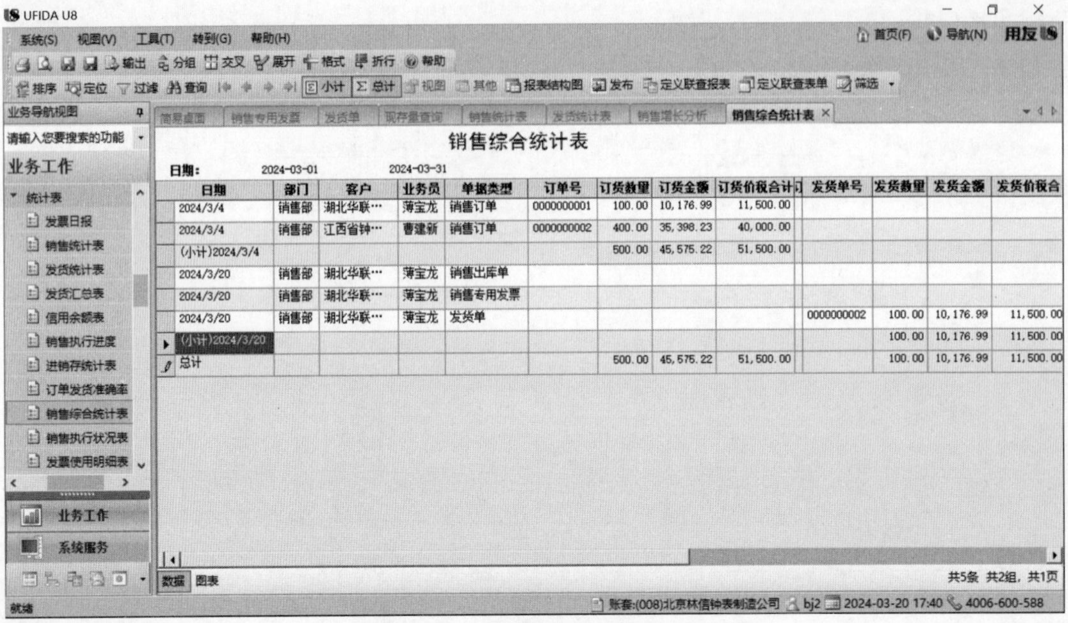

图9-14 查看销售综合统计表

❖ **注意:**

  按照上述操作过程,可以进一步对其他销售订单进行发货处理,方法是将系统时间调整为销售订单发货日,重新登录系统,其他步骤同上。

7. 对江西钟表公司开具销售专用发票及发货处理

岗位:业务员

(1) 首先修改系统日期为2024-03-27,然后登录企业应用平台,进入系统。

(2) 同理操作,在销售管理模块中,按照上述1~6的操作步骤,完成发货业务。

8. 查询存货库存现存量、发货情况及销售发票

岗位:业务员

菜单路径:业务工作/供应链/库存管理/报表/库存账/现存量查询

菜单路径:业务工作/供应链/销售管理/销售发货/发货单列表

菜单路径:业务工作/供应链/销售管理/销售开票/销售发票列表

(1) 库存现存量查询结果如图9-15所示。

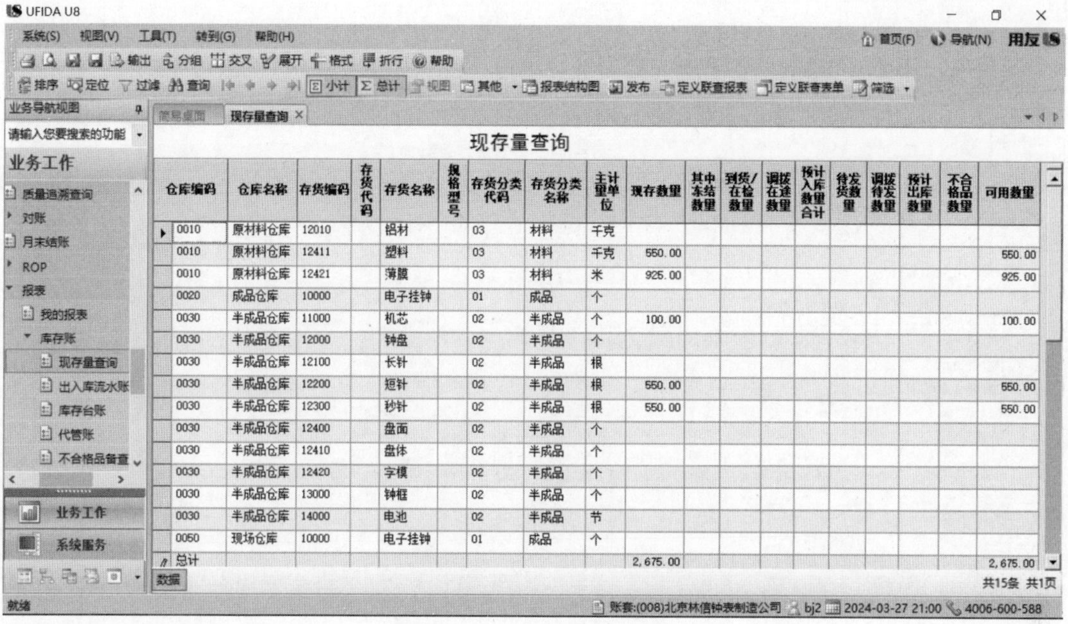

图9-15　查询库存现存量

(2) 销售发货查询结果如图9-16所示。

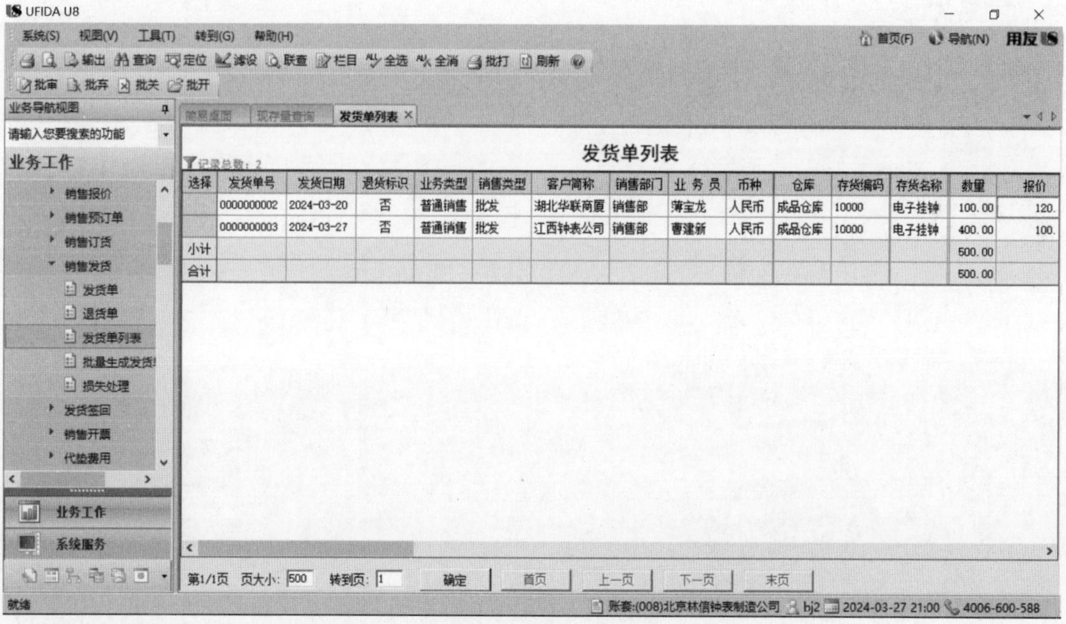

图9-16　查询发货单

(3) 销售发票查询结果如图9-17所示。

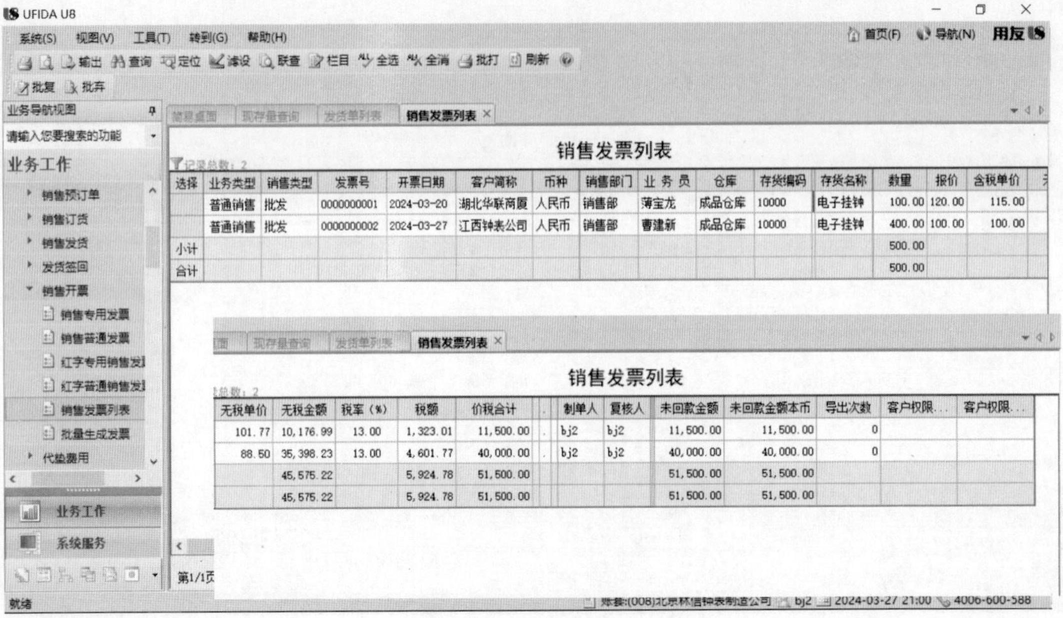

图9-17 查询销售发票

思考题

销售发货的流程是怎样的？与其他模块有什么关系？

第10章 制单业务

10.1 业务概述

10.1.1 功能概述

制单业务的处理工作主要是将应收、应付业务生成财务记账凭证。系统可以对不同的单据类型或不同的业务处理提供实时制单的功能，此外，还提供了一个统一制单的平台，可以快速、成批生成记账凭证，并可依据规则进行合并制单等处理。

本实验主要完成销售业务、采购业务和委外业务与财务业务相联系的记账凭证制单功能操作。根据所发生的销售、采购和委外业务，制作应收款与应付款记账凭证，而共享给总账系统，进一步做账务处理。

- 由应收款管理系统通过对销售发票、其他应收单、收款单等单据的录入，对企业应收账款业务进行制单处理。应收款管理系统主要对经营业务转入的应收款项进行处理，及时、准确地提供客户的往来账款余额资料，提供账龄分析、周转分析、欠款分析、坏账分析、回款分析等分析报表，以便合理调配资金，提高资金的利用率。
- 由应付款管理系统通过对发票、其他应付单、付款单等单据的录入，对企业应付账款业务进行制单处理。应付款管理系统主要对采购模块转入、委外模块转入、应付账款模块录入的应付账款进行处理，及时、准确地提供供应商的往来账款余额资料及各种分析报表，以便合理地进行资金的调配，提高资金的利用效率。

10.1.2 相关子系统功能模块之间的关系

1. 应收款管理系统与其他子系统之间的关系

应收款管理系统与其他子系统之间的关系如图10-1所示。

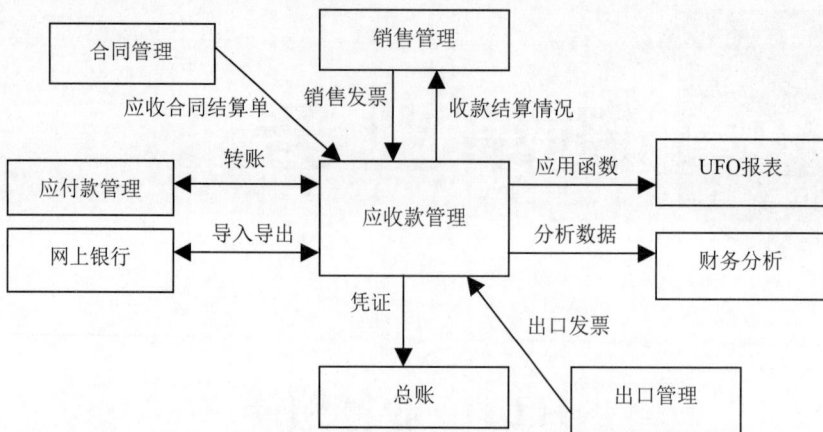

图10-1　应收款管理系统与其他子系统之间的关系

2. 应付款管理系统与其他子系统之间的关系

应付款管理系统与其他子系统之间的关系如图10-2所示。

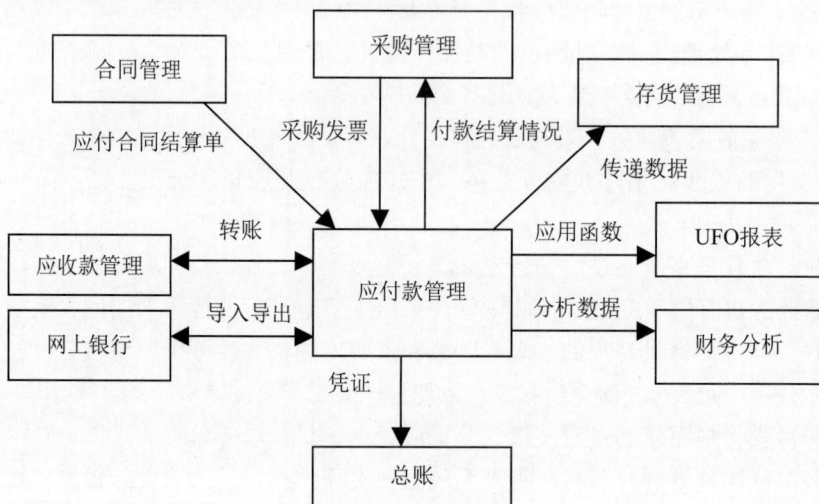

图10-2　应付款管理系统与其他子系统之间的关系

10.1.3　应用准备

(1) 初次使用应收款及应付款管理系统时，把应收账款及应付账款核算模型设置为简单核算模式。

(2) 若要启用总账系统，应事先在总账系统中对应收账款、应付账款、应交增值税等相关会计科目进行设置，并录入期初余额。

(3) 客户和供应商资料、存货资料、上月期末数据等资料已在系统初始时公用资料中准备就绪。

10.2　根据销售和采购业务进行制单的业务流程

10.2.1　日常业务流程

对销售和采购的业务进行制单处理,并传递给总账系统。应收款管理系统的制单流程如图10-3所示,应付款管理系统的制单流程如图10-4所示。

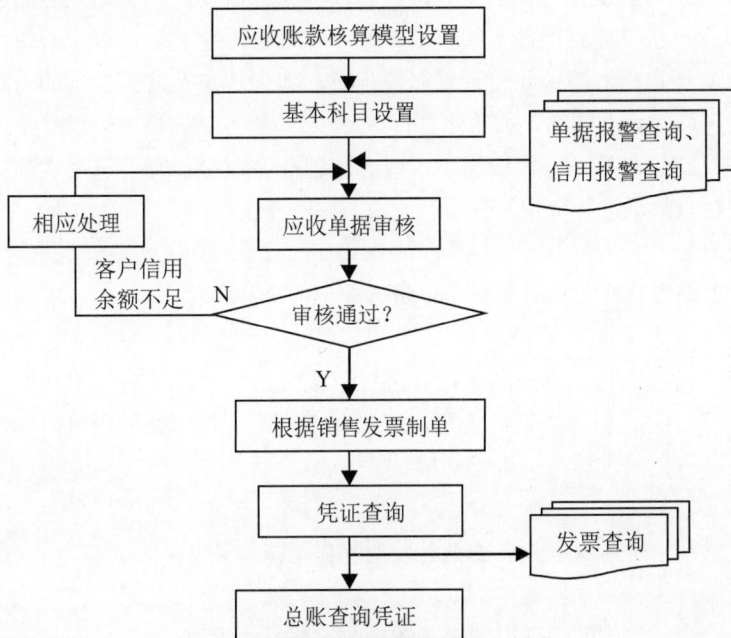

图10-3　应收款管理系统的制单流程

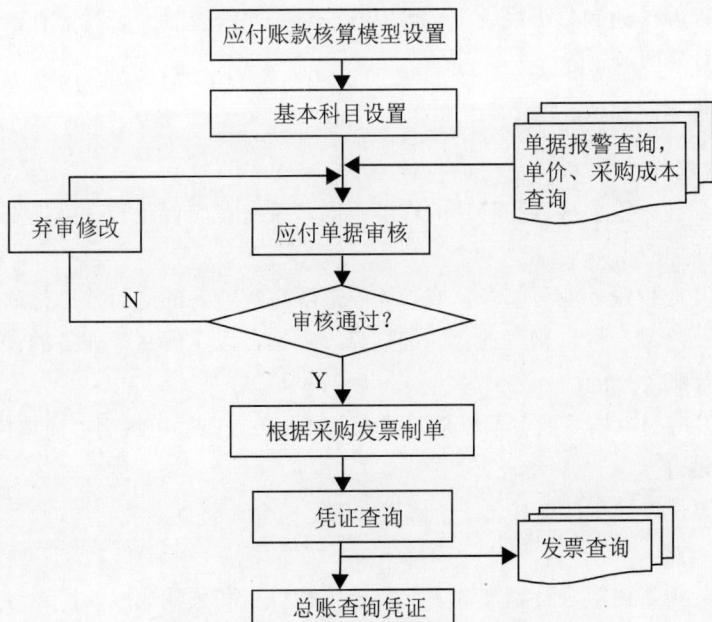

图10-4　应付款管理系统的制单流程

10.2.2 主要制单业务内容

1. 应收款管理系统制单处理

1) 应收账款核算模型设置

根据对客户往来款项核算和管理程度的不同,系统在应收款管理中提供了"详细核算"和"简单核算"两种应用方案。

若销售业务及应收款核算与管理业务比较复杂,或者需要追踪每笔业务的应收款和收款情况,或者需要将应收款核算到产品一级,则可选"详细核算"方案,以了解每个客户每笔业务详细的应收、收款及余额情况;还可通过账龄分析,加强客户及往来款项的管理,以便针对不同客户的具体情况,实施不同的收款策略。

若销售业务及应收账款业务比较简单,或者现销业务很多,则可选用"简单核算"方案,着重于对客户的往来款项进行查询和分析。

2) 基本科目设置

基本科目设置是设置在制单时凭证中借贷方应记的会计科目。

3) 应收单据审核

应收单据审核是对应收单据的项目内容进行审核,主要审核销售价格和客户信用额度,已通过审核的单据可以进行制单处理,否则,可以弃审改正应收单据的项目内容,或者对客户信用情况进行处理,审核通过后,再进行制单。

4) 根据销售发票制单

根据销售发票制单是通过审核后的销售发票制作记账凭证。

5) 凭证查询

凭证查询是查询已生成的凭证内容,了解应收款账目情况。

6) 总账查询凭证

制成的凭证已经传递到总账系统中,可以打开总账系统查看。若凭证有错误,则要在应收款管理系统中进行修改或删除。

2. 应付款管理系统制单处理

1) 应付账款核算模型设置

根据对供应商往来款项核算和管理的程度不同,系统在应付款管理中提供了"详细核算"和"简单核算"两种应用方案。

若采购业务及应付账款业务繁多,或者需要追踪每笔业务的应付款、付款等情况,或者需要将应付款核算到产品一级,则可选"详细核算"方案,以了解每笔业务的详细应付、付款及余额情况,并进行账龄分析。

若采购业务及应付款核算业务不复杂,或者现结业务较多,可选用"简单核算"方案。

2) 基本科目设置

基本科目设置是设置在制单时凭证中借贷方应记的会计科目。

3) 应付单据审核

对应付单据的项目内容进行审核,主要审核采购价格和采购成本,已通过审核的单据可以进行制单处理,否则,可以弃审改正应付单据的项目内容,审核通过后,再进行凭证制作。

4) 根据采购发票制单

对通过审核的采购发票制作应付款的记账凭证。

5) 凭证查询

查询已生成的凭证内容，了解应付款账目情况。

6) 总账查询凭证

制成的凭证已经传递到总账系统中，可以打开总账系统查看。若凭证有错误，则要在应付款管理系统中进行修改或删除。

实验九 应收款和应付款管理系统的制单业务处理

【实验目的】

(1) 理解应收款、应付款管理模块的作用，掌握应收、应付账款管理系统的制单操作。

(2) 理解销售业务、采购业务和委外业务与应收款、应付款之间的账务关系。

【实验要求】

以操作员身份进入系统进行操作。

【实验资料】

1. 实验数据准备

(1) 修改系统时间为2024-03-30。

(2) 引入"制单业务数据准备"数据账套。

2. 实验资料

1) 应收账款制单业务实验资料

(1) 账套参数设置：应收账款核算模型为"详细核算"模式；按信用方式根据单据提前7天自动报警，根据信用额度自动报警，提前比率为10%。

(2) 初始设置如表10-1～表10-3所示。事先在总账系统的会计科目设置中，将应收账款科目的辅助核算设置为客户往来，受控系统设置为应收系统。

表10-1 应收款凭证科目设置

科目类别	设置方式
基本科目设置	应收科目(本币)：应收账款
	销售收入科目(本币)：主营业务收入
	税金科目：应交税费—应交增值税—销项税额
控制科目设置	对所有客户设置应收科目：应收账款
结算方式科目设置	结算方式为现金；币种为人民币；科目为库存现金
	结算方式为支票；币种为人民币；科目为银行存款

表10-2 账期内账龄区间和逾期账龄区间设置

序号	起止天数	总天数
01	1~30	30
02	31~60	60
03	61~90	90
04	91~120	120
05	121以上	

表10-3 报警级别设置

级别	A	B	C	D	E	F
总比率 (客户欠款余额占其信用额度的比例)	10%	20%	30%	40%	50%	
起止比率	0~10%	10%~20%	20%~30%	30%~40%	40%~50%	50%以上

(3) 对湖北华联商厦的销售订单进行审核。

(4) 根据其销售发票制作记账凭证。

(5) 在应收款系统中查看已制成的应收款凭证。

(6) 从总账系统查询所生成的应收账款凭证。

(7) 账套参数设置：应付账款核算模型为"详细核算"模式。按信用方式根据单据提前7天自动报警，根据信用额度自动报警，提前比率为10%。

2) 应付账款制单业务实验资料

(1) 初始设置如表10-4~表10-6所示。事先在总账系统的会计科目中进行设置，将应付账款科目的辅助核算设置为供应商往来，受控系统设置为应付系统。

表10-4 应付款凭证科目设置

科目类别	设置方式
基本科目设置	应付科目(本币)：应付账款
	采购科目：材料采购
	税金科目：应交税费—应交增值税—进项税额
控制科目设置	对所有供应商设置应付科目：应付账款
结算方式科目设置	结算方式为现金；币种为人民币；科目为库存现金
	结算方式为支票；币种为人民币；科目为银行存款

表10-5 账期内账龄区间和逾期账龄区间设置

序号	起止天数	总天数
01	1~30	30
02	31~60	60
03	61~90	90
04	91~120	120
05	121以上	

表10-6　报警级别设置

级别	A	B	C	D	E	F
总比率 (按照欠款余额与供应商 授信额度的比例)	10%	20%	30%	40%	50%	
起止比率	0～10%	10%～20%	20%～30%	30%～40%	40%～50%	50%以上

(2) 对向上海昊恒工贸有限公司采购料品的采购订单进行审核。

(3) 根据采购发票制作记账凭证。

(4) 在应付款系统中查看已制成的应付款凭证。

(5) 从总账系统查询所生成的应付账款凭证。

【操作指导】

1. 设置应收账款核算模型

岗位：财务部门/会计

菜单路径：业务工作/财务会计/应收款管理/设置/选项

双击"应收款管理"模块"设置"中的"选项"功能，单击"编辑"按钮，在"常规"页签中，选择"单据审核日期依据"为"业务日期"，"应收账款核算模型"为"详细核算"；在"权限与预警"页签中，单据报警"提前天数"为7，信用额度报警"提前比率"为10%，选中"超过信用额度报警"和"信用额度控制"复选框，设置完成后，单击"确定"按钮。操作结果如图10-5所示。

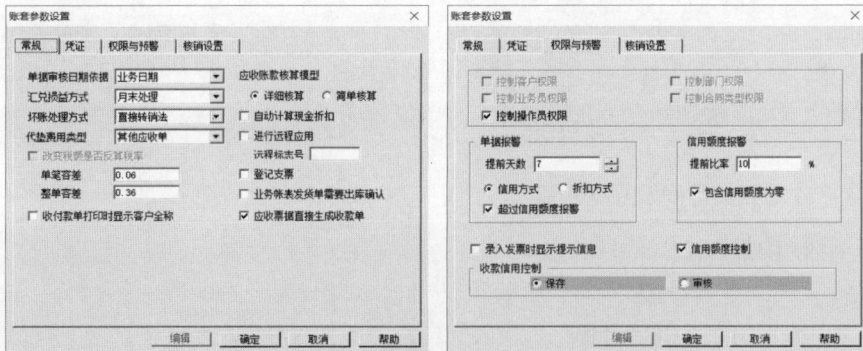

图10-5　应收账款核算模型及信用额度报警设置

❖ 注意：

◇ "应收账款核算模型"选择为"详细核算"模式，可以完成应收会计的全部业务工作。

◇ 若"应收账款核算模型"选择为"简单核算"模式，则仅根据销售发票完成制单功能。功能菜单如图10-6所示。

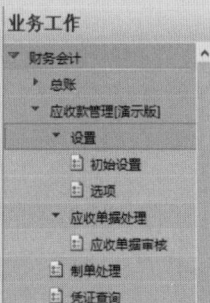

图10-6　应收账款简单核算模式的功能菜单

2. 设置应收账款凭证的基本科目、控制科目及结算方式科目

岗位：财务部门/会计

菜单路径：业务工作/财务会计/应收款管理/设置/初始设置

运行"应收款管理"下"设置"模块中的"初始设置"功能，打开"初始设置"窗口，在"基本科目设置"中，单击"增加"按钮，在"基础科目种类"列表框中选择"应收科目"，"科目"输入"1122"(应收账款)，币种默认为"人民币"。同理，输入"销售收入科目"，科目代码为"6001"(主营业务收入)；输入"税金科目"，科目代码为"22210103"(应交税费——应交增值税——销项税额)。操作结果如图10-7所示。

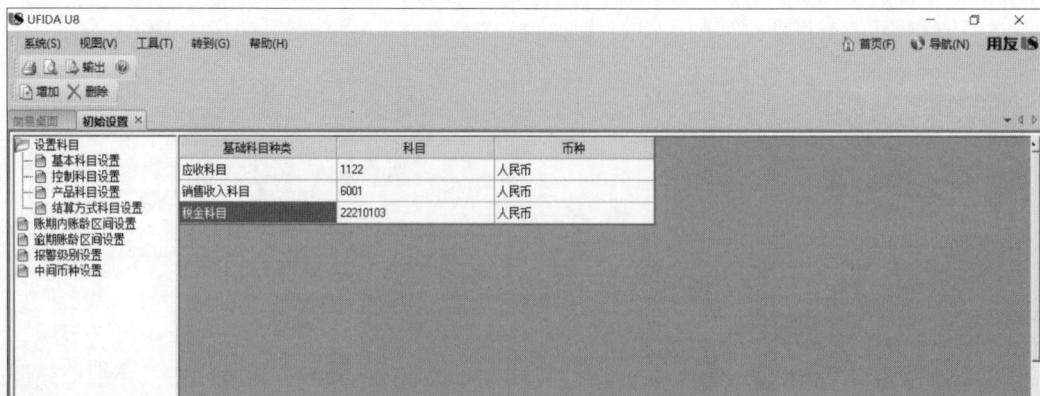

图10-7 应收账款凭证基本科目设置

❖ **注意：**

应收科目已经事先在会计科目代码表(第1章1.5节第40项)中进行了客户往来辅助核算设置，同时，选择受控系统为应收系统，此时应收账款科目才能输入成功。表明应收款业务的记账凭证要由应收款管理子系统生成，不可以在总账系统中手动录入，以避免数据重复。

3. 设置应收款账龄区间及报警级别

岗位：财务部门/会计

菜单路径：业务工作/财务会计/应收款管理/设置/初始设置

(1) 单击"账期内账龄区间设置"，输入资料，如图10-8所示。

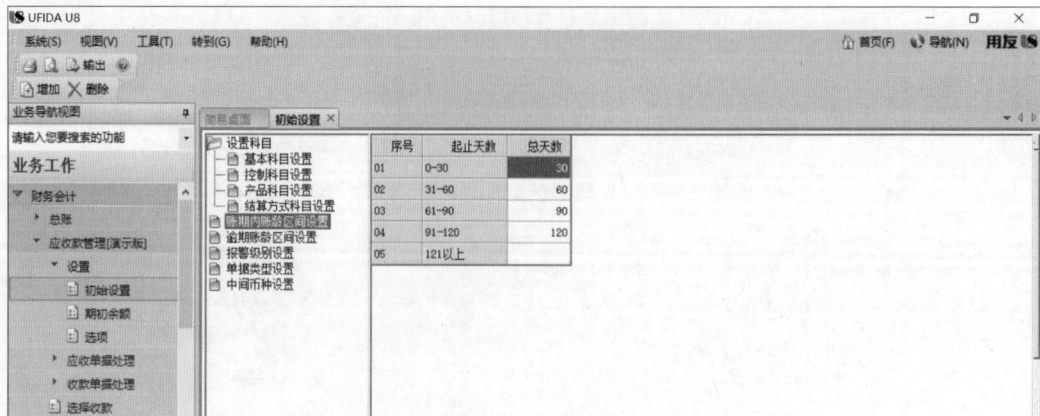

图10-8 应收款账期内账龄区间设置

(2) 同理，输入"逾期账龄区间设置"资料。

(3) 单击"报警级别设置"，输入资料，如图10-9所示。

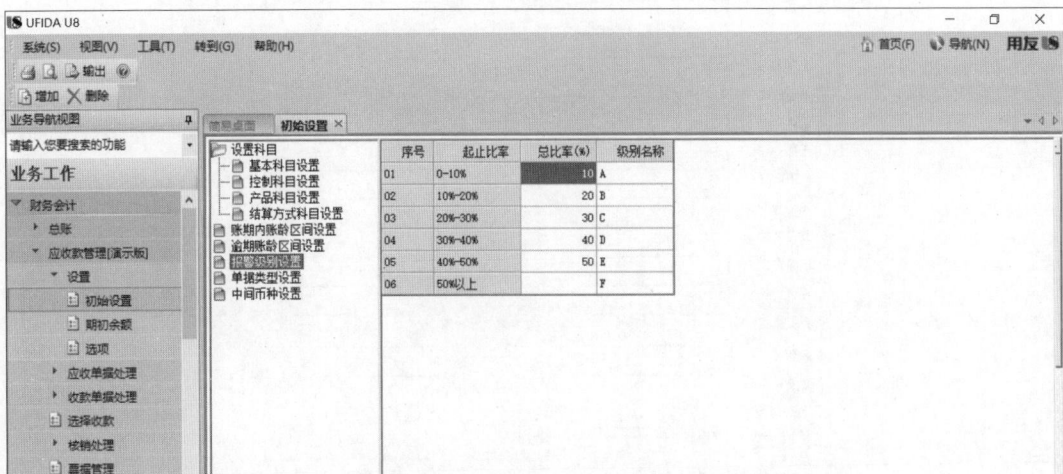

图10-9 应收款管理信用报警级别设置

❖ **注意：**

◇ 总比率，即信用比率，是指客户信用余额与客户信用总额的比值。客户信用余额=客户信用总额-应收账款余额。客户信用余额降低表明客户的还款能力可能下降，通过监控信用比率，可以了解客户的还款能力，减少应收账款的回收风险。客户信用总额在客户档案中录入，是企业根据对客户的评估及经验估算而得的数据，可以根据客户实际经营状况进行调整。

◇ 企业做信用控制分析时，在客户档案"信用"页签中，还要选择"控制信用额度"选项。

◇ 应收款系统中的信用控制属于事后管理。客户信用的事前控制可以在销售管理系统中进行处理，即，若信用点设置为保存单据，则当单击销售订单中的"保存"按钮时，系统自动计算客户的信用余额，若该订单中价税合计数额超过了客户的信用余额，将不能保存此销售订单，也不能进行产销排程的规划。通过与客户沟通、调查后，确认还款能力足够，才给客户安排生产。经由信用审批人签字后，系统才能操作保存此笔销售订单，然后进行后续流程的工作。

4. 审核由销售管理系统中生成的应收单据

岗位：财务部门/会计

菜单路径：业务工作/财务会计/应收款管理/应收单据处理/应收单据审核

以赋予权限的身份登录系统，可以对销售管理系统传来的应收单据进行审核和制单，审核提供手工审核、自动批审两种功能，选择其一即可。本实验以"bj1"身份登录系统，进行审核。

1) 手工审核

(1) 双击"应收款管理/应收单据处理"的"应收单据审核"功能，弹出"应收单查询条件"窗口，单击"确定"按钮，出现如图10-10所示的对话框。

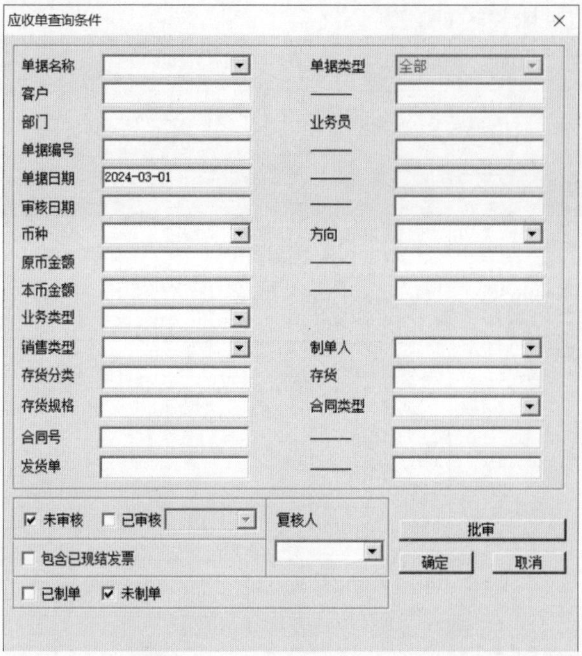

图10-10 "应收单查询条件"对话框

（2）输入查询条件后，单击"确定"按钮，进入"应收单据列表"窗口，如图10-11所示，逐一打开销售发票审核各项内容，审核无误后，单击"审核"按钮；或者，把全部发票核对完成后，再返回"应收单据列表"窗口进行一批审核，即在"选择"栏双击选择发票所在行，或者单击"全选"按钮，"选择"栏位处显示为"Y"时，单击工具栏中的"审核"按钮，"审核人"栏位处自动填上审核人名称，如图10-12所示，确定后弹出提示对话框，审核未成功的可以单击右侧按钮，查看原因。若发现单据审核有误，还可以选择某记录或全选，单击"弃审"按钮进行单张单据或全部单据的取消审核工作。

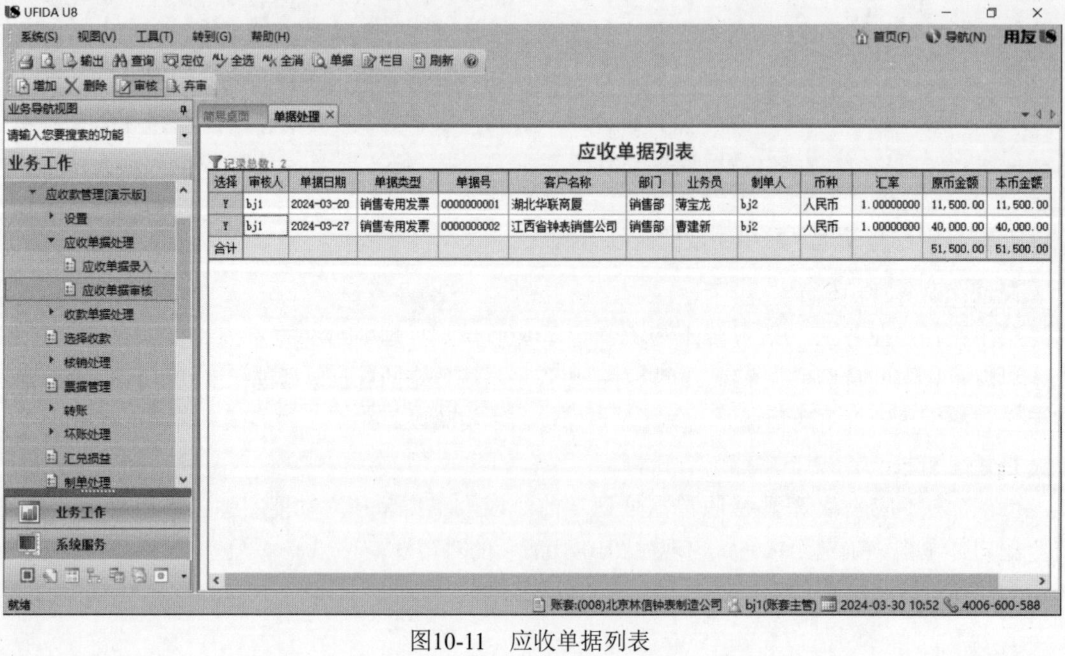

图10-11 应收单据列表

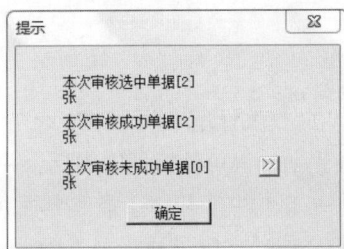

图10-12 应收单据审核成功提示

审核与填制应收单据不能为同一人。

2) 自动批审

双击"应收单据处理"的"应收单据审核"功能，系统显示"应收单查询条件"对话框，单击"批审"按钮，系统会根据当前的过滤条件将符合条件的未审核单据全部进行一次性审核处理。批审完成后，系统提交单据批审报告，显示成功或不成功单据的张数及明细审核单据。单击"≫"按钮，可查看单据明细资料。操作结果如图10-13、图10-14所示。

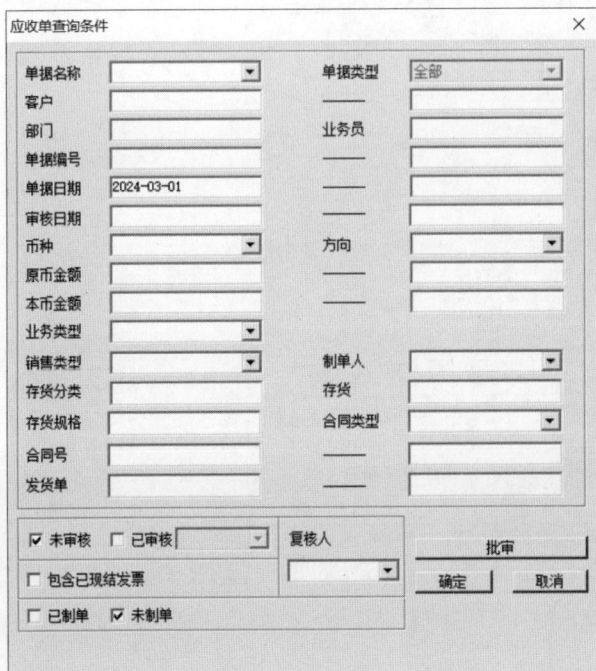

图10-13 应收单批审查询条件选择

图10-14 应收单据自动批审结果提示

审核与填制应收单据不能为同一人。

5. 根据已审核的销售发票制单

岗位：财务部门/会计

菜单路径：业务工作/财务会计/应收款管理/制单处理

该模块可以快速、成批地生成凭证，也可依据规则进行合并制单等处理。

(1) 双击"制单处理"功能，进入"制单条件选择"界面，单击选择左边列表框中的"制单依据"选项。若选择"隐藏记录"选项，则只显示处于隐藏状态的记录；若选择"未隐藏记录"选项，则只显示处于未隐藏状态的记录，如图10-15所示。选择完成后，单击"确定"按钮，系统会将符合条件的所有未制单已经审核的销售发票单据全部列出，如图10-16所示。

(2) 选择"制单日期"为开具销售发票的日期，从"凭证类别"栏的下拉列表框中选择凭证类别。

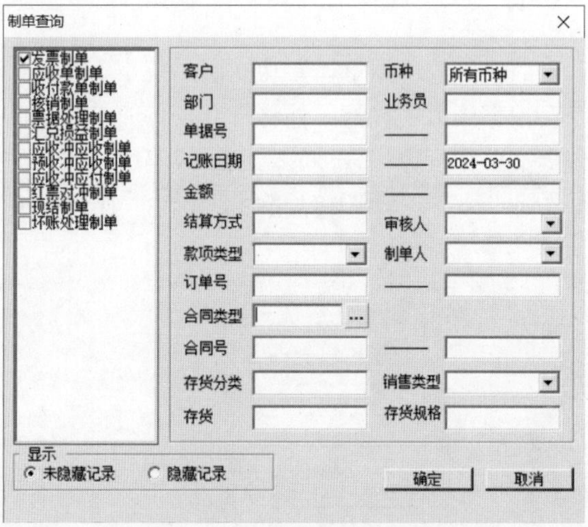

图10-15　应收款制单条件选择

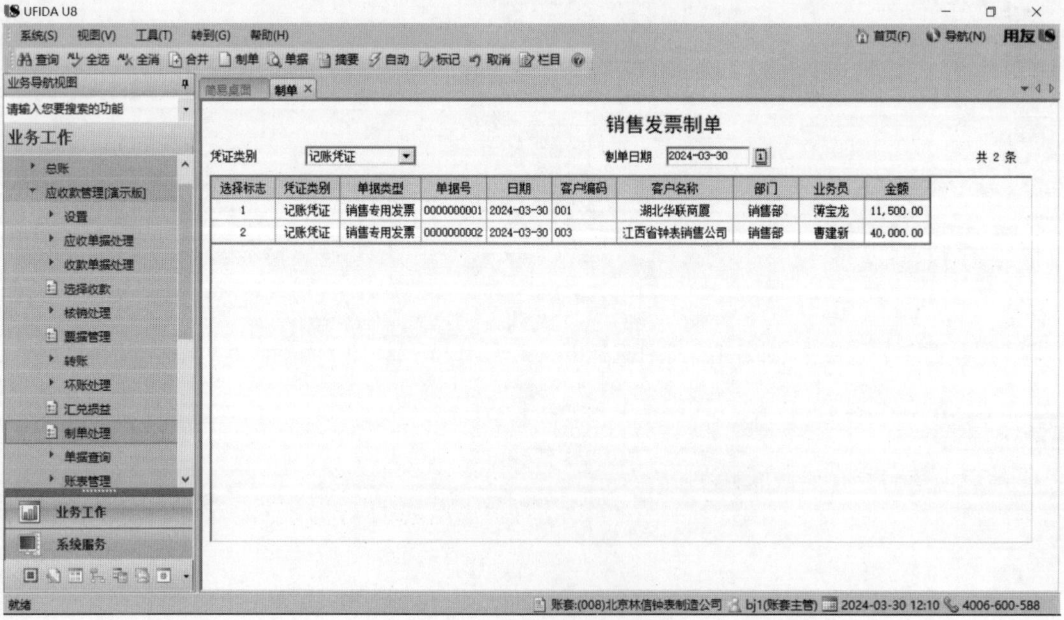

图10-16　应收款制单发票列表

(3) 双击要制单的单据的"选择标志"栏位，或者单击"全选"按钮，此栏位显示出不同的序号，单击工具栏中的"制单"按钮，进入填制凭证界面，单击应收账款科目所在行，填写辅助项信息，即向凭证左下方移动鼠标，当箭头变为笔头形状时，双击鼠标，弹出辅助项窗口，填写发票号和发生日期，完成后单击"确定"按钮，再单击"保存"按钮即可生成记账凭证，如图10-17、图10-18所示。或者单击"合并"按钮，将所有列示单据的"选择标志"栏位变为同一个序号，单击"制单"按钮，将这几张单据合并制作成一张凭证，如图10-19、图10-20所示。序号用于区别不同单据制成的不同凭证，可修改，例如系统给出的序号为2，可改为1，相同序号的记录将会填在同一张凭证中。

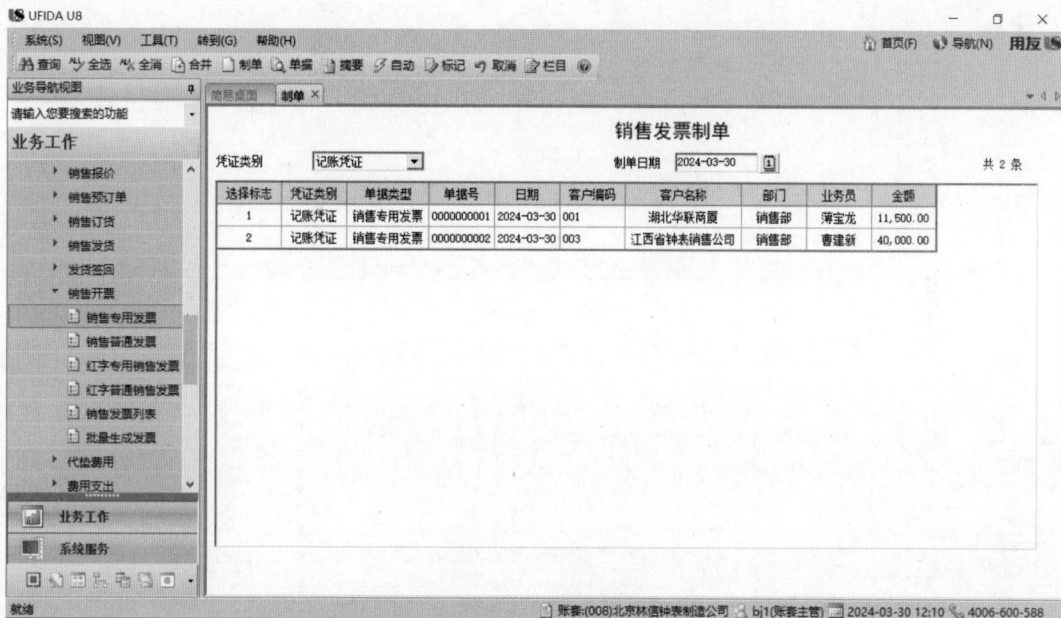

图10-17 制单选择

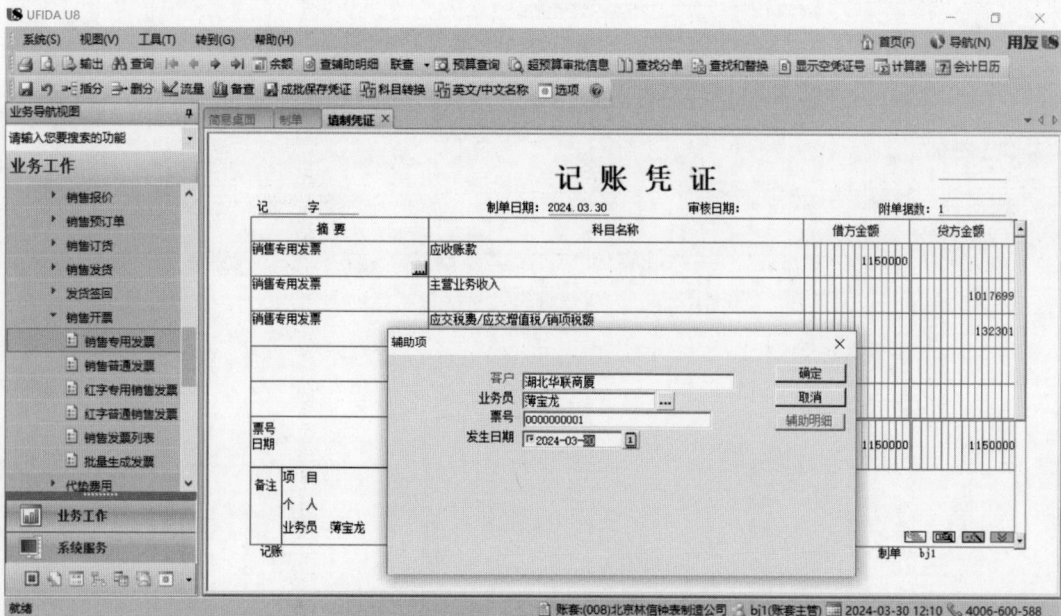

图10-18 生成应收账款凭证(湖北华联商厦)

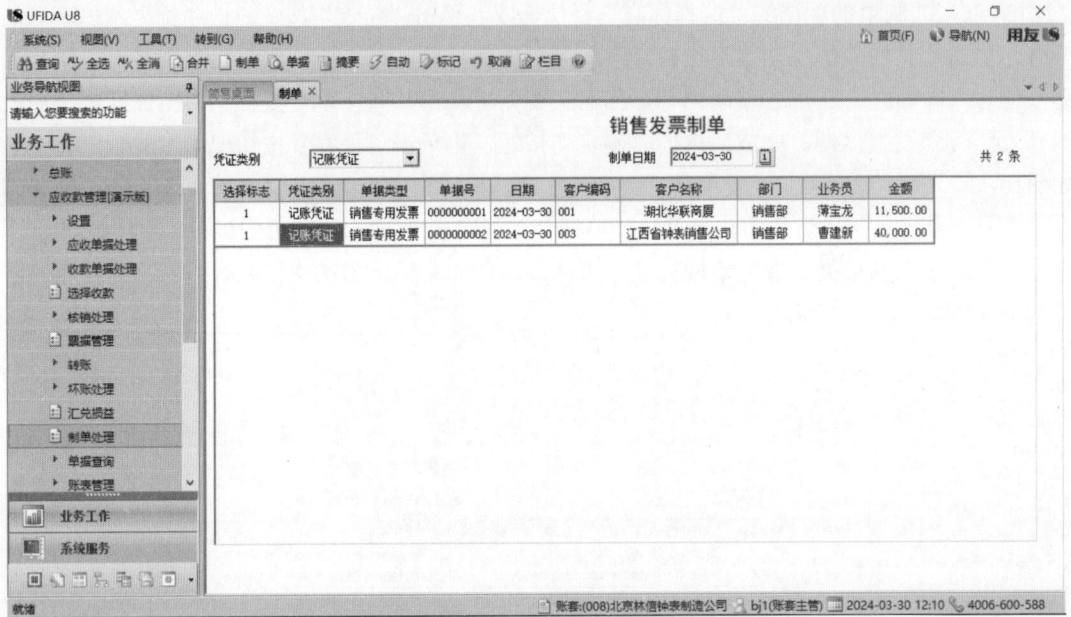

图10-19 选择合并制单

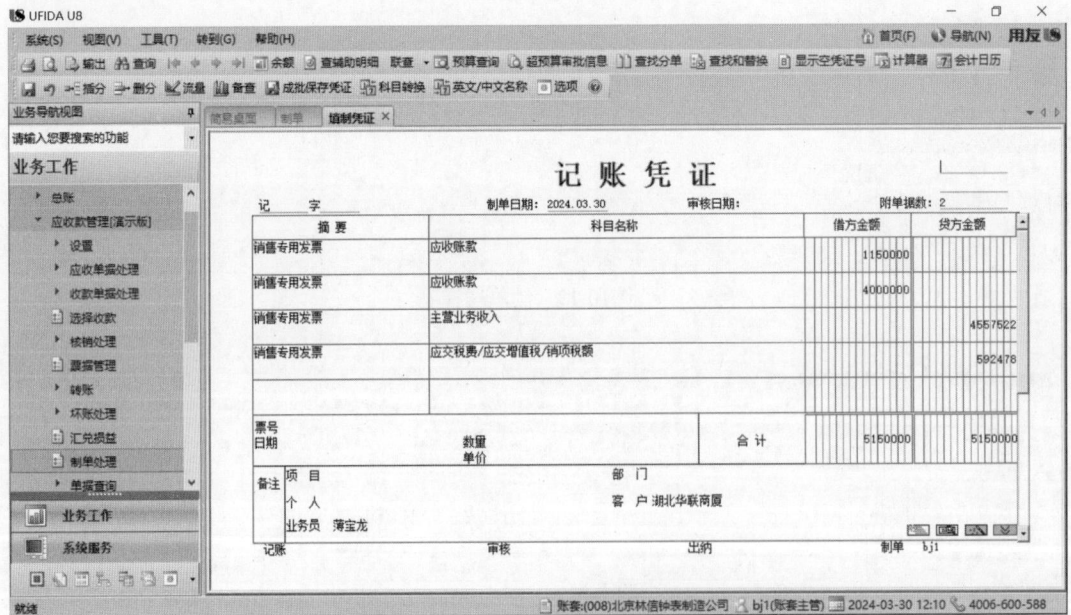

图10-20 多张单据合并生成一张凭证

❖ 注意：

◇ 若某些记录不制单，可以将它们打上隐藏标记，这样选择记录后，单击"标记"按钮，即可隐藏该记录而不制单；单击"自动"按钮，则可以将制单过程中合并分录后而导致凭证为空的记录打上隐藏标记；单击"取消"按钮，则取消制单记录的隐藏标志。

◇ 若希望在凭证生成时自动形成其摘要内容，则可以在填制销售发票或单据时，在单据的"备注"中写好业务内容。当按发票制单时，取发票类型或备注作为凭证摘要内容；当按单据制单时，自动取单据中相应的备注内容填充摘要，如果没有备注内容，则按当前单据类型或处理内容填充摘要。摘要允许修改。

◇ 各种制单类型均可以实现合并制单处理，只有坏账处理独立制单。

◇ 对制作的凭证，可增删分录，但不能是受控科目，系统生成的分录也不允许删除。金额由系统自动生成，不能修改，但允许对非受控科目分录的金额进行修改。可以修改科目、项目、部门、个人、制单日期、摘要、凭证类别、附单据数等栏目。

◇ 由该系统生成的记账凭证可以通过"凭证查询"界面进行修改、删除和冲销。这些凭证可以在总账系统中查看和进一步做账务处理，但不能被修改或删除。

6. 在应收款管理模块中查询应收账款凭证及其单据

岗位：财务部门/会计

菜单路径：业务工作/财务会计/应收款管理/单据查询/凭证查询

双击"凭证查询"命令，在打开的"凭证查询条件"对话框中，单击"确定"按钮，进入"凭证查询"列表界面，如图10-21所示，单击某行记录变为蓝色，即为选中该凭证，通过工具栏中的"凭证"按钮，进入"记账凭证"界面，即可翻页逐一查询，如图10-22所示。在"凭证查询"列表界面，单击"单据"按钮，可以查询对应的生单发票或单据。

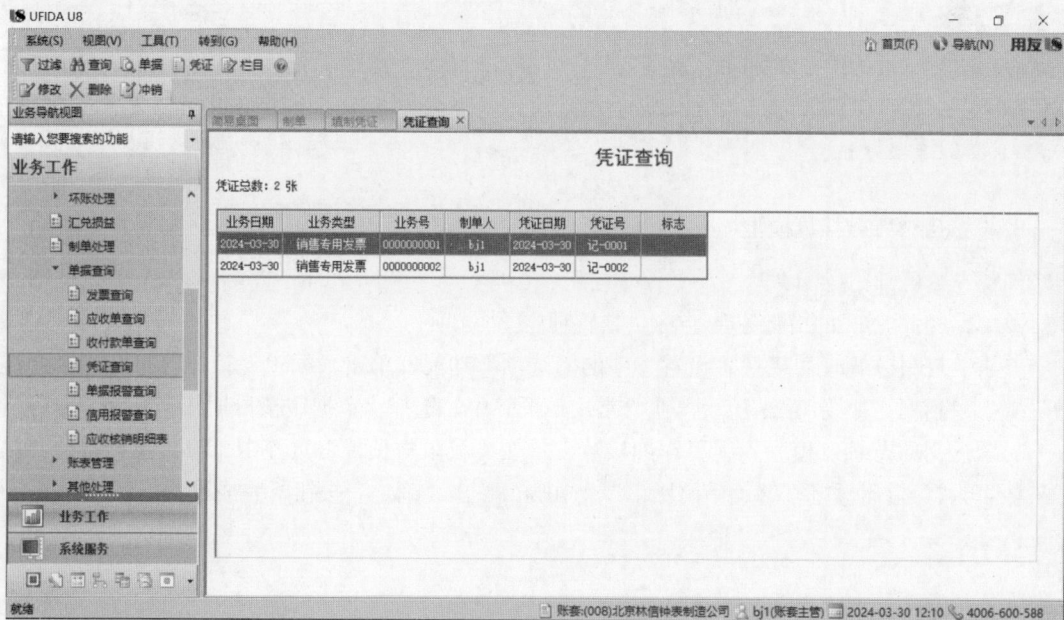

图10-21 查询应收款凭证

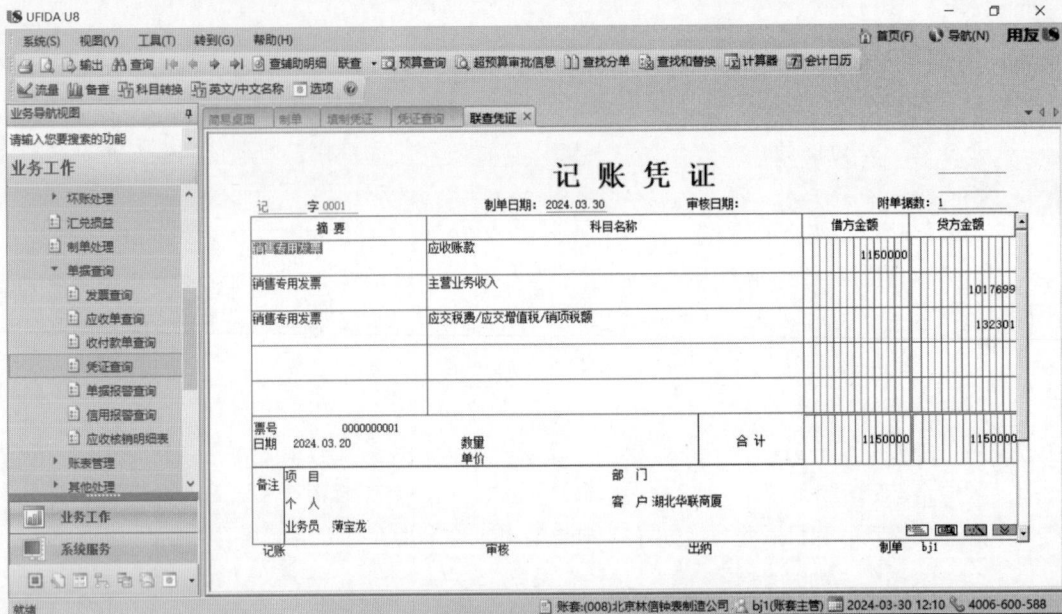

图10-22 查询应收款单据(湖北华联商厦)

7. 在总账系统中查询应收款凭证

岗位：财务部门/会计

菜单路径：业务工作/财务会计/总账/凭证/查询凭证

由应收款管理系统生成的凭证，可以在总账系统中查询浏览。执行"查询凭证"命令，在打开的"凭证查询"对话框中，输入日期等条件后，单击"确定"按钮，进入"查询凭证列表"界面，双击某行记录，即打开对应的记账凭证，可以翻页逐一查看。

❖ 注意：

在总账系统中，可以查询、浏览凭证，也可以审核、标错凭证，但不能修改、删除凭证。若凭证有错误，只能返回应收款管理系统对凭证进行删除，然后修改对应发票等单据后，再重新生成凭证。

8. 设置应付账款核算模型

岗位：财务部门/会计

菜单路径：业务工作/财务会计/应付款管理/设置/选项

双击"应付款管理"模块"设置"中的"选项"功能，单击"编辑"按钮，打开"账套参数设置"对话框，如图10-23所示，在"常规"页签中，选择"单据审核日期依据"为"业务日期"、"应付账款核算模型"为"详细核算"；在"权限与预警"页签中，设置单据报警"提前天数"为7、信用额度报警"提前比率"为10%。单击"确定"按钮，完成设置。

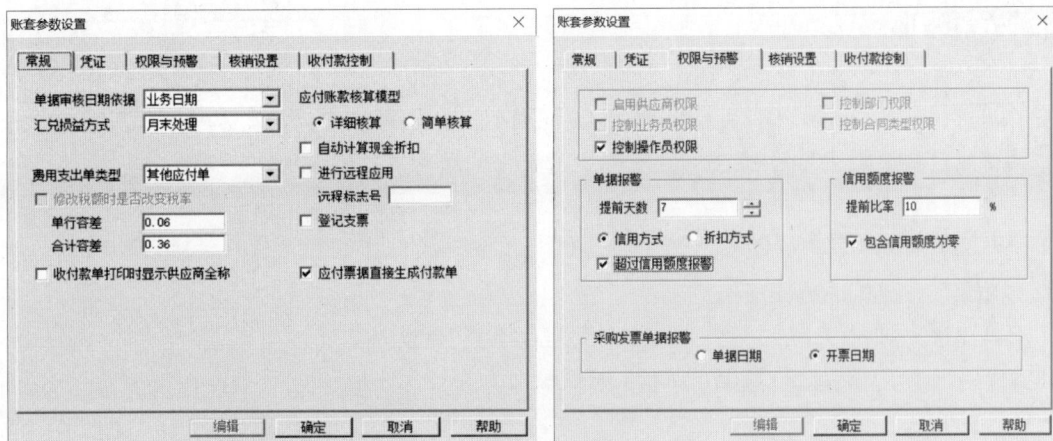

图10-23 应付账款核算模型设置

9. 设置应付款凭证中的基本科目、控制科目及结算方式科目

岗位：财务部门/会计

菜单路径：业务工作/财务会计/应付款管理/设置/初始设置

运行"应付款管理"模块"设置"中的"初始设置"功能，在"基本科目设置"中单击"增加"按钮，在"基础科目种类"中选择"应付科目"，会计科目代码为"2202"(应付账款)，币种默认为"人民币"。同理，增加"采购科目"，会计科目代码为"1401"(材料采购)；增加"委外科目"，会计科目代码为"1408"(委托加工物资)；增加"税金科目"，会计科目代码为"22210101"(应交税费—应交增值税—进项税额)。操作结果如图10-24所示。

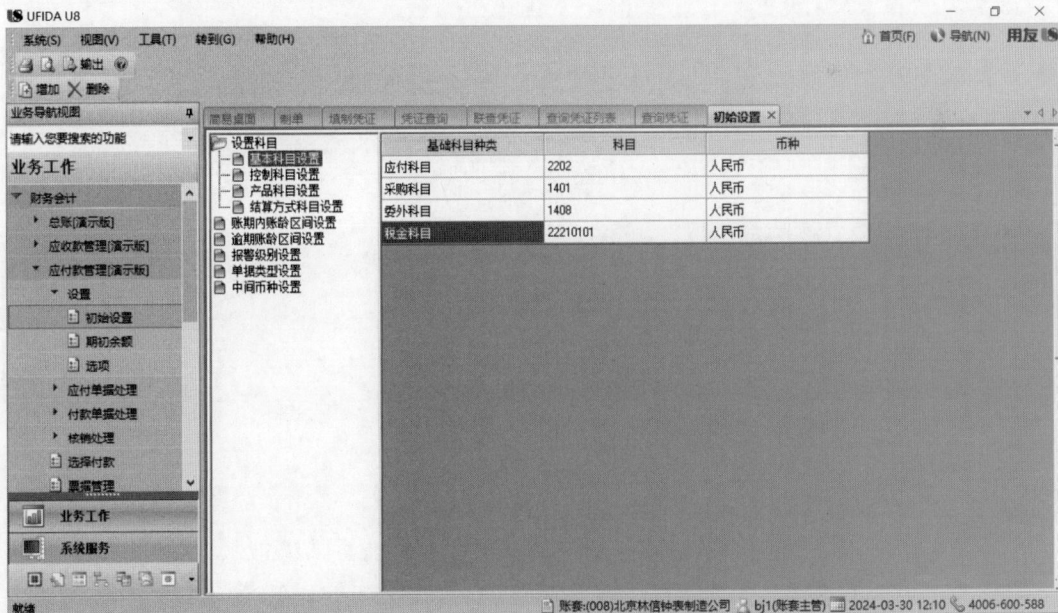

图10-24 应付账款凭证基本科目设置

❖ **注意：**

应付科目已经事先在会计科目代码表(第1章1.5节第40项)中进行了供应商往来辅助核算设置，同时，选择受控系统为应付系统，此时应付科目才能输入成功。表明应付业务的记账凭证要由应付款管理子系统生成，不可以在总账系统中手动录入，以避免数据重复。

10. 设置应付款账龄区间及报警级别

岗位：财务部门/会计

菜单路径：业务工作/财务会计/应付款管理/设置/初始设置

(1) 单击"账期内账龄区间设置"，输入资料，如图10-25所示。

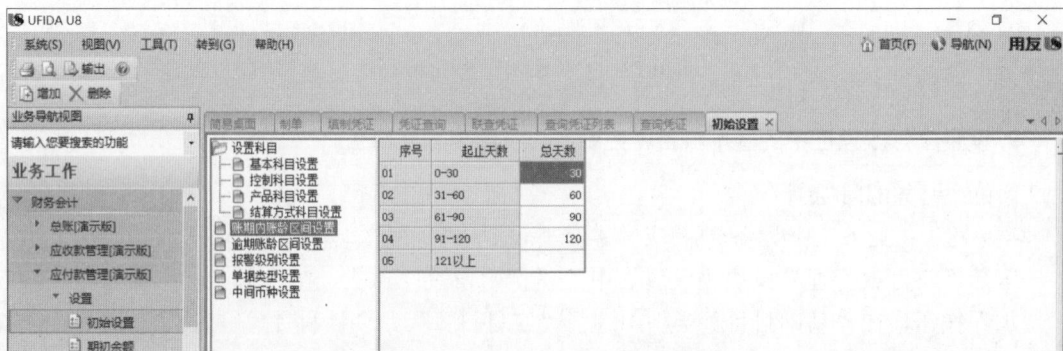

图10-25 应付款账期内账龄区间设置

(2) 同理，输入"逾期账龄区间设置"资料。

(3) 单击"报警级别设置"，输入资料，如图10-26所示。

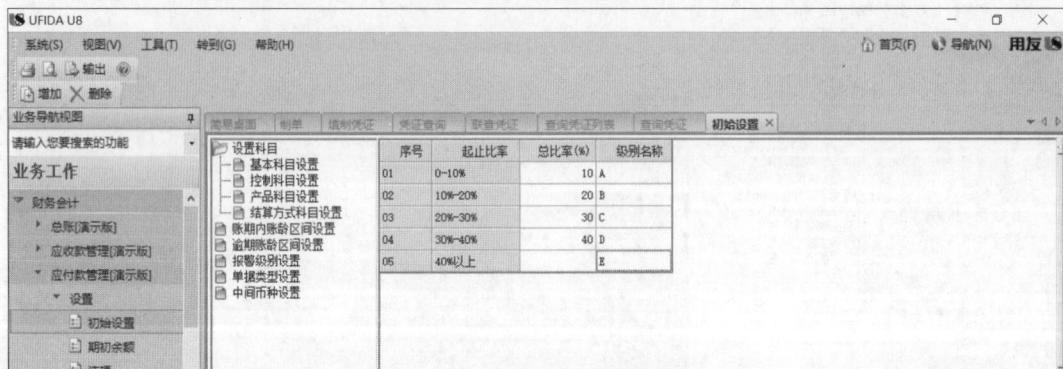

图10-26 应付款管理信用报警级别

❖ **注意：**

总比率，即信用比率，是指供应商信用余额与供应商信用总额的比值。供应商信用余额=供应商信用总额−应付账款余额。供应商信用余额降低表明供应商的供货能力可能下降，通过监控信用比率，可以了解供应商的供货能力，同时也能分析本企业的付款及欠款情况，以掌控好资金的运转使用。供应商信用总额在供应商档案中录入，是企业根据对供应商的评估和经验估算的数据。

11. 审核由采购管理系统中生成的应付单据

岗位：财务部门/会计

菜单路径：业务工作/财务会计/应付款管理/应付单据处理/应付单据审核

可以对采购管理系统传来的应付单据进行审核，提供手工审核和自动批审两种功能，选择其中之一即可。

1) 手工审核

(1) 双击"应付单据处理"的"应付单据审核"功能，弹出"应付单查询条件"对话框，如图10-27所示，选中"未完全报销"复选框，单击"确定"按钮。

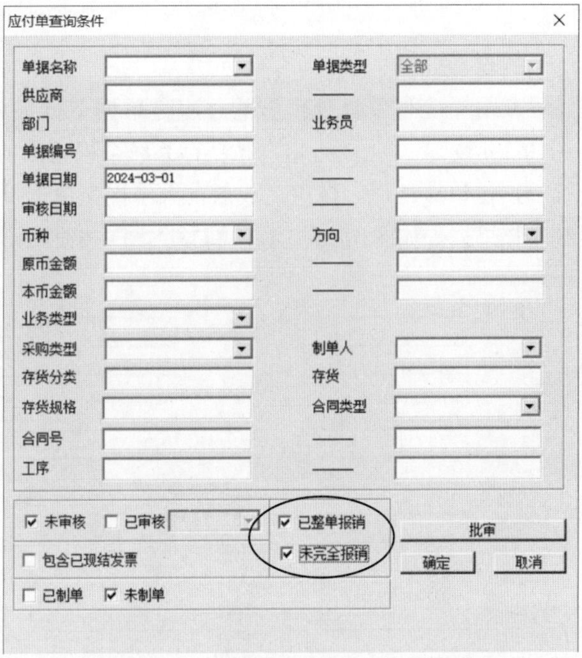

(2) 进入"应付单据列表"窗口，对所有的采购发票及委外发票核对完成后，双击要处理的应付单据的"选择"栏位或单击"全选"按钮，"选择"栏位处显示为"Y"，单击工具栏中的"审核"按钮。审核完成后，在"审核人"栏位处自

图10-27　应付单据审核查询条件输入

动填上审核人名称，确定后，弹出"提示"对话框，如图10-28所示，审核未成功的可以单击右侧按钮，查看原因。若发现单据审核有误，可以选择某记录或全选，单击"弃审"按钮进行单张单据或全部单据的取消审核工作。

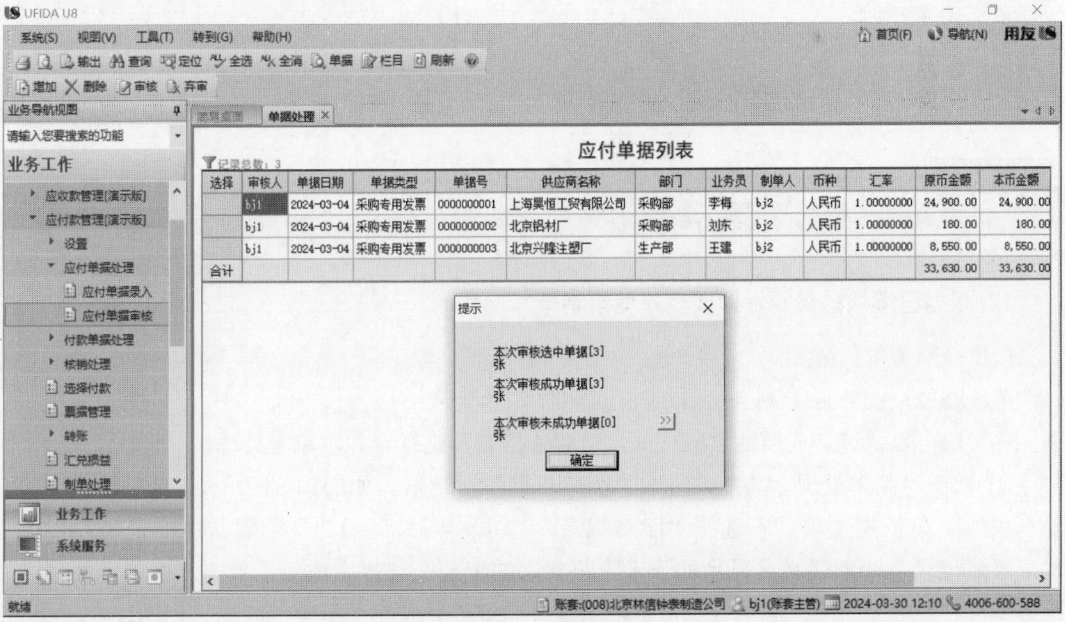

图10-28　审核应付单据

❖ **注意：**

审核与填制应付单据不能为同一人。

2) 自动批审

双击"应付单据处理"的"应付单据审核"功能，进入"应付单查询条件"对话框，如图10-29所示，单击"批审"按钮，系统会根据当前的过滤条件将符合条件的未审核单据全部进行一次性审核处理。批审完成后，系统提交单据批审报告，显示成功或不成功单据的张数及明细审核单据，如图10-30所示，单击"≫"按钮，即可查看单据明细资料。

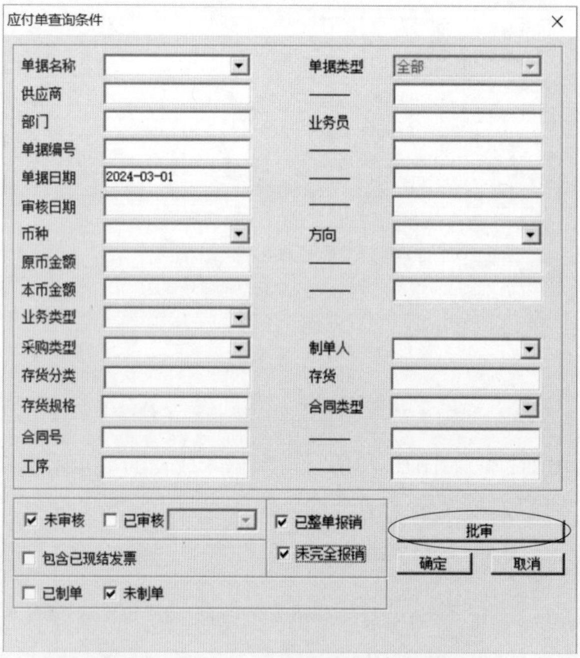

图10-29　应付单据批审过滤条件选择

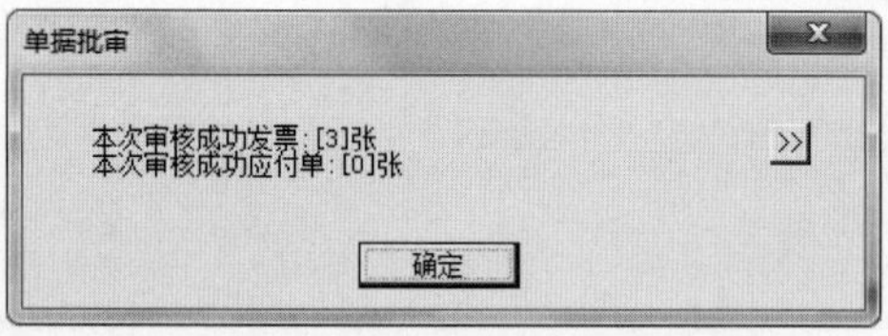

图10-30　应付单据自动批审结果的提示

❖ **注意：**

审核与填制应付单据不能为同一人。

12. 根据已审核的采购发票或委外发票制单

岗位：财务部门/会计

菜单路径：业务工作/财务会计/应付款管理/制单处理

该模块可以快速、成批地生成凭证，也可依据规则进行合并制单等处理。

(1) 双击"制单处理"功能，进入"制单查询"对话框，如图10-31所示，单击选择左边列表框中的制单依据选项。若选择"隐藏记录"选项，则只显示处于隐藏状态的记录；若选择"未隐藏记录"选项，则只显示处于未隐藏状态的记录。选择完成后，单击"确定"按钮，系统会将符合条件的所有未制单已经审核的采购发票或委外发票单据全部列出，如图10-32所示。

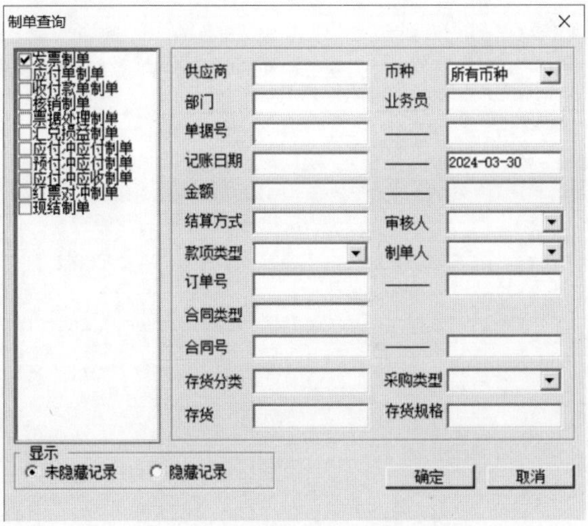

图10-31 应付款制单条件选择

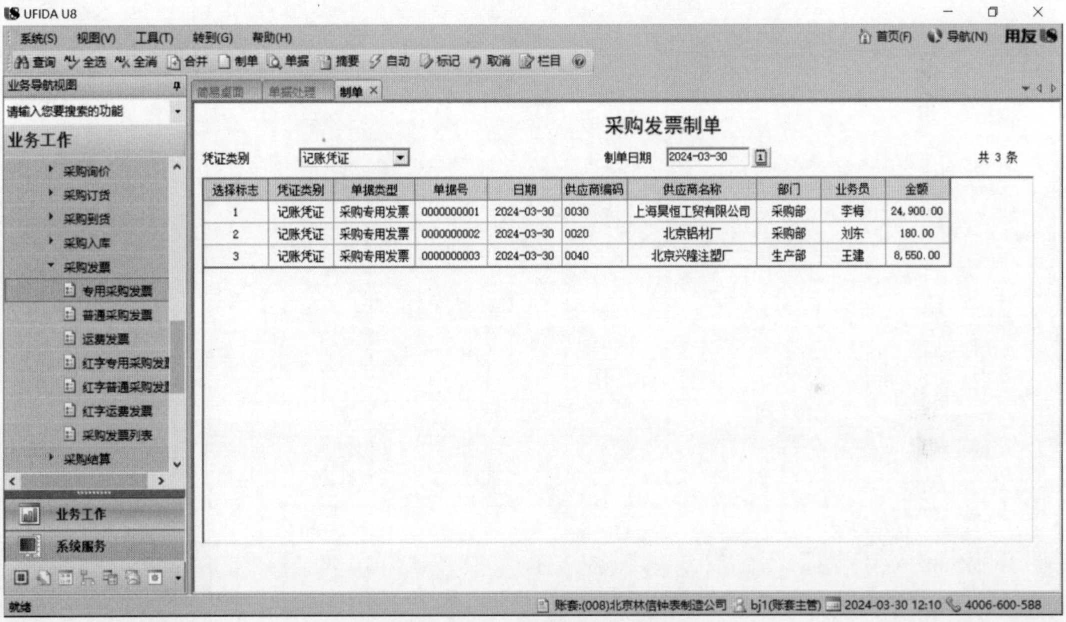

图10-32 应付款制单发票列表

(2) 在图10-32中的"凭证类别"下拉列表框中选择凭证类别。

(3) 双击要制单的单据的"选择标志"栏位单元格，或者单击"全选"按钮，此栏位显示出不同的序号，单击工具栏中的"制单"按钮，进入填制凭证界面，如图10-33所示。单击应付账款科目所在行，填写辅助项信息，即向凭证左下方移动鼠标，箭头变为笔头形状时，双击鼠标，弹出"辅助项"对话框，填写完成后关闭，单击"保存"按钮，即可生成记账凭证，如图10-34所示。或者单击"合并"按钮，将所有列示单据的"选择标志"栏位变为同一个序号，单击"制单"按钮，将这几张单据合并制成一张凭证。序号用于区别不同单据制成的不同凭证，序号可修改，相同序号的记录将会填在同一张凭证中。

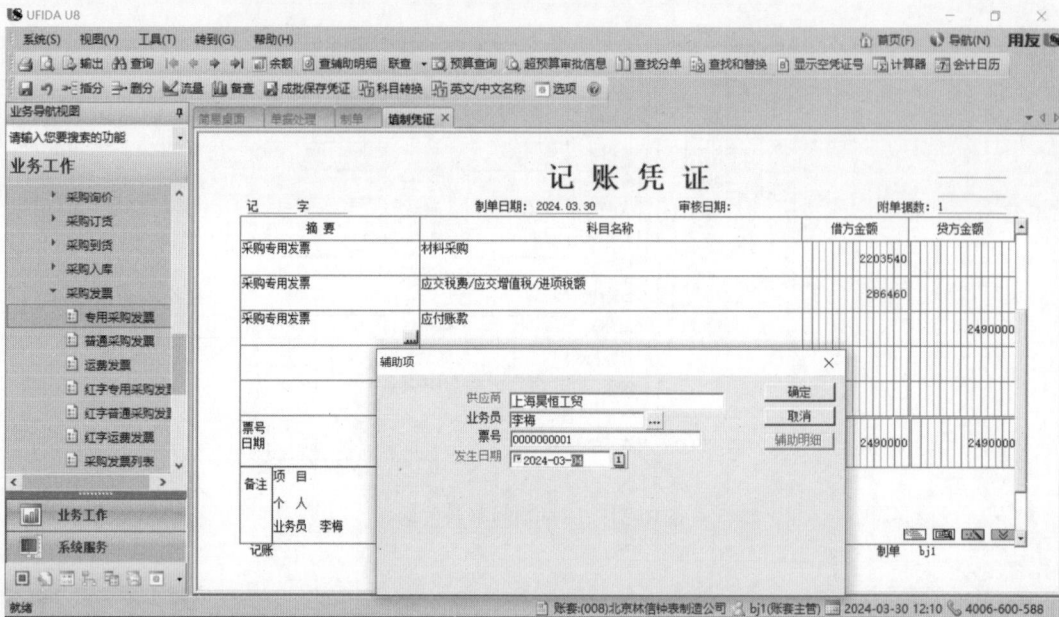

图10-33 填写应付账款辅助项信息

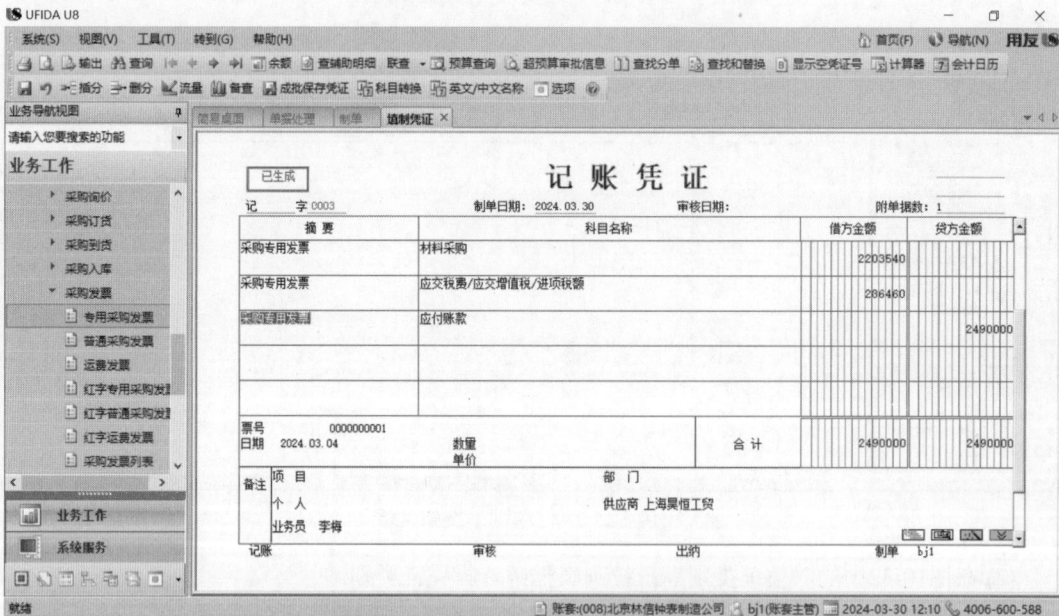

图10-34 生成应付账款凭证(上海昊恒工贸)

◇ 若要对某些记录不制单，可以将它们打上隐藏标记。选择记录后，单击"标记"按钮，即可隐藏该记录而不制单；单击"自动"按钮，可以将制单过程中合并分录后而导致凭证为空的记录打上隐藏标记；单击"取消"按钮，取消制单记录的隐藏标记。

◇ 若希望在凭证生成时自动形成其摘要内容，则可以在填制采购发票或单据时，在单据的"备注"中写好业务内容。当按发票制单时，取发票类型或备注作为凭证摘要内容；当按单据制单时，自动取单据中相应的备注内容填充摘要，如果没有备注内容，则按当前单据类型或处理内容填充摘要。摘要允许修改。

◇ 各种制单类型均可以实现合并制单处理，只有坏账处理独立制单。

◇ 对制作的凭证，可增删分录，但不能是受控科目，系统生成的分录也不允许删除。金额由系统自动生成，不能修改。但允许对非受控科目分录的金额进行修改。可以修改科目、项目、部门、个人、制单日期、摘要、凭证类别、附单据数等栏目。

◇ 由该系统生成的记账凭证可以通过"凭证查询"界面进行修改、删除和冲销。这些凭证可以在总账系统中查看和进一步做账务处理，但不能被修改或删除。

13. 在应付款管理模块中查询应付账款凭证及其单据

岗位：财务部门/会计

菜单路径：业务工作/财务会计/应付款管理/凭证查询

双击"凭证查询"功能，在凭证列表中单击某行记录使之变为蓝色，即为选中该凭证，通过工具栏中的"凭证"按钮，查询相应凭证；通过"单据"按钮，可以查询对应的生单发票或单据，如图10-35～图10-37所示。

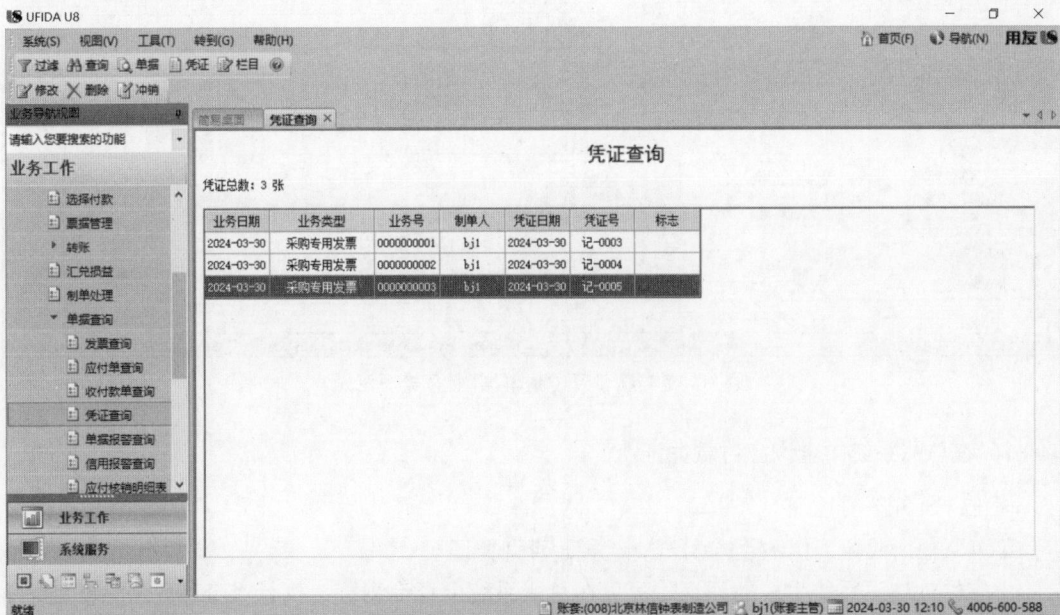

图10-35 凭证查询

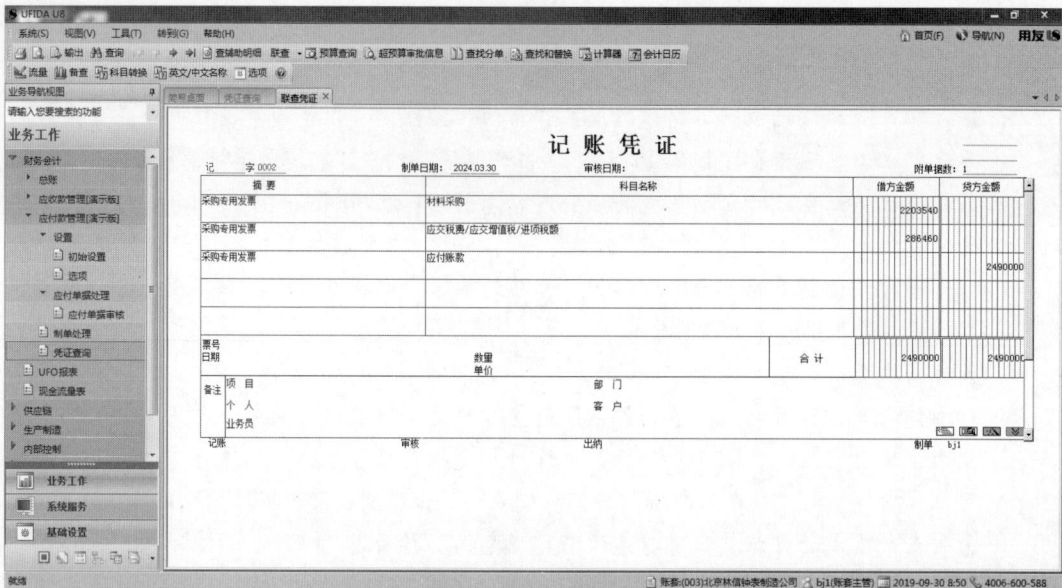

图10-36　查询应付款凭证

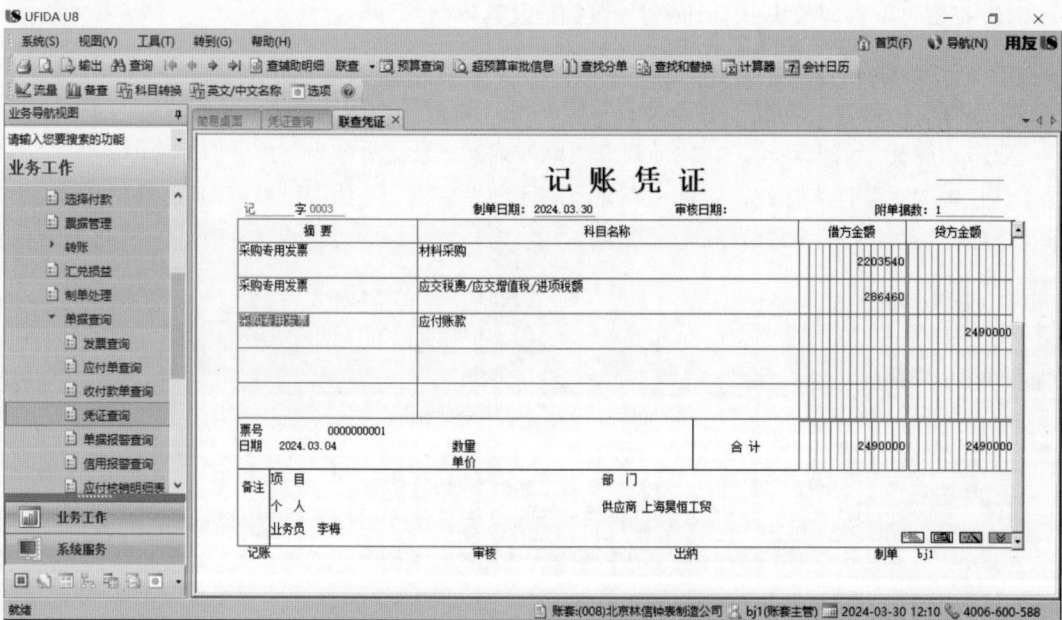

图10-37　查询应付款单据(上海昊恒工贸)

14. 在总账系统中查询应付款凭证

岗位：财务部门/会计

菜单路径：业务工作/财务会计/总账/凭证/查询凭证

由应付款管理系统生成的凭证，可以在总账系统中查询浏览。执行"查询凭证"功能，在"凭证查询"窗口中，可以输入日期等条件，单击"确定"按钮，进入"查询凭证列表"界面，如图10-38所示，双击某行记录，即打开对应的记账凭证，可以翻页逐一查看记账凭证内容。

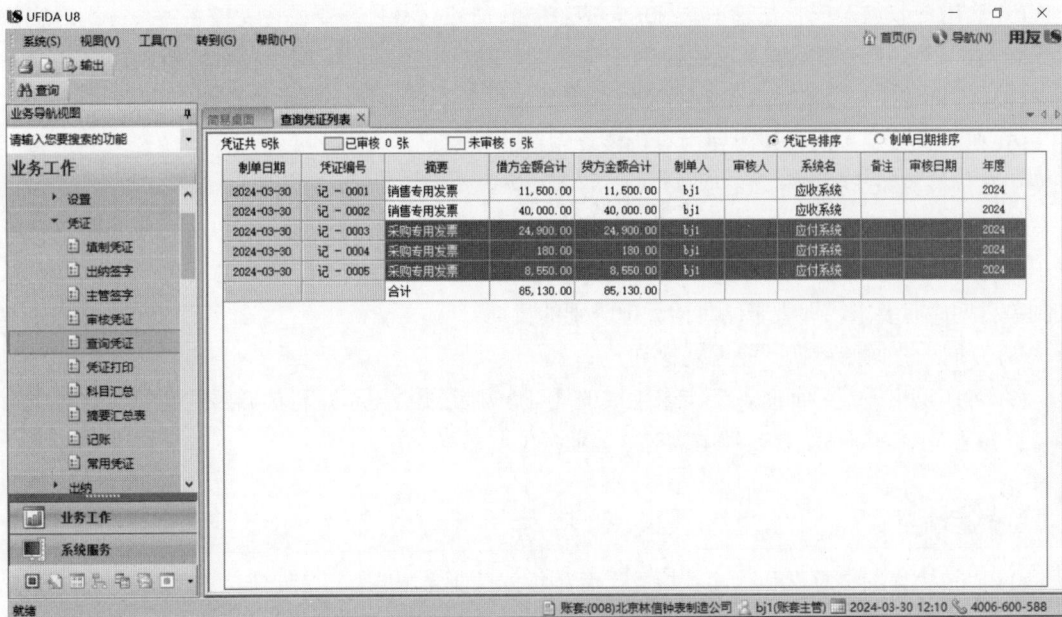

图10-38　查询应付款凭证

❖ **注意：**

在总账系统中，可以查询浏览凭证，也可以审核、标错凭证，但不能修改、删除凭证。若凭证有错误，只能返回应付款管理系统对凭证进行删除，然后修改发票等单据后，再重新生成凭证。

【**系统功能说明**】

(1) 会计科目的设置及期初余额的录入，可以在设置系统公用资料时完成。若会计科目没有被财务系统或其他子系统启用，也可以在本实验开始之前进行设置。应收账款和应付账款科目要设置为应收系统和应付系统控制的科目。

(2) 初次使用应收、应付系统制单时，需要选择核算模型，以便按照不同的工作流程完成凭证的制作。核算模型分为简单核算和详细核算两种模式。"简单核算"的制单流程适用于与销售管理系统及采购管理系统集成时，仅生成应收款及应付款凭证的情况，由销售管理系统(或采购管理系统)复核过的销售发票(或采购发票)直接制单生成应收(或应付)的记账凭证，它只提供基本科目设置、应收及应付单据审核、制单处理和凭证查询等功能。"详细核算"模式除了可以完成"简单核算"模式的功能，还可以完成应收及应付会计所做的其他账务处理工作，以及进行查询、信用控制管理等工作，它既适用于与销售管理系统(或采购管理系统)集成，又适用于不与销售管理系统(或采购管理系统)集成使用的情况。

(3) 当所制作的凭证有错需要删除时，应先在应收款或应付款管理系统的查询凭证模块中删除该凭证，然后在总账系统的"填制凭证"中整理删除对应的"已作废"凭证的分录。

(4) 应收款或应付款管理系统与销售管理系统(或采购管理系统)集成使用时，应在销售管理系统(或采购管理系统)结账后，才能对应收、应付系统进行结账处理。

(5) 启用应收款及应付款管理系统后,应收科目与应付科目需要设置受控系统,分别对应应收系统与应付系统。若系统设置的控制科目也可以在总账系统进行制单,则常会出现重复录入的误操作,造成应收及应付款管理系统与总账系统对账不平。

(6) 在本系统制单时,若要使用存货核算系统的控制科目,则需要在总账系统选项中选择可以使用存货核算系统控制科目选项。

(7) 凭证制单日期系统默认为当前业务日期,不一定是发票的日期。制单日期应大于等于所选单据的最大日期,小于当前业务日期。若同时使用了总账系统,所输入的制单日期应满足总账制单日期序时要求,即大于同月同凭证类别的日期。

(8) 对同一张原始单据不能重复制单。

(9) 若在退出凭证界面时,还有未生成的凭证,则系统会提示是否放弃对这些凭证的操作。如果选择"是",则系统会取消本次对这些业务的制单操作。

思考题

(1) 比较"详细核算"和"简单核算"两种模式的制单操作,了解它们在工作流程及功能方面的区别。

(2) 按照实验中讲述的方法把所有涉及应收款、应付款的业务都进行制单处理。

第11章 期末处理

11.1 业务概述

11.1.1 功能概述

期末处理业务主要是指期(月)末结账的工作。每个会计期末需要将当期的单据数据进行封存，并将当期业务数据记入有关账表中。

结账之前应检查本会计期间的工作是否已经全部完成，只有在当前会计期间内所有工作全部完成的前提下，才能进行期末结账，否则会遗漏某些业务。不允许跳期结账，只能从未结账的第一期逐期结账；不允许跳期取消期末结账，只能从最后一期逐期取消。若上期没有结账，本期单据仍可以正常操作，不影响日常业务的处理，但本期不能进行结账。期末结账后将不能再做已结账期间的业务，只能做未结账期的日常业务。

本实验针对销售业务、采购业务、委外业务、库存业务进行月末结账处理。月末结账是逐月将每月的销售、采购、委外和库存单据数据封存，并将当月的业务数据记入相关报表。

11.1.2 相关子系统功能模块之间的关系

期末处理各相关子系统之间的关系如图11-1所示。

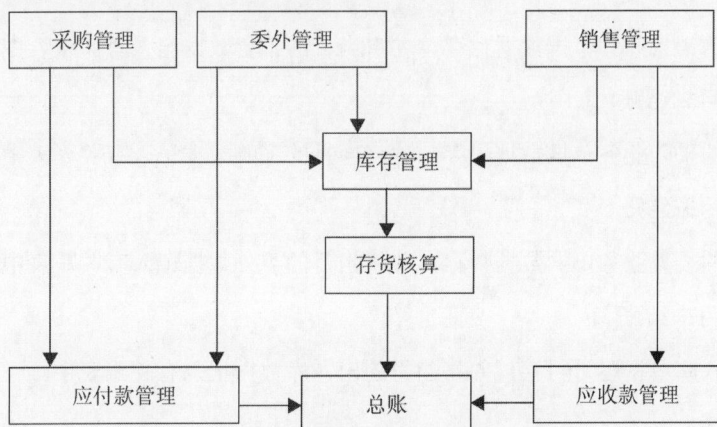

图11-1　期末处理各相关子系统之间的关系

11.1.3 应用准备

各子系统业务处理均已完成，即可进行月末结账。

11.2 系统业务流程

11.2.1 日常业务流程

月末结账处理流程如图11-2所示。

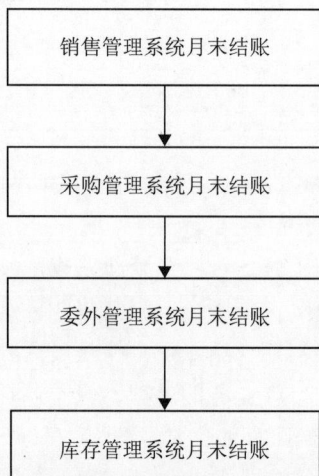

图11-2 月末结账处理流程

11.2.2 主要业务内容

1. 销售业务月末结账

逐月将每月的销售业务单据数据封存，并将当月的销售数据记入有关账表中。

2. 采购业务月末结账

逐月将每月的采购业务单据数据封存，并将当月的采购数据记入有关账表中。

3. 委外业务月末结账

逐月将每月的委外业务单据数据封存，并将当月的委外数据记入有关账表中。

4. 库存业务月末结账

将每月的出入库单据逐月封存，并将当月的出入库数据记入有关账表中。

实验十　期末处理业务

【实验目的】

理解期末处理的作用，掌握基本操作。

【实验要求】

以操作员身份进入系统进行操作。

【实验资料】

1. 实验数据准备

(1) 修改系统时间为2024-03-31。

(2) 引入"期末处理数据准备"数据账套。

2. 实验资料

(1) 销售管理系统月末结账。

(2) 采购管理系统月末结账。

(3) 委外管理系统月末结账。

(4) 库存管理系统月末结账。

【操作指导】

1. 销售管理系统月末结账

岗位：业务主管

菜单路径：业务工作/供应链/销售管理/销售订货/订单列表

菜单路径：业务工作/供应链/销售管理/月末结账

(1) 双击订单列表，弹出"查询条件选择"对话框，单击"确定"按钮，打开"销售订单列表"窗口，显示当月所有销售订单，单击"全选"按钮选中所有订单，如图11-3所示。

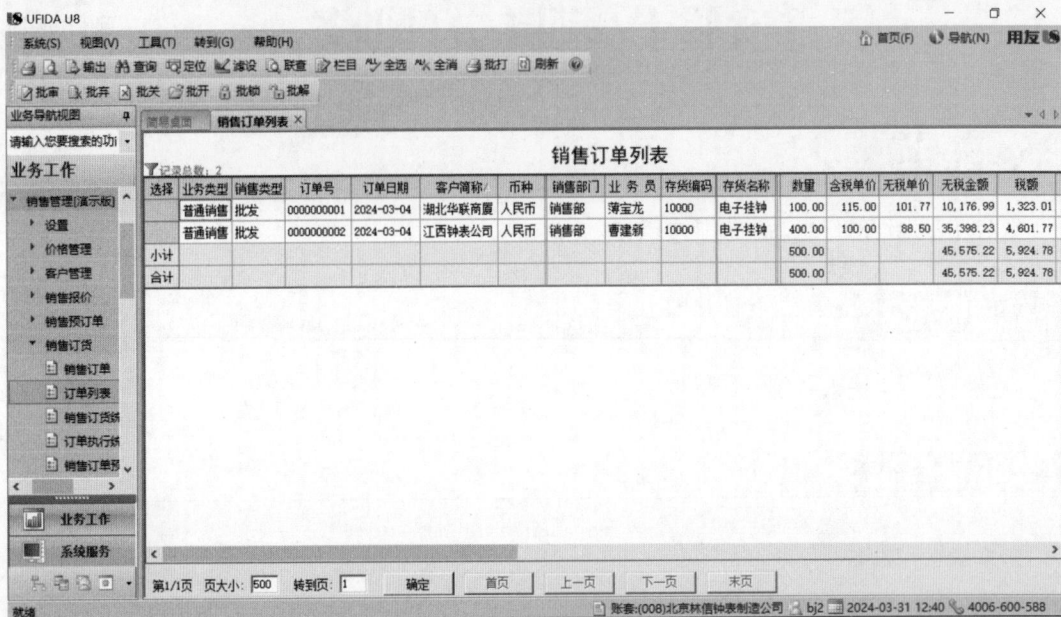

图11-3 销售订单列表

(2) 单击"批关"按钮即关闭所有销售订单。

(3) 对销售管理系统进行月末结账，选中需要结账的月份，单击"结账"按钮，弹出"销售管理"对话框，提示关闭已完成的销售订单，单击"否"按钮，即完成销售系统的结账，操作结果如图11-4所示。在未处理下月业务之前也可以取消结账。

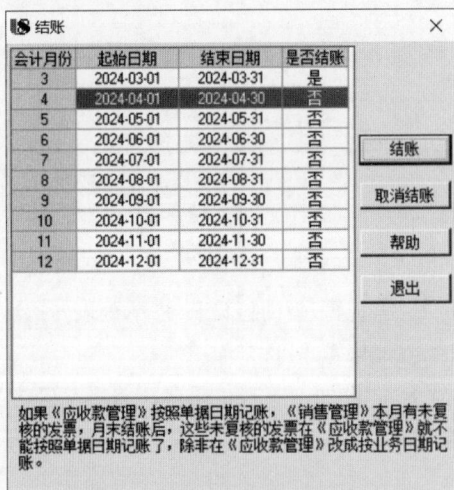

图11-4 销售管理系统月末结账

2. 采购管理系统月末结账

岗位：业务主管

菜单路径：业务工作/供应链/采购管理/采购订货/采购订单列表

菜单路径：业务工作/供应链/采购管理/月末结账

(1) 双击采购订单列表，弹出"查询条件选择"对话框，单击"确定"按钮，打开"订单列表"窗口，显示当月所有采购订单，单击"全选"按钮选中所有订单，如图11-5所示。

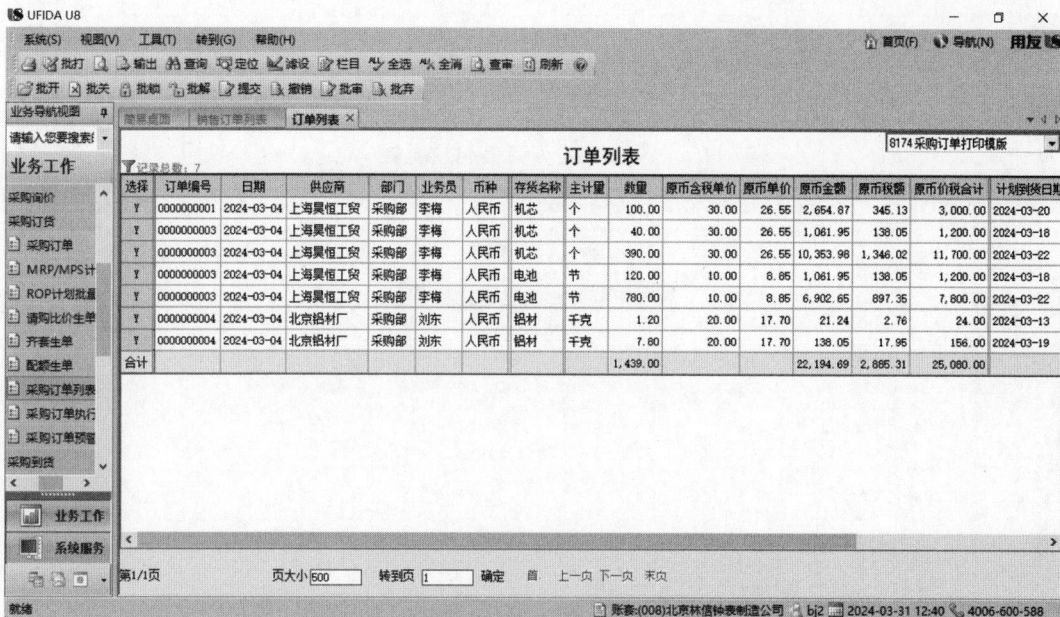

图11-5 采购订单列表

(2) 单击"批关"按钮即关闭所有采购订单。

(3) 对采购管理系统进行月末结账,选中需要结账的月份,单击"结账"按钮,弹出月末"结账"对话框,提示关闭已完成的采购订单,单击"否"按钮,即完成采购系统的结账,操作结果如图11-6所示。在未处理下月业务之前也可以取消结账。

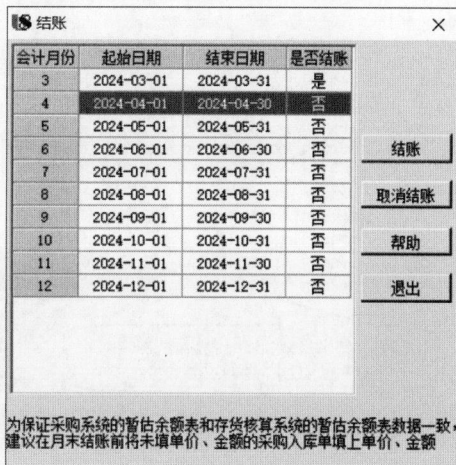

图11-6 采购管理系统月末结账

3. 委外管理系统月末结账

岗位:业务主管

菜单路径:业务工作/供应链/委外管理/委外订货/委外订单列表

菜单路径:业务工作/供应链/委外管理/月末结账

(1) 双击委外订单列表,弹出"查询条件选择"对话框,单击"确定"按钮,打开"委外订单列表"窗口,显示当月所有委外订单,单击"全选"按钮选中所有订单,如图11-7所示。

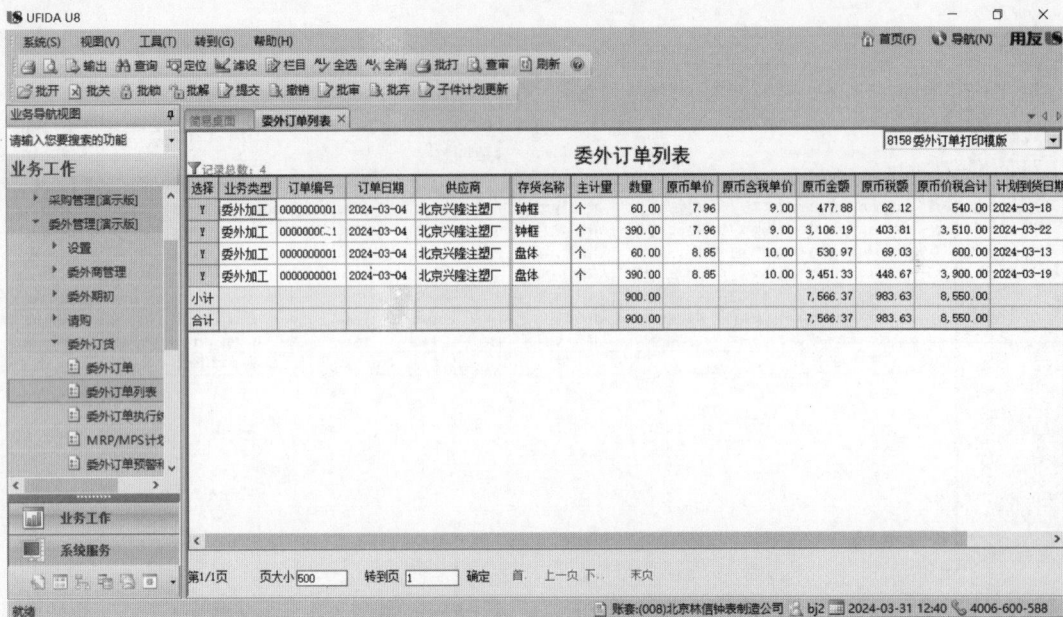

图11-7 委外订单列表

(2) 单击"批关"按钮即关闭所有委外订单。

(3) 对委外管理系统进行月末结账，选中需要结账的月份，单击"结账"按钮，弹出"月末结账"对话框，提示关闭已完成的委外订单，单击"否"按钮，即完成委外系统的结账，操作结果如图11-8所示。在未处理下月业务之前也可以取消结账。

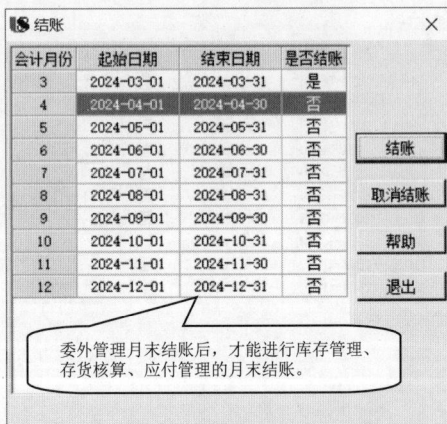

图11-8 委外管理系统月末结账

4. 库存管理系统月末结账

岗位：业务主管

菜单路径：业务工作/供应链/库存管理/月末结账

对库存管理系统进行月末结账，选中需要结账的月份，单击"结账"按钮，在弹出的"库存管理"提示框中单击"是"按钮，即不能修改期初数据，操作结果如图11-9所示。在未处理下月业务之前也可以取消结账。

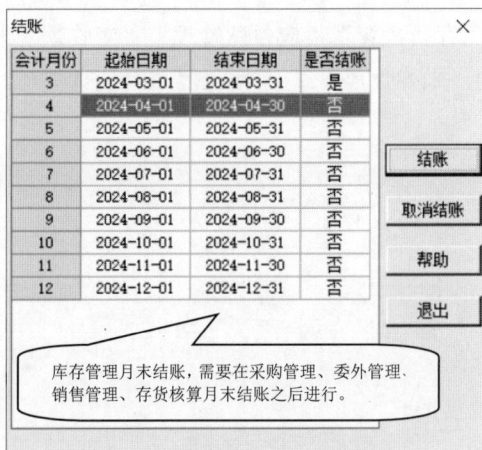

图11-9 库存管理系统月末结账

❖ 注意:

- ◇ 只能对当前会计月进行结账，即只能对最后一个结账月份的下一个会计月进行结账。月末结账后将不能再做当前会计月的业务，只能做下个会计月的日常业务。
- ◇ 上月如果未结账，本月单据可以正常操作，不影响日常业务的处理，但本月不能结账。
- ◇ 若本月还有未审核或未复核的单据，则结账时系统提示"存在未审核的单据，是否继续进行月末结账？"，用户可以选择继续结账或取消结账，即有未审核的单据仍可月末结账。
- ◇ 结账前用户应检查本会计月工作是否已全部完成，只有在当前会计月所有工作全部完成的前提下，才能进行月末结账，否则会遗漏某些业务。
- ◇ 月末结账前用户一定要进行数据备份，否则数据一旦发生错误，将会造成无法挽回的损失。
- ◇ 月末结账功能为独享功能，与系统中所有功能的操作互斥，即在操作本功能前，应确定其他功能均已退出；在网络环境下，要确定本系统所有的网络用户退出了所有的功能。

【系统功能说明】

(1) 从系统整体而言，先对业务子系统进行月末结账，再对财务子系统进行月末结账，最后完成总账系统月末结账，即完成一个会计期的业务及财务处理工作。

(2) 取消结账。当某月结账后发现错误，可以按"取消结账"恢复为结账前状态，待处理正确后再进行结账。不允许跳月取消月末结账，只能从最后一个月逐月取消。

(3) 只有"销售管理""委外管理"和"采购管理"系统月末结账后，才能进行"库存管理""存货核算""应付款管理""应收款管理"等子系统的月末结账。

(4) 如果"采购管理""委外管理""销售管理"要取消月末结账，则必须先通知"库存管理""存货核算""应付款管理""应收款管理"的操作人员，要求其业务系统取消月末结账。

(5) 如果"库存管理""存货核算""应付款管理""应收款管理"中的任何一个系统不能取消月末结账,则不能取消"采购管理""委外管理"和"销售管理"系统的月末结账。

思考题

为什么要进行期末处理?如何取消月末结账?

第12章 物料清单

12.1 业务概述

12.1.1 功能概述

物料清单(bill of material，BOM)是生产制造进行主生产计划和物料需求规划的基础，同时也是编制生产与采购计划、配套领料、跟踪物流、把握生产、计算成本、投资报价、改变产品设计都需要参照的重要文件。

物料清单的层次结构中可显示出所有与母件关联的子件，以及每一物料如何与母件相关联的信息。

本实验主要是对产品的物料清单进行建立和维护。

12.1.2 相关子系统功能模块之间的关系

物料清单模块与其他子系统之间的关系如图12-1所示。

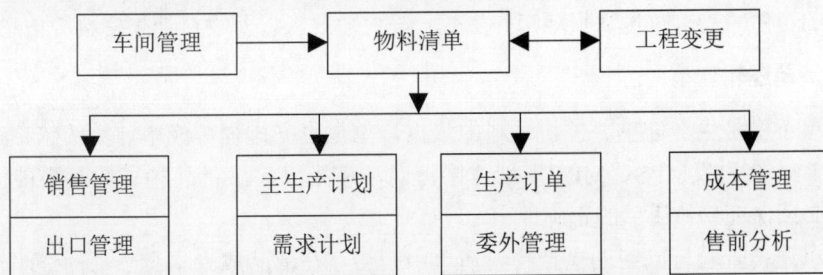

图12-1 物料清单模块与其他子系统之间的关系

12.1.3 应用准备

在建立物料清单之前，应在存货档案中建立料品的基本信息。料品基本信息的建立主要包括以下3个方面。

❏ 料品基本资料：存货代码、存货名称、计量单位、存货属性、税率、库存资料等。

❏ 料品计划资料：存货的提前期、供需政策等MPS和MRP规划资料。

❏ 料品成本资料：存货的成本计价方式等资料。

12.2 系统业务流程

物料清单管理日常业务处理流程如图12-2所示。

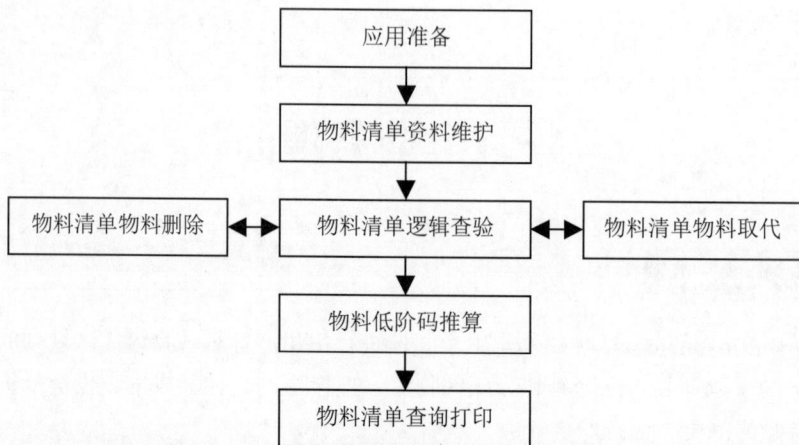

```
        应用准备
          ↓
     物料清单资料维护
          ↓
物料清单物料删除 ←→ 物料清单逻辑查验 ←→ 物料清单物料取代
          ↓
     物料低阶码推算
          ↓
     物料清单查询打印
```

图12-2 物料清单管理日常业务处理流程

12.2.2 主要业务内容

1. 物料清单资料维护

企业销售给客户的产品都需要建立物料清单。物料清单又称为产品结构清单，它包含了与母件相关联的子件的需求数量、损耗率、生效日与失效日，以及物料计划资料等信息。

2. 物料清单逻辑查验

物料清单不仅是生产订单、外协领料的依据，也是生产排程、成本计算的依据。物料清单一旦发生错误，会引发MPS、MRP规划数据错误，最终引起供货品种、数量不能满足实际需求，因此，必须保证物料清单的正确性。

物料清单逻辑查验可以帮助检查物料清单中是否存在料品成为本身子件的逻辑错误。物料清单建档完成或物料清单中的某些料品被取代后，为确保物料清单无误可运行物料清单逻辑查验程序进行检查。

3. 物料清单物料取代

当物料编码需要更改或原先物料要被新物料取代时，运行此功能，可以用新物料整批替换旧物料。

4. 物料清单物料删除

删除物料清单中不再采用的物料的相应母件或子件资料。执行删除后，该物料无论是母件还是子件，其原有的结构关系一律消失。

5. 物料低阶码推算

低阶码推算就是由计算机自动推算所有料品在不同BOM中最低的阶码，作为成本管理系统物料成本计算的依据。当新增或更改主要物料清单(包括公用清单、BOM子件的替换料)后，各物料的低阶码应重新推算。

6. 物料清单查询打印

建立物料清单之后，可以进行母件及子件结构、标准用料查询打印等相关作业，以查验物料清单的正确性。

实验十一 物料清单维护业务处理

【实验目的】

理解物料清单的作用，掌握物料清单的相关概念及基本操作。

【实验要求】

以操作员的身份进入系统进行操作。

【实验资料】

1. 实验数据准备

(1) 修改系统时间为2024-03-01。

(2) 引入"物料清单数据准备"数据账套。

2. 实验资料

企业生产的主要产品为"电子挂钟"，其物料清单结构资料如图12-3和表12-1所示。根据所给的资料维护"电子挂钟"的物料清单，完成以下工作内容。

(1) 建立"电子挂钟"的物料清单。

(2) 进行低阶码推算。

(3) 对建好的物料清单进行逻辑查验。

(4) 查询"电子挂钟"物料清单结构表。

(5) 若要生产"电子挂钟"1000个，需要多少数量的子件料品。

(6) 查询"塑料"的母件料品。

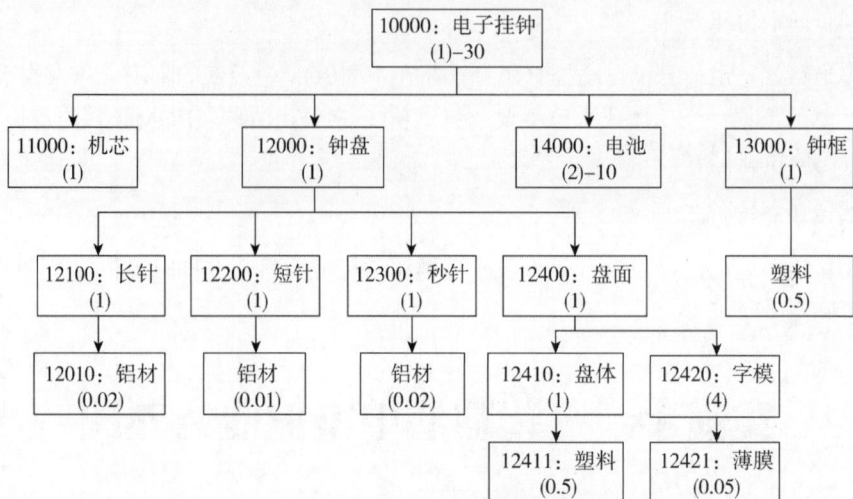

图12-3 "电子挂钟"物料清单结构

表12-1 物料清单结构表

子件阶别	母件编码	母件名称	子件编码	子件名称	子件计量单位	基本用量	基础数量	使用数量
+	10000	电子挂钟	11000	机芯	个	1	1	1
+	10000	电子挂钟	12000	钟盘	个	1	1	1
+	10000	电子挂钟	14000	电池	节	2	1	2
+	10000	电子挂钟	13000	钟框	个	1	1	1
++	12000	钟盘	12100	长针	根	1	1	1
++	12000	钟盘	12200	短针	根	1	1	1
++	12000	钟盘	12300	秒针	根	1	1	1
++	12000	钟盘	12400	盘面	个	1	1	1
+++	12100	长针	12010	铝材	千克	0.02	1	0.02
+++	12200	短针	12010	铝材	千克	0.01	1	0.01
+++	12300	秒针	12010	铝材	千克	0.02	1	0.02
+++	12400	盘面	12410	盘体	个	1	1	1
+++	12400	盘面	12420	字模	个	4	1	4
++++	12410	盘体	12411	塑料	千克	0.5	1	0.5
++++	12420	字模	12421	薄膜	米	0.05	1	0.05
++	13000	钟框	12411	塑料	千克	0.5	1	0.5

【操作指导】

1. 建立"电子挂钟"的物料清单

岗位：生产管理人员

菜单路径：业务工作/生产制造/物料清单/物料清单维护/物料清单资料维护

从高阶到低阶，从母件到子件，逐级输入料品资料，直到最后一级母件为止，即确立了"电子挂钟"产品的物料清单结构。母件为"电子挂钟"，输入这一级的子件资料，单击"增加"按钮，对其每一母件的子件资料逐项输入完成后，单击"保存"按钮，再单击"审核"按钮，如图12-4所示。其他母件同理操作，全部输入完成后的结果如图12-5所示。

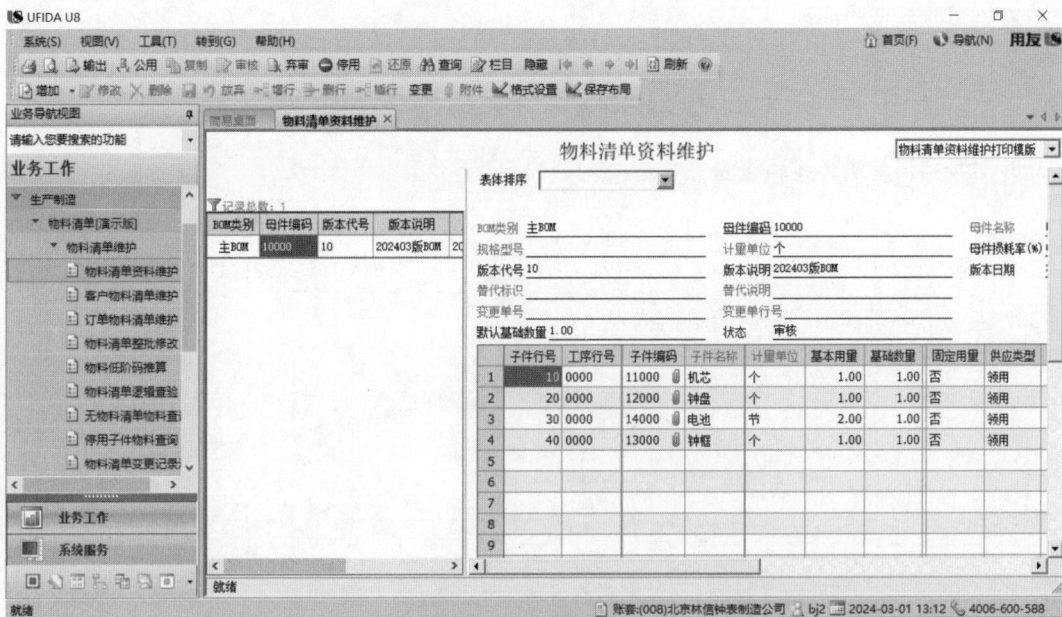

图12-4 输入物料清单

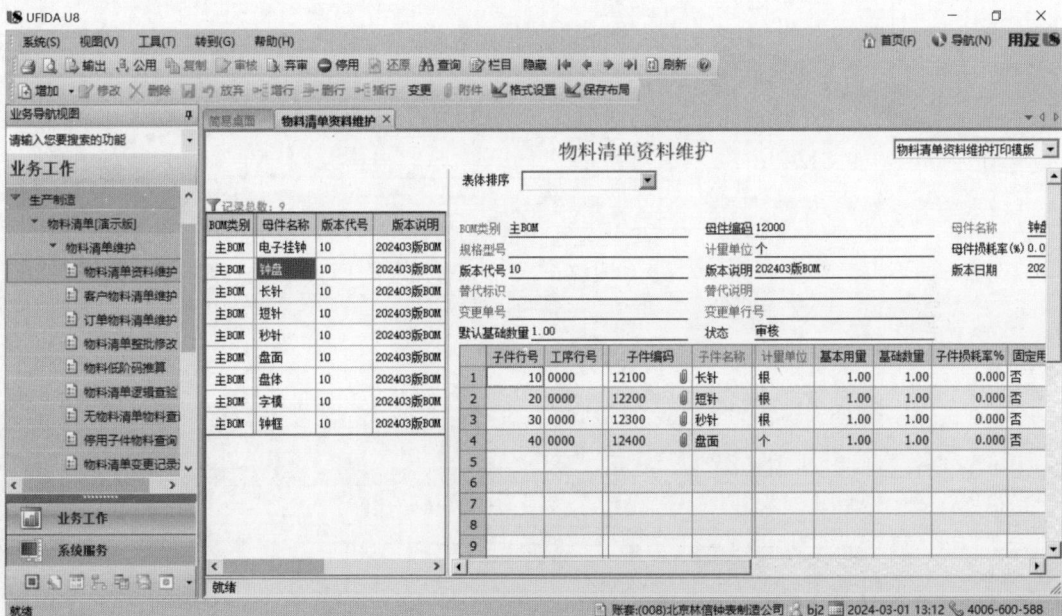

图12-5 电子挂钟的物料清单

❖ 注意：

◇ 在物料清单中输入的料品，必须在存货档案中已经存在。

◇ 可以对多种产品建立其物料清单结构。

◇ 若在第1章"系统应用基础"设置共用资料中已设置过物料清单资料，则在本章无须重复设置。

2. 推算物料低阶码

岗位：生产管理人员

菜单路径：业务工作/生产制造/物料清单/物料清单维护/物料低阶码推算

3. 对物料清单进行逻辑查验

岗位：生产管理人员

菜单路径：业务工作/生产制造/物料清单/物料清单维护/物料清单逻辑查验

4. 查询"电子挂钟"物料清单结构表

岗位：生产管理人员

菜单路径：业务工作/生产制
造/物料清单/物料清单查询报表/母
件结构查询—多阶

双击"母件结构查询—多
阶"命令，单击"确定"按钮，
弹出"查询条件选择—母件结构
查询—多阶"对话框，如图12-6
所示，在"母件编码"栏位中选
择"电子挂钟"，单击"确定"按
钮，即可查看生产"电子挂钟"的
物料的全阶结构，如图12-7所示。

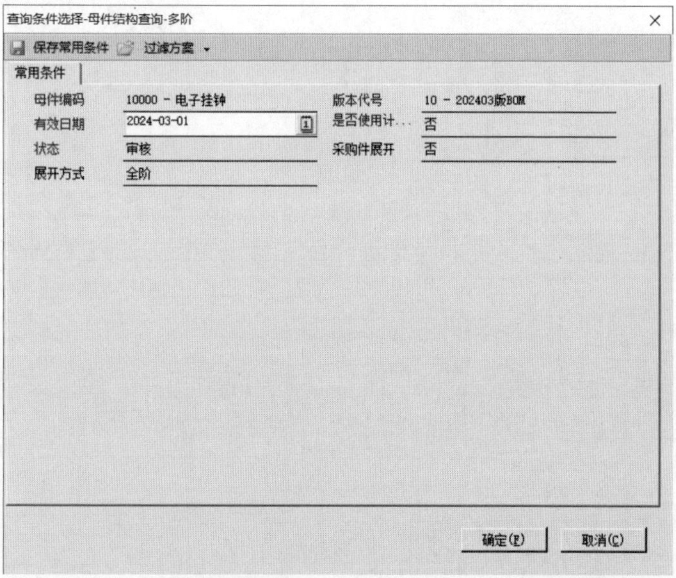

图12-6 "查询条件选择—母件结构查询—多阶"对话框

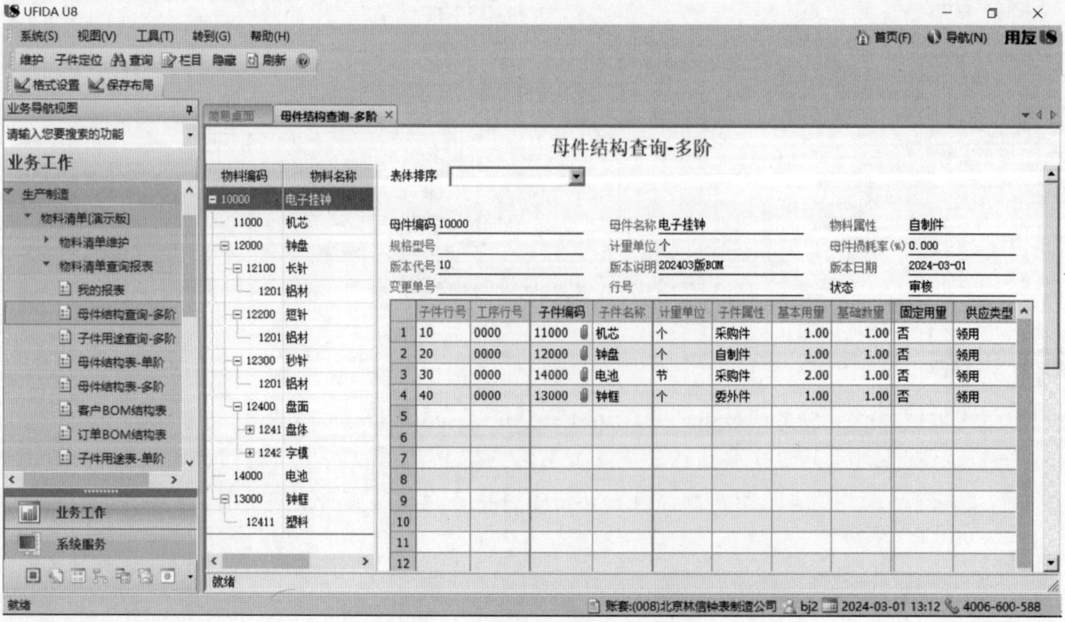

图12-7 母件结构查询—多阶

5. 查询1000个"电子挂钟"所需子件料品的数量

岗位：生产管理人员

菜单路径：业务工作/生产制造/物料清单/物料清单查询报表/母件结构表—汇总式

双击"母件结构表—汇总式"命令，单击"确定"按钮，弹出"查询条件选择—母件结构表—汇总式"对话框，如图12-8所示，在"母件编码"栏位中选择"电子挂钟"，在"母件数量"栏位输入1000，单击"确定"按钮，即可查看电子挂钟的所有子件料品的用料情况，如图12-9～图12-11所示。

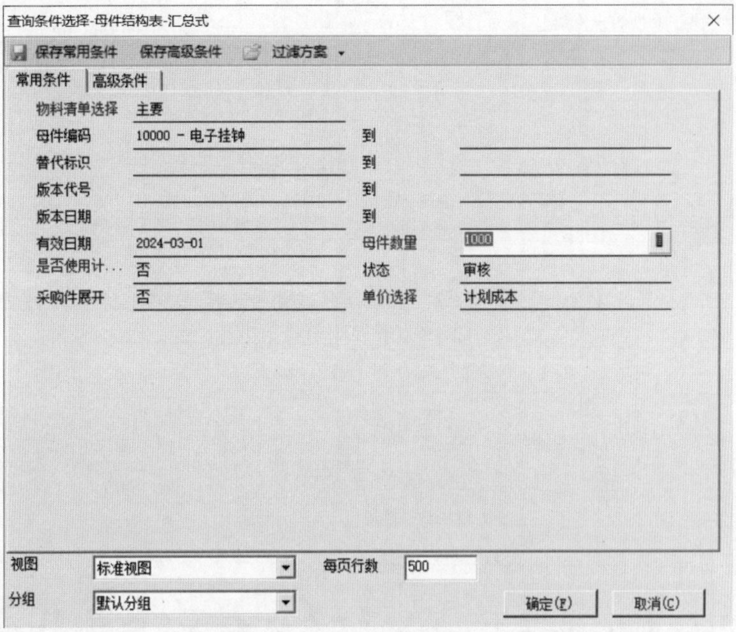

图12-8 "查询条件选择—母件结构表—汇总式"对话框

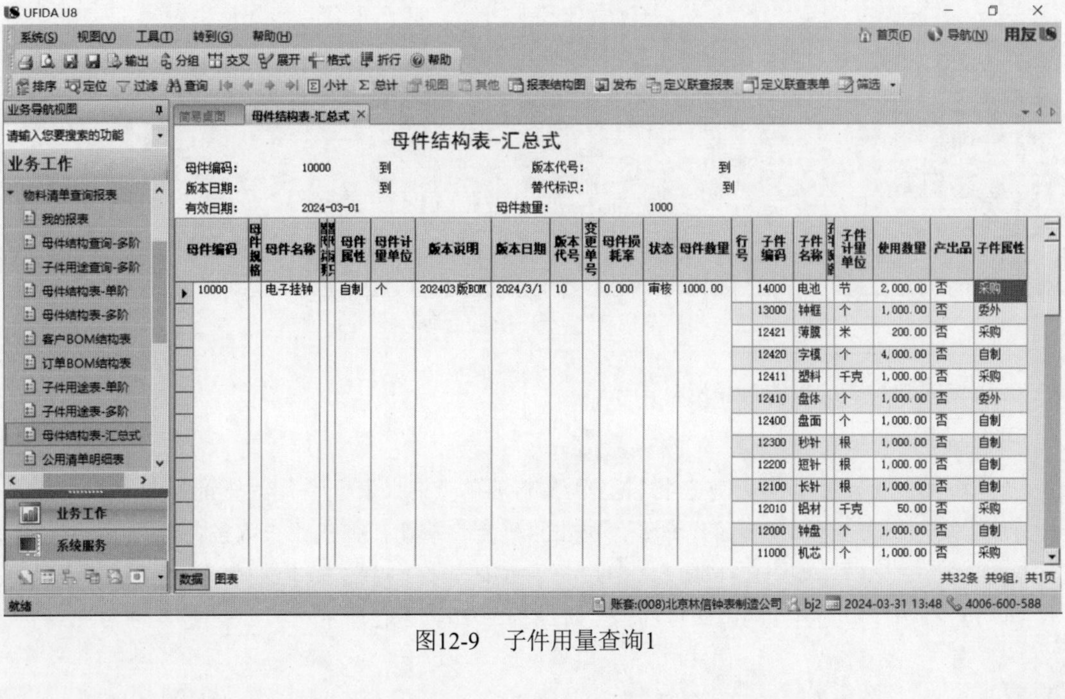

图12-9 子件用量查询1

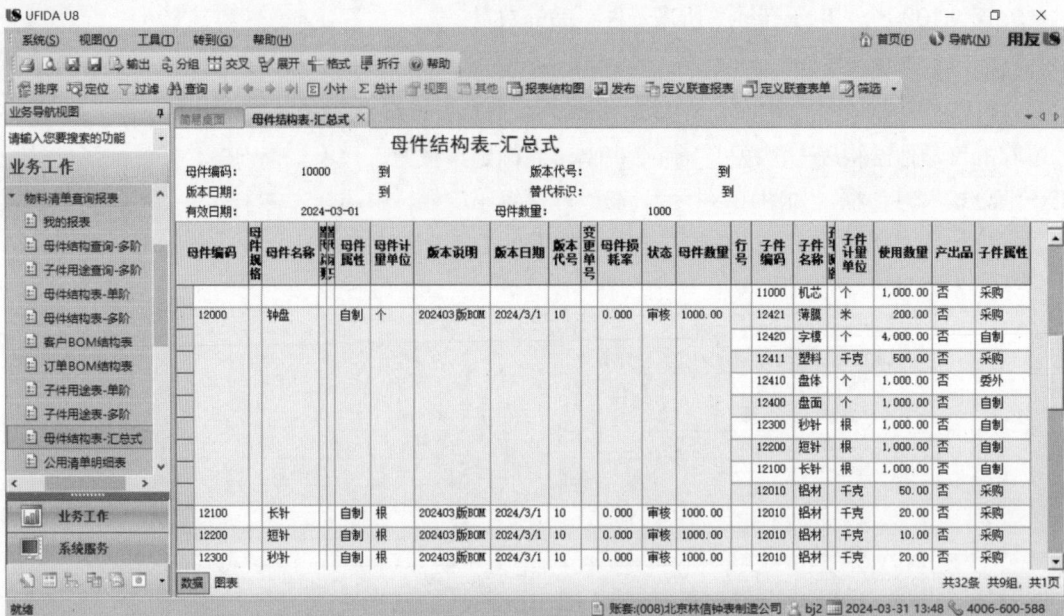

图12-10 子件用量查询2

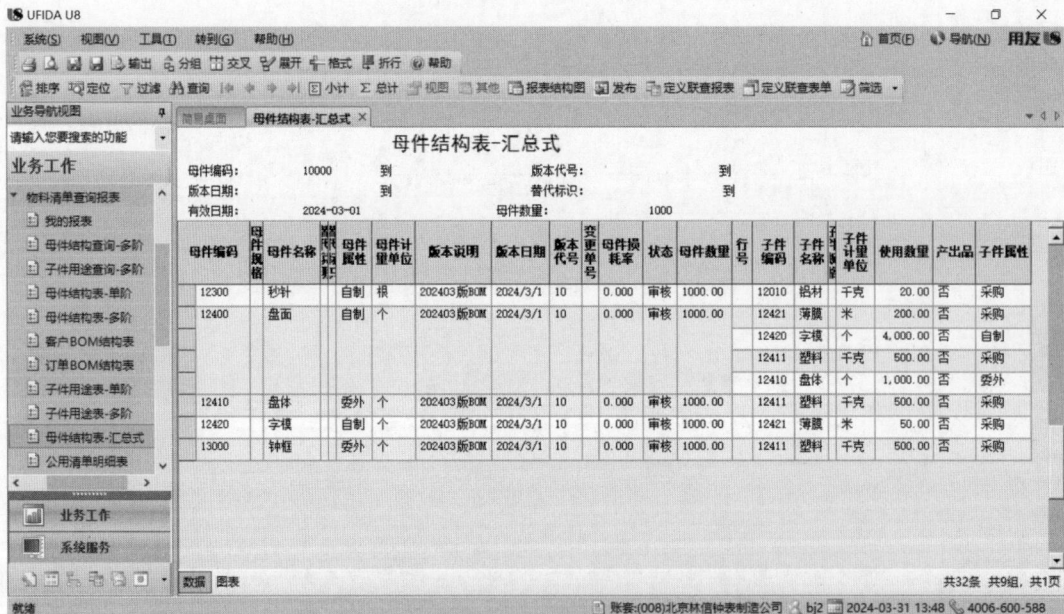

图12-11 子件用量查询3

6. 查询"塑料"的母件料品资料

岗位：生产管理人员

菜单路径：业务工作/生产制造/物料清单/物料清单查询报表/子件用途查询—多阶

双击"子件用途查询—多阶"命令，单击"确定"按钮，弹出"查询条件选择—子件用途查询—多阶"对话框，如图12-12所示，在"子件编码"栏位中选择"塑料"，单击"确定"按钮，即可查看子件"塑料"的上级母件的全阶结构，如图12-13所示。

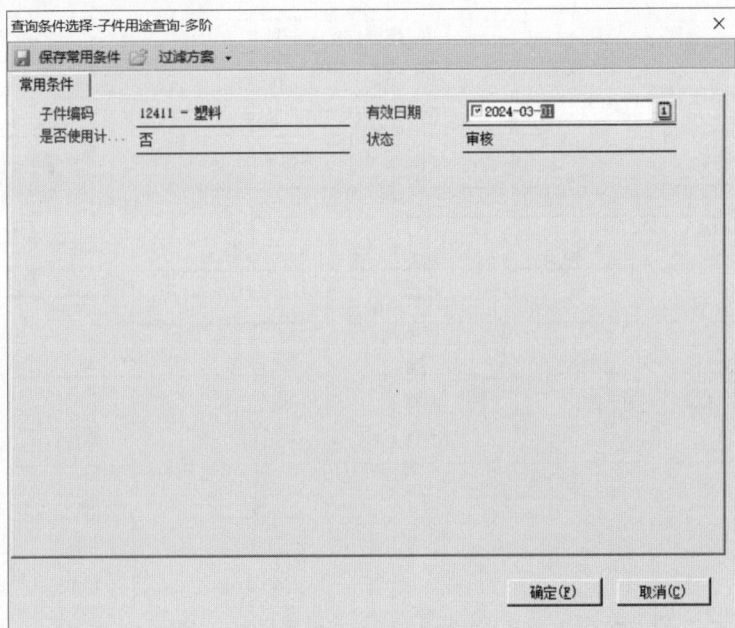

图12-12　"查询条件选择—子件用途查询—多阶"对话框

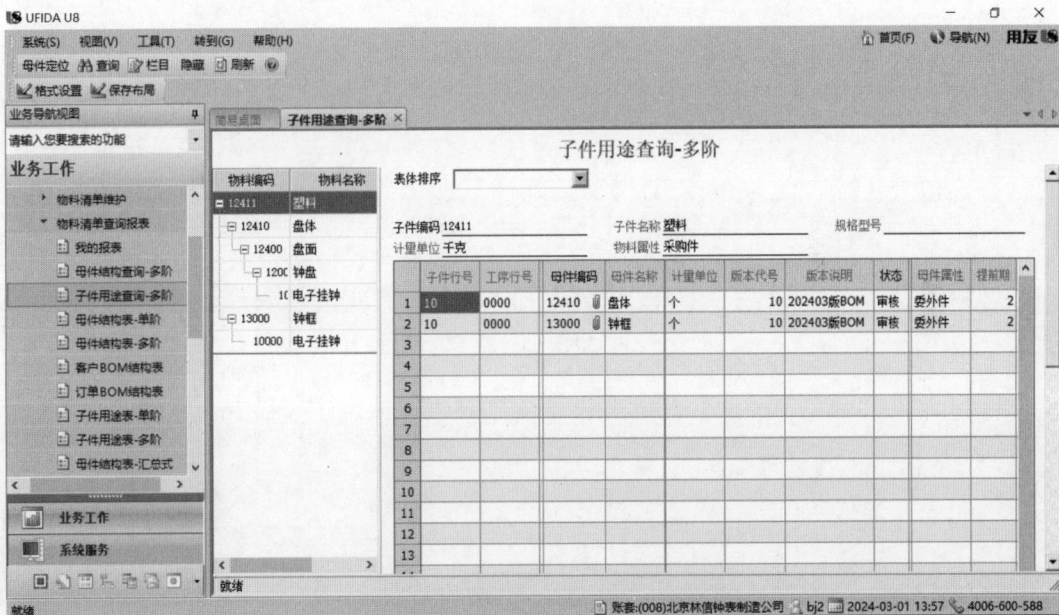

图12-13　子件上级母件查询—多阶

思考题

建立"东方纪念表"(编码20000)的物料清单：为庆祝企业建厂10周年，特制1000个电子座钟，要求盘体上专门印制纪念文字，秒针为卡通造型，配12个字模和进口电池。工程部经过研究确认，确定"东方纪念表"的物料清单结构，如图12-14所示。

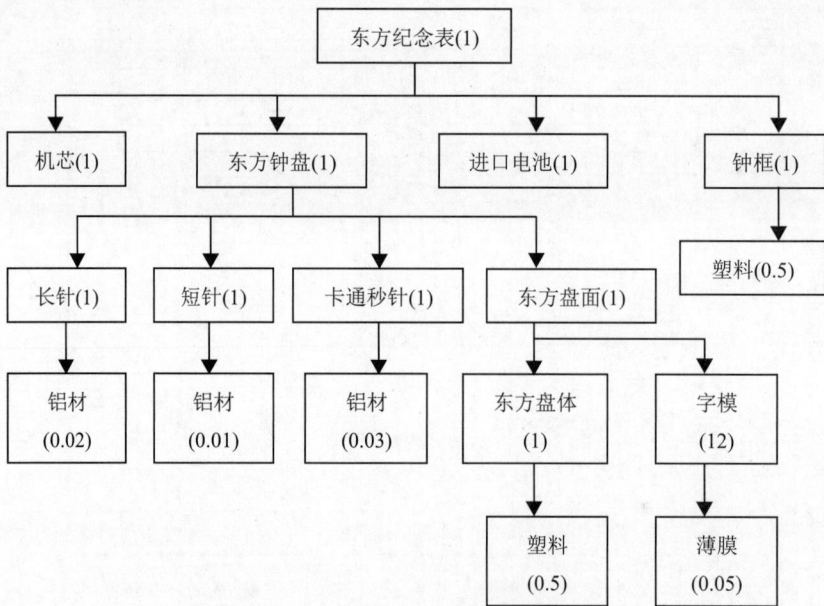

图12-14　"东方纪念表"的物料清单结构

第13章 工程变更

13.1 业务概述

13.1.1 功能概述

工程变更系统是对工程物料清单和工程工艺路线及变更过程的管理与控制。其目的是协助工程部门及生产和物料管理部门，监控设计变更过程的各项工作，提供所需的相关信息，以减少设计变更造成的损失。其中，物料的工程物料清单是建立物料清单可选择性的依据；物料的工程工艺路线是建立工艺路线的可选择性依据。"工程变更系统"所建立的工程物料清单和工程工艺路线，可发行至"物料清单"系统和"基础档案"系统，以便增加新的物料清单和工艺路线或修改现有版本的物料清单和工艺路线。

本实验是对物料的工程物料清单和工程工艺路线的变更过程进行的管理操作。

13.1.2 相关子系统功能模块之间的关系

工程变更与其他子系统之间的关系如图13-1所示。

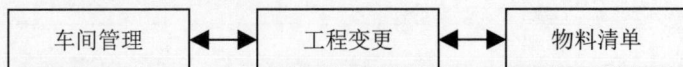

图13-1 工程变更与其他子系统之间的关系

13.1.3 应用准备

(1) 建立账套：用户在新建账套时，选择2007年新会计制度科目，并设置单位信息、分类编码方案和数据精度等参数。

(2) 启用"工程变更""物料清单""车间管理"和"生产订单"模块。

(3) 设置操作员权限管理。

(4) 设置基础档案：部门档案、职员档案、存货分类、计量单位、存货档案、供应商分类、供应商档案、工作中心、资源资料、标准工序资料等。

(5) 基本资料维护：使用"工程变更"模块时，"工程变更等级档案""工程变更原因档案"是系统内部首先需要建立的基础资料。

13.2 系统业务流程

13.2.1 日常业务流程

工程变更业务处理流程如图13-2所示。

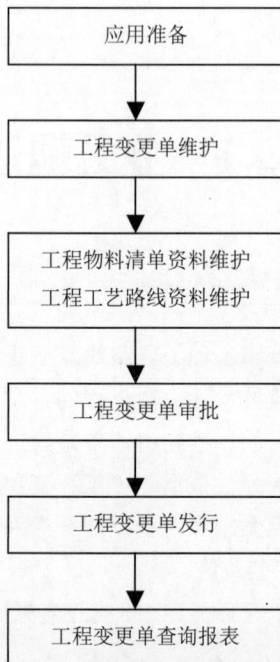

图13-2 工程变更业务处理流程

13.2.2 主要业务内容

1. 工程变更原因维护

为了满足客户需求或出于成本和质量方面的考虑，企业需要对产品的设计进行更改，因此需要维护工程变更原因资料。

2. 工程变更等级维护

说明变更作业对料品的影响程度，比如考虑修改已入库的完成品或已完成而未入库的在制品，或者只考虑修改尚在生产中的在制品。

3. 工程变更申请单输入与审核

填写具体的变更内容，如增加的料品、修改的料品及生效、失效日期等。

4. 工程物料清单维护和工程工艺路线维护

根据工程变更单生成工程物料清单和工程工艺路线。

5. 发行工程变更单

工程变更单经过相关人员的讨论确立后，将工程物料清单和工程工艺路线转变为物料清单和工艺路线资料。

物料清单和工艺路线作为企业组织生产、编排计划、生产用料控制、生产进度控制的基础资料，它的变化直接影响企业的各个方面，因而应对其产生和变化过程进行严格管控。

6. 工程变更查询报表

查询工程变更资料，打印工程变更通知单，送交有关部门的相关人员。

实验十二　工程变更管理业务处理

【实验目的】

理解工程变更的作用，掌握工程变更的相关概念及基本操作。

【实验要求】

以操作员的身份进入系统进行操作。

【实验资料】

1. 实验数据准备

(1) 修改系统时间为2024-03-30。

(2) 引入"工程变更数据准备"数据账套。

2. 实验资料

(1) 工程变更等级维护资料，如表13-1所示。

表13-1　工程变更等级维护资料

变更等级代号	变更等级	等级说明
001	1	修改已入库的完成品
002	2	修改已完成而未入库的在制品
003	3	修改尚在生产中的在制品

(2) 工程变更原因维护资料，如表13-2所示。

表13-2　工程变更原因维护资料

变更原因代号	原因说明
001	客户要求
002	降低成本
003	改善质量

(3) 在存货档案的半成品类别中补充输入"进口电池"(编码22000)，其他信息同"电池(14000)"。补充输入"工作中心"的资料为0100，"工作中心"名称为"喷漆工作中心"，"隶属部门"为"生产部"；"资源代号"为0004，"资源名称"为"高级喷漆技工"，"工作中心"为"喷漆工作中心"，"资源数量"为5；"工序说明"为"喷漆"，"工时(分子)"为1，"工时(分母)"为60。操作方法参见第1章内容。

(4) 对工程变更单进行输入与审核，并输入两个工程变更单。一个是变更主要物料的清单：根据客户要求，电子挂钟需要配进口电池。技术部提出工程变更申请，将电子挂钟所配电池(编码14000)从2024年4月2日起改为进口电池(编码22000)。另一个是变更主要工艺路线：为了提高产品质量，对长针进行工艺改进，增加一道"喷漆"工序，所用资源为高级技工，数量为5，工时(分子)为1，工时(分母)为60。

(5) 对工程物料清单进行变更维护，生成一个新版本的物料清单，版本说明替换为"20240402物料变更版"，预计生效日为2024-04-02。

(6) 对工程工艺路线进行变更维护，生成一个新版本的工艺路线，版本说明替换为"20240402工艺变更版"，预计生效日为2023-04-02。

(7) 工程变更申请的发行处理。

【操作指导】

1. 工程变更等级维护

岗位：产品设计人员

菜单路径：业务工作/生产制造/工程变更/基本资料维护/工程变更等级资料维护

单击"增加"按钮，输入变更等级资料，操作结果如图13-3所示。

图13-3　工程变更等级资料维护

2. 工程变更原因维护

岗位：产品设计人员

菜单路径：业务工作/生产制造/工程变更/基本资料维护/工程变更原因资料维护

单击"增加"按钮，输入变更原因资料，操作结果如图13-4所示。

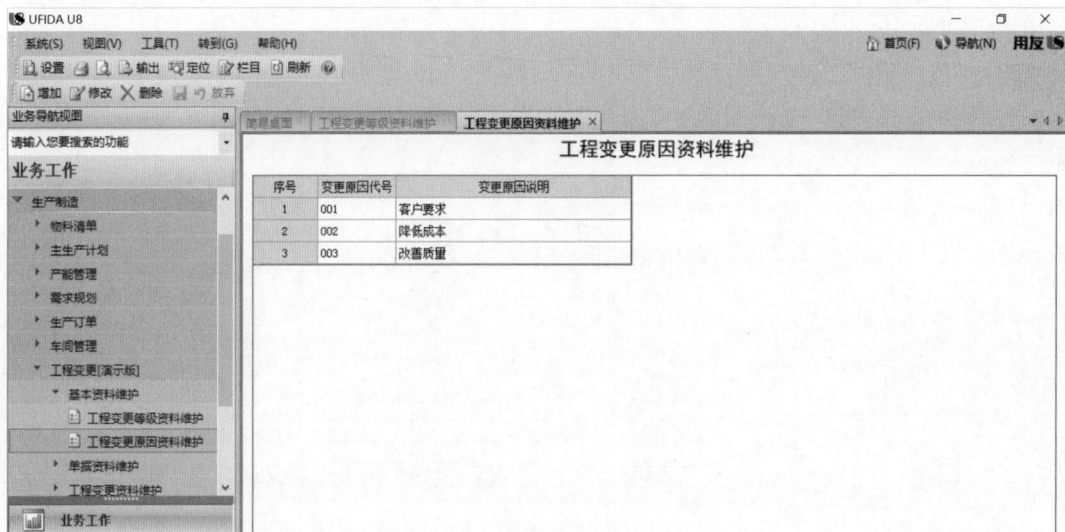

图13-4 工程变更原因资料维护

3. 在存货档案中补充输入"进口电池"等资料

岗位：仓库管理人员

菜单路径：企业应用平台/基础设置/基础档案/存货/存货档案

菜单路径：企业应用平台/基础设置/基础档案/业务/工作中心维护

菜单路径：企业应用平台/基础设置/基础档案/生产制造/资源资料维护

菜单路径：企业应用平台/基础设置/基础档案/生产制造/标准工序资料维护

在基础档案中，分别录入相关资料。喷漆标准工序资料录入如图13-5所示。

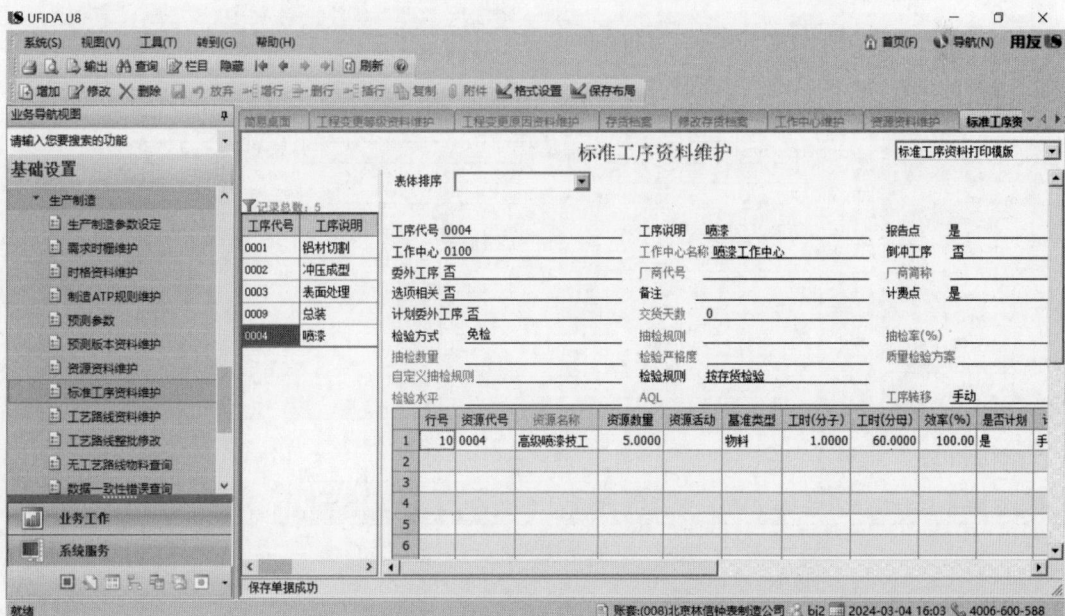

图13-5 喷漆标准工序资料维护

4. 工程变更单输入与审核

岗位：产品设计人员

菜单路径：业务工作/生产制造/工程变更/单据资料维护/工程变更单维护

单击"增加"按钮，补充输入变更资料，操作结果如图13-6、图13-7所示。

图13-6　工程变更单维护(物料清单)

图13-7　工程变更单维护(工艺路线)

5. 工程物料清单维护

岗位：产品设计人员

菜单路径：业务工作/生产制造/工程变更/工程变更资料维护/工程物料清单维护

单击"增加"按钮，选择"变更单号"，单击工具栏上的"复制"按钮，选择"复制来源"为"生产"，输入"母件编码"为"10000-电子挂钟"，如图13-8所示，单击"确定"按钮，返回"工程物料清单维护"窗口。修改"电池"为"进口电池"，单击"保存"按钮，完成工程物料清单生成，如图13-9所示。

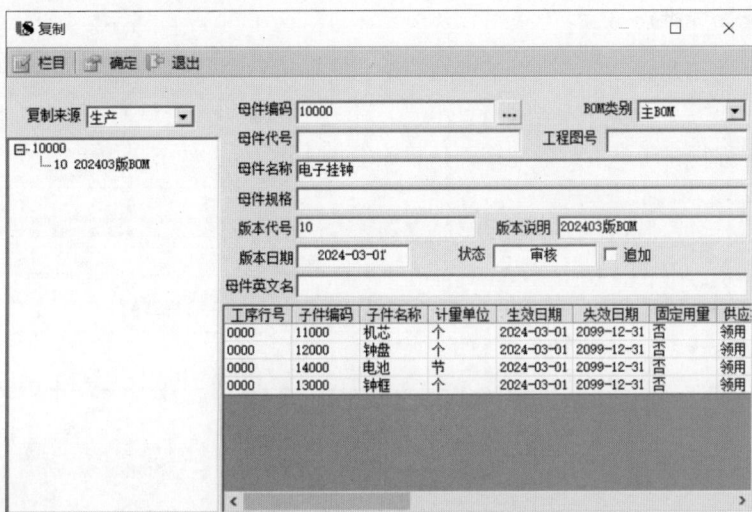

图13-8 物料清单复制

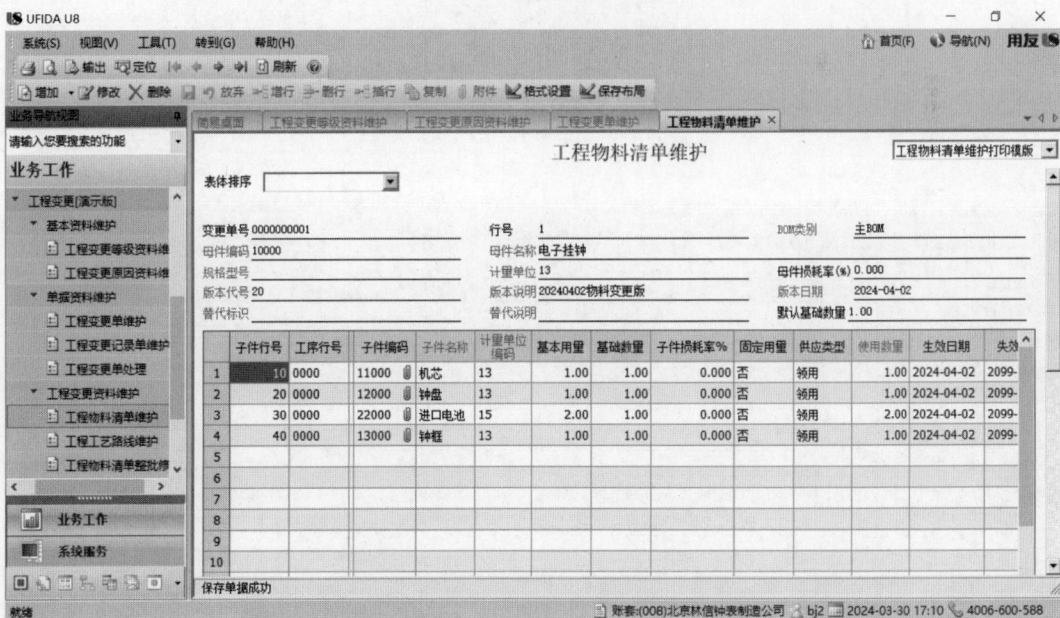

图13-9 工程物料清单生成

◆ 注意:

◇ 可以手工输入物料清单内容,也可以用"复制"功能。"复制"功能可以复制原有的物料清单内容,在此基础上修改可以提高工作效率。

◇ 执行该功能之前,要将新的料品资料补充输入存货档案,属性为外购、自制或委外。

◇ 工程变更单中的"变更类别"和"类别"栏位,必须选择为主要物料清单,方可建立工程物料清单。

6. 工程工艺路线维护

岗位:产品设计人员

菜单路径:业务工作/生产制造/工程变更/工程变更资料维护/工程工艺路线维护

操作与"工程物料清单维护"同理,结果如图13-10～图13-12所示。

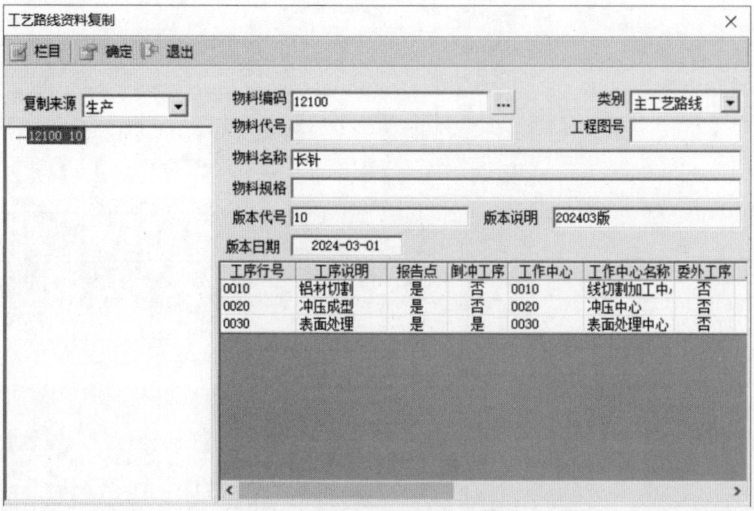

图13-10　复制物料工艺路线

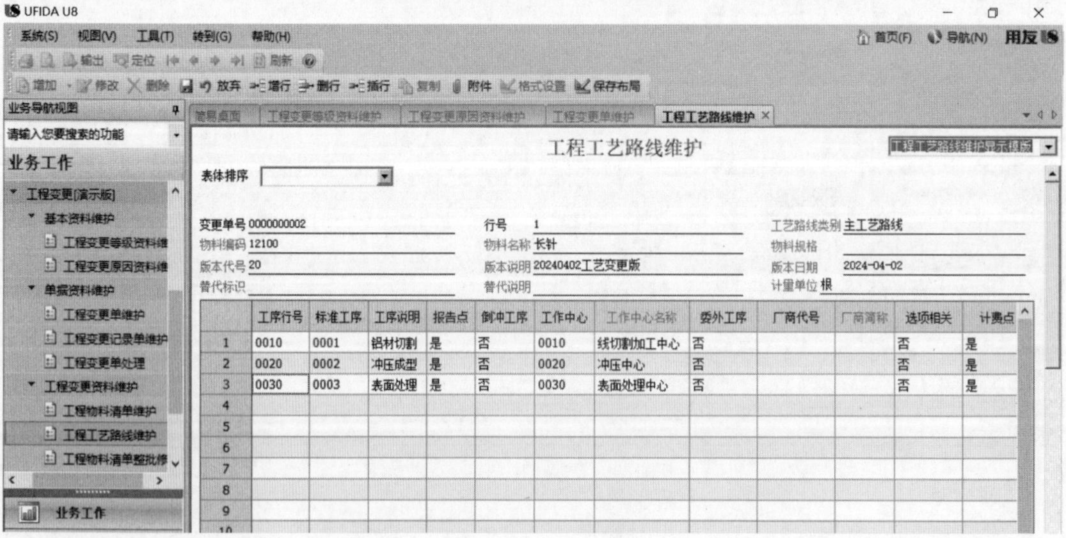

图13-11　工程工艺路线生成1

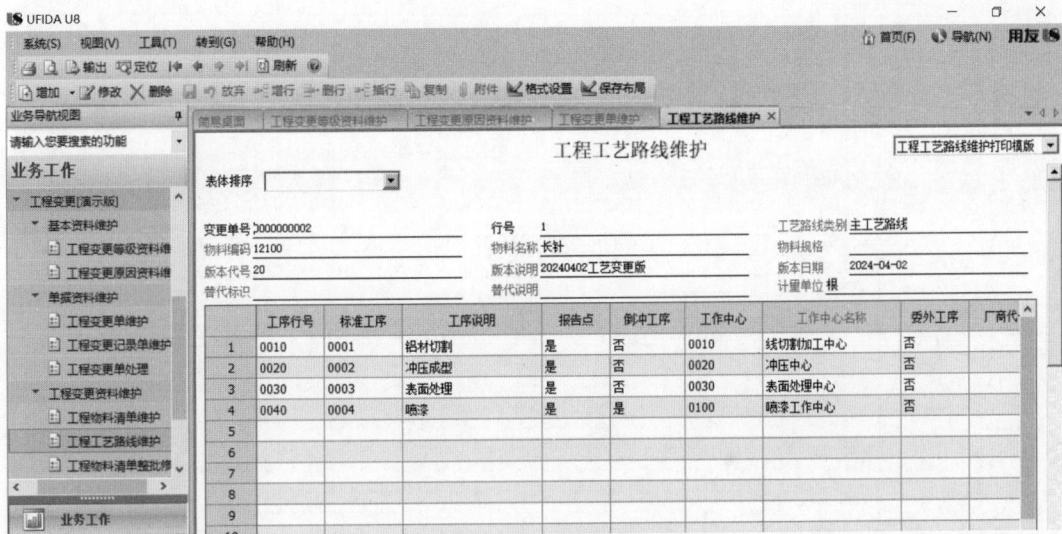

图13-12 工程工艺路线生成2

❖ 注意：

◇ 可以手工输入工艺路线内容，也可以用"复制"功能。"复制"功能可以复制原有的工艺路线内容，在此基础上修改可以提高工作效率。

◇ 执行该功能之前，要补充输入工作中心的资料、资源资料和标准工序资料。

◇ 工程变更单中的"变更类别"和"类别"栏位，必须选择为主工艺路线，方可建立工程工艺路线。

7. 工程变更申请的发行处理

岗位：产品设计人员

菜单路径：业务工作/生产制造/工程变更/单据资料维护/工程变更单维护

菜单路径：业务工作/生产制造/工程变更/单据资料维护/工程变更单处理

有两种方法可以完成此项工作，即单张发行(见图13-13、图13-14)和成批发行(见图13-15)。

(1) 如图13-13、图13-14所示，单击每张变更单中的"审核"按钮，在"工程变更单"已审核状态下，单击工具栏上的"发行"按钮，将完成审批的工程变更单发行处理，审核人及发行人签名。

(2) 可以将已审核未提交的工程变更单关闭以取消本次变更，也可以将已关闭的工程变更单打开，继续执行变更任务。已提交和关闭后的单据及内容不可被删除和修改。

(3) 可以将完成审批的工程变更单"发行"处理，将变更内容传递到"物料清单"模块和"车间管理"模块，发行后的"工程变更单"不可再进行任何操作。工程变更单发行时，物料清单和工艺路线状态为"审核"。

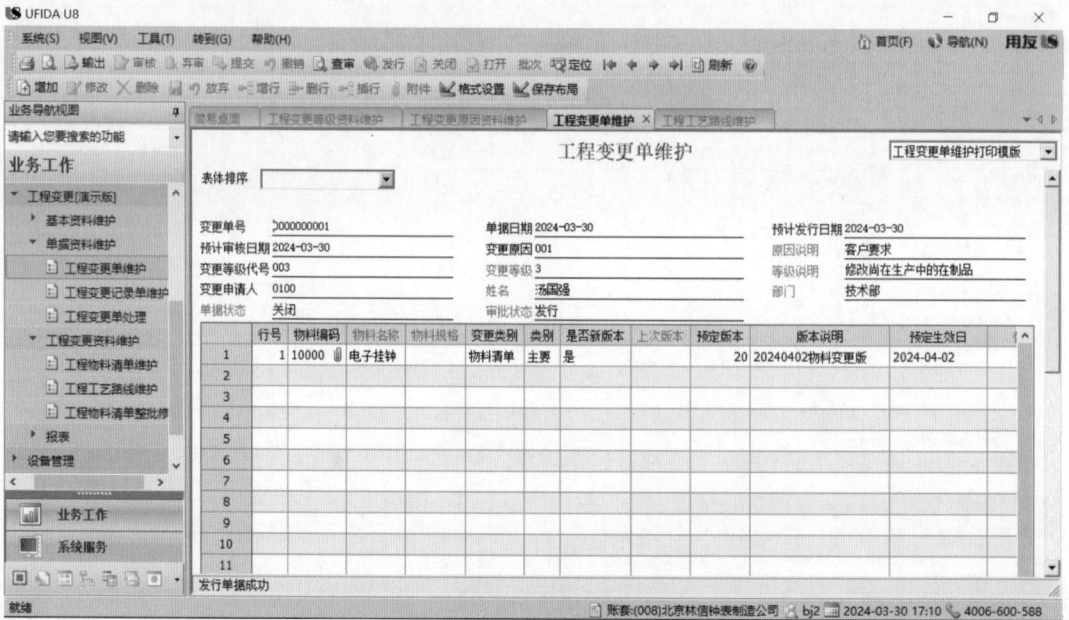

图13-13 工程变更单的审核及发行(电子挂钟)

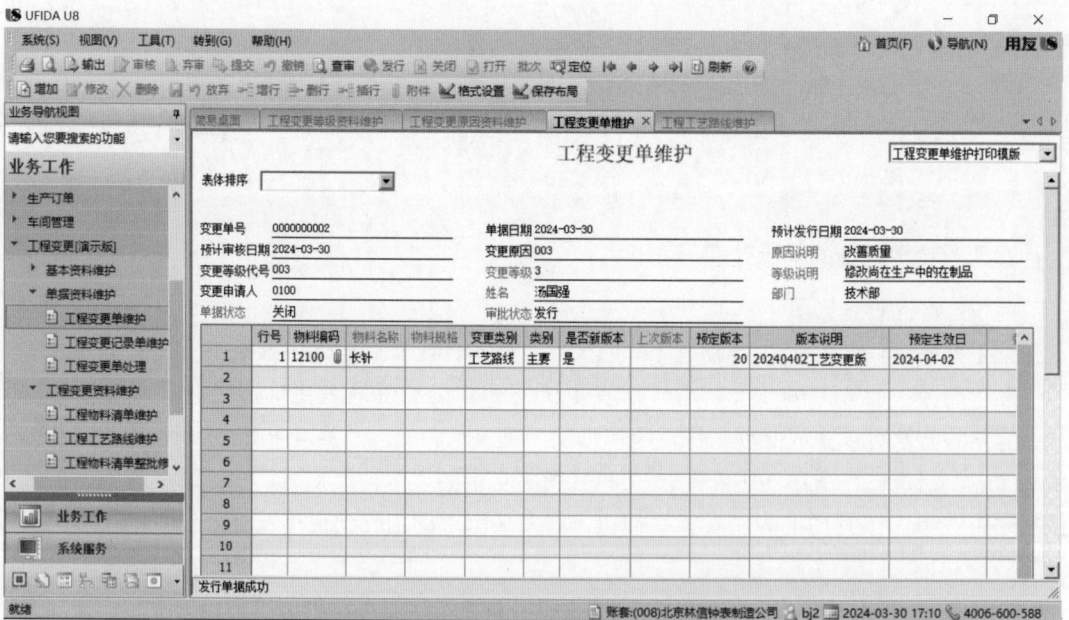

图13-14 工程变更单的审核及发行(长针)

(4) 如图13-15所示，利用"工程变更单处理"功能，可以成批处理工程变更单，包括批次打印、批次审核与弃审、批次关闭与打开、批次提交、批次发行。

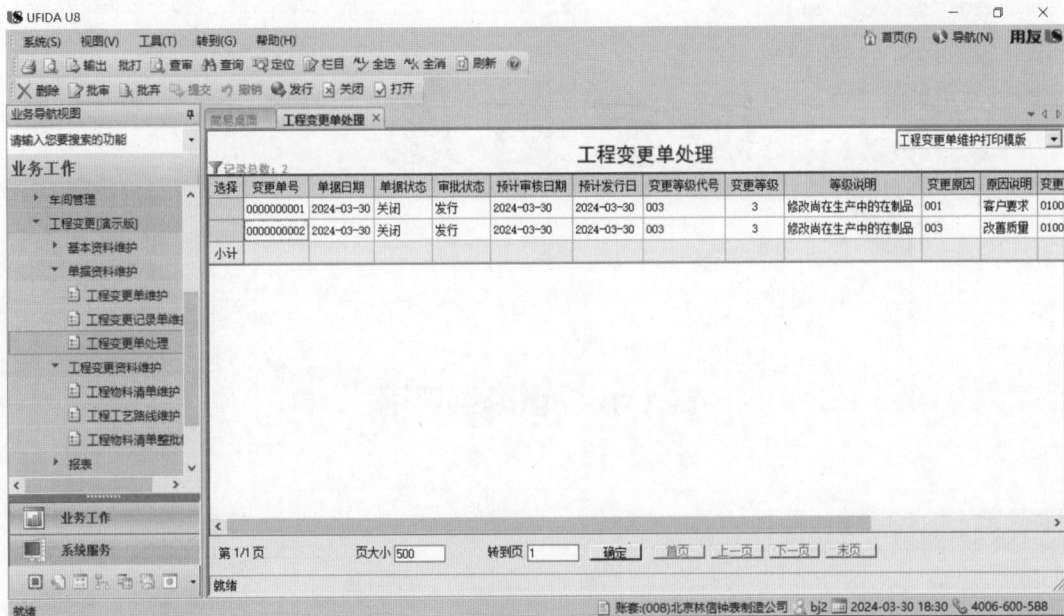

图13-15　工程变更单的审核及发行(成批)

❖ 注意:

◇ 在提交、发行工程变更单之前，变更单可以被打开或关闭，也可以选择弃审，使其恢复到未审核状态，以便对变更单继续进行修改。

◇ 工程物料清单是指尚未发行进行生产的产成品、部件的物料清单，可能是设计、修改过程中的物料清单或偶尔被采用的替代物料清单。

◇ 工程工艺路线是指尚未发行用于生产的产成品、部件的工艺路线，可能是设计、修改过程中的工艺路线或偶尔被采用的替代工艺路线。

◇ 工程物料清单和工程工艺路线两者一经发行，即生成正式的BOM和工艺路线资料，供生产使用。可在"物料清单"中查询到新生成的物料清单；在"车间管理"中查询到新生成的物料工艺路线资料，供生产产品使用。

思考题

工程变更管理有何意义？主要业务内容是什么？操作流程是什么？

第14章 设备管理

14.1 业务概述

14.1.1 功能概述

设备管理系统的工作是由设备部门的设备管理人员、维修工程师、车间维修人员及各个设备使用部门的设备管理和维修人员等来完成的。

该系统提供设备的使用维护信息管理，将设备的预防性维修与事后修理相结合，建立一个包括设备计划、使用、保养、维修等功能为一体的设备管理系统；通过编制周期设备计划，并根据事先的计划或故障情况产生作业单，形成维修记录。通过查询设备报表，提高设备的监督和管理水平。

具体而言，即该系统提供企业设备的使用信息管理、基础资料、辅助资料维护，统计日常运行情况和设备点检情况，制订保养和润滑计划，记录保养和润滑计划的执行情况；提供设备维修的作业管理，作业计划的制订，维修工单的执行情况及维修的验收记录；统计设备故障并分析原因，提出反馈等设备日常维护管理工作，实现用户维护设备的主要信息，根据设备运行、维修情况的统计数据进行分析，对设备进行预防性保养和维修，提高设备的使用寿命，从而降低成本，提高企业的经济效益。同时通过与固定资产相连接，可以查询设备的折旧情况；通过与存货基础资料的连接，有助于得到准确的库存备件信息，以及设备作业的备件需求。

本实验是针对企业生产经营活动中所使用的设备进行管理的操作，包括设备台账管理、设备运行管理、设备故障维护、作业管理、备件管理等内容。

14.1.2 相关子系统功能模块之间的关系

设备管理与其他系统功能模块之间的关系如图14-1所示。

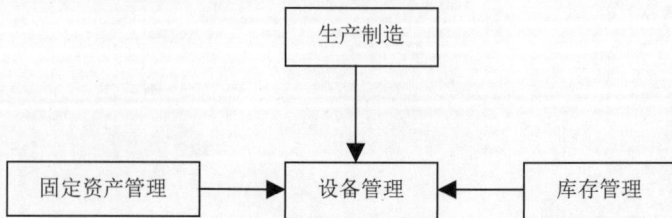

图14-1　设备管理与其他系统功能模块之间的关系

1) 与固定资产的接口

设备管理系统的设备台账信息可以通过读取固定资产系统信息而建立，也可以通过固定资产系统进行更新。

可读取的字段包括资产编码、资产名称、部门编码、折旧方法编码、开始使用日期、电机数量、电机功率、存放地点、原值、外币原值、汇率、净残值、净残值率、累计减值准备金额、使用年限、会计期间。

可更新字段包括原值、净残值、净残值率、净值、累计减值准备金额、累计折旧、会计期间。

2) 与生产制造的接口

可查阅生产制造系统的班次信息并参照；设备管理系统中编制的作业计划可按生产制造系统中的计划开始日期与天数计算出完工日期；设备管理系统中编制的运行统计可以按照生产制造系统中的起始日期计算出有效工作天数。

3) 与库存管理的接口

在备件需求统计中可以参照存货代码，并可查看备件在库存管理系统中的库存现有量、到货在检量、调拨在途量、调拨待发量、待发货量、冻结量等。实现设备管理系统和库存的接口，有助于用户得到准确的库存备件信息，在保证提供设备维修所需要的备件及提高设备的使用可靠性、维修性和经济性的前提下，尽量减少备件资金的占用。

14.1.3　应用准备

在正式使用设备管理系统之前，需将企业中要管理的设备资料全面整理，做好信息系统的准备工作，保证信息录入的完整准确。设备管理工作按照设备管理的生命周期来进行，包括设备台账管理、设备运行管理、设备故障维护、作业管理、备件管理及设备变更等内容。设备管理系统的使用照此模式进行。因此，使用设备管理系统前应做好如下准备。

- 建立账套：用户在新建账套时，可以选择工业版，并可设置用户单位信息、分类编码方案及数据精度等参数。
- 系统启用：在新建账套后，系统提示是否进行系统启用设置，只有设置了系统启用，才可使用相应系统。
- 权限管理：用户可以对操作员权限进行管理，包括功能权限、数据权限等。
- 基础档案：用户需要进行基础档案设置。"部门档案、职员档案、存货分类、计量单位、存货档案、仓库档案、自定义项"是使用"设备管理"模块应该先行建立的基础资料。
- 单据设置：用户可以对"设备管理"模块所有单据进行格式设置、编号设置。

14.2　系统业务流程

14.2.1　日常业务流程

设备管理日常业务流程如图14-2所示。

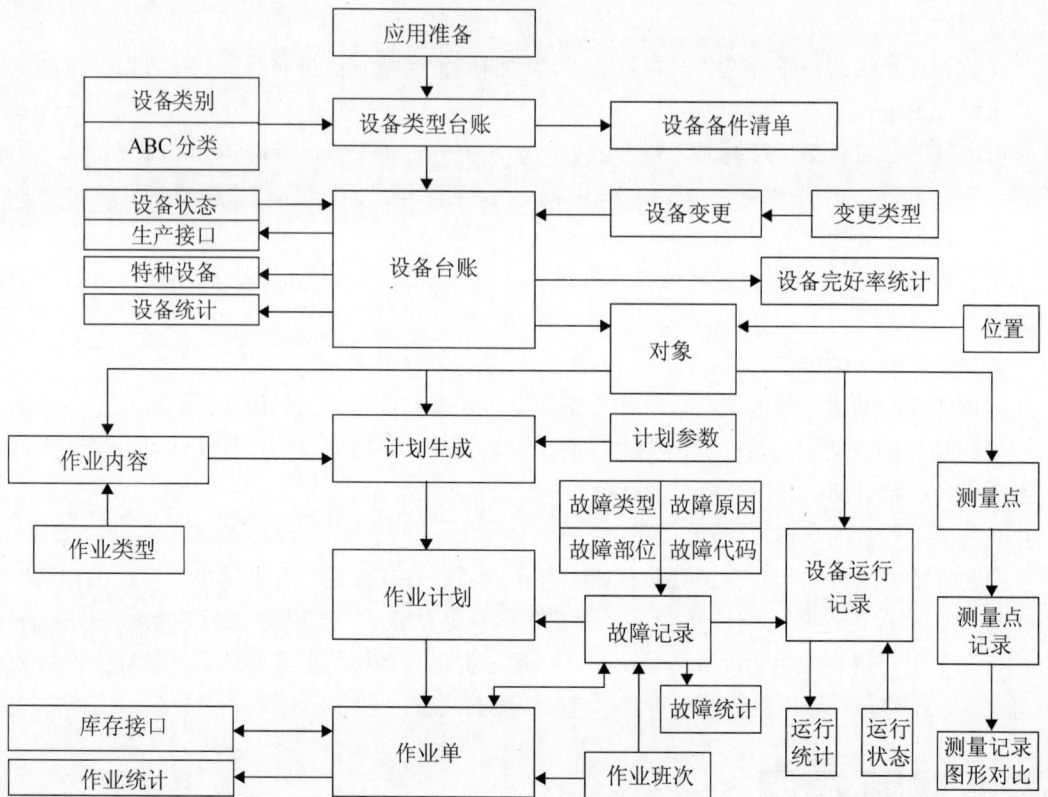

图14-2　设备管理日常业务流程

14.2.2　主要业务内容

1. 设备管理基础资料输入

输入系统运行的基础资料，包括设备类别、设备状态、设备ABC分类、设备变更类型、作业类型、作业小组、运行状态、故障类型、位置等。

2. 建立设备类型台账和设备台账

建立设备档案。

3. 制订设备作业计划

对设备维修检查、保养润滑等作业进行计划。

4. 进行设备运行管理

记录测量点测得的数据、设备的故障情况和运行停机情况，统计设备故障率和利用率。

5. 进行备件管理

记录设备备件清单，并提取作业计划和未完成的作业单中的所用备件，生成备件毛需求，供计划、采购部门使用。

在提高设备的使用可靠性、维修性和经济性的前提下，尽量减少备件占用资金。

实验十三 设备管理业务处理

【实验目的】

理解设备管理的作用，掌握设备管理的相关概念及基本操作。

【实验要求】

以操作员的身份进入系统进行操作。

【实验资料】

1. 实验数据准备

(1) 修改系统时间为2024-03-30。

(2) 引入"设备管理数据准备"数据账套。

2. 实验资料

(1) 在供应商档案的"工业"类别中添加"北京重机厂"供应商，编码为"0050"，并在存货计量单位分组中增加"10-小时"，计量单位编码和名称为"20-小时"、"21-Hour"，换算率为"1"。

(2) 在存货档案中补充输入两个备件，属材料类存货，包括刀具(90001)、砂轮(90002)。默认仓库为"备件仓库"，存货属性勾选"备件""外购"，销项及进项税率为13%，采购固定提前期均为1天，两者都参与成本及ROP计算。

(3) 输入设备管理的以下基础资料。

❍ 设备类别：1-生产用(分为101-机床、102-车床)、2-非生产用。
❍ 设备状态：1-正常、2-维修、3-报废。
❍ 设备ABC分类：A类为重点设备，B类为主要设备，C类为一般设备。
❍ 变更类型：1-验收移交、2-闲置封存、3-移装调拨、4-借用租赁、5-报废处理；变更内容为：作业部门、使用部门。
❍ 作业类型：1-维修、2-保养、3-润滑、4-点检。
❍ 作业小组：建立1～7个小组。
❍ 运行状态：1-运行、2-维修停机、3-计划停机。
❍ 故障类型：1-甲、2-乙、3-丙。
❍ 位置：1-1车间、2-2车间。

(4) 输入设备类型台账和设备台账："机床"类下分"切割机床""冲压机床""抛光机床"。对设备作业内容进行作业计划：输入计划作业的项目、所用备件情况等并编制作业单。

(5) 对设备运行状况进行监督管理。

(6) 对维修设备所需的备件进行管理。

【操作指导】

1. 补充输入基础信息

岗位：采购管理人员、仓库管理人员

菜单路径：基础设置/基础档案/客商信息/供应商档案

菜单路径：基础设置/基础档案/存货/计量单位

2. 建立备件的存货档案资料

岗位：仓库/仓管员

菜单路径：基础设置/基础档案/存货/存货档案

3. 输入设备管理的基础资料

岗位：设备管理人员

菜单路径：业务工作/生产制造/设备管理/基础设置

将设备的基础资料录入系统。

4. 输入设备类型台账和设备台账

岗位：设备管理人员

菜单路径：业务工作/生产制造/设备管理/设备台账/设备类型台账

菜单路径：业务工作/生产制造/设备管理/设备台账/设备台账

设备类型台账如图14-3所示，设备台账如图14-4所示。

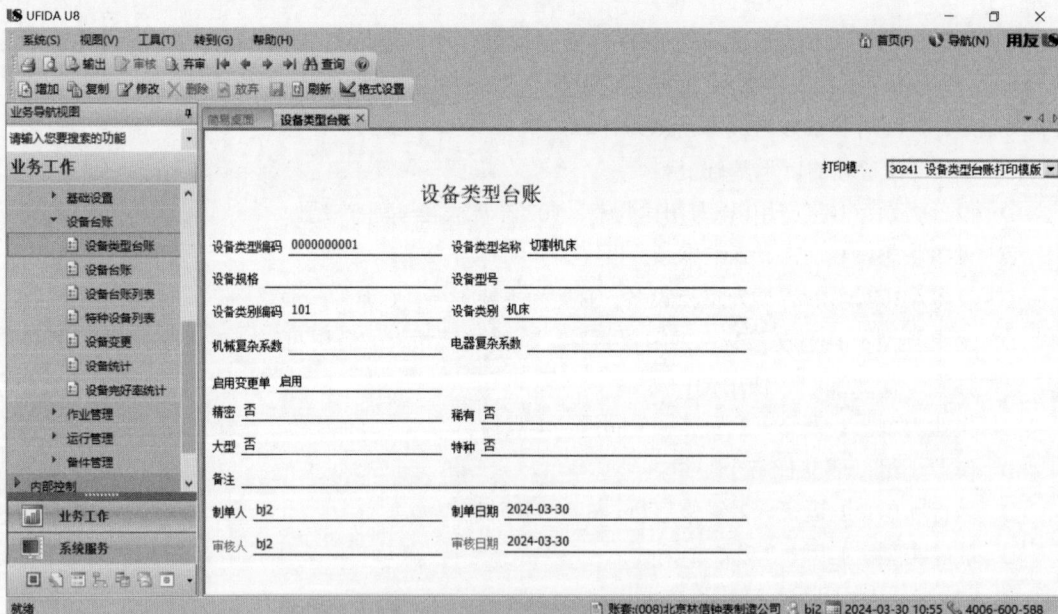

图14-3　设备类型台账

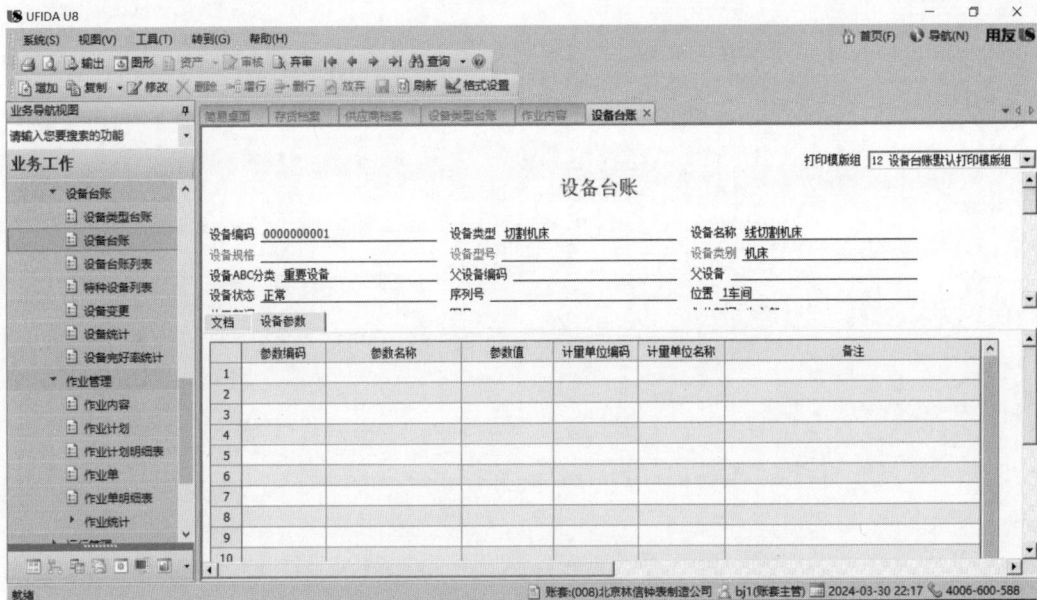

图14-4 设备台账

5. 对设备作业进行计划

岗位：设备管理人员

菜单路径：业务工作/生产制造/设备管理/作业管理/作业内容

菜单路径：业务工作/生产制造/设备管理/作业管理/作业计划

菜单路径：业务工作/生产制造/设备管理/作业管理/作业单

(1) 作业内容操作如图14-5所示。输入表头项目、表体项目及备件资料，输入"日历"为"工厂日历"，"间隔时间"为60，"执行天数"为5，允许生产计划选择"允许"。

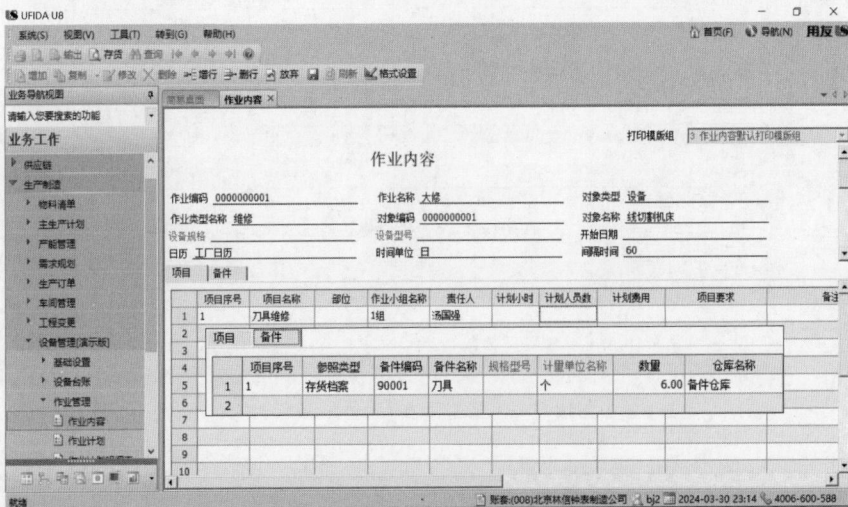

图14-5 录入作业内容(项目及备件)

(2) 作业计划操作如图14-6所示。输入项目及备件资料，保存以后，单击"审核"按钮，即完成对作业计划的审核。

(3) 手工录入作业单：双击"作业单"命令，进入"作业单"界面，单击"增加"按钮，新增一个作业单，录入相关内容，单击"保存"按钮保存，再单击"审核"按钮进行审核。由作业计划生成作业单的操作结果如图14-7所示。

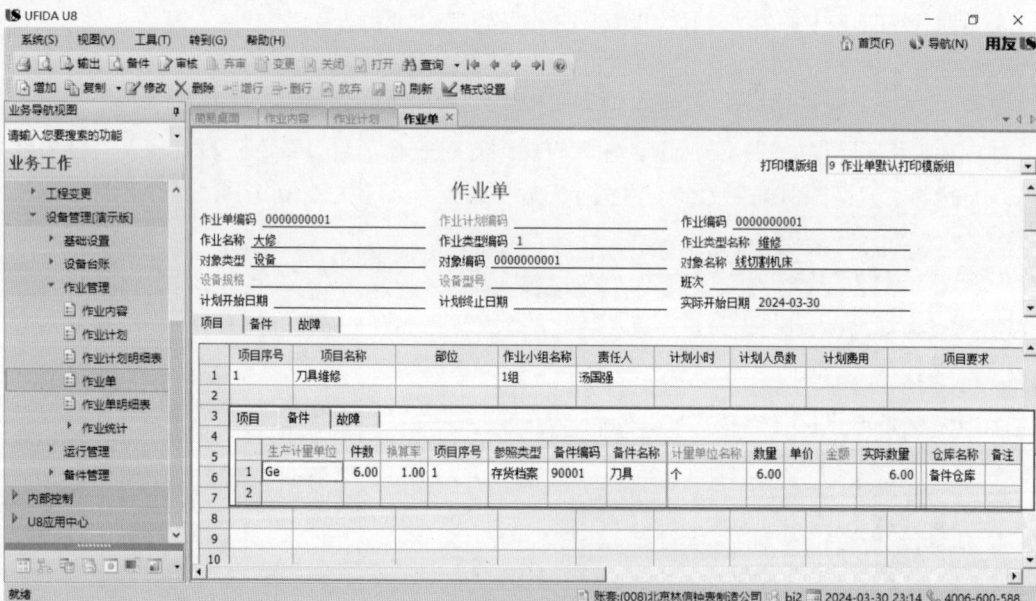

图14-7 生成作业单(项目及备件)

(4) 根据故障记录生成作业单。执行"运行管理"中的"故障记录"功能，进入"故障记录"界面，如图14-8所示，单击"增加"按钮，生成故障记录编码，在表体的"作业计划标识"栏中，用户可以选择把当前行的故障情况生成作业计划或作业单，保存并审核后，单击"生成"按钮即可生成作业计划或作业单，如图14-9所示。

图14-8 故障记录

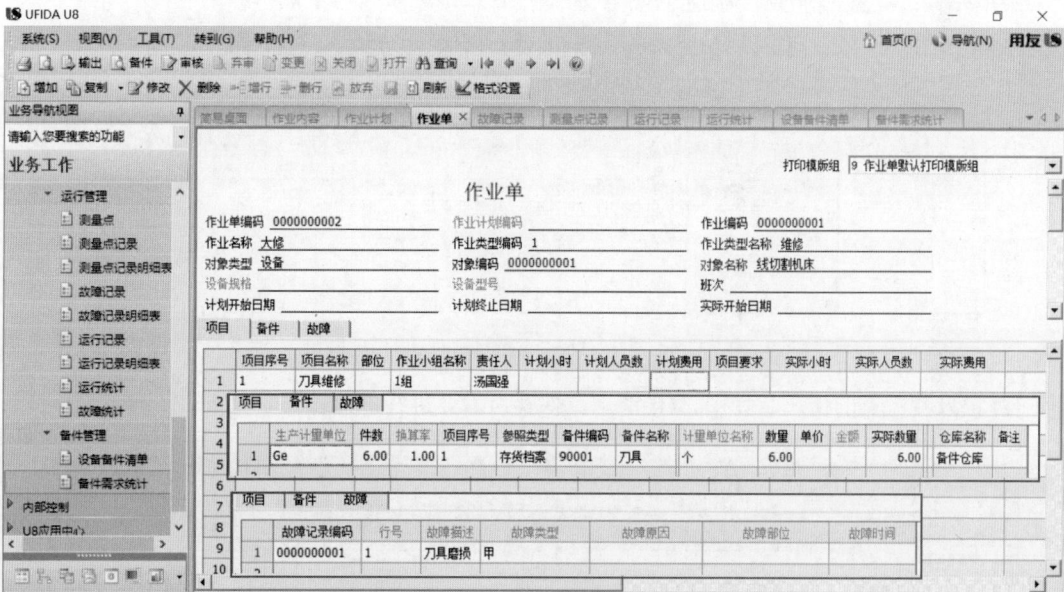

图14-9 根据故障记录生成的作业单内容(0000000003)

若选中如图14-10所示的"设备管理/基础设置/系统选项/其他"中的"作业通知"选项,则当故障记录生成作业单时,会弹出界面供用户选择"消息接受者"(可多选,选择界面只列出具有设备管理权限的操作员),经确认后将作业单信息发送至"消息接受者"。发送的信息是"作业单编码、作业类型、对象编码、对象名称、故障类型、故障描述、故障开始时间";当该选项不被选中时,则故障记录生成作业单时不弹出界面,也不发送消息。

成功生成的作业单或作业计划,可以在"作业管理/作业单或作业计划"中进一步操作。

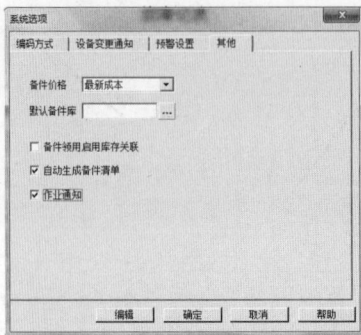

图14-10 作业单启用消息通知

6. 对设备运行状况进行监督管理

岗位：设备管理人员

菜单路径：业务工作/生产制造/设备管理/运行管理/测量点

菜单路径：业务工作/生产制造/设备管理/运行管理/测量点记录

菜单路径：业务工作/生产制造/设备管理/运行管理/故障记录

菜单路径：业务工作/生产制造/设备管理/运行管理/运行记录

菜单路径：业务工作/生产制造/设备管理/运行管理/运行统计

(1) 设置测量点的操作如图14-11所示。

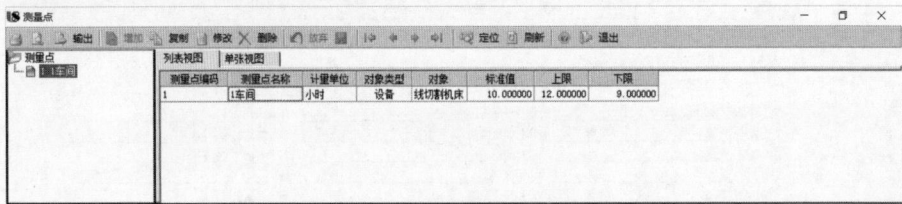

图14-11 设置测量点

(2) 记录测量点的情况，如图14-12所示。保存后，要进行审核操作。

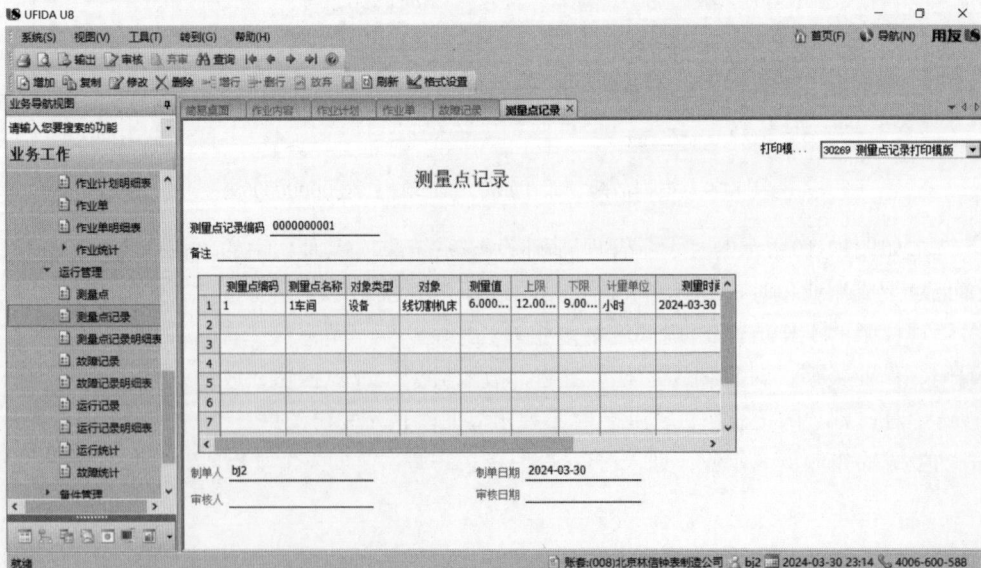

图14-12 记录测量点

(3) 记录设备的事故与故障情况，如图14-13所示。保存后，要进行审核操作。

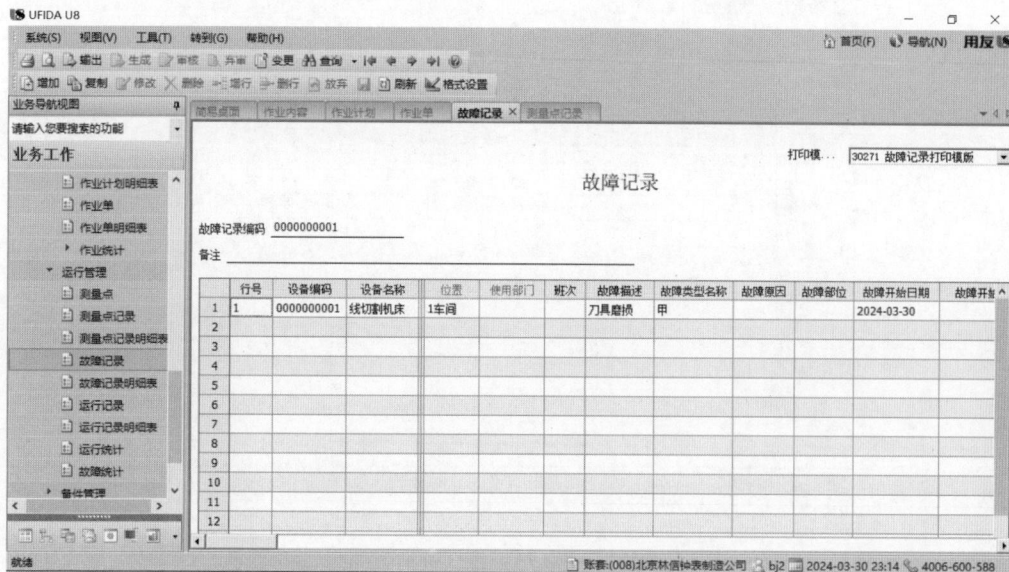

图14-13　记录设备的事故与故障

(4) 运行记录的操作如图14-14所示。保存后，要进行审核操作。

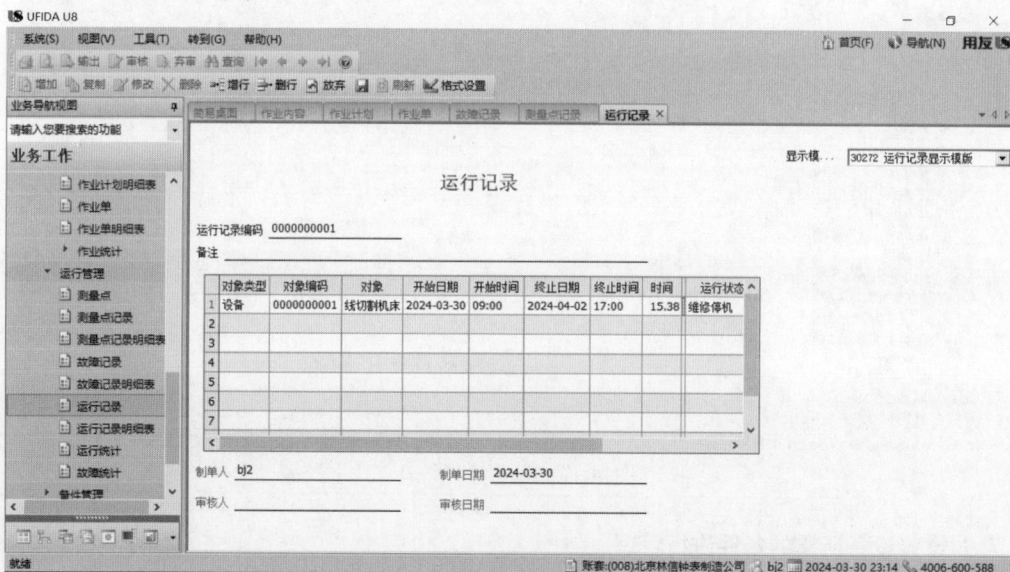

图14-14　设备运行记录

(5) 运行统计的操作如图14-15、图14-16所示。

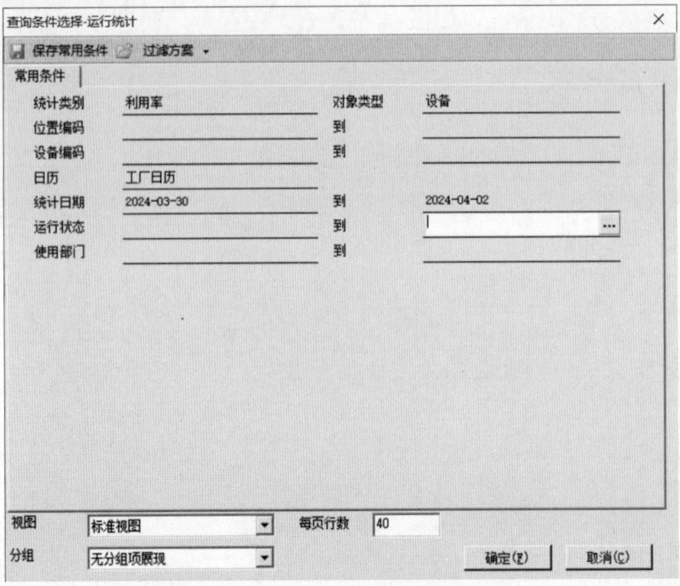

图14-15　设备运行统计查询条件

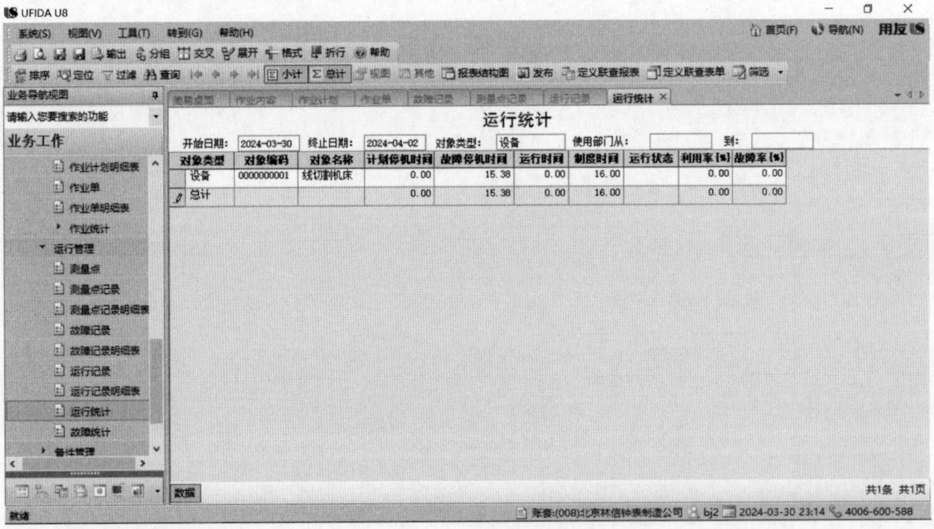

图14-16　设备运行统计

7. 对维修设备所需的备件进行管理

岗位：设备管理人员

菜单路径：业务工作/生产制造/设备管理/备件管理/设备备件清单

菜单路径：业务工作/生产制造/设备管理/备件管理/备件需求统计

(1) 备件清单的输入操作。可手动输入，也可自动生成。当作业内容、作业计划、作业单制作完成被保存后，备件会自动加入备件清单，如图14-17所示。

图14-17 设备备件清单

(2) 备件需求统计操作。提取作业计划和未完成的作业单使用的备件，生成备件毛需求，供计划、采购部门使用。用户可根据作业计划、作业单统计的备件需求与备件的库存量相比较，据此做备件的请购或做备件请购计划，以调整备件结构。

在条件选择窗口输入备件编码，单击"确定"按钮后，进入"备件需求统计"窗口，如图14-18所示。

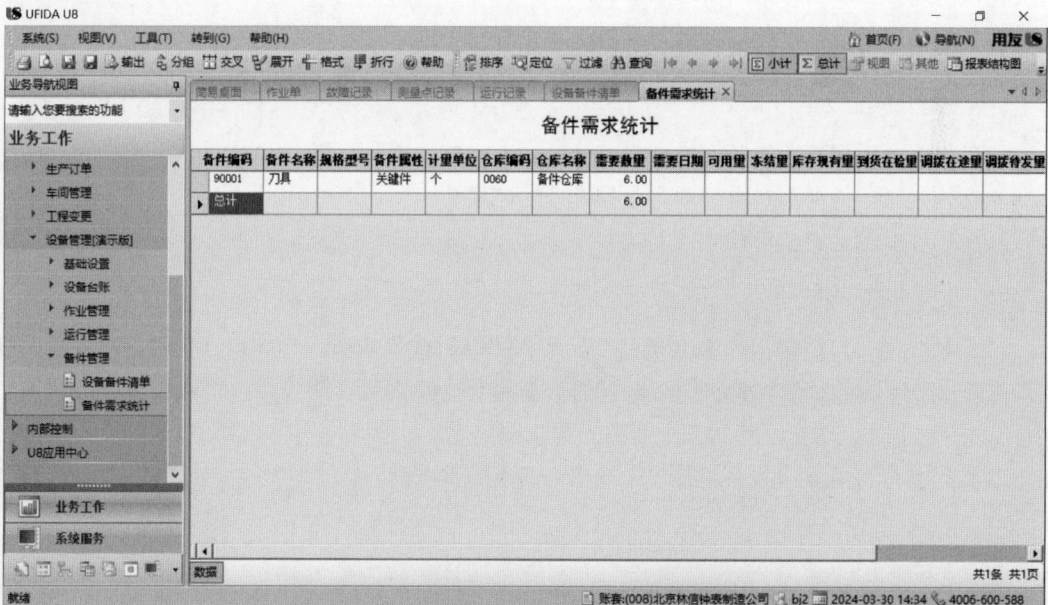

图14-18 "备件需求统计"窗口

思考题

设备管理有何意义？其主要业务内容和操作流程是什么？

第15章 ERP 课堂实验示例

15.1 实验管理

1. 实验内容安排

(1) 使用"简单方式",完成8个业务模块实验的学习。参见第1章表1-45和图1-22。

(2) 在课堂讲授基础上,以学习、讨论、辅导等方式,开展企业业务活动处理的计算机实验。

(3) 通过实验,达到对ERP业务流程熟练掌握,对功能熟练操作,对模块之间的关系有清楚的认识,对企业内部各部门的业务工作及各部门之间的业务关系有全面的了解。

2. 实验课程组织

(1) 在机房,按班级、学号顺序固定座位。

(2) 先完成单项实验,再完成综合实验。

(3) 按照实验教程,认真做实验。学生要主动学习、勤于思考、多提问题。

3. 实验验收考核

(1) 每个人每次上机的实验完成情况。

(2) 在规定时间内考查对全部业务数据处理的完成情况。

(3) 上机实操综合实验考核。

4. 实验数据准备

(1) 初次使用,可以导入"公共资料初始数据账套"或"实验一 客户订货数据准备",开始"实验一",以后即可生成和使用自己的数据账套连续实验。此外,也可以根据个人进度,使用教材提供的数据账套,开始任一业务的实验。

(2) 数据备份与恢复:从系统管理中输出与引入数据账套。

15.2 相关资料

1. 料品资料

料品资料如表15-1所示。

表15-1　料品资料

低阶码	料品代号	料品名称	供应形态	单位	供应批量	固定提前期+变动提前期(变动基数)	规划属性	期初数量	含税单价	所属仓库	供应商
+0	10000	电子挂钟	成品	个	30	1+1(200)	MPS	50		成品	
+1	11000	机芯	采购	个		3		20	30	半成品	上海昊恒工贸
+1	12000	钟盘	自制	个		2				半成品	
++2	12100	长针	自制	根		1				半成品	
++2	12200	短针	自制	根		1		1000		半成品	
++2	12300	秒针	自制	根		1		1000		半成品	
+++3	12010	铝材	采购	KG		4			20	原辅料	北京铝材厂
++2	12400	盘面	自制	个		1				半成品	
+++3	12410	盘体	委外	个		2			10	半成品	北京兴隆注塑厂
++++4	12411	塑料	采购	KG		1		1000	19	原辅料	江苏塑料二厂
+++3	12420	字模	自制	个		2		300		半成品	
++++4	12421	薄膜	采购	米		1		1000	8	原辅料	上海昊恒工贸
+1	13000	钟框	委外	个		2			9	半成品	北京兴隆注塑厂
+1	14000	电池	采购	个	10	1			10	半成品	上海昊恒工贸

2. 电子挂钟的物料清单(BOM结构)

电子挂钟的物料清单结构如图15-1所示。

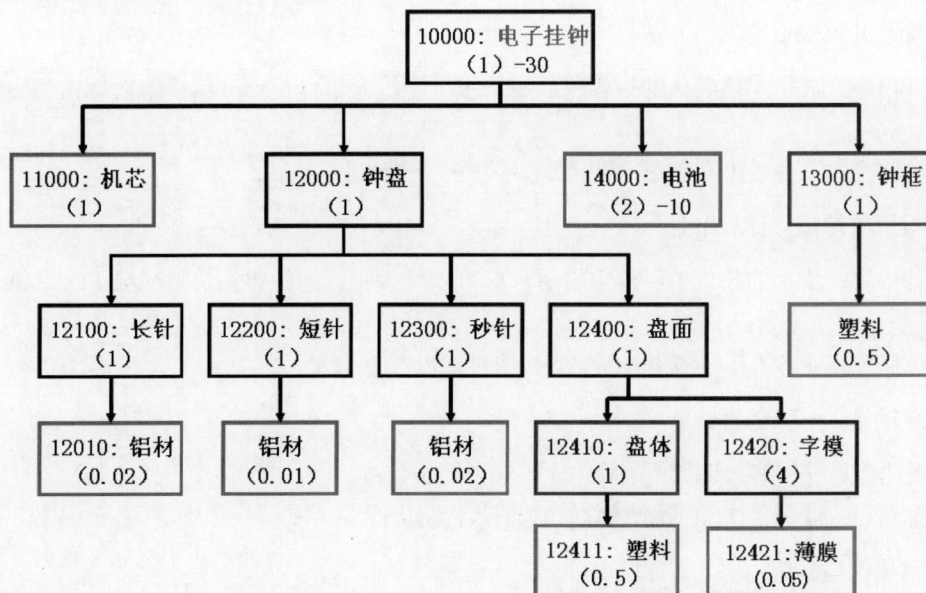

图15-1　电子挂钟的物料清单结构(BOM结构)

15.3 实验内容与操作向导

实验一 客户订货业务

【实验资料】

(1) 向湖北华联商厦报价。报价单：电子挂钟(编号10000)数量 100个，含税单价为120元。

(2) 审核报价单。

(3) 湖北华联商厦要求降价，领导同意按湖北华联商厦的要求调降价格。在报价单上直接修改，将含税单价改为115元。

(4) 根据报价单生成销售订单，将"完工及预发货日"改为"当前日推后10天"。

(5) 手动输入一张销售订单。客户为"西单商场"；完工及预发货日期为"当前日推后15天"；料品为电子挂钟(编号10000)数量400个，含税单价为100元。

(6) 审核此销售订单。

【操作指导】

1. 输入报价单

业务内容：在获得客户订货信息后，查询该客户或料品的报价历史单价，输入报价单；将已录入的报价单打印或传递给销售主管以便审核。

菜单路径：业务工作/供应链/销售管理/销售报价/销售报价单

2. 审核报价单

业务内容：可以授权业务员进行审核处理；打印报价单传给(传真机或E-mail)客户进行确认。

菜单路径：业务工作/供应链/销售管理/销售报价/销售报价单

3. 修改并审核报价单

业务内容：对已审核确认的报价单，销售主管进行弃审，待业务员修改后，销售主管再重新审核。

菜单路径：业务工作/供应链/销售管理/销售报价/销售报价单

4. 报价单转销售订单作业

业务内容：成功的报价单经过审核后，就可以转为正式的销售订单，减轻了二次录入的工作量。

菜单路径：业务工作/供应链/销售管理/销售订货/销售订单

5. 手动输入一张销售订单

业务内容：获得客户订货信息后，人工输入销售订单。

菜单路径：业务工作/供应链/销售管理/销售订货/销售订单

6. 审核销售订单

业务内容：业务员将销售订单明细资料传送或打印出来，呈报销售主管审核确认，销售主管对销售订单资料无异议，也可授权业务员进行审核处理。已输入的销售订单只有经过审核后，才能更新产品预约量和客户信用余额，才能作为出货的依据。如果进行客户信用控制，当客户信用余额不足时，系统将提示请求审批，若不审批，则订单被保留等待审核，被保留的销售订单不能据以出货，需要主管批准增加客户信用额度或客户预交款后才能通过审核，转为可使用的销售订单。

菜单路径：业务工作/供应链/销售管理/销售订货/销售订单

实验二　生产排程业务

【实验资料】

(1) MPS 计划前稽核作业，累计提前天数推算。

(2) MPS 计划参数维护。预测版本：选择某版本；时栅：0001；截止日期：比当前系统时间推后 1 个月。

(3) MPS 计划生成。

(4) MPS 计划作业的供需资料查询，查看电子挂钟的计划内容(规划数量和时间)。

(5) MRP 计划前稽核作业：累计提前天数推算与库存异常状况查询。

(6) MRP 计划参数维护。预测版本：选择某版本；时栅：0001；截止日期：比当前系统时间推后 1 个月。

(7) MRP 计划生成。

(8) MRP 供需资料查询，查看每个物料的计划内容(规划数量和时间)。

(9) 如果物料的规划状态为"逾期"，那么如何处理才能使得计划不再显示此异常状态？

【操作指导】

1. MPS 累计提前天数推算、库存异常状况查询

业务内容：物料的固定提前期或主要物料清单更改时，执行本作业，以计算各物料的累计提前天数，并更新存货主档及 MPS 系统参数的最长累计提前天数。查询各仓库中现存量为负值的不正常物料资料，供 MPS 展开前查核之用。

菜单路径：业务工作/生产制造/主生产计划/MPS 计划前稽核作业/累计提前天数推算

菜单路径：业务工作/生产制造/主生产计划/MPS 计划前稽核作业/库存异常状况查询

2. MPS 计划参数维护

业务内容：设置 MPS 的计划代号、说明等参数。

菜单路径：业务工作/生产制造/主生产计划/基本资料维护/MPS 计划参数维护

3. MPS 计划生成

业务内容：系统依据物料的需求来源(需求预测及客户订单)，考虑现有物料存量和锁定、已审核订单(采购请购单、采购订单、生产订单、委外订单)余量，以及物料提前期、数量供需政策等，自动产生 MPS 件的供应计划。

菜单路径：业务工作/生产制造/主生产计划/MPS 计划作业/MPS 计划生成

4. MPS计划作业的供需资料查询

查看电子挂钟的计划内容(规划数量和时间)。

业务内容：按销售订单或物料，查询、打印MPS/MRP计划的供应需求资料及供需资料的计算过程。

菜单路径：业务工作/生产制造/主生产计划/MPS计划作业/供需资料查询—物料

5. MRP累计提前天数推算、库存异常状况查询

业务内容：物料的固定提前期或主要物料清单更改时，执行本作业，以计算各物料的累计提前天数，并更新存货主档及MRP系统参数的最长累计提前天数。查询各仓库中现存量为负值的不正常物料资料，供MRP展开前查核之用。

菜单路径：业务工作/生产制造/需求规划/MRP计划前稽核作业/累计提前天数推算
菜单路径：业务工作/生产制造/需求规划/MRP计划前稽核作业/库存异常状况查询

6. MRP计划参数维护

业务内容：设置MRP的计划代号、说明等参数。

菜单路径：业务工作/生产制造/需求规划/基本资料维护/MRP计划参数维护

7. MRP计划生成

业务内容：系统依据物料的需求来源(主生产计划、需求预测及客户订单)，按物料清单，考虑现有物料存量和锁定、已审核订单(采购请购单、采购订单、生产订单、委外订单)余量，以及物料提前期、数量供需政策等，自动生成MRP件的供应计划。

菜单路径：业务工作/生产制造/需求规划/计划作业/MRP计划生成

8. MRP供需资料查询

查看每个物料的计划内容(规划数量和时间)。

业务内容：按销售订单或物料，查询、打印MPS/MRP计划的供应需求资料及供需资料的计算过程。

菜单路径：业务工作/生产制造/需求规划/计划作业/供需资料查询—物料

9. 推后销售订单的完工日期和预发货日期

菜单路径：业务工作/供应链/销售管理/销售订货/销售订单

思考题：
(1) 查看每个物料的MPS、MRP运行结果，并详细分析所有物料的供需时间和供需数量。
(2) 若物料需求计划(MRP)中某物料的规划状态显示为"逾期"，请解释原因，并分析如何处理该异常情况，以使计划可行？

实验三 采购业务

【实验资料】
(1) 仓管部李丽填一张请购单请购料品。需求物料：机芯(编号11000)100个；需求日期：推后8天。

(2) 审核请购单。

(3) 请购转采购业务处理，进行审核采购订单。

(4) 根据MPS/MRP的运行结果，生成采购订单。

(5) 根据采购订单业务，填写到货单。

(6) 对采购的料品进行入库处理。

(7) 登记采购专用发票。

【操作指导】

1. 采购业务期初记账

业务内容：初次使用系统时，需要输入初始值，并将采购期初数据记入有关采购账中；期初记账后，即可输入日常采购单据，但期初数据不能进行增加、修改的操作，除非取消期初记账。期初记账后输入的入库单、发票都是启用月份及以后月份的单据。启用日期为当前月的第1天，启用日期前的数据为期初数据。

菜单路径：业务工作/供应链/采购管理/设置/采购期初记账

2. 请购单输入

业务内容：企业各部门向采购部门提出请购申请，输入请购单。

菜单路径：业务工作/供应链/采购管理/请购/请购单

3. 请购单审核

业务内容：申购员将请购单打印出来交由本部门主管审批，主管进行审核处理。

菜单路径：业务工作/供应链/采购管理/请购/请购单

4. 请购转采购处理

业务内容：采购部根据请购申请与供应商签订采购订单，组织采购工作。采购员将已审核的请购单转为采购订单(默认为锁定状态，即重新运行MPS、MRP计算时不会对锁定的采购订单产生影响)。

菜单路径：业务工作/供应链/采购管理/采购订货/采购订单

5. 根据MPS/MRP的运行结果生成采购订单

业务内容：根据MPS/MRP的计划安排制作采购订单。采购订单可以手工录入，也可以参照请购单、销售订单、采购计划(MRP/MPS)生成。

菜单路径：业务工作/供应链/采购管理/采购订货/采购订单

6. 填写到货单

业务内容：采购到货是采购订货和采购入库的中间环节，一般由采购业务员根据供方通知或送货单填写，确认对方所送货物、数量、价格等信息，以入库通知单的形式传递到仓库作为保管员收货的依据。

菜单路径：业务工作/供应链/采购管理/采购到货/到货单

7. 将所采购货物全部入库

业务内容：收料、验收入库。若直接验收入库，则有质量问题时再进行验退。

菜单路径：业务工作/供应链/库存管理/入库业务/采购入库单

8. 填写采购专用发票

业务内容：系统将供应商开具的采购发票进行登记记录，根据采购发票可以确认采购成本，并据以登记应付账款。采购发票分为专用发票、普通发票和运费发票。专用发票的单价是无税单价。普通发票中包括普通发票、废旧物资收购凭证、免税农产品收购凭证、其他票据，单价是含税单价、金额是价税合计。

菜单路径：业务工作/供应链/采购管理/采购发票/专用采购发票

实验四　委外业务

【实验资料】

(1) 根据MPS/MRP的结果，自动生成委外订单。

(2) 对委外订单进行审核。

(3) 委外商领料，将应领用的料品全部领走。

(4) 委外的料品到货，填到货单。

(5) 委外加工的料品完工入库。

(6) 登记委外专用发票。

【操作指导】

1. 委外业务期初记账

业务内容：初次使用系统时，要输入初始值，并将委外期初数据记入有关委外账中；期初记账后，期初委外入库单不能进行增加、修改操作，除非取消期初记账。期初记账后输入的入库单都是启用月份及以后月份的单据，但期初记账后还可以增加期初材料出库单。启用日期为当前月的第1天，启用日期前的数据为期初数据。

菜单路径：业务工作/供应链/委外管理/委外期初/期初记账

2. 生成委外订单

业务内容：生产计划管理人员向委外商询价，签订委托加工合同后，生产计划管理人员录入委外订单；或者经过MPS、MRP自动规划后，计划管理人员要对建议规划量进行查核、确认生成了委外订单(未审核委外订单)。

菜单路径：业务工作/供应链/委外管理/委外订货/委外订单

3. 委外订单审核

业务内容：委外订单由生产部门经理审核确认；打印出委外订单，由生产部门主管签字，作为正式合同，经委外商确认后，打印出来送达委外商和仓库，仓库凭委外订单备料，委外商凭委外订单到企业仓库领料。

菜单路径：业务工作/供应链/委外管理/委外订货/委外订单

4. 委外商领料

业务内容：委外商接到委外订单后，就可到企业仓库进行领料。

菜单路径：业务工作/供应链/库存管理/出库业务/材料出库单

5. 委外加工的料品完工到货，填写到货单

业务内容：委外到货是委外订货和委外入库的中间环节，一般由委外业务员根据供方通知或送货单填写，确认对方所送的委外加工货物、数量、价格等信息，以到货通知单的形式传递到仓库作为保管员收货的依据。

菜单路径：业务工作/供应链/委外管理/委外到货/到货单

6. 委外业务完成，填写入库单

业务内容：委外加工完成后，仓管员要收料或验收入库。

菜单路径：业务工作/供应链/库存管理/入库业务/采购入库单

7. 填写委外专用发票

业务内容：系统将根据委外供应商开出的记载委外件加工费的委外发票在系统中进行登记，以此凭证确认委外加工成本，并据以登记应付账款。委外发票分专用发票、普通发票和运费发票。专用发票的单价是无税单价；普通发票的单价是含税单价。

菜单路径：业务工作/供应链/委外管理/委外发票/专用委外发票

实验五　生产加工业务

【实验资料】

(1) 核查并确认MPS/MRP所产生的建议自制量，并自动生成生产订单。制造部门为生产部。

(2) 生产订单的审核处理。

(3) 按照生产订单进行领料。注意：要按料品生产的先后顺序领料，逐级生产(可由开工、完工时间看出)。

(4) 产品加工完毕后，按生产订单直接验收入库。

【操作指导】

1. 生产订单自动生成

业务内容：核查并确认MPS/MRP所生成的建议自制量，并自动生成生产订单。

菜单路径：业务工作/生产制造/生产订单/生产订单生成/生产订单自动生成

2. 生产订单审核处理

业务内容：按生产订单、销售订单、生产线、生产部门角度，审核、弃审、关闭、还原生产订单，并可执行产品入库报检作业。或者在手工录入中保存、修改、审核生产订单。

菜单路径：业务工作/生产制造/生产订单/生产订单处理/生产订单整批处理

3. 按生产订单领料

业务内容：制造部门持生产订单到仓库领料，仓管员录入领料数量等，保存并审核，便于及时准确计算库存。

菜单路径：业务工作/供应链/库存管理/出库业务/材料出库单

4. 产品加工完毕入库

业务内容：制造部门生产的制品完工后，应该立即入库，仓管员要及时录入入库单，以便及时更新各料品现存量。

菜单路径：业务工作/供应链/库存管理/入库业务/产成品入库单

实验六　销售发货业务

【实验资料】(开票直接发货方式)

(1) 销售货品并开具专用发票。对所有客户订购的货品进行发货。

(2) 查看发货单。

(3) 审核销售出库单。

(4) 查询库存现存量。

(5) 录入发货签回单。

【操作指导】(开票直接发货方式)

1. 填写专用销售发票

在开票、发货之前，将计算机系统日期改为销售订单的发货日期。

业务内容：企业给客户开具销售专用发票及其所附清单。销售发票被复核后，可以自动生成发货单和待审核的销售出库单。销售发票是销售收入确认、销售成本计算、应交销售税金确认、应收账款确认的依据。

菜单路径：业务工作/供应链/销售管理/销售开票/销售专用发票

2. 查询发货单

业务内容：发货单是销售方给客户发货的凭据。销售部门业务员查询销售发票生成的发货单，并检查客户的信用余额，发货数量是否超越允收上限或下限，或者客户购买的货物是否库存不足。打印发(退)货单(一式五联)，一份交于仓库管理人员作为销售出库的原始依据。

菜单路径：业务工作/供应链/销售管理/销售发货/发货单

3. 审核销售出库单

业务内容：销售出库单是销售出库业务的主要凭据，在"库存管理"系统中用于存货出库数量核算，在"存货核算"系统中用于存货出库成本核算。

菜单路径：业务工作/供应链/库存管理/出库业务/销售出库单

4. 现存量查询

菜单路径：业务工作/供应链/库存管理/报表/库存账/现存量查询

5. 录入发货签回单

业务内容：发货签回单是客户在收到货物以后，在发货单上签名，作为签收的单据。发货单是客户方给销售方签收货物的凭证。

菜单路径：业务工作/供应链/销售管理/发货签回/发货签回单

实验七　财务制单业务

【实验资料】

(1) 对会计科目进行辅助项设置：应收账款设为客户往来辅助核算，受控系统为应收系统；应付账款设为供应商往来辅助核算，受控系统为应付系统。

(2) 应付款管理选项设置。

(3) 应付账款的初始设置。

(4) 对已生成的应付单据进行审核。

(5) 应付账款凭证的制单处理。

(6) 应收款管理选项设置。

(7) 应收账款的初始设置。

(8) 对已生成的应收单据进行审核。

(9) 应收账款凭证的制单处理。

(10) 在总账模块中查询应收账款、应付账款凭证的内容。

【操作指导】

1. 会计科目进行辅助项设置

菜单路径：基础设置/基础档案/财务/会计科目

2. 凭证类别设置

菜单路径：基础设置/基础档案/财务/凭证类别

3. 应付款管理选项设置

应付账款核算模型：选择简单核算模型

菜单路径：业务工作/财务会计/应付款管理/设置/选项

4. 应付账款的初始设置

应付科目：本币为"应付账款"；采购科目为"材料采购"；委外科目为"委托加工物资"；税金科目为"应交税金——应交增值税——进项税额。

菜单路径：业务工作/财务会计/应付款管理/设置/初始设置/设置科目/基本科目设置

5. 审核应付款发票

菜单路径：业务工作/财务会计/应付款管理/发票审核

6. 应付账款凭证的制单处理

菜单路径：业务工作/财务会计/应付款管理/制单处理

7. 应收款管理选项设置

应收账款核算模型：选择简单核算模型

菜单路径：业务工作/财务会计/应收款管理/设置/选项

8. 应收账款的初始设置

应收科目：本币为"应收账款"；销售收入科目为"主营业务收入"；税金科目为"应交

税金——应交增值税——销项税额"。

菜单路径：业务工作/财务会计/应收款管理/设置/初始设置/设置科目/基本科目设置

9. 审核应收款发票

菜单路径：业务工作/财务会计/应收款管理/发票审核

10. 应收账款凭证的制单处理

菜单路径：业务工作/财务会计/应收款管理/制单处理

11. 在总账中查询应收账款、应付账款凭证

菜单路径：业务工作/财务会计/总账/凭证

实验八　期末处理

每个会计期末针对各个子系统进行月末结账处理。首先对业务子系统进行结账，其次对财务子系统进行结账，最后对总账系统进行结账。

【实验资料】

(1) 销售系统月末结账。

(2) 委外系统月末结账。

(3) 采购系统月末结账。

(4) 库存系统月末结账。

(5) 存货系统月末结账。

(6) 总账系统月末结账。

【操作指导】

1. 销售管理系统月末结账

菜单路径：业务工作/供应链/销售管理/月末结账

2. 委外管理系统月末结账

菜单路径：业务工作/供应链/委外管理/月末结账

3. 采购管理系统月末结账

菜单路径：业务工作/供应链/采购管理/月末结账

4. 库存管理系统月末结账

菜单路径：业务工作/供应链/库存管理/月末结账

5. 存货核算系统月末结账

菜单路径：业务工作/供应链/存货核算/业务核算/月末结账

6. 总账系统月末结账

当其他财务子系统的业务都结账完成以后，再在总账系统中进行月末结账处理。

菜单路径：业务工作//财务会计/总账/期末/结账

15.4 实验提示说明

(1) 判断MPS、MRP计划内容的可行性主要有两个方面：一方面是所有物料的计划不逾期；另一方面是自制品生产加工所用资源的产能不超载。

(2) 在"实验二"中，若物料计划出现"逾期"状态，说明此物料计划开始执行的时间早于系统时间而无法执行，以致MPS、MRP的规划安排不可执行，则需要将计划修改调整到都不逾期状态。解决方法：对相应的销售订单的完工日期、发货日期进行修改，推后时间，再重新生成MPS、MRP，直至不出现逾期为止。

(3) 若物料计划不存在逾期的情况，而是产能不足导致计划的不可行，说明生产自制品的资源生产能力不够，资源使用超载，没有富余的工时完成计划安排的生产任务，即产能不足。解决方法：参见"第4章 产能管理"的内容。

(4) "实验八"的月末结账处理。若所有模块结账，则各个子系统依顺序逐一完成，但应注意以下3个方面的内容。

① 存货模块若无业务处理需要，可以期初记账后，直接做月末结账，购销存各子系统完成结账后，再对应收款、应付款等财务模块进行期末处理，最后在总账系统结账，即完成企业本会计期的全部业务处理工作。

② 总账系统结账时，对记账凭证审核、记账之后，还应结转本年利润，若需要计提企业所得税，则需完成其计提及结转利润的凭证处理，最终完成本年利润的记账工作。

③ 应收款管理、应付款管理子系统的核算模型设为"详细核算"时，可以进行期末处理，而核算模型设为"简单核算"时，则无此功能。